KB232240

단묘궁릉문화

서울과 베이징

단묘궁릉 문화 서울과 베이징

초판 인쇄 2016년 11월 20일
초판 발행 2016년 11월 30일

지은이 이정호
펴낸이 공홍
펴낸곳 케포이북스
　　　　출판등록 제22-3210호
　　　　주소 서울시 서초구 반포대로 14길 71, 302호
　　　　전화 02-521-7840
　　　　팩스 02-6442-7840
　　　　전자우편 kephoibooks@naver.com

값 35,000원
ⓒ 이정호, 2016
ISBN 978-89-94519-98-2 03910

이 책은 한국출판문화산업진흥원의 2016년 우수출판콘텐츠 제작 지원 사업 선정작입니다.

단묘궁릉문화

서울과 베이징

이정호 지음

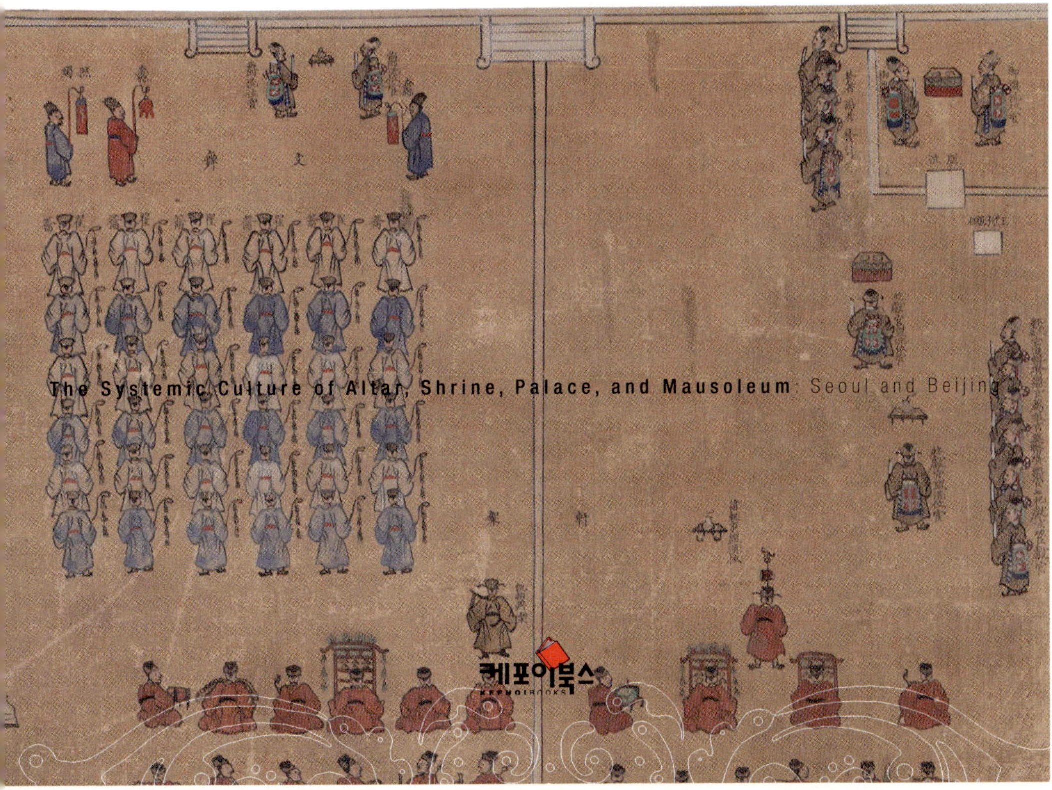

The Systemic Culture of Altar, Shrine, Palace, and Mausoleum: Seoul and Beijing

케포이북스
KEPOIBOOKS

책머리에

유형과 무형의 전통 유산에 대해 필자의 인식이 강해진 것은 영국 노팅험대학University of Nottingham 유학 시절 대만 출신 인간유전학 박사과정생의 중국 전통 현악기 '구쟁舊箏' 연주를 듣고 나서였다. 구쟁은 열 손가락에 가락지를 모두 끼고 튕기는 형식으로 연주하는 악기다. 가야금을 뜯는 것과는 다른 방식의 연주방식이라서 놀랐고 그 소리에 새로운 느낌이 확 풍겼다. 그 대만 유학생을 통해서 동양의 여러 악기와 음악 그리고 당시唐詩에 대해 대화하게 되었고, 문화적 정체성에 대한 생각을 가다듬게 되었다. 그 친구는 여름방학에 고향인 대만에 다녀오면서 영역된 당대시선唐代詩選 한 권을 내게 선물한 적이 있다. 조선 초기부터 많이 알려진 두보杜甫와 이백李白의 시편이 들어 있었다. 필자의 한자 필체를 본 후에 그 친구는 한국 사람인데 아주 필체가 좋다고 영국인 교수 및 연구원, 동료 학생들에게 이야기하고 다니곤 했다. 천자문이나 유교의 경전을 실제로 써보는 버릇이 있었던 차라 별로 부끄럽지 않은 칭찬이었다. 번체자繁體字를 쓰는 대만과 홍콩의 한자가 우리가 쓰는 한자와 똑같다는 것도 20여 년 전부터 알고 있었던 것이다. 당대 시선을 준 대만 친구는 우라나라의 가야금에 대해서도 잘 알고 있었다.

학업으로 찌든 유학생활에서 내 유일한 활력소는 문화를 향유하는 것이었다. 나는 시간만 나면 교내 콘서트홀 정기 연주회를 자주 찾아갔다. 어느날 시내 콘서트홀에서 세계적인 바이올리니스트 정경화가 영국 전국 순회공연의 일환으로 노팅험 시립관현악단과 콘서트를 한다는 소식을 입수했다. 공연 당일 한국유학생 커뮤니티에서는 거의 모두가 그 콘서트에 갔다. 노팅험 시의 교외지역에는 영국의 상류 계층 저택이 많은데, 그들이 콘서트를 관람한 후 퇴장할 때 정경화가 노팅험 시립관현악단의 연주를 주도하는 바이올린 연주를 한다거나 그녀가 코리안이라고 하는 말을 자주 할 때에는 한국인으로서 자부심이 생기기도 했다.

노팅험대학 캠퍼스에서의 콘서트홀 정기 연주회 시리즈에서 우연히 거문고와 같은 연주 방식의 '고또' 연주를 보게 되었다. 그런데 특이하게도 그 연주자는 영어로 일본의 전통 현학기 고또의 형식과 연주 방식, 그리고 그 전통이 어떻게 전승되고 현대화되어 왔느냐를 영국인들에게 설명해 주면서 고또 연주를 들려 주었다. 같은 대학에 석사과정생으로 공부하러 와 있던 외무부 공무원 중 한 명에게 물어보니 영국이 영국문화원 외교를 실시한 모델을 따라서 일본도 문화원 외교를 하는 것 같다고 하였다. 물론 20여 년 전의 일이지만 그 말을 듣고 나니 대한민국이 아직 여기까지는 오지 못했구나를 실감하게 된 계기였다. 그 이후 한국에서도 한국 문화원을 설립하여 현재 미국이나 일본 등 해외에 우리나라 문화를 알리는 데 앞장서고 있다.

해외 유학 생활에서 뚜렷해진 문화적 정체성에 대한 인식과 문화적 체험은 귀국 후에 (사)전주이씨 대동종약원을 찾게 한 가장 강력한 동기가 된 것 같다. 필자와 같은 한국 사람의 문화 유산과 전통은 무엇인가? 그리고 우리의 정체성은 어디에서 찾아야 하는가? 이런 질문에 대한 대답으로 필자에게 가장 실제적으로 다가온 것은 가족과 가문에서부터 얻을 수 있는 것이었다. 어릴 때부터 아버님이 목조대왕穆祖大王의 자손이라고 하시면서 한국전쟁 중에 잊어버렸던 선원보(족보)도 찾으셨고, 안원대군파安原大君派라는 것을 일깨우셨으며, 80년대 중반 부산에서 서울로 이사를 한 이후부터는 춘계 종묘대제 때에 파종회 사람들이 모이던 곳에 같이 가자고 하셨다. 자주 가지는 못했지만 한두 번씩 따라갔었기 때문에 생소한 얼굴의 파종회 사람들을 알게 되었다. 할아버님과 아버님의 고향이 목조대왕과 효공왕후의 덕안릉德安陵이 위치한 함경남도 신흥군 가평리 인근의 전주이씨 집성촌이었다는 것을 알게 되었다. 고개를 넘으면 목조대왕릉이 있었다고 아버님이나 파종회 중에서 집성촌 출신 한 분이 이야기하셨다. 그분들의 말로는 집성촌 마을을 '자보리'라고 했단다. 다른 측면으로 사상의학의 창시자 동무 이제마 옹이 안원대군파라는 사실은 또 다른 정체성을 형성하는 것이었다.

전주이씨 대동종약원에서 실시하는 종묘사직원구왕릉제향 전수교육이 있다는 것을 알게 되었지만 안타깝게도 다른 일들과 겹쳐 우선순위에서는 항상 뒤로 밀려 있었다. 그런데 2009년에 아버님을 설득하는 데 성공하여 아버님이 전수교육을 받으시게 되었다. 종합 2기 교육이었다. 이와 동시에 필자도 (사)종묘제례보존회에 가입하게 되었다. 아버님처럼 누님의 교육비도 필자가 부담하는 제안을 했을 때 누님이 승락하였다. 누님도 2011년에 전수교육을 받았다. 누님은 종합 4기 교육을 받고 현재 제복부 봉사를 하고 계시다. 저자도 5년이나 벼르고 벼르다가 결국 2013년에 가까스로 턱걸이하여 종합 6기 교육을 받을 수 있게 되었다. 등록일을 넘긴 상황이고 인원수가 다 찬 상황이었다. 결국은 이은홍 전례이사님께 사정사정하여 전수교육을 받을 수 있었고 나아가 2015년에는 전문과정 제2기, 2016년 전문과정 제3기 교육까지 받을 수 있게 되었다. 국가제례에 관한 예서禮書들을 모으기 시작한 것이나 『예기禮記』를 탐독하기 시작한 것도 교육을 받던 2013년부터 본격적인 일과가 되었다. 필자가 대한민국 사회에 나름대로 봉사하는 또 하나의 길이 된다는 인식도 이때부터 생겨났다.

문화생태학cultural ecology의 입장에서 한국의 역사와 전통을 학문적으로 다루는 작업은 2008년부터 생겨나기 시작했다. 이것은 '숲과문화연구회'를 통한 문화인류학류의 연구 및 '산림전통지식traditional forest knowledge' 연구에서 생겨났다. 중국과 일본으로 연구조사 및 답사 여행을 여러 차례 갔다 오면서 한국의 전통 의례와 그 공간을 제대로 비교하고 설명하는 문화적 모티브를 찾을 수 있을까를 여기저기서 살펴보게 되었다.

가장 먼저 찾은 주제가 바로 사직社稷과 신성한 나무 및 숲의 관계였다. 신성한 나무와 숲이 한국인과 상호작용한 것이 사직단과 연결된 것이다. 2008년부터의 학문적 작업은 2013년『한국인과 숲의 문화적 어울림』(소명출판)으로도 일부 정리되었다. 종묘사직원구왕릉 전수교육을 받기 이전인 2013년도 전반기에 이미 경산(대구 수성구), 남원, 단성(산청) 지방 사직단을 답사하였다. 후반기 8월 말부터 종합 6기 전수교육이 있었다. 그전에도 삼척의 준경묘-영경묘 지역은 소나무에 대한 관심에서 여러 번 다녔지만, 삼척 사직단에 대해서는 주목하지 않았었다. 하지만 연구 중에 미수 허목의 문헌인 기언奇言을 발견하게 되고 삼척 사직단과 삼척의 옛 이름인 척주陟州의 리사里社를 인식하게 되었다.

신성한 나무와 왕릉숲에서 발전한 왕릉 자체에 대한 관심은 2008년부터 시작되어 간헐적으로 답사를 다니기 시작하였다. 산림전통지식 및 문화 학술회의가 서울에서 2008년에 열렸을 때에 여주의 영릉英陵에 외국 학자들과 같이 가서 소개한 적이 있다. 2010년에는 서울에서 IUFRO(International Union of Forest Research Organization)의 총회가 열려서 왕릉숲에 대한 발표를 하였다. 이때의 외국 학자들과의 답사 여행 코스로 영월의 장릉莊陵에 갔었고, 여러 외국에서 온 학자들에게 소개하는 기회를 가지기도 했다. 제항을 주제로 한 왕릉과 원園에 대한 답사는 2014년부터 단독으로 진행한 경우도 있고 제향일에 실시한 경우도 있었다. 따라서 본서에 담긴 내용들은 필자의 문화생태학 연구 답사 여행에서 얻은 것과 함께 제향 전수교육과 그에 관련된 답사 및 조사에서 얻어진 것이다.

본서 『단묘궁릉 문화-서울과 베이징』의 전체 맥락과 서울 부분 내용에는 필자의 문화적 정체성 찾기가 그동안 수행해 오던 산림문화 및 산림전통지식 연구와 만나서 정립된 것이고 그 영역에서 가장 큰 문화적 모티브를 얻었다. 그럼에도 불구하고 대동종약원에서 시행되는 종묘사직원구왕릉 전수교육과 전문교육의 영향은 아무리 언급해도 지나치지 않다. 국가제례 전수교육 입문의 기회를 주시고 전문교육에서 가르침을 주신 이은홍 전례이사님께 가장 큰 감사를 돌려야 할 것이다. 국가중요무형문화재 제56호 종묘제례 전례부문 이기전 보유자, 제무부문 이형렬 보유자 선생님들과 제111호 사직대제 이건웅 보유자 선생님께도 그에 버금가는 감사를 올린다. 그리고 원구단 교육을 해주신 이태우 이사님께도 감사의 마음을 전한다. 전수교육에 참여하여 가르침을 주신 전 종묘제례악보존회 회장 이상용 선생님과 여러 대학의 교수님들은 일일이 언급하지 않아도 감사의 마음이 전달되리라 믿는다.

전통 음악과 사직이라는 주제로부터 시작하여 점차 왕릉을 포함한 국가제례 전체로 그 시야가 확대되었다. 종묘사직원구왕릉제향 전수교육 종합 6기와 이후의 전문과정 교육은 이것을 더욱 더 가속화시켰다.

전체적으로 보아 우리의 국가제례는 일본의 국가제례 문화와는 거리가 상대적으로 멀다. 오히려 중국의 국가제례 문화가 우리 문화와 가까운 편이다. 왕실이나 황실 이하의 사대부와 백성들의 종교생활을 제외하면 그렇다는 말이다. 그리고 어떻게 우리와 중국 사이에 문화적 차이가 있는 지를 역사적으로 잘 구별하여야 한다. 조선과 대한제국의 국가제례 문화가 어떻게 다른지를 제대로 잘 따져서 알아야 동북아 문화 정체성 속에 우리의 문화적 정체성을 올바로 표현하고 세계적인 가치를 인정받을 수 있다.

당나라, 곧 대당제국의 수도 장안에 남아있는 원구단이나 베이징의 천단 공원 및 자금성을 실제로 답사할 수 있게 된 것은 베이징 런민대학人民大學의 루진롱劉金龍 교수와의 우정友情과 공동 연구를 통한 것이었다. 고대 중원 사회라는 주제로 시안西安 지역을 답사할 수 있었던 기회는 제5회 산림전통지식 및 문화 국제학술회의가 '2012 양릉국제농업과학학술대회'의 한 파트로 2012년 11월 5~7일에 걸쳐 시안의 서쪽에 위치한 양릉楊陵에서 개최되었기 때문이었다. 필자가 학술대회 이전에 먼저 시안으로 가서 답사하고 학술회의에 참석하는 일정을 소화했다. 루진롱 교수가 주선하여 보낸 런민대학의 학부생인 탕티엔이唐珃伊와 멍위안孟園과 함께 답사를 다닐 수 있었다. 소장품이 매우 많은 박물관인 섬서박물관의 직원과 도서관장, 영하자치구 환경사전공인 쟝웨이셴張維愼 박사를 만났다. 탕티엔이가 영어를 잘해서 통역사 역할을 했다. 섬서박물관에서는 특히 고대 사회인 주周나라의 유물들을 자세히 살펴볼 수 있었다. 두 학생과는 중국

지방 버스를 타고 시안의 서쪽 주나라의 수도였던 풍호豐鎬와 호경鎬京 지역을 답사하고 섬서사범대학 경내의 당나라 원구단과 시안의 명대 성곽 등을 둘러볼 수 있었다. 지금은 그 흔적을 찾을 수 없지만, 시안의 명대 성곽의 서벽 안쪽이 당나라 때 사직단이 있었던 지역이라는 것을 확인하였다. 풍호는 주로 주나라의 종묘 및 제사 시설이 위치하고 호경은 세속적 궁전 지역으로 알려져 있다. 서한西漢대의 유적은 뒤로 미루었다.

풍호 지역은 현재 보통의 중국 서부의 마을이 들어선 평평한 평지라서 주나라의 종묘와 제사시설이 있던 곳이 어디인지는 전문가가 아니면 제대로 찾아낼 수 없는 곳이었다. 시외버스를 타고 찾아간 부락에서 서성이며 두리번거리고 있을 때였다. 한 노인이 다가와서는 두 학생 중의 명위안이 그 지역 출신이라는 것을 알게 되자 자신은 인민해방군 출신이라며 최근에 삼성그룹이 공장을 시안에 세워주었다면서 호의적인 모습을 보였고, 우리를 섬서박물관에 전시된 유물들이 출토된 개천가의 농지에 데려가 주었다. 우리가 역사 및 지리 문헌을 조사하여 간 지역에는 표시는 있지만 실제로 찾아가기는 엄청나게 힘든 일이었다. 그 지역 출신 사투리를 하는 런민대학 학생이 있기 때문에 알려주는 것이라고 했다. 한국에도 지방색이 있지만 중국은 더욱 심한 것 같았다.

시안의 서쪽 지역에 있는 당나라 고종과 측천무후의 황릉인 건릉乾陵을 두 학생과 답사하게 되었다. 시안 철도역 광장에서 건릉으로 가는 버스를 타고 간 것이다. 2012년 11월 4일의 여행이다. 경제적으로 부유해진 중국의 동부지역과는 달리 이곳은 낙후된 지역이라서 판이한 광경들이 나타났다. 버스 안에서 두 학생과 나눈 대화에서 중국인들이 이런 낙후된 지역을 외국인에게는 보이기 싫어한다는 솔직한 이야기를 들을 수 있었다. 청나라 이후로 한나라와 당나라의 황릉 경내의 숲은 벌채가 된 적이 있다. 문화혁명 기간(1966~76)에는 더욱 더 훼손이 심하게 되었다. 그나마 건릉은 마오쩌둥의 네 번째 부인 장청江靑의 지시로 보전된 편이었고, 보정으로 올라가는 길의 양 옆 완만한 경사지에는 열지어 심은 10~20년생의 측백나무 숲이 그것을 증명해 주는 것이었다. 북쪽을 기준으로 황릉산인 량산梁山 서쪽 지역은 황토 지역이 펼쳐져 있었다. 황릉산 동쪽 지역은 계단식 밭terrace field이 펼쳐져 있을 정도로 낙후된 농촌지역의 토지 이용이 문화재 지역으로까지 침투되어 있었다.

　건릉은 별 5개급의 중국국가문물로 지정되어 있어서 중국인 관광객이 많은 편이었다. 한국의 관광지에서 일어나는 바가지요금 문제는 건릉 지역에선 영어로 번역하여 '블랙택시'가 성업중이었다. 두 학부학생의 대담한 밀고당기기 덕분에 블랙택시라는 것을 제값 주고 타고 건릉에서 출발하여 현 소재지 건현乾縣에 무사히 도착했다. 건현에서 학술대회 장소인 양릉까지는 마이크로 버스 규모의 시외버스를 타고 갔다. 퀴퀴한 냄새도 나고 좌석은 여기저기 찢어진 듯한 곳도 있으며, 동네 사람이 이런저런 살림살이 물건도 함께 싣고 운전수와도 대화하는, 어딘지 모르게 한국의 60년대 시골의 정겨움을 느끼게 하는 풍경을 연출하며 털털거리면서 버스는 달렸다.

학술대회 일정을 마치고 돌아오는 길에 양링의 섬서임업대학 루오야 펑洛曜峰 박사와 함께 환경사 전공의 장웨이셴 박사를 전번과 마찬가지로 아주 짧게 다시 만났다. 섬서박물관에 한 번 더 들러서 고대사 유물을 다시 둘러보았다. 역시 언어적인 문제가 소통을 어렵게 하였지만 가지고 가서 선물한 영어판 한국 산림문화 책자에 대한 이야기도 짧게 나누었다. 섬서성 지방이나 영하자치구의 환경사와 특히 치수治水의 역사에 관심을 가지고 있는 전문가였다. 거기서 섬서박물관이 경주국립박물관과 자매결연을 맺은 박물관이라는 것을 알게 되었다. 루오야펑 박사는 양링학술대회에서 전설적인 중국인의 조상 중 한 명인 황제黃帝 헌원軒轅의 능원인 섬서성 북부 황릉黃陵의 천년 혹은 수백 년 측백나무의 보전 실태에 대해 발표하였다. 황릉은 헌원이 승천하고 땅에 남은 유물을 모아서 능원을 조성한 곳으로 송나라 때와 그 이후에 보전된 문헌이 존재한다.

2013년 4월 초에는 베이징의 천단과 사직단(중산공원), 자금성 및 경산을 답사할 수 있는 기회를 얻었다. 태묘는 당시에는 수리공사 중이라 들어갈 수 없었다. 조사의 주제는 국가 제장에 심어진 수백 년의 측백나무 *Platycladus orietalis*였다. 이번에는 한국에서 루진룽 교수 석사과정생으로 유학하고 있던 경기도 공무원 이정자 씨의 도움을 입게 되었다. 중국 산림과학원 세미나는 이정자 씨의 통역으로 아주 깊은 학문적 토론을 할 수 있었다. 런민대학 학생들에게 영어로 강연을 하라고 해서 영어로 강연하였다. 루 교수가 중국어로 번역한 제목이 "中國社稷文化歷史及其對現代山林文化的涵義和理解"였다. 이 답사와 공동연구는 이후 영문 논문이 되어 나왔다.

따라서 본서 『단묘궁릉 문화—서울과 베이징』의 베이징 부분의 맥락이 되는 내용은 이렇게 중국의 시안과 베이징 답사에 도움을 준 루진롱 교수와 루오야펑 박사, 이정자, 탕티엔이, 멍위안과 같은 중국 친구朋友 덕분이다. 따라서 이분들에게 심심한 감사를 표한다.

2014년 2월 27일에서 3월 2일까지는 전수교육 동문 및 종묘지킴이 분들과 17명의 그룹을 이루어 베이징 세계문화유산탐방을 가게 되었다. 천단, 자금성, 명 13릉 등을 돌아보게 되었다. 필자가 지단(방택단)의 중요성 때문에 답사 일정에 넣을 것을 제안하였다. 가이드해 주신 조선족 박홍범 씨와 이 탐방 일정에 지단(방택단)을 넣게 배려 해주신 이광국 나홀로여행 사장님께 감사드린다.

확대된 시야에서 국가제례를 살펴보는 문화적 시각을 정리하는 데에 폰 버탈란피가 『일반체계이론』에서 소개한 시스템이론의 적용이 가능하다는 것은 종묘사직원구왕릉 전수교육 총동문회인 '종사전승회宗社傳承會'에서 매년 10월 31일에 개최하던 '시월의 마지막 밤' 행사가 계기가 되었다. 2014년 10월 31일 연사 중의 한 명으로 발표한 것이 '하늘제사와 원구단'으로 1895년 고종의 첫 번째 용산 원구단의 사료적 증거에 대한 그동안의 연구였다. 이것을 어떻게 하면 좀 쉬운 버전으로 국가제례 행례行

禮를 실제로 담당해 온 사람들과 그 전수교육생 동문들에게 전달할 수 있을까 하는 고민의 결과물이었다. 이 강연을 준비하면서 원구단 대사大祀를 제단과 사당 및 궁궐과 왕릉이 연결되는 문화시스템cultural system의 맥락으로도 설명이 가능하다는 것이 착상되었다. 그리고는 그동안의 문헌 연구, 답사자료들과 종사전승회 인터넷 홈피에 올린 2014년 베이징 답사 여행기를 합쳐서 대체적인 본문의 줄기를 형성하게 되었다.

2014년 7월 30일부터는 '종학포럼'이 종학스터디라는 '전통 예서 강독모임'으로 구성되었다. 종묘사직원구왕릉 전수교육 동문들의 작은 모임으로 시작된 것이다. 첫 종학스터디 교재는 1780년(정조 4)에 편찬된 『궁원의宮園儀』로 사도장헌세자의 사당인 경모궁과 능원인 영우원의 행례에 관한 책이다. 2015년 12월부터는 『사직서의궤』를 공부하였고, 2016년 8월 11일부터는 『종묘의궤』를 텍스트로 하여 세미나 형식으로 공부하고 있다. 소수의 스터디 회원을 포함하여 현재 '종학포럼' 네이버 밴드BAND에 40여 명의 SNS 회원이 있다. 종학스터디에서 세미나하면서 새로 배운 내용과 주제를 가지고 연구발표토론회를 개최할 예정이다.

이 '종학포럼'의 SNS 밴드에 올린 그간의 짧은 글들이 국가제례에 관한 필자의 여러 단상들을 모은 것이었다. 그 일부분이 발전하여 본서에 반영되어 있다. SNS밴드의 필자의 필명이 '안원손安原孫'이다. '충장공忠莊公 안원대군의 후손'이라는 뜻의 조선시대의 호號에 해당하는 것이다.

'종학포럼'은 그 명칭이 '종학宗學'에서 유래한 것이다. 종학은 1428년

(세종 10)에 처음으로 설치된 왕자인 대군, 군 및 종친을 교육하는 국가 특수 교육기관이었다. 세종 11년(1429)에 경복궁 건춘문 밖의 현재의 국립현대미술관 자리, 곧 원위치한 대한제국 종정부宗正府, 곧 조선의 종친부宗親府 바로 서쪽 자리로 추정되는 위치에 종학 건물이 건립되었다. 경복궁의 동남부는 원래 동궁, 곧 세자궁 지역인데 동궁에는 세자시강원世子侍講院이 세워졌다. 이렇게 세종은 세자인 문종의 세자교육에도 힘썼을 뿐만 아니라 그 외의 왕자들과 자신과 같은 항렬의 동생들의 교육도 올바로 하기 위해서 종학을 세웠다. 세종대에 경복궁의 침전인 강녕전을 수리할 때 세종이 동궁을 침전으로 사용하고, 문종은 부인인 세자빈과 함께 종학에 거처하는 때도 있었다. 청나라, 곧 대청제국에도 종학이 있었고, 특별히 커러학이라는, 아이신기오로 성을 가진 종친을 교육하는 기관도 있었다.

세자시강원과 종학은 성균관이 조선의 사대부 자제들 중에서 한성의 4부학당과 지방의 향교를 거쳐서 올라온 유생儒生을 교육한 것과는 별도로 왕실특수교육을 실시한 것을 의미한다. 현재 세자입학례를 그린 입학도入學圖를 성균관에 입학하는 것으로 잘못 해석하고 있다. 세자나 종학에서 교육받는 왕실 종친은 모두 조선의 정학正學인 유학이라는 학문에 입학하는 예를 거행한 것이다. 학문의 조상인 공자의 사당, 곧 문선왕묘에 가서 제사를 드리고 명륜당에서 입문례를 치르는 것뿐이었다. 절대로 성균관에 입학할 필요가 없었다. 왕실특수교육기관이 있었기 때문이다.

이러한 사실은 조선의 관제를 잘 살펴보면 나타난다. 성종대에 완성된 조선 초기의 법전인 『경국대전』에 의하면 성균관의 실제 책임자는 대사성大司成인데 정3품이다. 그러나 성균관의 행정적 최고 책임자는 지성균관사, 곧 지사知事로 정2품으로 보통 예조판서급이다.

반면에 특수교육기관인 세자시강원은 실제 책임자가 보덕輔德으로 종3품이지만, 명예직이면서 세자의 사師와 부傅가 한 명씩 모두 정1품으로 영의정이나 의정 중의 한 명이 되고 그 아래에 이사貳師, 좌우 빈객賓客, 좌우 부빈객 등이 있어서 보덕 위에 7명의 '세자 교육 위원회'가 있었다. 조선 후기 인조 이후에는 최고의 유학자 산림山林을 스카우트하여 보덕 위에 정3품 찬선贊善이 세자시강원 실제 책임자로 세자를 교육하였다. 조선 후기 성균관의 산림직은 좨주祭酒로 정3품이었고, 대사성과 같은 급이었다.

성종대 『경국대전』에 의하면 종학은 실제 책임자가 정4품 도선導善이었다. 그런데 종학은 조선의 국왕 승계와 정치적 변동에 따라서 부침을 계속하였다. 연산군 때에는 완전히 없어졌다가 중종대에 재건되었다. 종친 성종왕자 견성군 이돈이 종부시 제조로 제건의 주역이었다. 성종대 이전인 세종대에는 성균관의 2인자인 종3품 사성司成 이하 사예, 직강, 주부 이상의 상위 그룹의 교직원들이 '종학박사宗學博士'로 임명되는 원칙이 확립되었다. 성종대 『경국대전』에는 종학박사에 대한 규정이 성균관의 직제 개편에 따라서 사성, 종4품 사예, 정5품 직강으로 규정되었다. 반면에 한성의 4부의 학당인 중학, 동학, 서학, 남학의 강의는 정6품 성균관

진적典籍이하가 맡아서 했다. 성종대부터 성균관 박사가 정7품이었다. 『경국대전』에 성균관 교직원 중에 가장 많은 수인 13명이 전적으로 규정되어 있다.

단묘궁릉 문화에서 흥미로운 점은 종학의 건물이 임진왜란 때에도 불타지 않고 남아서 한성으로 돌아온 선조 조정이 종묘와 사직의 신주와 위판을 보관할 후보지로 종학 건물을 검토하기도 하였다는 것이다.

이러한 전통이 있었던 것이 1897년 이후 대한제국기에는 조선의 종학 자리에 명칭을 변경한 수학원修學院이 설립된 것으로 보인다. 당시의 지도를 보면 경복궁 동문인 건춘문 앞에 종친부, 종부시, 장생전과 함께 수학원이 그대로 위치하고 있다. 그것이 광무 4년 이후 경운궁(현 덕수궁)을 중건하면서 경운궁 경내로 이전되었고, 현재는 '경운궁 양이재養怡齋'라는 이름으로 성공회교회당 뒤편, 영국 대사관 앞에 그대로 보전되어 있다. 성공회에서 일제강점기에 조선총독부 혹은 게이조부京城府로부터 매입한 것이 남은 것이다. 일본 황실의 학습원學習院 같이 학습원대학으로는 아니더라도 조선과 대한제국의 동학과 수학원이 복원되어 전통 문화 및 황실 문화를 현대적으로 교육하는 교육기관으로 발전하길 바란다.

2016년 11월

안원손安原孫

차례

단묘궁릉 문화란 무엇인가

1. 서울은 조선과 대한제국의 도성

대한민국 시민들은 남대문의 화재를 당하고 나서 크게 당황하였다. 남대문, 곧 숭례문 화재에 직면하여 표출된 국보1호 사랑은 아직도 이러한 문화에 대한 애착심이 한국인들에게 강하다는 것을 분명하게 입증하였다. 숭례문은 서울의 중요한 상징이었던 것이다. 어쩌면 남산타워보다도 더욱 마음속에 깊이 새겨진 역사적 상징이었던 모양이다(그림 1-1).

그런데 대문이라는 말은 어떤 둘러쳐진 담이나 성벽이 있었다는 것을 이야기한다. 숭례문이나 동대문인 흥인지문이 덩그러니 혼자 있었던 것이 오래되어서인지 그냥 성벽이 있었다는 것을 실감하지 못했던 것이 사실이다.

그림 1-1. 화재 이전의 숭례문의 밤 풍경.

서울은 조선(1392~1897)과 대한제국(1897~1910)의 도성都城에서부터 점차로 그 영역을 확대한 도시이다. 수도首都라는 말이 언제부터 쓰이기 시작했는지는 모르지만 이전에는 분명히 도성이라는 말을 많이 썼다. 성벽으로 둘러쳐진 제한된 어떤 공간을 의미하는 것이었다.

서울은 성벽으로 둘러싸인 조선의 수도였다. 『세종실록』「지리지」에는 '경도한성부京都漢城府'로 되어 있어서 도성을 뜻하는 '경도'에 특별시 관청의 이름으로 '한성부'가 뒤에 따라온다. 일제강점기 조선시대의 성벽들이 없어지고 그 대문들만 남아있다. 그 대문들이 대한민국이나 서울이라는 도시를 상징하고 있다. 한양 도성의 남대문인 '숭례문'이 그렇고 동대문인 '홍인지문'이 그러하며 북대문인 '숙정지문'이 그렇다. 서대문인 돈의문은 남아있지 않다. 조금 시선을 바꾸어 보면 이들은 유형의 문화재로

서의 내용만이 있는 것이 아니다. 이러한 한성 혹은 한양이라는 성의 대문들의 이름을 붙인 사람이 바로 14세기 조선의 창업에 지대한 공을 세운 정도전이다.

한 층 더 들어가 보면 조선 도성에는 유학儒學이 지향하는 핵심적인 가치인 인의예지신仁義禮智信의 가치를 지향하도록 이름이 붙여져 있었다. 숭례문의 예, 흥인지문의 인, 돈의문에 의, 숙정지문의 지라는 가치를 부여하였다. 거기에 더하여 도성의 중앙에 종을 건 건물인 보신각을 세워서 중앙의 신信을 표시하도록 했다. 도성의 4대문 중에 동대문의 인, 서대문의 의, 남대문의 예, 북대문의 지, 보신각의 신은 그대로 아직도 현판들이 건재하기 때문에 그 가치를 재음미할 수 있다. 보신각의 종은 한 해의 마지막 날 밤에 타종 행사를 해서 전통과 현대가 어우러진 문화 행사 중의 하나로 자리잡혀 있다. 하지만 서대문인 돈의문敦義門은 일제강점기 때 헐렸다. 올바름, 정의를 표상하는 의義를 재음미할 수 있는 한양 도성의 대문은 없다. 지금의 강북삼성병원 자리가 바로 그 돈의문이 있던 자리이다. 경희궁과 서울역사박물관을 지나서 가는 길이 뚫렸기 때문에 돈의문은 역사의 뒤안길 속으로 사라진 채 아직 일제강점기 그대로 있다.

조선의 수도 한성漢城 혹은 한양漢陽은 동쪽의 낙산駱山, 서쪽의 인왕산仁王山, 남쪽의 목멱산木覓山, 북쪽의 백악산白岳山의 능선을 따라서 성을 쌓고 지형에 따라서 4대문을 배치하였다. 한성의 사산四山의 능선을 최대로 이용한 것이다.

19세기 김정호가 작성한 〈수선전도首善全圖〉는 사방의 네 산의 능선을 따라서 성벽을 그려놓아 전체적으로 둥그렇게 그린 지도이다(그림 1-2).

이 19세기의 지도에 현재 동대문에서 종로를 따라서 서쪽으로 가로지르는 대로가 나있다. 두꺼운 실선으로 표시되어 있고, 현재의 속칭으로 '종로통'이며 보신각은 한문으로 종鐘자로 표기되어 있다. 이 종로통이 육조거리가 있었던 현재의 광화문 광장을 지나서 서울시립박물관과 경희궁 남쪽을 지나서 올라가면 거기에 서대문인 돈의문이 있었던 것이 표시 되어 있다. 종로통을 표기하는 실선 아래 남쪽에 두 줄로 그어진 '청계천'도 표시되어 있다. 김정호의 〈수선전도〉를 서울 상공에서 항공사진을 찍은 것을 반영하는 종로구 발행의 〈서울성곽관광안내지도〉와 비교하면 더욱 정감이 있다(그림 1-3). 실제의 서울 성곽은 무정형에 가깝고 군데군데 삐죽삐죽 들어가고 나간 부분들이 보인다.

한성 도성은 서울이라는 분지 지형을 그대로 이용한 사례에 해당한다. 한성 도성의 네 대문 안에 경복궁도 있고, 창덕궁과 창경궁도 있으며, 경복궁을 북쪽 중심을 기준으로 하여 동쪽인 왼쪽에 종묘라는 사당도 있으며, 서쪽에 사직단이 있는 구조이다.

2. 문화적 시선과 시스템으로 보기

전통 공간을 바라보는 새로운 시선을 가질 필요가 있다. 무심코 지나치기 일쑤이고 하늘로 높이 치솟은 서울의 건물들이 현대문명을 대표하면서 점유하는 공간에 섞여 있지만 그 공간에 담긴 문화와 역사적 의미를 되짚

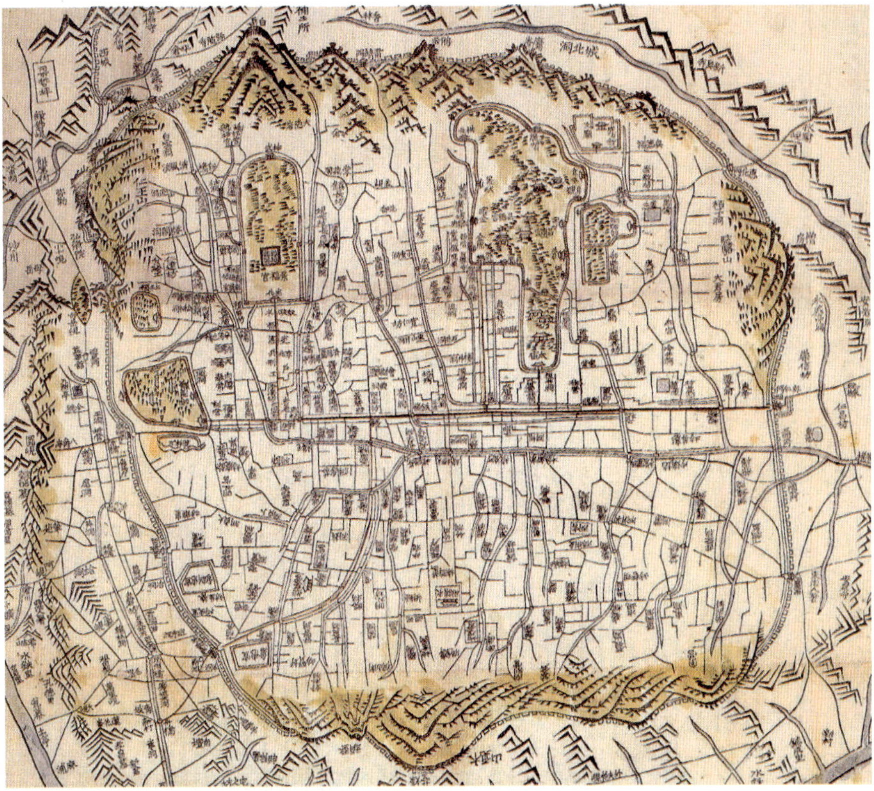

그림 1-2. (위) 수선 전도 (首善全圖) 속의 네 방향의 산들의 능선을 따라 성을 쌓은 것을 보여주는 부분.

그림 1-3. (아래) 서울 상공에서 찍은 항공사진을 반영한 서울 성곽 지도.

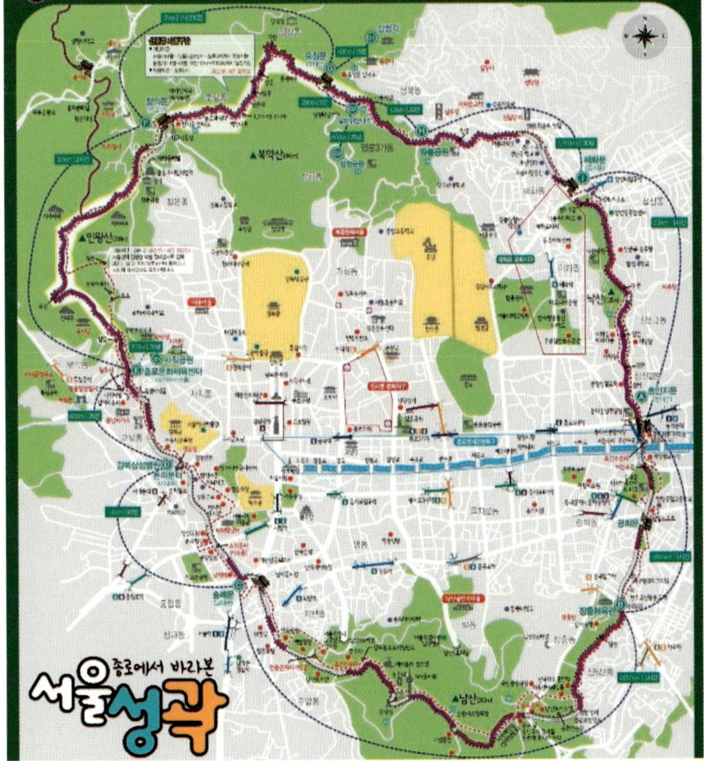

어 볼 필요가 있다.

전통 건물이나 다른 유형의 문화재들뿐만이 아니라 여러 다른 무형의 문화재들이 그려주는 공간을 잘 살펴보면서 새로운 시선을 가질 필요가 있다. 우선 서울에서 1392년부터 시작한 조선朝鮮 왕조의 유산과 문화를 만나게 된다. 거기에 겹쳐져서 있지만 일제강점기, 한국전쟁 및 근대화 시기를 거치면서 거의 잊혀시다시피 한 시대가 있다. 서울에서는 근대사의 우여 곡절을 겪으면서 1897년에 선포된 독립국 및 황제국인 대한제국大韓帝國의 문화와 유산도 만나게 된다. 그런데 그 시대를 제대로 인식하지 못하고 있었다.

한반도는 1910년부터 국가 권력이 일본 제국으로 넘어갔다. 일본 총독이 통치하는 공간이 된 것이다. 한반도의 독립국인 '대한제국'은 나라 이름國號이 없어졌다. 한반도는 일본 천황에 의해 일본제국의 영토의 일부인 '조선'으로 격하格下되었다. 일본의 식민지 이름이 조선이었던 것이다. 1897년 고종황제가 조선의 국왕에서 대한제국의 황제로 등극하면서 독립국을 재천명하였다. 1910년에는 그 독립국은 없어지고 일본제국의 일부인 조선이 된 것이다.

따라서 지금은 상당히 많이 지워버렸지만 서울에는 1910년부터 1945년까지 조선총독부을 정점으로 근대화와 일본 문화들이 병립한 36년의 기간이 지녀온 흔적들이 있었다. 정치적으로는 1919년에 상하이에 대한민국이라는 국호를 처음으로 사용한 임시정부가 세워졌다. 하지만 한반도의 대부분의 지역에서 한국인에게 주권이 없이 타율을 강요받았던 것은 사실이다.

1945년 광복 이후의 현대사가 전개되어 대한민국과 조선인민민주주의공화국으로 분단되었고, 한국전쟁을 겪게 되었다. 대한민국大韓民國은 한국전쟁 직후 세계에서 가장 못살고 후진적인 사회였으며 경제 원조를 받던 나라였다. 2014년 현재 산업화와 민주화에 진척을 이루어 세계적으로 유일하게 원조를 받던 나라에서 개발도상국에 원조를 주는 나라가 되었다. 대한민국은 반세기 동안 경제적 풍요와 정치적 자유를 만들어낸 자부심을 가지고 있다. 이제부터는 20세기 초반, 곧 100여 년 전부터 허겁지겁 달려온 역사적 과정을 되돌아 보면서 너무도 서두르고 너무도 휘둘렸던 근대화를 반성하고 성찰하여야 할 때가 되었다. 또한 우리의 시선과 스스로의 힘으로 전통에서부터 우러나오는 미래를 향한 비전을 개발할 때가 되었다.

서울의 전통적 상징 공간을 살펴보면 한양 도성의 남대문인 숭례문에서부터 고종의 초기 흥선대원군이 섭정하면서 중건重建한 경복궁이 금방 떠오른다. 유네스코의 세계문화유산으로 지정된 종묘와 창덕궁과 조선왕릉들도 떠오른다.

이러한 전통적 공간과 문화재를 구슬이라고 한다면 이들을 잘 꿰어 귀중한 보물로 엮어주는 '문화적 시선cultural gaze'을 소개할 수 있다. 이를 '단묘궁릉壇廟宮陵 문화'라고 한다. 단묘궁릉은 제단을 의미하는 단壇, 사당을 의미하는 묘廟, 왕과 황제가 살았던 궁성이나 궁궐을 의미하는 궁宮, 그리고 왕과 황제가 궁성을 떠나서 묻힌 능원陵園을 뜻하는 릉陵을 합쳐놓은 말이다. 100여 년 전에는 한반도의 중심지 서울과 중국의 중심지 베이징에 존재하는 단묘궁릉이 굉장히 깊이 국가운영과 관련을 맺고 있었고 긴

밀하게 연결된 제도였다.

단묘궁릉壇廟宮陵은 전통 사회에서 중요하게 생각하던 예禮를, 국가 차원에서 하던 행례문화行禮文化를 매개로 연결한 시스템이다. 다시 말하면 단묘궁릉은 하나의 체계system를 이루고 있었다. 단묘궁릉 문화는 단묘궁릉 시스템이라고 보아도 된다. 시스템에는 시스템을 이루는 부분component 혹은 단위unit들이 존재한다. 부분과 단위들이 서로 관계를 가지고 작용하여 전체의 시스템을 구성한다. 이제까지 우리는 각각의 문화재를 개별적인 공간과 제도로 보고 있었다. 하지만 개별적 단위로만 보는 시선에는 제한성이 존재한다. 또한 지난 100여 년간의 서구화를 통해서 정체성을 가져다 주는 전통 문화에 대해서 격하된 수준으로 보고 있었던 것도 사실이다.

한국과 중국의 현대 사회가 출현하기 전인 100여 년 전의 대한제국이나 대청제국에는 단묘궁릉 문화 혹은 단묘궁릉 시스템이 존재하여 기능하고 있었다. 단묘궁릉 시스템을 간략하게 묘사하면 우선 대한제국이나 대청제국 사회가 관리하는 제단과 사당을 통해서 국가의 번영을 추구하는 공간과 시설과 의례ritual가 존재한다. 또한 그 제단과 사당을 관리하는 중심은 궁궐 속에서 거주하며 집무하던 왕실과 제실에 있다. 또한 제단과 사당과 연결성을 가지는 능원陵園이 조성되고 관리되었으며 궁궐과 능원에서도 의례가 거행되었다. 이러한 단묘궁릉 시스템을 움직이는 것은 당대의 국가와 사회 자체였으며 유교적인 면이 많지만 고유한 신념과 관습도 포함되어 행례문화行禮文化를 통하여 전체 시스템이 통합되어 있었다.

이러한 맥락에서 서울과 베이징의 단묘궁릉을 보는 문화적 시선은 단묘궁릉의 공간적 구성만을 그려내는 것이 아니라 그 공간에서 이루어졌던 의례와 같은 무형의 문화, 곧 행례문화를 기준으로 하여 그 물리적 공간들을 바라보는 시선이다. 대한민국 국민들에게는 이러한 공간에서 만들어졌던 전통문화를 민주주의 현대사회에서 의미를 찾으면서 행례문화를 이어나가는 것은 중요하다.

공간적으로만 살펴보아도 단묘궁릉은 서로가 모두 연결되어 있는 하나의 시스템을 이루고 있다. 네 가지 요소들이 서로 유기적인 관계를 이루고 있는 것이다. 우선 살아있는 사람들이 생활하고 거주하던 집이면서 국가적 행사가 거행되던 장소였던 궁궐宮은 유형의 건축물과 유물들을 간직하고 있다. 전통 시대의 왕과 황제가 세상을 떠난 후에 거처하는 공간으로 조성하였던 능원陵은 후대의 왕과 황제가 찾아보는 효孝를 다하던 공간이기도 했다. 궁과 능은 공간적으로 멀리 떨어져 있지만 전통 시대의 사고방식과 이념으로는 서로가 긴밀하게 연결되어 있다. 말하자면 도성에도 궁궐이 있고 산지에도 궁궐이 존재한 것이다.

100여 년 전까지만 해도 국왕이나 황제가 곧 국가와 마찬가지였기 때문에 이러한 공간은 신성시되고 일반인의 접근이 금지되어 있었다. 또한 이러한 문화적·역사적 중요성 때문에 지난 100여 년간의 근대화와 전쟁 통을 거치면서도 보전되어 온 것이고 복원하려고 애쓰는 것이다. 상당히 많은 단묘궁릉 문화의 유적과 유물들은 국보나 보물 및 사적史蹟으로 지정되어 박물관에서 보전하고 전시하거나 혹은 현지에서 보전한다.

대한제국과 대청제국의 번영을 위해서 왕실과 황실이 실행하던 문화는 우선 제단과 사당을 통해서 만날 수 있다. 또한 각도를 달리하여 무형

유산을 살펴보면 조선과 대한제국의 당대의 사람들이 중요시하였던 의례ritual 관련 문화들이 무형문화재라는 이름으로 남아있고 보전되고 있는 것도 알게 된다. 이러한 무형의 문화재들 중에 국가와 사회의 연결성과 함께 조선 500년의 세계관에서 하늘天과 땅地과 사람人이 조화를 이루도록 만드는 촉매제 역할을 했던 의례ritual가 나타난다. 이러한 의례들은 국가 차원에서 국왕과 황제를 정점으로 하여 국가적 차원에서 수행되었다. 인간이 세상을 떠나면 후대와 살아남은 이들이 그들을 위해서 일정한 형식과 내용의 의례를 통하여 연결성을 가지게 마련이다.

조선 왕실王室과 대한제국 황실皇室에게는 하늘과 땅에게 마음을 올리는 제단들을 가지고 있었고, 나라의 번영을 위해서 노심초사하던 선대 국왕과 왕실의 어른들의 신주神主를 모시고는 조상신께 제향을 올렸다. 이러한 제례를 포함한 국가의례를 모아둔 책으로 대표적인 것을 꼽으라 하면, 조선 초 성종대 발간된 『국조오례의國朝五禮儀』와 대한제국 고종황제대에 발간된 『대한예전大韓禮典』을 꼽을 수 있을 것이다. 또한 주자학을 숭상하던 조선에서는 남송 시대의 신유학자인 주희가 집필한 『주자가례朱子家禮』를 기준으로 보면 지체가 높거나 부유한 집안, 그리고 종가宗家에는 가문의 사당인 가묘家廟가 있었고, 조선시대의 양반층 조상의 무덤이 있는 선산先山이 관리되었다. 따라서 조선 후기에는 이러한 조상에 대한 숭배가 양반을 너머 백성들에게까지 전파되어 보편적 문화와 사회적 윤리를 형성하기도 하였다. 또한 전통이라는 이름으로 현재까지 살아있다고 할 수 있을 것이다.

의례는 사회와 국가 차원의 공적公的 공간에서 많은 무형의 문화를 만들어 내었다. 특히 왕실 혹은 제실의 경우는 그 유형 및 무형 문화가 사적인 차원보다 공적인 차원이 훨씬 컸다. 국가의 차원에서 도성인 서울에 여러가지 내용의 제단과 사당을 지어서 국가의 번영과 안녕을 빌고 의례를 집행하는 사람들뿐만이 아니라 전체 백성을 위하는 문화적 행사를 하도록 되어 있었다. 물론 신분제의 전통 사회에서 조정朝廷 혹은 정부의 관원이 되지 못하는 일반 백성들은 이러한 국가제례에 참여할 수 없었던 것에서 한계가 드러난다. 반면에 조선의 건국에서 정도전이 『조선경국전』에서 강조한 바와 같이 민본民本을 중시하고 맹자가 선양한 왕도정치王道政治를 표방하던 조선이나 대한제국은 이러한 국가제례를 통해서 백성을 위하여 정책을 시행하는 의도를 굉장히 강하게 드러낸 것 또한 사실이다. 이러한 전통 문화를 현대 사회에 적용시키고 현대화하며 대한민국 시민들이 전세계적으로 자부심을 가질 만한 문화로 이어가는 것은 현 세대뿐만이 아니라 다음 세대에게도 아주 중요한 일이다.

국가 의례에서 '길례吉禮'라는 이름을 가진 의례는 실제로 나라의 번영, 곧 국가 전체의 안녕과 홍복을 바라면서 실행하는 의례였다. 양반이나 백성에게는 '제사' 혹은 '제례'에 해당하는 것이다. 길례는 하늘天과 땅地과 사람人의 상호 조화를 끌어내는 구도로 되어 있다. 원래 가장 상위의 제단은 하늘땅 제사를 지내는 원구단圜丘壇이었다. 고려 왕조는 성종대부터 원구단 의례가 거행되어 고려 왕조 이전의 고대 사회에서부터 내려오던 제천의 의미를 유교화하고 있었다. 하지만 조선의 태조에서 세조까지의 시기 이외의 대부분의 시기 동안에는 원구단 의례가 없었다.

조선에서는 토지와 곡식의 신에게 드리는 의례를 위한 사직단이 공식적으로는 가장 상위의 국가 제사였다. 성종대 이후에는 도성 밖에 있던 원구단이 같은 천신계열의 풍우뇌우단으로 바뀌고 가장 높은 의례에서 한 단계 격하되어 남단南壇으로 불렀다. 원구단 의례가 폐지되고는 공식적인 가장 상위의 의례는 사직단社稷壇의 의례였다. 왕실이나 제실이 담당한 제사가 상당히 많았고 비용도 만만치 않았는데 심지어 왕이나 왕후가 승하하여 국상國喪이라는 흉사가 있어도 다른 제사들은 중지되어도 사직단 제사는 그대로 진행되도록 되어 있었다는 점에서 가장 상위의 제사였다. 도성 사직단 이외에도 조선의 300여 개 되는 각 지방의 읍치에도 주현사 직단이 있었다. 또한 국가의 가장 상위의 사당은 국가 전체를 위한 제향을 드리는 종묘宗廟였다. 실제로는 가장 규모가 크고 성대한 중요한 의례 공간이었고 왕실에게도 가장 중요한 의례 문화였다.

'천지인 요소를 모두 가지는 국가 길례'를 거행한 시기는 대한제국의 광무光武 연간(1897~1907)과 융희隆熙 연간(1907~1910)이었다. 조선 초기의 명나라 연호와 조선 후기의 청나라 연호에서 벗어나서 독자적인 연호를 쓰던 시기이기도 했다. 따라서 국가의 외교권이 일본에게 넘어간 을사보 호조약과 통감부가 설치된 1905년 이전, 곧 고종의 광무연간 초기를 중 심으로 국가제례를 살펴보는 것은 천지인 요소를 모두 가진 길례와 연관 된 단묘궁릉 문화를 이해하는 데 큰 도움을 준다.

현재의 대한민국은 공업을 위주로 하는 산업이 경제의 기본이 되는 사회이다. 현대 사회에는 국가 기념일에 하는 행사가 조선과 대한제국의 국가의례를 일부 이어가고 있다고 해야 할 것이다. 현재 거행되는 조선과 대한제국의 국가의례는 '전통 문화'의 일부로 거행된다.

500여 년의 조선시대는 농경이 경제의 기본이 되는 사회였기 때문에 한 해의 농사가 잘되게 하는 의례가 크게 발달되어 있었다. 하늘과 땅에게 드리는 국가의 공식 제사들은 한 해의 풍년을 비는 의례가 포함되어 있었다. 조선 왕조의 한 해의 풍년은 그 나라 사람들 전체가 배 부르고 등 따뜻하게 된 것을 의미한다. 과학기술이 크게 발전한 사회에서는 언뜻 보아 별로 의미가 없어 보이는 세계관이 그 배경이다. 하지만 이것은 얼마든지 현대화할 수 있는 문화이다. 현대적으로는 경제가 활성화되어 국민들의 삶의 질이 향상되는 것을 의미한다. 풍년을 비는 마음을 모으던 것을 대한민국 경제가 바로 돌아가고 풍요롭게 하려는 마음으로 현대화시킬 수 있는 것이다. 조선과 그 이전의 고려시대에 한 해의 풍요로운 수확을 위해서 원구단의 기곡, 조선 후기의 사직단의 기곡 및 고려와 조선의 선농단의 제례가 있었다.

현대는 자본주의와 과학적 세계관이 사회와 경제를 움직이는 중요한 기축이 되어 있다. 조선은 유학적인 이념, 조선왕조에 적용하면 주자朱子에 의해 집대성된 성리학적인 이념을 국가 창출과 운영의 기반으로 삼았다. 조선은 유학을 교육의 근본으로 삼았고, 지방에 향교와 서울의 4부 학당과 국립대학에 해당하는 성균관을 세웠다. 그런데 이러한 교육 시설에는 모두 공자孔子와 선대의 유현儒賢들을 모시는 사당인 문묘文廟를 가지고 있었다. 서울의 경복궁이 정궁이라면 동쪽에는 종묘가 있고, 서쪽에는 사직단이 있었는데, 지방도 도성과 마찬가지로 300여 개 읍치의 관아를 중심으로 대부분 동쪽에는 향교 속에 문묘가 있었고, 서쪽에는 주현사직단이 반드시 설치되어 있었다. 조선의 문묘는 신라, 고려, 조선의 유학자들도 봉사하도록 되어 있었다. 유학이 가진 이념을 현대화해야 할 것이다. 최근에는 현대 유학자들에 의해 환경 위기에 대응하고 서구문화의 약점들을 치유하는 데 보탬이 되는 유학사상이 구성되어 있다.

이렇게 제단과 사당, 그리고 궁궐과 능원이라는 문화 공간이 모이면 이제까지 보지 못하던 하나의 문화가 시스템을 이루고 있는 것이 보인다. 이러한 시스템에서 드러나는 것은 유형의 문화재뿐만이 아니라 무형의 문화가 존재하였고 그 전통이 대한민국 시민들의 마음 바탕에 어디엔가 남아 있다는 것이다. 그 바탕에 무엇이 있는지 시선을 돌리게 한다. 예를 들어 궁궐이라는 공간은 국가적 행사와 집무가 이루어지는 공간과 왕과 황제가 거주하는 공간으로만 보게 된다. 단묘궁릉 문화라는 시선에서는 궁궐 속에도 사당과 당대 제왕의 어진을 모시던 전각과 선대 제왕의 어진을 모시고 제사를 드리던 건물이 존재한다는 것이 드러나서 그러한 건축물과 공간과 결부된 의례라는 문화를 새롭게 보게 한다.

3. 서울과 베이징

단묘궁릉 문화의 시선에서 드러나는 제단과 사당 및 궁궐과 산릉을 공간적으로 확대하여 동북아시아의 다른 지역으로 확장해 볼 수 있을 것이다. 단묘궁릉의 문화라는 시선을 가지고 바라보면 이제까지 그냥 스치고 넘어가던 동북아시아의 전통과 문화재가 아주 많이 보인다. 서울을 살펴보고는 베이징을 대입해 보면 흥미로운 결과들이 나타난다.

조선 후기, 곧 17세기에서 19세기에 이르는 기간에 우리 선조들과 가장 많은 상호작용을 한 나라는 대청제국, 곧 청나라이다. 단묘궁릉 문화의 시선에서 살펴보면 청나라 전통이 새롭게 보이게 된다. 청나라는 1616년부터 태조 누르하치를 중심으로 현재의 동북 3성인 흑룡강성, 길림성, 요령성에서 흥기한 만주족의 나라이다. 조선 후기의 조선인들은 자신들이 중원의 문화를 계승한 소중화小中華라는 의식을 가지고 있었다. 조선 후기로부터 내려온 이런 편견, 곧 청나라 사람들은 오랑캐들이고 조선보다 저급한 문화를 가지고 있다가 흥기한 민족이라는 선입관은 우리들이 만주족에게는 유교적 문화가 전혀 없었던 것으로 생각하기 쉽게 만들었다.

또한 다른 종류의 시각은 1644년 동북 3성 지역에서 산하이관을 넘어 베이징에 들어간 이후에는 유교 문화를 가지고 있었지만 그 이전에는 없었을 것이고 별로 중요하지도 않았을 것이라고 하는 선입관도 있다.

하지만 실제로 자세히 살펴보면 청나라는 유교적 국가제례를 받아 들이고 나름대로의 문화를 발전시킨 나라이다. 1625년부터 1644년까지의 청나라 수도인 요령성 센양瀋陽에도 유교적 단묘궁릉 문화가 존재한다. 1644년 이후 중원을 장악한 대청제국의 수도가 된 베이징北京에서는 세조 순치제 이후의 만주족과 한족들이 청나라의 단묘궁릉 문화를 만들어 나갔다.

청나라는 많은 부분 명나라의 건물과 제도를 청나라 식으로 변형하여 응용하였다. 명나라, 곧 대명제국(1368~1644)은 공민왕 이후의 고려 말과 조선 초기에 해당한다. 명나라도 서울의 단묘릉궁의 문화와 비슷하지만 다른 규모, 크기, 다양성을 가진 문화를 가지고 있었다. 청나라 베이징의 선대先代 유형이라고 할 수 있다. 명나라의 태조 주원장은 1368년 난징南京을 수도로 하여 명나라를 건국하였기 때문에, 명나라 2대 건문제와 3대 영락제 전기까지(1368~1420)는 명나라 최초의 국가제례의 건물과 제도가 난징에 존재했다. 영락제에 의해서 난징을 원형으로 하여 베이징이 건설되었다.

베이징은 따라서 1420~1644년까지의 225년의 명나라의 문화와 1644~1912년까지의 269년의 청나라 문화가 겹쳐져 있는 공간이다. 명나라 단묘궁릉 문화의 원형은 난징南京에서 시작되었고, 청나라의 단묘궁릉 문화의 원형은 청나라의 싱징盛京인 센양瀋陽에서 발원하였다. 1912년 이후의 중화민국과 일본의 침략 및 내전을 거쳐서 1949년 이후의 중화인민공화국이 베이징을 수도로 정하고 정치적 중심지로 삼았다.

한국 역사를 배우면서 중국이라고 뭉뚱그려 배우는 왕조들은 보통 베이징의 남쪽인 황하 부근에 있던 섬서성 시안長安과 하남성 뤄양洛陽이 주요 근거지라고 할 수 있다. 이러한 지역을 '중원中原'이라고 할 수 있다. 중국을 통일한 진秦나라의 수도가 장안이었고, 한漢나라의 수도가 시안이었다가 후한後漢대에는 뤄양이었으며, 당唐나라의 수도도 장안이었고, 금金나라에 밀리기 전의 북송이라고 하던 시대의 송宋나라의 수도가 뤄양의 동쪽인 카이펑開封이었다.

베이징을 처음 나라의 최고 도성으로 삼은 나라는 여진족의 금金나라이다. 고려 중기 고려 예종(1105~1112) 때 윤관이 함경도의 남부에서 두만강을 건너서까지 여진족을 정벌하고 9성을 돌려주게 되는데, 그 9성을 돌려 받은 세력이 완안 아구타의 여진족이었다. 금나라 태조 완안 아구타는 지금의 흑룡강성 아청阿城에서 1115년 금金나라를 건국하였다. 동생인 금나라 태종이 서쪽으로 진군하여 거란족의 요나라를 무너뜨렸다. 그리고 남진하여 송나라, 곧 북송의 휘종과 흠종을 사로잡아서 금나라의 당시의 상경, 곧 현재의 흑룡강성 아청 주변으로 끌고가 버린다. 금나라는 1153년 현재의 베이징으로 천도하였다. 금나라는 1233년 칭기즈칸의 몽골에 의해서 멸망한다. 1271년 몽골의 3대 원나라 세조 쿠빌라이 칸이 베이징을 다시 대원大元 제국의 수도 대도大都로 삼는다. 쿠빌라이 칸의 사위가 고려 원종의 아들 충렬왕이다. 몽골로 이어지는 대륙과 고려로 이어지는 만주-한반도의 역대 왕조들을 시로 노래한 『제왕운기帝王韻紀』를 지은 이승휴도 금나라의 수도에 대해서 이야기하고 있다.

베이징은 서울이 분지 지형를 가지고 있는 것과 달리 평평한 평원 위에 건설된 도시이다. 베이징 성곽도 전체적으로 거의 사각형에 가깝다(그림 1-4). 실제로 궁성宮城인 자금성이 중심에 위치한 곳이 원래 명나라 3대 영락제가 만든 명나라 성이었는데 명나라 말기에 이전까지는 베이징의 남쪽 교외에 해당하는 지역을 포함하도록 옆으로 퍼진 사각형 모양의 성곽을 북쪽의 성곽에 덧붙여 쌓았다. 청나라가 1644년에 베이징에 입성하여 베이징을 청나라의 수도로 지정할 때의 모습은 명나라 말기의 모습을 그대로 안고 있었다.

베이징의 단묘궁릉은 현재 그 유형의 문화재가 잘 보전되어 있는 편이다. 서울의 단묘궁릉은 일본제국의 조선총독부가 자행한 훼손과 파괴

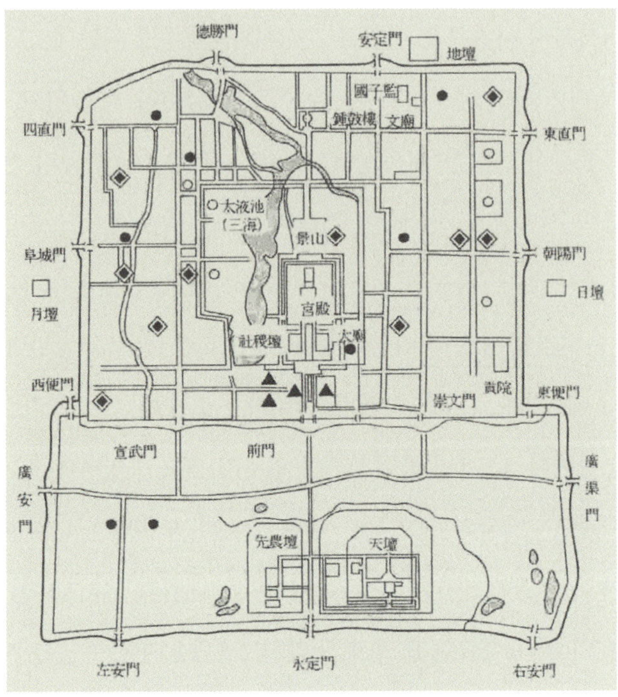

그림 1-4. 1940년대 말 헐리기 이전의 베이징 성곽 지도.

의 대상이었다. 현재로서는 훼손 이전으로의 문화재 복원을 위해서 엄청난 에너지를 쓰고 있는 편이다. 상대적으로 베이징의 단묘궁릉의 문화재는 베이징 시민과 중국 국민들 다수를 위한 공간으로 재편한 것으로 그다지 심하게 훼손된 편이 아니다.

한편 무형의 단묘궁릉 문화는 한국에 더 잘 보전되어 있고, 복원 및 발전시키려는 의지가 강한 편이다. 유네스코 무형문화유산으로 종묘제례가 지정된 것이나 조선 왕릉이 유네스코 문화재로 등재된 이유 중의 하나는 그 해당 산릉제사들이 전주이씨 대동종약원에 의해서 현재에도 거행되고 있다는 점이었다.

4. 만주족이 세운 청나라

17세기부터 현재의 중국의 대부분을 통치한 청나라는 만주에서 흥기한 만주족滿州族이 세운 나라이다. 만주족은 조선 초기와 그 이전에는 여진족이라고 하였는데, 세종대왕이 개척한 두만강 가까이 함경도 북부의 6진(종성, 온성, 회령, 경원, 경흥, 부령)과 현재의 압록강 중류 지역의 4군(여연, 자성, 무창, 우예)이 모두 여진족과의 상호작용을 설명해 주는 역사적 사실이다.

여진女眞족이란 이름은 요遼나라(916~1125)가 발해를 무너뜨린 이후 현재의 요령성 동부, 길림성 및 흑룡강성에 흩어져 살던 족속에게 붙인 이름이다. 거란 혹은 요遼나라는 현재의 네이멍구자치주 파림좌기를 수도로 하던 국가인데 상당수의 발해인들을 자신들의 지역과 요하 동쪽 지역으로 이주시켰다. 현재의 요령성 동부, 길림성 및 흑룡강성의 과거의 발해인인 여진족은 12세기에 만주 동쪽에 금金나라를 세워서 거란을 병합하고 현재의 베이징으로 천도하고 중도中都라 하였다.

금나라(1115~1234)는 100여 년 이상 베이징 중심의 동북아시아 북부를 다스렸다. 금나라 시대의 베이징의 명칭은 연경燕京이나 중도中都였다. 960년에 중원의 50여 년간의 혼란을 극복하고 송末나라가 건국된다. 송나라는 현재의 하남성 카이펑開封을 수도로 하였다. 당나라의 수도 시안西安과 뤄양보다도 더욱 동쪽에 위치한다. 그런데 요나라를 무너뜨린 금나라가 1127년에 송나라의 상황제 휘종과 황제 흠종를 사로잡아 금나라의 상경인 현재의 흑룡강성 아청으로 끌고와 버린다. 대부분의 당대의 송

그림 1-5. 서울의 대청황제공덕비.　그림 1-6. 대청황제공덕비의 만문.

나라 지배층 한족은 현재의 항조우杭州로 쫓겨가서 남송 조정을 수립하게 만든 역사를 가지고 있다. 남송은 금나라에 군신의 관계에 있어서 막대한 양의 세폐를 금나라에 바쳤다. 이때부터 북송과 남송의 시대가 다르고 남송 시대에 주자와 같은 성리학의 대학자가 나온다. 몽골의 원나라가 금나라를 멸망시킨 이후에 베이징은 쿠빌라이 칸 때부터 대원제국의 수도가 되었다. 이후 만주에 남은 여진족은 원나라와 한족의 명나라에 차례로 복속되어 있었다.

17세기에 누르하치청태조가 여진족의 여러 부족을 통합하여 1616년에 후금後金이라고 하였다. 후금이라고 부른 것은 원나라 이전의 금나라의 영광을 되찾겠다는 의미가 있다. 누르하치의 뒤를 이은 홍타이지청태종가 조선에 군대를 보낸 것이 1627년의 정묘호란이다. 이 때는 금나라를 계승한 후금後金이었다. 이 때는 형제국가의 지위로 보게 했다. 조선이 받아들일 만한 정도였다. 조선 선조의 임진왜란에 의해서 피폐된 조선 사회를 복구한 광해군이 1623년 혁명에 의해서 물러나게 되는데 바로 인조반정仁祖反正이다. 이것을 명분으로 만주족의 후금後金이 조선을 침공한 것이다.

셴양瀋陽의 청나라는 명나라를 도모할 의지를 가지고 있었다. 청나라는 금나라가 서쪽으로 진격하여 베이징을 점령해 북중국을 다스렸던 역사를 알고 있었다. 누르하치의 뒤를 이은 홍타이지청태종가 '만주滿洲'라는 말을 처음으로 만들었다. 임진왜란 이후 1636년에 현재의 만주(중국의 동북 3성, 즉 흑룡강성, 길림성, 요령성 및 내몽골자치주 동부)에 명칭을 변경한 새로운 국가 '청淸'을 세웠다. 대청제국이 탄생한 것이다. 1636년에 청나라 태종 홍타이지는 현재의 요령성 셴양瀋陽에서 하늘에 제사를 지내고 황제로 등극한다.

황제국을 선포한 청 태종이 12월에 직접 대군을 이끌고 빠르게 남하하여 병자호란을 일으킨다. 임진왜란 때 원군을 보내어준 우방 명나라를 섬기기로 천명한 인조의 조선 조정이 배후를 교란할 것을 염려한 것이다.

조선의 인조 조정은 강화도로 가서 항전하였다. 예상보다 일찍 청나라 군대가 남하하여 남한산성으로 들어가 항전하다가 이듬해 1637년(인조 15년)에 삼전도三田渡로 나가 단을 쌓고 그 앞에서 조선 인조가 청 태종 앞에서 머리를 땅에 대는 고두례를 하는 항복의식을 한다. 이제는 외교적으로 보아 청나라의 신하 국가가 된 것이다.

병자호란이 남긴 청나라와 조선의 인연은 서울 송파구 석촌호수가에 있는 '삼전도비'로 남아 있다. 1639년에 세워진 삼전도비의 원래의 이름은 '대청황제공덕비大淸皇帝功德碑'라서 청나라의 황제가 세우도록 만든 비석이라는 것이 드러난다(그림 1-5). 이 청나라 황제는 청나라의 2대 황제인 청 태종 홍타이지皇太極이다. 17세기부터 나타난 만주족은 자신들이 창제한 문자인 만주문과 한문을 같이 쓰는 '합벽문合璧文의 문화'를 많이 보여 주는데, 이 대청황제공덕비는 조선 인조仁祖의 조정에서 한문으로 먼저 쓰고, 당시의 청나라의 수도인 센양에서 재가를 내려서 한문과 만주문과 몽골문의 3체 합벽문으로 되어 있다. 현재의 석촌호수 서쪽 호수와 롯데월드 사이에 있는 이 비석에는 앞면은 만문과 몽골문으로 되어 있고 뒤에는 한문으로 되어 있다(그림 1-6).

또한 병자호란 때에 강화도를 함락시킨 청나라 군대의 리더는 청 태조 누르하치의 14번째 아들이면서 예친왕睿親王이었던 도르곤多爾袞이다. 청 태종이 황제로 등극하면서 황제, 친왕, 왕의 제도를 시행하였다. 예친왕도 대청제국의 여러 명의 친왕 중의 한 명이다.

이후에 청나라는 1644년 명나라의 수도인 베이징에 들어가게 된다. 명나라와 전쟁을 벌이면서 차츰 서쪽으로 영토를 넓히다가 명나라의 이자성이 이끈 반란에 의해서 명나라 마지막 황제, 명 사종思宗 숭정제崇禎帝가 자결하고, 산해관을 지키던 오삼계가 청나라 군대를 산해관 서쪽으로 들어오게 하였다. 이것을 산해관을 넘어서 전통적 중국의 본토로 들어갔다고 해서 청나라의 '입관入關'이라고 한다.

대청제국에게는 조선을 신하의 국가로 만든 역사적 계기가 우리가 병자호란으로 부르는 1636~1637년의 전쟁이다. 병자호란 직전에 청나라 태종 홍타이지는 만주의 서쪽, 현재의 네이멍구자치주 지역에 있던 몽골

부족들과의 전쟁에서 이기고 션양瀋陽에서 황제로 등극한다. 이 여세를 몰아 조선을 침공하여 제압한다. 삼전도비, 곧 대청황제공덕비는 청나라의 승리를 기념하는 비석이다. 만주문자, 몽골문자, 그리고 한문으로 쓰여진 것이다. 대청제국의 통합성을 보여주는 증거이기도 하다.

객관적인 입장에서 보면 대청제국에게는 우리가 병자호란으로 부르는 1636~1637년의 전쟁이 '조선제압 전쟁'이 될 것이다. 그 이전에 있었던 청 태종 홍타이지의 '몽골제압 전쟁'과 같은 맥락일 것이다. 조선의 역사기록에서 나타나는 바에 기초하면 조선에게는 '치욕의 역사'이다. 그리고 이 17세기부터 조선의 족속과 청나라 만주족 사이의 '배타적 이민족排他的 異民族' 구별이 더욱 강화되기 시작하였다. 일본열도의 사람들과의 전쟁인 임진왜란을 통해서 강화된 배타적 이민족 구별 개념이 청나라의 조선제압 전쟁을 통해서 한층 더 강화될 수밖에 없었다.

하지만 고려시대나 조선 초기만 해도 만주족의 선조가 되는 여진족은 고려와 조선의 북방 및 북동부의 족속이었다. 전쟁과 갈등 관계도 있었지만 고려인이나 조선인으로 귀화하기도 어렵지 않았던 족속이었다. 고려 전기에 발해가 거란에게 무너진 이후에 고려는 여진족의 지역을 동번東蕃이라고 인식하고 있었을 정도로 발해유민과 여진족에 대해서 그렇게 적대적이지 않았다. 팔관회라는 토속제를 통하여 고려 군주는 여진족을 포함한 고려 주변부족과 국가에게서 조하朝賀를 받았다. 더욱이 『용비어천가』에 등장하는 태조의 4대조인 목조穆祖 이안사는 자신을 따르는 무리들과 함께 고려-몽골 전쟁 시기에 두만강 건너편으로 가서 여진족들과 함게 섞여 살았다. 이러한 맥락에서 조선 태조의 건국에 지대한 공을 세운 양렬공襄烈公 이지란李之蘭 장군은 여진족이었다. 원래 퉁두란이었는데 이씨 성을 가지게 되었고 청해 이씨靑海 李氏의 시조이다. 종묘의 태조묘太祖廟의 배향공신으로 시호가 양렬공이다.

1644년에 만주족 황실은 중국 대륙의 심장부인 베이징에 들어가 주인이 되고 대청제국이 바로 중국이 된다. 이보다 500여 년 전 12~13세기 금나라가 거란을 무너뜨리고 베이징을 중심으로 한 동북아시아 대륙을 경영한 이후의 역사적 사건이었다.

우리가 만주족과 청나라를 보는 시각은 역사적 산물이라는 사실을 다시 되새겨 볼 필요가 있다. 배타적 이민족 개념과 그에 기초한 역사관은 동북아시아의 미래와 평화를 위해서는 그렇게 바람직하지 않은 인식을 유발한다. 현재의 한국의 역사학에는 배타적 이민족 개념에 의해서 구도화된 역사적 사실을 사료로 하고 있다. 이 때문에 동북아시아의 문화를 보는 시각을 상당히 편향되고 왜곡되게 만들고 있다. 역사상에 나타나고 사라졌던 동북아시아의 국가들이 가진 문화를 이해하려면 이러한 편향된 시각에서 탈피해야 한다. 단묘궁릉 문화를 통해서 살펴보는 역사는 균형 있는 시각을 형성하는 데 필요하다.

국가 의례를 모아 둔 예전禮典 혹은 사전祀典은 주로 전통 시대에 제도와 형률을 모아 놓은 법전法典과 함께 국가의 예치주의와 법치주의를 대표한다. 조선 초기에는 『국조오례의國朝五禮儀』가 예전이고 『경국대전經國大典』이 법전이다. 조선 초 성종대 발간된 『국조오례의國朝五禮儀』와 비교할 만한 대한제국의 예전은 고종황제대에 발간된 『대한예전大韓禮典』이다.

『국조오례의』 「서례」에서 국가제사인 길례吉禮를 구분하는 범주들이 제시되어 있는데, 하늘신天神에 지내는 제사는 사祀, 땅신地祇에게 지내는 것은 제祭, 인귀人鬼에게 지내는 제사를 향享이라고 했고, 공자에게 지내는 제사는 전奠이라고 했다. 이 구분에 근거하면 우리가 자주 쓰는 용어인 제사祭祀는 하늘신과 땅신에게 지내는 것을 합친 것이다. 제사를 제향祭享이라고도 하는데 조상은 인귀에 속하므로 종묘대제는 종묘제향으로 하는 것이 맞다. 『국조오례의』는 국가의 5가지 예禮 중에 길례吉禮는 좋고 상서로워서 행복을 가져오게 하려는 기원과 의도가 의례화儀禮化한 것이다. 하늘, 땅, 역대 선조, 토지의 신과 곡식의 신께 국가의 번영과 평화를 비는 행사들을 포함한다. 『국조오례의』에는 국가제사의 종류를 대사, 중사, 소사, 속제로 구분하였다. 격식과 규모에 따라서 구분한 것이다. 『국조오례의』에는 대사에 사직과 종묘만이 들어가 있다. 종묘에는 정전과 영녕전이 포함되어 있다.

원구단 제사가 들어간 『대한예전』에도 『국조오례의』와 같이 대사, 중사, 소사, 속제 및 부군의 제사(주현의 제사)로 구분하고 있다. 『국조오례의』의 대사의 순서는 사직과 종묘인데, 『대한예전』에서는 원구, 종묘, 영녕전, 사직으로 그 서열이 바뀌어 있다.

『대한예전』의

① 대사大祀에는 원구圜丘, 종묘宗廟, 영녕전永寧殿, 사직社稷이 있다.

② 중사中祀에는 농경의 풍요를 비는 선농단先農壇과 선잠단先蠶壇, 문선왕文宣王으로 모시는 공자의 사당인 문묘文廟에서 지내는 석전釋奠, 단군, 기자, 고구려, 백제, 신라의 시조와 고려 태조와 몇 왕에게 지내는 제향, 그리고 상무尙武의 신, 관우를 제사하는 관왕묘關王廟가 포함되어 있다. 1899년(광무 3) 사도장헌세자가 장조(裝祖)로 추존되기 이전에 사당인 경모궁景慕宮이 조선 후기 중사 1등이었다.

③ 소사小祀에는 중요한 사건이나 행사를 알리는 제사인 도성의 원구, 종묘, 사직의 기고祈告와 제사 이후의 음덕을 보답하는 보사報祀가 속한다. 산천단, 성황단, 주현의 악진해독, 명산대천, 추위를 관장하는 사한司寒, 마조馬祖, 영제禜祭, 포제酺祭, 독제纛祭, 칠사七祀, 공자와 4현의 아버지들의 사당인 계성사啓聖祠, 태학 혹은 성균관학생으로 국가에 큰 기여를 한 네 명을 기리는 사현사四賢祠가 포함된다.

④ 속제俗祭는 조선의 왕과 왕후를 중심으로 하는 왕실 제사로서 태조를 포함하는 왕의 어진을 모신 영희전과 선원전의 진전眞殿의 제향, 산릉山陵, 곧 왕릉과 원園의 제향, 곧 세자원, 후궁원, 대원군묘 등의 제향을 의미한다. 시조 이한의 실전 묘터에 세운 조경단 및 중시조 양무장군의 준경

묘와 장군부인의 영경묘도 포함된다.

⑤ 부군府郡에서는 지방의 부군府郡 사직과 향교의 문묘, 포제, 여제, 영제를 드리는 것으로 되어 있다. 여제는 여단厲壇이라고 지방의 읍치의 북쪽에 세워서 한이 많고 억울하게 죽은 귀신들을 모아서 제사를 지낸 것이다. 지방 관리는 기본적으로 3단 1묘, 곧 부군사직단, 성황단, 여단과 문묘에 치제해야 했다.

참고문헌

자료

『국조오례의(國朝五禮儀)』, 성종 6년, 1475, 대한민국 법제처, 1981~82.

『춘관통고(春官通考)』, 정조 12년, 1788.

『대한예전(大韓禮典)』, 1897~1899.

윤국일 역, 『경국대전(經國大典)』, 예종 1년, 신서원, 1998.

정도전, 한영우 역, 『조선경국전(朝鮮經國典)』, 15세기 말, 올제, 2014.

논문 및 단행본

강만길, 「대한제국의 성격」, 『분단시대의 역사인식』, 창작과비평사, 1978.

______, 『고쳐쓴 한국근대사』, 창작과비평사, 1994.

______, 『고쳐쓴 한국현대사』, 창작과비평사, 1994.

국립고궁박물관 편, 『대한제국 : 잊혀진 100년 전의 황제국』, 민속원, 2011.

박노자 · 허동현, 『우리역사 최전선』, 푸른역사, 2003.

코넬리우스 A. 반 퍼어슨, 오영환 역, 『문화의 전략 : 현대문화론의 철학적 과제』, 법문사, 1979.

하르트무트 뵈메 · 페터 마루섹 · 로티 뮐러, 손동혁 · 이상엽 역, 『문화학이란 무엇인가』 성균관대
　　　출판부, 2004.

멀치아 엘리아데, 이동하 역, 『성(聖)과 속(俗) : 종교의 본질』, 학민사, 1983.

마크 엘리엇, 이훈 · 김선민 역, 『만주족의 청제국』, 푸른역사, 2009.

이기봉, 「서울에서 세계문명을 보다」, 『고지도를 통해본 서울지명 연구』, 국립중앙도서관, 2010.

이덕일, 『근대를 말하다 : 이덕일의 역사평설』, 역사의아침, 2012.

이범직, 『한국 중세 예사상 연구』, 일조각, 1991.

이시바시 다카오, 홍성구 역, 『대청제국 1616~1799』, 휴머니스트, 2009.

이태진, 『고종시대의 재조명』, 태학사, 2004.

임계순, 『청사(淸史) : 만주족이 통치한 중국』, 신서원, 2000.

장영기, 『조선시대 궁궐운영 연구』, 역사문화, 2014.

전경수, 『문화의 이해』, 일지사, 1994.

루드비히 폰 버탈란피, 현승일 역, 『일반체계이론』, 민음사, 1990.

한석정 · 노기식 편, 『만주 : 동아시아 융합의 공간』, 소명출판, 2008.

한형주, 『조선 초기 국가제례연구』, 일조각, 2002.

Berkes, F., *Sacred Ecology : Traditional Ecological Management and Resource Management,* 3rd Edition,
　　　Routledge, 2012.

Korean National Commission for UNESCO (ed.), *Korean History : Discovery of Its Characteristics and Development*, Hollym, Seoul, 2004.

Tuan, Yi-Fu, *Space and Place : The Perspective of Experience*, University of Minnesota Press, Minneapolis, 1977.

Tucker, M. E. & Berthong, (ed.), *Confucianism and Ecology : the Interrelation of Heaven, Earth and Humans*, Harvard University Center for the Study of World Religions, Cambridge, U.S.A., 1998.

제
1
부

제단으로
쌓은 문화

들어가는 글

동북아시아에서 제단을 쌓는 문화는 신석기 후기 옥玉 세공 문화를 일구어낸 고대 사회에서 처음 나타난 것이다. 서요하西遼河 지역의 그 신석기 후기 문화를 고고학적으로 홍산문화紅山文化라고 한다. 만주와 중원에서 이후에 제단을 쌓는 문화가 생겨난 것 같다. 청동기를 거치면서 제단 문화는 더욱 더 세련화되었다. 고대사회의 제단 문화는 중세사회에 와서 하늘과 땅에 대한 제사로 정착되었다.

단묘궁릉 문화에서 '제단이 있는 개방된 공간the open space with an altar'은 보통 자연신natural diety에 대한 숭배의 장소로 드러난다. 동북아시아의 제단은 둥그런 원형과 네모진 방형(사각형) 제단으로 구분된다. 하늘은 둥글고 땅을 네모지다는 '천원지방天圓地方의 관념'은 신석기 후기와 청동기를 거치면서 점차로 진화된 것 같다.

제1부 제단으로 쌓은 문화에서는 주로 원구단(제2장), 사직단(제3장), 방택단(제3장)에 관계된 문화와 그 공간을 살펴본다. 원구단은 하늘신인

호천상제昊天上帝나 황천상제皇天上帝라는 위호位號를 가진 자연신 혹은 인격신에 대한 숭배를 보여준다. 신성한 나무나 숲, 곧 신목神木과 신림神林 숭배에서 사社라는 토지신 제사로 발전하여 농경의 곡식신 직稷을 아우르게 된 사직단에서는 일정한 영역의 토지에 대한 경외심을 유발한다. 사직단과는 차별성을 보이는 방택단에서는 하늘 아래 산하山河를 대표하는 황지기皇地祇라는 신위에 대한 숭배가 네모진 제단으로 발전하였고, 이러한 하늘과 땅을 섬기는 문화가 근대화 이전 사회에까지 전승되어 왔다.

하늘을 우러러

·· 황궁우와 천단

1. 대한제국의 유산

대한민국大韓民國은 대한제국大韓帝國이라는 이름에서부터 유래하였다. 대한大韓은 삼한三韓이 통합된 어떤 하나의 국가라는 의미를 가지고 있다. 서력기원 무렵 2천여 년 전에 형성되기 시작한 고구려, 백제, 신라, 가야와 같은 철기시대 고대국가 이전의 마한, 진한, 변한의 삼한三韓이 통합된 지역의 국가라는 것이다, 나아가 고려가 통일하기 이전에 존재한 후고구려, 후백제, 후대 신라의 삼한이 통합된 지역의 국가라는 의미이기도 하다. 중국의 한족이 세운 국가인 명나라도 대명大明, 만주족이 세운 국가도 대청大淸이라고 했던 전례가 있어서 대한大韓이라는 이름을 붙인 것이다.

1897년에 대한제국이라는 나라 이름을 선포한 장본인은 1863년에

조선의 26대 국왕으로 등극한 고종高宗이다. 대한민국이 대한제국을 계승하였다는 증거 중의 하나는 대한제국 황제의 깃발, 어기御旗였던 '태극기太極旗'가 현재 대한민국의 국기가 되어 있다는 것에서도 찾아볼 수 있다. 대한제국 선포 수 년 전 1882년 고종 시대의 조선이 미국과 수교를 할 때 고종은 대군주大君主라는 칭호를 쓰고 있었다. 그러고 나서 일본에 보낸 사절단이 태극기를 게양하였다는 것에서 최초의 태극기의 국가 상징성을 찾는다. 대한제국이 선포되고 태극기는 대한제국의 국기였다.

고종황제가 1919년 경운궁(현 덕수궁)에서 붕어하고 독살설이 퍼지자 3·1운동이 일어났다. 고종의 존재는 한반도에 사는 백성들의 정신적 중심추이기도 했다. 태극기를 들고 나가서 '대한독립만세'를 외치며 비폭력으로 일제의 총칼에 맞서며 전세계의 여론을 끌어들이는 운동을 벌여나갔다. 이후에 중국의 상하이上海에는 대한민국大韓民國 임시정부가 생겨나게 된다. 대한민국 임시정부 시절에 대한제국에서 대한민국으로 국호의 변경이 일어났다. 1919년 3·1운동 두 달 후에 청나라(중국)에서는 5·4운동이 일어나고 신해혁명에 의해서 중화민국中華民國이 성립된다.

주목해야 할 것은 이 무렵에 '민국民國'이라는 국호가 동북아시아에 처음 생겨난 것이다. 대한민국과 중화민국이라는 국호가 나타났다. 대한민국 임시정부가 만든 헌법에는 "구황실을 우대한다"는 조항이 들어 있다. 일본제국이 한반도를 집어삼키고 식민지의 이름을 조선으로 격하시킨 것과는 대조적인 측면이다. 대한제국의 황실을 지칭하여 '구황실舊皇室'이라는 용어를 사용하였다. 1919년 9월 11일에 제정된 임시헌법에는 '대한민국의 강토疆土는 구한제국舊韓帝國의 판도版圖로 정定함'이라고 명시되어 있다.

대한민국 임시정부가 천명한 영토는 분명히 일제가 강점한 한반도였다.

대한제국은 공식적으로는 1897년에서 1910년까지 약 13년 정도의 짧은 기간 동안 존재했다. 그냥 '구한말舊韓末'이라고 부르는 경우가 많다. 그리고 그냥 500여 년의 조선의 말기라고 생각하고 그냥 조선으로 붙여서 부른다. 그런데 이렇게 무의식적으로 생각하는 것은 엄청난 망각과 심각한 오류를 유발한다. 대한제국을 격하하고 망각하게 만든 일제강점기의 일본인 및 친일 역사가들의 역사관에 사로잡혀 있는 것이다. 우리 역사를 우리 스스로 볼 수 없게 된 것에서 벗어나지 못하는 것이다.

대한민국의 근대화 및 서구화의 과정을 이야기하면서 대한제국의 중요성을 강조하지 않을 수 없다. 실제로 일본제국에 의해서 강제 병합되면서 대한제국이라는 독립국이자 황제국 국호가 없어지고 일본제국의 지방인 '조선'으로 강등되었다. 그런데 이 때의 조선은 600년 전 조선 태조가 세운 조선이 아니고 일본제국의 '식민지 조선'이 된 것이었다. 왜 일본어에서 '조센징朝鮮人'이 비하하는 말로 그대로 있는가를 곰곰히 생각해 보아야 할 것이다. 식민지놈들이라는 뜻이 함축되어 있다. '강코쿠징', 곧 한국인韓國人은 그와는 뉘앙스가 다르다. 대한제국이라는 독립국 내지는 자립국의 이미지를 완전히 없애 버리는 명칭으로 강등된 것이다.

반면에 1919년 신해혁명으로 대청제국이 무너지고 이후 일본의 군부가 1931년 만주사변을 일으켰다. 바로 이듬해인 1932년 길림성 장춘長春을 수도로 하여 '만주국'이 세워져 1945년까지 존재했다. 현재의 중국 동북 3성에 청나라의 마지막 황제 선통제를 상징적으로 내세운 만주국이었다. 영화 〈마지막 황제The Last Emperor〉에 나온 푸이가 만주국의 황제였다.

한족漢族들이 중심이 된 현재의 본토 중국은 '만주滿洲'로 부르기를 싫어한다. 우리식 발음으로 요령성, 길림성, 흑룡강성이라고 부르는 지역을 그들은 '동북 3성' 혹은 '뚱베이東北 지역'이라고 부른다. 하지만 한족들의 정서도 비판적으로 수용해야 한다. 2천만을 상회하는 현대 중국의 소수민족인 만족滿族, 곧 만주족에게는 만주라는 이름이 중요한 것이다. 이것을 애써서 무시하려고 하는 그들의 저의를 짐작해야 한다.

'만주滿洲'라는 이름은 청나라의 2대 태종 홍타이지가 먼저 쓰기 시작했고 청나라의 발상지로서 중요한 역사적 의미를 가진다. 또한 엄밀하게는 동북 3성과 함께 요령성의 서쪽과 연접한 내몽골(네이멍구) 동부 지역도 만주에 해당한다.

조선에서 대한제국으로의 변화는 일련의 굴곡진 파란만장한 과정을 거쳤다. 고종이 경복궁에서 국정을 살피고 있을 때부터 이러한 변화의 과정이 진행되고 있었다. 황제국이 아닌 조선은 명나라의 연호를 쓰든지 청나라의 연호를 쓰고 있었다. 1882년 조미수호조약을 체결할 때에 그동안 조선의 국왕을 주상主上 전하殿下로 부르던 것을 대군주大君主 폐하陛下라고 부르기 시작했다. 폐하라는 칭호는 천자에게 붙이던 칭호이다. 폐하라는 칭호를 붙이기 시작한 지 12년 후인 1894년 갑오년의 개혁을 통해서 고종은 '건양建陽'이라는 연호를 쓰기 시작했는데, 1894년이 건양 원년이다. 그 이전에는 조선 나름대로의 독자적인 연호를 써 본 적이 없다. 조선 초기에는 중국 명나라의 연호를 가져다 썼고, 만주족이 세운 청나라가 중국을 차지한 이후에는 공식적으로는 청나라의 연호를 쓰고 있었다. 1910년 일제강점 이후에는 서양의 기원을 많이 쓰게 된 것이다. 일제강점기에는 일본의 연호인 명치明治니 대정大貞이니 하는 연호를 쓰기도 했다. 일본은 아직도 이러한 천황의 치세를 기리는 연호를 서력기원과 같이 쓰고 있다. 대한민국 임시정부는 '민국民國 원년' 같이 1919년을 기점으로 연호식으로 표기하였는데, 1945년 광복 이후 대한민국은 서력기원을 쓰는 것이 일상화되어 거의 잊어버렸다. 올해 2016년은 광복 71주년이라고만 하여 기념한다.

고종의 건양연간(1894~1897)에는 갑오농민전쟁, 청나라군대의 개입, 청일전쟁, 2차 농민봉기, 일본군의 무력진압이 있었다. 건양연간에 그동안의 이조, 형조, 예조, 병조, 공조의 전통적 육조체제가 의정부議政部 8아문과 궁내부宮內部로 이원화하는 개혁이 있었다. 그리고 1895년에 가장 안타까운 사건인 을미사변, 곧 일본에 의한 명성왕후의 시해라는 역사적 사건이 있었다. 또한 경복궁이 일본공사 및 군대에 의해서 점령되었다. 청일전쟁에서 일본이 청나라에 승리하여 일본의 기세가 등등하던 때이다. 1896년 2월 10일 경복궁에 거의 연금상태였던 고종과 왕세자가 경복궁을 빠져 나와 현재의 서울 중구 정동 지역에 있던 러시아공사관으로 가서 그곳을 어소御所로 사용하였다. '러시아 공사관 이어移御'라고 하면 된다. 러시아공사관에 임금이 피신하여 옮겨갔다는 것을 강조하여 '아관파천我館播遷'이라는 용어를 사용해 왔다. 파천播遷은 황제나 국왕이 피난간 것을 의미하는 용어로 도성에서 먼 거리로 옮겨간 것을 의미한다. 그런데 고종은 경복궁에서 경운궁(현 덕수궁) 주변의 러시아 공사관으로 어소를 옮긴 것이지 먼 거리로 옮겨간 것도 아니고 정상적인 국왕의 집무를 보았기에 역사용어로서는 적합하지 않다. 약 1년간 러시아 공사관을 어소로 하여 집무를 보

던 고종은 1897년 2월 20일에 현재의 덕수궁인 '경운궁慶運宮'으로 환궁한

다. 고종의 러시아 공사관 어소 사용 기간은 1년 정도이다.

2. 대례의 공간이 된 원구단

1897년 8월 16일 고종은 그동안 쓰던 건양이라는 연호를 '광무光武'로 바

꾼다. 그러고는 청나라와는 별개의 독립국이라는 의미의 황제로 등극하

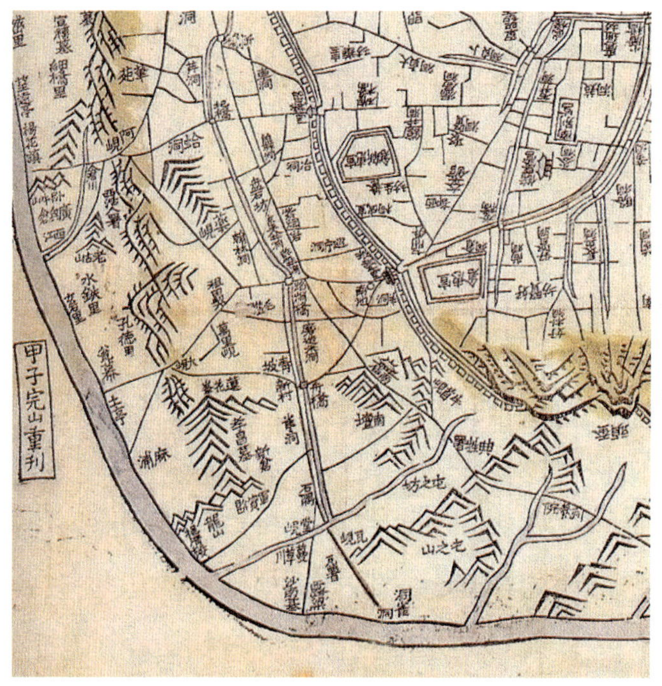

그림 2-1. 〈수선전도〉의 숭례문과 남단 부분. 한강이 동쪽에서 흘러 서북쪽으로
가는 모습과 함께 남산(목멱산)과 둔지산 및 이태원의 지명이 나타나 있다.

는 등극례, 곧 대례大禮를 치르기로 결심한다. 12살의 어린 나이에 문효세자, 곧 헌종의 아버지 익종翼宗의 왕후인 풍양조씨의 '사자嗣子', 곧 양자로 종통을 이으면서 창덕궁에서 조선의 26대 국왕으로 등극하던 것이 첫 번째 등극례였고, 이제는 황제로 등극하는 것이었다.

1897년 10월 7일 경운궁의 중심 전각인 즉조당即祚堂을 '태극전太極殿'으로 이름을 격상시킨다. 태극전과 태극기 모두 고종시대의 변화와 관련되어 있다. 동북아시아의 유교적 문화를 가진 황제 국가에서는 '대례'를 치르면서 하늘에 알리는 제사를 지내는 절차가 필요하다.

조선 초기의 태조에서부터 15세기 태종을 거쳐서 세조 당시까지만 해도 조선에 하늘제사는 존재했다. 그것은 고려가 밖으로는 제후국 스타일이지만 안으로는 천자국의 체제를 유지해온 전례를 그대로 따르던 것이었다. 15세기 말 조선 성종(1469~1494) 때부터 명나라의 제후국으로 자처하게 되면서 중단되었다. 성종대에 완성된 『국조오례의』에는 원구단 제의가 빠져 있다. 맹사성과 함께 세종의 예악무 프로젝트에 깊이 관여하였던 박연의 증언에 의하면 15세기 원구단을 성종대에 와서 풍우뇌우단風雲雷雨壇으로 바꾸었다. 조선 후기에는 이 풍우뇌우단이 도성의 남쪽 교외에 있어서 남단南壇이라고 불렀다. 세조와 그 이전의 조선왕조실록에는 하늘제사 원구단 제의에 대한 기록이 존재한다. 또한 『세종실록』「지리지」'경도한성부京都漢城府'조에 의하면 원단圓壇, 풍우뇌우단, 영성단 및 노인성단이 숭례문 밖의 둔지산屯地山에 있다고 기록하고 있다(老人星壇, 圓壇, 靈星壇, 風雲雷雨壇 皆在崇禮門外屯地山).『세종실록』「지리지」의 원단圓壇은 원구단이다.

한반도와 만주에서 수천 년의 전통을 가진 하늘제사는 약 400여 년간 폐지되어 고종 시대(1863~1907)에까지 이르렀다. 조선의 왕들은 선왕이 승하하면 법궁의 정문이나 선왕의 시신을 둔 장소인 빈전(주로 편전)에서 즉위하고 상복을 입게 되어 있었다. 예를 들어 성종의 선왕인 예종이 경복궁 자미당에서 승하하자 잘산대군은 경복궁 근정문에서 성종으로 즉위하였다. 사직과 종묘에는 고유하였지만 하늘제사를 통하여 자신의 등극을 알리는 고유제는 지내지 않았다.

동북아시아 국가에서 하늘제사를 거행하는 공간은 원구圜丘 혹은 원구단圜丘壇이다. 고종은 황제즉위 사실을 고하는 고유제告由祭를 지내고 그 장소, 원구단에서 즉위의례, 곧 대례大禮를 거행하기로 하였다. 이 고유제는 1466년 세조 말년의 하늘제사 이후로 실로 430여 년 만에 처음 실시하는 원구단 하늘제사였다. 조선 초기의 15세기 원구는 한양도성 숭례문崇禮門 밖의 남쪽 교외, 곧 남교南郊에 해당하는 지역에 위치하고 있었다. 현재의 용산구 용산생태공원부지(용산 미 8군 기지 지역)였다.

건양 2년, 곧 1895년에 「원구단건축청의서圜丘壇建築請議徐」라는 문건이 내각에 제출된 적이 있었다. 천신인 풍우뇌우風雲雷雨에게 제사하던 남단南壇을 개조하여 원구단으로 만들자는 청원이었다. 『고종실록』에 의하면 고종은 이 원구단를 수축하도록 허락하였다.

『세종실록』「지리지」 '경도한성부京都漢城府'조에 나타난 바와 같이 원단圜壇과 다른 제단은 숭례문 밖의 둔지산屯地山에 있었다. 〈수선전도〉의 숭례문 주위의 남쪽 부분을 자세히 살펴보면 남단南壇의 동쪽에는 남산(목멱산)과 국가 제사의 희생동물을 관리하는 전생서典牲署가 있고, 도성의 서

북쪽에서 남쪽으로 흐르는 만초천^{蔓草川}의 서쪽에는 현재의 효창공원인 효창묘^{孝昌墓}가 위치하고 있으며, 남쪽에는 둔지산이 있으며 이 구역의 지명은 둔지방이라는 것이 나타나 있다(그림 2-1). 조선 후기의 중흥 군주 정조는 남단이라는 곳이 조선 초기의 원구단이 있던 자리로 파악하고 있었다. 남단이 둔지산과 둔지방에 위치해 있었다는 것이다. 이 둔지산은 현재 국립중앙박물관의 북쪽 지역으로 미 8군 지역과 전쟁박물관 북쪽지역에 해당한다.

고종은 1895년에 독자적인 연호 제정 사실을 하늘에 알리는 고유제를 첫 번째 원구단(남단)에서 지낸 것으로 보인다. 연호를 제정하면서 하늘에 알리지 않는다는 것은 유교식 국가제례의 모범국가 중의 하나인 대한제국으로서는 상상도 할 수 없는 일이기 때문이다. 고종은 12살 어린 나이로 즉위한 이후로 남단에서 기우제를 여러 차례 친제한 적이 있다. 창덕궁에서 숭례문을 나가서 남단에 이르는 길에 대해서 잘 알고 있었다. 또한 경복궁 완공 이후의 시기에도 남단 기우제를 지낸 적이 있다. 그러고 보면 용산의 남단터는 사직단과 종묘와 함께 500여 년의 국가 제사 터였던 것이다. 또한 1895년 초보적인 원구단을 다시 쌓은 역사의 현장이기도 하다.

「원구단건축청의서」는 남단을 원구단으로 만들자는 청의서이다. 내각대신서리 내부협판 유길준에 의해서 작성되어 내각총리대신 박정양 수신으로 보내진 것이다. 「원구단건축청의서」의 내용은 ①남문(숭례문) 밖의 남단^{南壇}을 원구^{圜丘}로 만든다. ②단의 주위^{周圍}를 돌로 쌓고 그 직경과 높이는 편의에 따른다. ③세째 단의 담장^{壇垣}은 폐지하고 수목을 둘러서 심는다. ④홍살문紅箭門을 세우는 옛 방식은 하지 않는다는 것이다. 아주 초보적인 수준의 원구 형태의 제단만을 갖추고 담장을 세우지 않고 수목을 빙 둘러 심었던 것이다.

실제로 고종이 숭례문 밖 원구단의 수축을 재가하였기 때문에 둔지방 원구단은 건립되었다. 또한 이 초보적인 원구단에서 연호제정을 하늘에 알리는 고유제를 지낸 것이다. 400여 년 만에 고종의 첫 번째 원구단이 건축된 것이다. 이 1895년 만들어진 남단터 원구단을 '건양연간 원구단'이라 할 수 있다.

1897년 환궁 이후에 독립국의 황제임을 선포하라는 상소와 함께 고종은 연호를 '광무光武'로 변경한다. 그리고 그 변경 사실을 알리는 고유제를 원구단, 사직, 종묘에서 지내도록 한다. 건양연간의 원구단이 존재하였기에 연호 변경 사실을 다시 하늘에 고유한다. 그리고는 새롭게 원구단 건축 명령을 내린다. 숭례문 밖의 첫 번째 남단터 원구단을 개조하는 것이 아니라 도성 안쪽의 경운궁의 남동쪽에 있던 남별궁 자리에 새롭게 원구단을 수축하도록 명한다. 현재의 소공동 웨스틴조선호텔의 자리인 것이다. 고종대 이전에 편찬된 〈수선전도〉의 숭례문과 남단 부분 도면(그림 2-1)에는 숭례문의 북동쪽에 남별궁이 표시되어 있다. 그 자리에 원구단을 건립한 것이다.

청일전쟁이 1894년에서 1895년에 한반도에서 전개되고 난 이후에 일본군은 한성 도성의 목멱산 남록南麓인 현재의 용산 지역에 주둔한다. 청나라군이 주둔하던 지역이었지만, 청일전쟁의 승리 이후로 자신들의 본거지로 삼기 시작했다. 그리고 일본공사관도 도성 안이지만 목멱산 북록北麓에 위치해 있었다. 따라서 1895년 유길준의 「원구단 건축청의서」가 제기하여 건립한 건양 원구단은 일본군과 일본거주민이 득실거리는 지역에 위치하게 되었다. 1896년 2월 러시아 공사관 이어移御 이후에 1897년 가을에 이르는 1년 6개월의 시간동안 황제국 선포의 상소가 올라오는 상황에서 국가 최고 지도자의 결정은 어떤 것이어야 했을까? 일본군의 영향력이 미치는 공간에 위치한 첫 번째 원구단에서 대한제국이라는 독립국이면서 황제국을 선포하는 것이 좋을까? 경운궁이라는 황제의 어소御所와 가까운 곳으로 옮겨서 도성내로 위치시키는 것이 올바른 판단인 것이다. 교제郊祭인 원구단 제사는 원래 도성의 바깥의 남쪽 교외南郊에 위치하게 되어 있지만 이것을 초월하여 광무 원구단은 도성내의 황궁의 동쪽으로 위치시키는 조치를 명령한 것이다.

숭례문 밖의 남단터 원구단은 '건양 원구단'이다. 이와는 대조를 이루도록 소공동 남별궁 자리 원구단은 '광무 원구단'이다. 역사적으로 정리하면 숭례문의 남동쪽의 둔지방, 곧 현재의 용산생태공원부지(용산미군기지 경내)에는 1895년 남단터 원구단이 건양 연간에 존재했다. 1897년 숭례문 안의 북동쪽 남별궁 자리에는 광무 원구단이 건립되었다. 광무 원구단에는 제단만 둥그러니 존재하는 초보적인 용산의 원구단이 아니었다. 초보적인 건양 원구단과는 달리 광무 원구단에는 둥그런 제단 주위에 낮은 담장도 세워졌고, 높은 담장이 경내 전체에 둘려쳐지게 되었다. 광무 원구단에는 ①세 층의 둥그런 원형 석재 제단祭壇, 곧 원구단, ②하늘제사의 제사 대상의 위판位版을 보관하는 황궁우皇穹宇와 동무 및 서무, ③황제가 제사를 위해 머무는 재궁齋宮, ④향과 축문을 위한 안향청安香廳, ⑤제사 희생과 음식을 준비하는 전사청典祀廳, ⑥석고각, ⑦원구대문(서남문), ⑧광선문(동문), ⑨원구단과 황궁우 사이의 삼문이 포함되었다.

광무 원구단은 청나라와의 전통적 사대事大의 외교관계를 깨고 독립국임을 선포하는 의미를 강력하게 가지는 것으로 청나라 사신을 영접하던 문門인 영은문迎恩門을 독립문獨立門으로 바꾸어 세운 것과 맥락이 같다. 조선 후기 청나라 사신이 머물던 남별궁에 원구단을 세워 버림으로써 독립국의 이미지를 선양하고자 한 것이다. 또한 대한제국은 광무 3년(1899)에 '대한국국제大韓國國制'를 발표하여 당시에 통용되던 만국공법상의 근대국가의 면모를 갖춘다. 이 때에 태극기가 국기로 확정되고, 국가國歌 및 훈장太極章 등이 공식적으로 제정되었다.

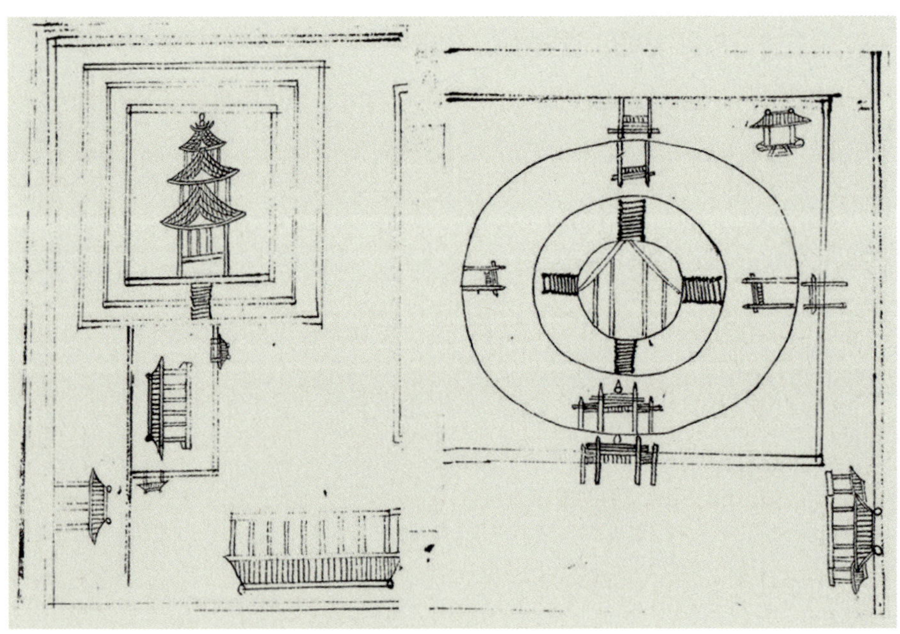

그림 2-2. 「대한예전」 단묘도설의 황궁우 및 원구단 그림.

『대한예전』단묘도설壇廟圖說에 마치 현대의 스케치화와 같은 스타일로 묘사한 황궁우와 원구단 그림이 있다(그림 2-2). 왼쪽 그림은 위판 보관 건물인 황궁우, 재궁 및 전사청을 묘사하고 있다.『대한예진』에는 황궁우 남쪽 좌우에 있던 종향위從享位 위판 보관 건물인 동무東廡와 서무西廡 그림은 없다. 이후에 대한제국기에 찍은 사진에는 황궁우와 양 옆에 단층 건물인 동무와 서무가 위치해 있다(그림 2-3). 황궁우의 남쪽의 벽돌문, 곧 황궁우와 원구단 사이의 삼문三門이 현재 황궁우와 웨스틴조선호텔 사이에 위치한다. 이 황궁우 삼문의 북쪽 경내의 동쪽과 서쪽에 단층 건물이 보인다(그림 2-3). 동무와 서무는 1901년에 건립된 것으로 보아『대한

그림 2-3. 대한제국의 광무 원구단 전체를 볼 수 있는 사진.

그림 2-4. 세 문을 가진 바깥 남신문과 안쪽 남신문에서 바라본 원구단.

『예전』이 1897년 이후 및 1901년 이전의 사실을 기록하고 있음을 알 수 있다. 황궁우 벽돌삼문은 좌우로 담장이 연결되어 있는데, 그 담장 안에 황궁우 및 동무와 서무를 둘러싼 둥근 담장이 또 있는 것이 보인다(그림 2-3). 대조적으로 『대한예전』의 단묘도설은 동무와 서무가 없던 때에 3단의 네모진 기단 위에 황궁우만 건축된 모습을 보여주고 있다(그림 2-2).

『대한예전』 단묘도설壇廟圖說(그림 2-2)의 오른쪽 그림은 원구단을 묘사한 것이다. 대한제국기의 사진에는 세 층의 제단을 둘러친 난간과 사방으로 난 폐陛라는 이름의 계단들이 보인다(그림 2-3). 계단의 섬돌이라는 뜻을 가진 두 한자에서 폐陛는 보통 제단의 섬돌을 의미하고 사당의 계단의 섬돌은 계階라는 한자를 사용한다. 원구단 제사에서 남쪽의 섬돌, 곧 남폐南陛를 제주인 황제가 올라갔다가 내려갔다 한다. 사직단은 북폐北陛를 오르내린다.

또한 원구단의 상층에 정위正位와 배위配位를 위한 고깔 형태의 차양이 둥그렇게 씌워져 있는 것이 보인다(그림 2-3). 또한 2층에는 남쪽 양 옆에 직사각형의 차양이 씌워져 있는 것도 보인다(그림 2-3, 2-4). 또한 원구단의 세 층 모두에 난간이 둘러쳐 있는 것도 보인다(그림 2-3). 『대한예전』 단묘도설壇廟圖說 에는 정위 및 배위를 위한 둥근 차양만이 표시되어 있다(그림 2-2). 실제로는 둥근 차양뿐만이 아니라 동쪽과 서쪽에 종향위從享位를 위한 직선형 차양 두 개가 더 있다(그림 2-3, 2-4).

원구단 주위를 둘러싼 낮은 담인 유壝가 두 가지 있다. 바깥의 네모진 유와 안쪽의 원형 유가 바로 그것이다. 대한제국기에 찍은 사진에도 네모진 유와 원형의 유가 확실하게 존재한다(그림 2-3). 네모진 유와 내부 원형 유의 사방에 홍살문이 있었다. 〈그림 2-3〉의 사진에는 네모진 유와 원형유의 서쪽의 홍살문 두 개가 보인다. 동쪽과 북쪽 및 남쪽에도 홍살문이 있다.

특히 원구단의 남쪽에는 세 홍살문이 연결된 형태의 유문, 곧 '삼문홍살문'이 있다. 네모진 유의 남쪽 유문은 삼문홍살문이다(그림 2-4). 100여 년 전의 원구단 남신문南神門은 특징적으로 삼문홍살문이다. 이 남신문 오른편에 제정祭井이 위치한 것이 보인다(그림 2-4). 그리고 남신문을 통해서 들어가면 원형유의 남유문도 삼문형태인데, 네모진 유의 삼문홍살문보다는 높이가 낮고 홍살문이 아니라 양쪽 여닫이로 된 네 쪽짜리 문으로 되어 있다(그림 2-4). 대조적으로 동쪽과 서쪽과 북쪽의 유문에는 홍살문이 단문單門 형태이다(그림 2-3). 『대한예전』 단묘도설도 남신문과 남쪽 원형 유문을 삼문 형태로 그리고 있어서 일치한다(그림 2-2).

네모진 유의 남신문으로 연결되는 '향어로香御路'는 향과 축판이 중간으로 가게 되고 북쪽으로 가는 방향으로 오른쪽이 황제의 길御路이고 왼쪽이 황태자의 길睿路로 삼로三路의 형식을 보여주고 있다(그림 2-4). 또한 이 길이 원구대문이 있는 서쪽에서 와서 북쪽으로 90도 꺾이는 형태를 보여 주고 있다. 향어로를 통해서 네모진 유의 남신문을 지나서 원형유의 남유문으로 들어가는 데에는 계단 3단이 존재하여 원형유 지역의 지대가 네모진 유의 지대보다 높다는 것을 알 수 있다. 또한 원형유 지역보다는 제단 지역이 높은 지대로 되어 있음을 알 수 있다.

네모진 유의 남신문과 원형유의 남유문을 지나면 원구단이 있는데, 『대한예전』 단묘도설 오른쪽 그림에는 네모진 유 바깥 남동쪽에 희생을 태우는 요단燎壇이 있고 북동쪽 네모진 유 안쪽에는 예감瘞坎이 존재한다(그림 2-2).『대한예전』 단묘도설은 동무와 서무가 없는 시기의 그림으로서 요단과 예감 자리에 각각 한 칸과 다섯 칸짜리 건물을 묘사하고 있다.

고종이 황제로 등극하는 고유제와 대례를 치를 때인 광무 1년(1897년)에는 원구단만 있었던 것으로 보인다. 대한제국 초기(1897~1900)를 기준으로 하는『대한예전』 단묘도설의 원구단 그림은 동무와 서무도 없는 가운데에 네모진 3단의 기단 위에 황궁우를 세우고, 원구단의 북동쪽의 예감과 남동쪽의 요단 자리에 건물이 들어선 모습을 보여 주고 있다. 이것은 1901년 이후의 사진과는 차이를 보이는 것으로 원구단의 양식과 건물이 광무4년(1901)을 기점으로 상당한 변화를 보인 것을 의미한다. 따라서 광무 원구단은 한 번 만들어서 그대로 사용하던 것이 아니고 광무연간(1897~1907)과 융희 연간(1907~1910)까지 지속적으로 관리되고 건물이

증설되고 다듬어진 것이라는 것을 입증해 준다.

『대한예전』에는 고종의 1897년 대례 공간이었던 원구단은 연초에 지내는 풍년 기원의 기곡제祈穀祭와 연말의 동지에 지내는 동지의례를 위한 행례의주儀註가 있다. 사직서와 종묘서와 마찬가지로 대사급인 원구단에는 원구단사제서圜丘壇祠祭署가 있었고, 관리들이 있었다.

3. 대한제국 원구단 의례는 천지의례

광무연간의 원구단 의례는 하늘제사만을 의미하는 것이 아니었다. 엄밀하게 말하면 하늘-땅제사, 곧 천지의례天地儀禮이다. 하늘인 황천상제皇天上帝와 땅인 황지기黃地祇를 합사合祀하는 제사이다. 이것은 15세기 조선 초기와 고려의 원구단 의례와 같다. 고려의 말기 및 조선의 1세기에 해당하는 기간 동안에 올려진 천지의례인 것이다. 하늘을 대표하는 정위正位의 명칭. 곧 태호太號가 세조대에는 '호천상제昊天上帝'였다. 천하, 곧 땅을 대표하는 정위의 명칭인 황지기는 같다. 고종대의 정위의 태호는 명나라 예전禮典인 『대명집례大明集禮』와 같다. 명나라 초기에도 하늘신의 이름은 호천상제였는데, 명나라 후기 국가제례가 많이 변화될 때인 12대 명 세종 가정제嘉靖帝 때인 1538년에 호천상제에서 황천상제로 바뀌었다. 그러한 명나라 전통을 고종대에 수용하였다. 명나라의 중원문화를 계승한다는 의미가 있었던 것이다.

대한제국의 하늘제사의 대상은 황천상제皇天上帝와 황지기黃地祇를 정위正位, 조선의 태조가 배위配位이고 14종류의 천신과 지신을 종향위從享位로 하여 하늘제사를 지냈다.『고종실록』에 따르면 1897년 원구단이 세워지기 전에 당시 장례원경 김규홍이 만든 원구단 의례 시행 절차에는 하늘신의 태호가 '호천상제昊天上帝'였다. 하늘은 푸르고 땅은 누렇다天碧地黃의 전래의 중원의 사상과 맥락에는 호천상제와 황지기가 맞다. 그런데 광무 3년(1899) 이전의 어느 시기를 기준으로 하는 대한제국의 예전禮典인『대한예전』의 「축판」조에는 '황천상제皇天上帝'로 바뀌어 있다. 중원의 당唐나라나 송宋나라 그리고 조선 세조 때에도 태호는 호천상제였으나 1538년 명나라 12대 가정제가 빠꾼 것을 대한제국에서도 채택한 것 같다.

그림 2-5. 중국 시안의 당나라 원구단.

그림 2-6. 중국 시안의 당나라 원구단 위성사진.

광무 원구단 3단의 크기는 대체로 상단의 직경이 12미터 정도, 중단의 직경이 25미터 정도, 하단의 직경이 50미터 정도로 되었던 것으로 계산된다. 이것은 중국 섬서성 시안의 당나라의 원구단과 비교될 만한 크기이다. 당나라 원구단은 현재 시안의 섬서사범대학 경내에 남아 있는데, 3층이 아니라 4층의 원형 단으로 되어 있고, 네 방향의 계단陛이 아니라 8방향에 계단이 만들어져 있다(그림 2-5, 2-6).

광무 원구단은 둥근 단이 3단으로 상단에서 중단, 중단에서 하단, 하단에서 원형유 경내 평지와 연결된 계단, 곧 폐陛가 있는데 주로 남쪽 계단陛을 중심으로 제상을 진설한다. 지름 12미터의 상단上壇에 황천상제와 황지기의 위판은 북쪽에서 남향하고, 태조고황제의 위판은 동쪽에서 서향한다. 하늘땅제사에서 선조를 배향하는 것은 유교적 효孝의 극치를 보이는 것으로 중원의 수천 년 전부터 주周나라를 포함한 천자의 나라에서 시행하던 것이다. 조선의 첫 국왕 태조는 대한제국에서는 '태조고황제'로 추존되었다. 그리고 원구단의 상단에서 천지 의례의 배위로 제사되었다.

정위인 황천상제와 황지기의 위판과 배위인 태조고황제의 위판이 놓이는 상단의 아래인 중단中壇과 하단下壇 표면에는 모두 종향위의 위판이 자리하게 된다. 지름 25미터의 중단은 지름 12미터의 상단이 위에 포개어져 있는 구조이다. 따라서 물리적인 공간상의 형태로는 도너스같은 모양의 단이 된다. 따라서 남폐에서 보면 동쪽과 서쪽의 폭이 6.5미터 정도의 제단 표면이 드러난다. 남폐南陛의 동쪽, 곧 남폐와 동폐 사이 중단 제단 표면에 해를 뜻하는 대명大名 신위와 제상이 자리한다. 대조적으로 남폐와 서폐 사이 제단 표면에는 달을 뜻하는 야명夜明의 신위와 제상이 자리한다. 중단의 신위는 바깥에서 제단의 중심을 향해서 보도록 놓여진다. 대명은 남동쪽에서 서북쪽을 향하게 되고, 야명은 남서쪽에서 북동쪽을 향하게 놓여진다. 대한제국기의 원구단 사진인 그림 2-2와 2-3에서 보는 바와 같이 작은 차양이 중단의 동쪽과 서쪽에 올려쳐져 있다.

지름 50미터의 하단은 지름 25미터의 중단을 제외하면 남폐에서 보아 양쪽의 제단 표면의 폭이 12.5미터인 제단이 된다. 남폐와 동폐 사이 제단 표면에는 북두칠성, 목화토금수, 이십팔수, 주천성신周天星辰의 신위가 한 제상, 오악五嶽 신위가 한 제상, 그리고 사해 신위가 한 제상에 자리한다. 그래서 남폐의 동쪽에 3개의 제상이 자리한다. 대조적으로 남폐와 서폐사이의 제단 표면에는 운사雲師, 우사雨師, 풍백風伯, 뇌사雷師 신위가 한 제상, 사독四瀆 신위가 한 제상, 오진五鎭 신위가 한 제상에 자리한다. 남폐의 서쪽에도 3개의 제상이 자리한다. 중단에서와 마찬가지로 하단의 신위들도 모두 제단의 중심원을 향하여 보도록 놓여진다. 대한제국기의 원구단 사진(그림 2-2와 2-3)에서는 중단의 작은 차양보다 큰 차양이 하단의 동쪽과 서쪽에 올려쳐져 있는 것을 보여준다.

현재 서울 소공동에는 대한제국 황궁우皇穹宇가 남아 있다(그림 2-7). 황궁우는 원구단 의례에 모시는 정위와 배위의 위판을 보관하는 건물이다. 종향위의 위패位牌를 보관하는 동무와 서무는 일제강점기 때 헐렸다. 황궁우와 동무와 서무를 둥그렇게 둘러싼 담장도 모두 헐려 버리고 현재는 남아있지 않다. 현재 정위와 배위의 위판과 종향위 위판은 모두 황궁우에 보관하고 있다.

황궁우의 남문, 곧 황궁우와 원구단 사이의 삼문은 현재 남아 있어서

그림 2-7. 황궁우 전경.　　　　그림 2-8. 황궁우 내부의 통층 구조 모습.

웨스틴조선호텔과 아주 가까운 곳에 있다. 대한제국 원구단 자체가 일제 강점기 때 훼손되고 그 자리에 웨스틴조선호텔이 서 있기 때문에 황궁우와 남문을 포함하는 경내는 웨스틴조선호텔 북쪽 마당 같이 보인다. 그러나 엄연히 대한민국 문화재청에서 지정한 원구단공원이고 사적 157호로 지정된 문화재이다.

대한제국 황궁우는 밖에서 바라보면 팔각 3층의 건물 같이 보인다(그림 2-7). 그러나 내부를 보면 팔각형이지만 하나의 층으로 된 통층通層 구조 건물이다(그림 2-8). 『대한예전』 단묘도설의 원구단 왼쪽 그림에는 사각형의 삼층 기단 위에 각을 이룬 건물로 묘사되어 있다(그림 2-2).

현재 보전된 대한제국 광무 원구단의 황궁우는 팔각 기단 위에 지어진 건물이다. 대한제국 초기의 사각 기단이 아니고 광무 4년(1901)에 대대적인 보수를 한 이후의 것으로 보인다.

그림 2-9. 황궁우와 웨스틴 조선호텔을 보여주는 항공사진.

그림 2-10. 서울 시청 광장 쪽에서 바라본 원구단 정문.

4. 대한제국 황궁우와 석고만 남게 된 사연

현재 서울 소공동의 '환구단 시민공원'에 가면 팔각건물 한 동과 돌로 된 북, 곧 석고石鼓가 남아 있다. 서울 웨스틴 조선호텔 북쪽 터이다. 다시 요약하면 이 팔각건물은 황궁우皇穹宇라는 천지제사에 필요한 위판 보관 건물이다(그림 2-7). 이 황궁우와 석고, 그리고 원구단에서 황궁우로 가는 삼문, 서북쪽의 서울 시청 방면의 원구단대문(정문)이 남아 있는 전부이다. 그런데 황궁우만 원래의 자리에 있고, 원구단대문과 석고는 원래의 자리에서 이탈되어 현재의 자리로 옮겨졌다.

따라서 현재의 대한민국의 원구단이라는 문화재가 남아 있는 모습은 오히려 웨스틴조선호텔과 롯데호텔 및 롯데백화점에 둘러싸여 있는 혹은 현대식 호텔 건물들 곁에 붙어 있는 공간일 뿐이다(그림 2-9).

또한 현재 원구단을 문화재청이 환구단圜丘壇으로 명명한 근거로 제시되어 있는 것은 1897년 10월 12일 화요일자 『독립신문』 제121호에서 한자 '圜'을 환으로 읽은 것에 근거한다. 조선 초기의 문헌에는 圓壇, 圓丘가 많이 쓰였고, 圜丘와 圓丘가 바꾸어 쓸 수 있는 용어로 들어가 있다. 현재의 한자 圜의 중국어 발음도 '유에yue'로 한국어의 '원won'에 가까운 편이다. 많은 논란이 있지만 이 책에서는 대부분 원구단으로 통일한다. 단지 현재의 사적지의 경우는 문화재청의 표기를 따라 환구단으로 쓴다.

1910년에 일본은 대한제국을 강제로 병합하여 총독부를 세우고 일제강점기를 시작하였다. 이 때부터 조선총독부는 대한제국의 상징적 시설들을 하나하나씩 철거하거나 훼손해 나갔다. 천지제사를 지내는 광무연간의 원구단 및 부속 건물들도 이러한 경향에서 벗어날 수 없었다. 1911년 2월 원구단의 건물과 부지는 조선총독부 관할로 넘어갔고, 1913년 3월 15일에 원구단 및 부속 건물들이 철거되기 시작하였다. 4월부터 철도호텔이 건립되기 시작하였기 때문이다. 현재의 구 서울역 역사인 게이조역京城驛에서 가까운 거리에 일본제국의 총독부를 위한 철도호텔을 세웠기 때문이다.

조선총독부 철도호텔은 4층의 북유럽 양식으로 1914년 9월 30일에 완공되었다. 이 때 원구단은 철거되고 그 위에 철도호텔 건물이 들어서 버렸다. 이 철도호텔 자리에 현재의 웨스틴조선호텔이 높다랗게 들어서 있다. 다시 말하면 원구단의 네모진 유와 원형 유의 자리에 현재의 호텔 건물이 들어서 있는 것이다(그림 2-9).

광무연간 원구단 경내에서 1914년 이후에 남아 있게 된 것은 황궁우와 황궁우 남문, 고종 즉위 40주년 기념 1902년의 석고단, 그리고 정문과 동문 광선문光善門만 남게 되었다. 광무 원구단의 동쪽 지역은 현재 롯데호텔과 롯데백화점 건물이 들어선 지역으로 실제의 남별궁, 곧 홍궁洪宮 지역이었다. 1924년 원구단의 동문이자 석고단의 정문인 광선문을 남산의 봉원사 정문으로 이전하였다. 석고는 원래 석고각石鼓閣 속에 들어 있었던 기념물이었다. 1935년 석고각을 현재의 장충동 신라호텔 자리인 이토오 히로부미의 원찰인 박문사博文寺의 종각으로 옮겨 세웠다. 조선총독부 도서관이 현재의 롯데백화점 자리 북쪽에 위치해 있었다. 그래서 석고는 조선총독부 도서관 서고 뒤편(현재의 롯데백화점 자리)에 있다가, 1936년 현재의 자리로 이전되었다.

　해방 이후에 조선총독부 철도호텔은 미군정의 맥아더 장군, 하지 장군의 사령부 집무실로 사용되었다. 또한 이승만 박사와 서재필 박사의 집무실 역할을 하기도 했다. 건국 이후 철도호텔(조선호텔)의 소유권이 대한민국 정부(교통부)에 귀속되었다. 1958년 조선호텔에 화재가 났는데 이후에는 1962년 국제관광공사가 경영권을 인수하였다. 1967년 한국 관광공사와 아메리칸 에어라인이 합작투자로 조선호텔 건설 계약을 체결하고, 박정희 대통령의 지시 아래 1970년 20층 현대식 건물로 재공사가 이루어졌다. 1967년 신축 때 그나마 남아 있던 원구단의 정문(원구대문)이 민간에 넘어갔다. 1967년 7월 15일 문화재 관리국이 '환구단'을 사적 157호로 지정하였는데, 원구단 정문이 민간에 넘어간 지 9일 만이었다. 1968년에는 웨스틴조선호텔이 완공되어 현재의 모습을 이루고 있다. 1983년 국내 투자자가 관광공사에서 삼성그룹으로 바뀌었고, 1991년 신세계가 삼성그룹에서 독립하면서 신세계그룹이 웨스틴조선호텔을 소유하게 되었다.

　2000년 10월 서울시가 원구단 인근지역을 원구단 시민공원으로 지정하였고, 2007년 8월에는 원구단 대문이 우이동 옛 그린파크 호텔에 남아 있는 것이 밝혀져, 2009년 원구단 시민공원의 현재의 자리(북서쪽)로 이전되었다(그림 2-10). 원래의 자리는 현재의 웨스틴조선호텔에 들어가는 입구와 도로가 만나는 지점에 위치하였다. 웨스틴조선호텔과 현재의 도로 사이의 서쪽 경내, 곧 호텔 들어가는 입구와 그 서편은 원구단의 재궁과 안향청이 들어서 있던 자리이다.

5. 천지제사의 복원과 황궁우

원구단 의례는 대한제국의 국가 제사에서 대사大祀에 속하며 대사에서도 가장 상위의 제사이다(단묘궁릉 I 참조). 원구단 의례는 2007년 11월 27일 전주이씨 대동종약원에서 주관하여 환구대제라는 이름으로 처음 복원되었다. 의례 이전 4월 30일에 종묘에서 환구대제 복원을 알리는 고유제를 봉행하고 황천상제, 황지기를 포함한 17신위를 황궁우에 모시는 신위 봉안식을 거행하였다. 1910년 원구대제가 폐지된 지 100여 년 만에 복원되기 시작하였다. 다만 원구단 자체가 현재 웨스틴조선호텔 건물이 들어서 있고 부재한 가운데 복원된 것이다. 날짜는 고종황제의 황제등극의례가 있던 날로 정하여 복원하였다.

이것은 원구단의 대안으로 황궁우 건물을 이용하여 원구단 국가의례라는 무형문화재가 복원되기 시작한 것을 의미한다. 황궁우도 3층의 기단 위에 세워진 건물이라서 원구단의 세 층과 동일하게 하여 복원하였다. 황궁우 팔각 건물의 남쪽 계단을 중심으로 황궁우 실내 상층 기단을 원구단 상단으로 삼고, 황궁우 건물의 난간이 있는 중층 기단을 원구단의 중단으로, 황궁우 뜰을 원구단 하단으로 삼아 제례를 행한다.

현재 원구제례악과 8일무를 거행할 공간이 없을 정도로 원구단 의례(환구대제)의 장소인 대한제국 황궁우 경내는 협소하다. 원구단 의례는 제례악과 8일무가 빠져 있었는데, 2015년 10월 12일에 원구제례악과 일무가 부분적으로 복원되었고, 행례行禮와 맞추어졌다. 원구제례악은 종묘에서 쓰는 속악俗樂 혹은 항악鄕樂과는 달리 아악雅樂이다. 조선 초기 세조 때의 원구단 의례에도 원구제례악이 있었다. 광무 및 융희 연간의 대한제국 원구단 의례는 새로운 가사를 가진 노래(악장)를 포함한 아악과 일무가 있었다. 건양 원구단이 있을 때인 1896년 12월 15일에 고종이 전 경연원경經筵院卿 김영수에게 원구제례 악장을 새로 짓도록 하였다. 이후 1897년 10월 새로운 광무 원구단을 소공동에 세웠다. 그리고는 그 원구제례악과 일무가 대한제국의 정월 기곡제와 동지제사에 올려졌다. 현재 같은 아악에 속하는 사직제례악과 일무가 복원되어 있어서, 원구제례악과 일무의 복원도 가능하다. 원구단이 존재하게 되면 모든 것은 복원된다.

고종대의 『승정원일기』에는 정월 기곡제가 대한제국 원구단에서 친제로 올려진 것이 기록되어 있다. 17세기 조선의 숙종대부터는 천자만이 지내는 정월 상신上辛일의 기곡제를 사직단에서 올려왔다. 고종은 200년이 넘게 지속되어온 정월 기곡제 전통을 조선의 26대 국왕으로도 지속하였지만 황제국을 선포하고 원구단이 마련된 이후에는 원구단에서 거행하였다. 행례문화에 있어서 고종은 그가 주창한 표어인 '구본신참舊本新參'을 정확하게 실천하였다.

원구단이라는 천지 제사의 공간과 행례문화行禮文化가 완전히 복원되려면 두 가지 정도가 고려될 수 있다. 원구대제(환구대제)라는 무형문화재가 악무를 제외한 제례 자체는 복원이 되어 있는 상황이기 때문에 원구단이라는 행례공간이 마련되어야 한다. 사직대제 악무가 2014년 12월 12일 완전히 복원을 마친 상태라서 의지만 있으면 예악무가 완전한 원구대제를 거행할 수 있게 되어 있다. 행례공간의 마련이라는 면에서는 세 가지의 안이 있다.

첫째는 신세계 그룹이 소유한 웨스틴조선호텔을 완전히 허물어 버리고 그 위에 대한제국 시대의 광무 원구단을 모두 복원하는 방법이다. 두 번째는 1895년 '원구단건축청의서'에서 건의한 당시의 남단터 건양 원구단 자리에 대한제국 시대의 광무 원구단 공간을 재현하는 것이다. 세 번째는 위판 보관 건물인 황궁우는 현재의 자리에 두고 원구단의 제단과 재궁, 안향청 및 전사청은 남단터의 건양원구단 자리에 복원하는 것이다.

첫 번째 '광무 원구단 완전 복원안'은 3천억 원에 해당하는 비용을 신세계 그룹이 대한민국 사회에 기증해야 할 뿐만 아니라 현재의 건물을 허무는 비용에다가 원구단과 부속 건물을 건축하는 비용 및 여러 가지 합의의 문제가 뒤따르게 된다. 물론 국민이 동의하고 신세계 그룹에서 동의하면 가능한 일이다. 하지만 현실성과 비용이 만만치 않은 것 같다.

두 번째 '남단터 복원안'은 현실성에서 장점이 있다. 현재 서울 용산구 한남동 미8군의 부지가 평택으로 이전하고 용산생태공원을 조성하는 계획이 국토부안으로 설립되어 있다. 국토부의 생태공원조성 계획안에 문화재청의 남단터 원구단 조성을 통합하는 방안이다. 현재의 위치에 남아 있는 광무 원구단의 황궁우와 남문, 석고 및 원구대문을 이전하고 3층의 원구단을 대한제국기 크기로 생태공원 내에 새로 조성하고 동무와 서무, 재궁, 안향청, 전사청 등의 부속 건물을 건축하고 조경하는 비용만으로 복원이 가능하다는 점에서 현실성이 더 크다고 하겠다.

세 번째 '황궁우와 원구단 분리 복원안'은 두 번째 안을 준용하면서도 가장 비용이 적게 드는 안으로 황궁우와 원구단의 경역을 중구 소공동과 용산구 용산생태공원으로 이원화하는 방안이다. 행례에 있어서는 거의 문제가 없다. 이 안을 준용한다면 현재의 황궁우는 그 둘레에 원형 담장을 두르고 동무와 서무를 복원하여 위판을 보관하는 것을 주요 골자로 하면서, 용산생태공원내의 남단터에는 원형의 원구단 제단과 부속 시설 및 재궁, 안향청, 전사청 건물을 복원하는 방안이다.

황궁우와 원구단의 분리안에 의하면 정월의 기곡제와 동지의 원구대제를 지낼 때에는 황궁우와 동무 및 서무에 보관된 정위, 배위 및 종향위 위판들을 용정龍停이라는 가마에 싣고 차량으로 용산생태공원의 제단으로 옮겨서 좌정시키고 제사를 드린다. 대제를 거행한 후에는 위판을 다시 소공동의 황궁우의 위판 보관 건물로 이송하여 보관하는 형식을 취한다. 이것은 두 번째 안에서 황궁우와 동무 및 서무를 용산생태공원에 한꺼번에 조성하는 비용을 절감할 수 있다. 남단터에 초보적인 건양 원구단이 만들어지고 지속적인 건립과정을 통해서 광무 원구단이 마련된 것과 비슷한 역정을 거칠 수 있다.

2017년은 대한제국선포 120주년이 되는 해이다. 1897년이 정유丁酉년이었는데 2017년도 정유년이다. 대한제국의 원구단이 세워진 지 두 주갑周甲이 지난 것이다. 소공동의 황궁우가 세워진 지 120주년이 된다는 말이다. 정월과 12월에 올려지던 대한민국 최고의 무형문화재인 원구대제가 하루 빨리 복원되는 계기가 2017년에 마련되면 좋겠다. 황천상제여, 황지기여 도우소서!

6. 베이징의 천단 공원과 천지분사天地分祀

베이징의 중심부는 명나라 초기의 도성都城, 명나라 가정제 이후부터 청나라 시기의 내성內城이었던 곳이다. 명나라 초기 도성의 남문이 정양문正陽門인데 이 정양문의 남쪽 교외南郊에 천단 공원天壇公園이 있다. 천단 공원은 명나라 가정제嘉靖帝 때인 1553년(가정 32)에 쌓았기 때문에 외성外城 안쪽 남쪽에 위치했다. 현재는 자금성 이외의 외성과 내성의 성벽을 허물고 베이징을 환상으로 둘러서 외곽순환도로가 되어 있다고 보면 된다.

베이징의 천단 공원天壇公園에는 청나라의 하늘제사 공간인 원구단과 기년전祈年殿이 있다. 크게 보아서 남쪽에는 원구단이, 북쪽에는 기년전이 위치한다(그림 2-11). 대한제국은 원구단만 있는 데 비하여 베이징에는 기년전이라는 건물과 경내가 덤으로 더 있는 것이다. 베이징 원구단은 남쪽 제단으로 황궁우를 포함한다. 북쪽의 기년전은 기곡제를 드리는 원형 제단 위에 세운 건물이다. 기곡제를 드리는 제단이니 '기곡단祈穀壇'으로도 불려졌었다.

행례문화에 있어서 서울과 베이징은 차이가 난다. 대한제국은 '천지합사合祀의 행례문화'를 보여주고 베이징의 천단 공원은 자금성 북쪽에 위치한 지단 공원地壇公園과 함께 청나라, 곧 '대청제국의 천지분사分祀'의 행례문화'를 보여준다.

원구단과 기년전의 중간 위치 천단 공원 서쪽에 재궁齋宮이 있다(그림

그림 2-11. 원구단과 북쪽 기년전을 보여주는
베이징 천단 공원의 위성사진.

그림 2-12. 원구단과 기년전 사이의
서쪽에 위치한 재궁.

2-12). 재궁은 황제가 친제하는 원구단 의례나 기년전의 기곡제를 위해서
마음과 몸을 근신하고 부정한 생각을 하지 않도록 거처하는 제사 준비의
재계齋戒를 위한 건물이다. 재궁 뒤 서쪽에는 원구단 의례와 기곡제에서
연주되었던 제례음악과 무용을 담당한 사람들의 공간인 신악서神樂署가
있다.

청나라, 곧 대청제국의 천단 및 지단의 천지분사分祀 행례문화에서 원
구단과 기년전은 하늘제사만을 올리는 신성한 공간이다. 청나라 원구단
과 기년전은 천신계열의 위판만을 모시고 의례를 행하는 신성 공간이다.

원구단과 기년전의 각각의 동쪽에는 제사를 드리는 제수와 희생동물
을 준비하는 신주神廚와 재생성宰牲亭이 별도로 위치한다(그림 2-13, 2-14).

그림 2-13. 원구단과 북쪽의 황궁우 및 동쪽의 신주와 재생정을 보여주는 위성사진.

그림 2-14. 기년전과 북쪽의 황건전 및 동쪽의 신주와 재생정을 보여주는 위성사진.

신주神廚는 조선과 대한제국에서는 보통 전사청典祀廳이라고 부른다. 또한 원구단의 남신문(영성문) 남동쪽과 기년문 남동쪽 단폐교丹陛橋 상에는 구복대具服臺라는 황제가 면복으로 갈아 입는 장소가 있다.

베이징 원구단의 북쪽 인접 경내에는 원구단의 천신天神 및 청나라 선조 황제 위판을 봉안하는 황궁우가 있다(그림 2-13). 베이징의 원구단과 황궁우의 전체 모습은 대한제국의 원구단과 황궁우와 전체적으로 같은 구조를 가지고 있다고 보아도 된다. 기년전의 북쪽에는 기년전의 천신 및 청나라 선조 황제 위판을 봉안하는 황건전皇乾殿이 위치한다(그림 2-14).

따라서 베이징의 천단 공원에는 천신계열의 위판이 황궁우 및 황건전에 두 세트가 있고 그 보관 건물도 두 동棟이 존재하는 것이다. 대신에 천신계열의 위판만을 가진 점은 대한제국의 천지합사 계열의 위판들이 같이 있는 것과는 사뭇 다르다.

베이징 원구단은 원형의 제단을 원형의 담이 안쪽에 둘러싸고 있고, 바깥쪽 담이 사각형으로 제단과 원형의 담을 둘러싸고 있다. 원형 담과 사각형 담 모두 사방에 삼문三門으로 되어 있다(그림 2-13). 그리고 이 대리석 삼문은 영성문欞星門 형식이라고 한다. 황궁우와 동무, 서무도 원형 담이 둘러싸고 있다(그림 2-13). 원구단과 황궁우는 모두 같은 고도의 평지에 위치해 있다. 대한제국의 광무 원구단에서 황궁우로 가려면 계단을 올라가서 벽돌삼문을 통과해야 한다. 다른 말로 하면 원구단보다 높은 고도의 평지에 황궁우가 건축되어 있었다.

베이징의 명나라 원구단은 1530년(가정 9) 명나라 세종 가정제嘉靖帝가 만든 것이었다. 원래 명나라 건국시기에 명 태조 홍무제는 난징에 원구단을 쌓았었다. 그런데 1377년(홍무 10)에 명 태조 주원장은 대사전大祀殿이라는 방형 구조의 하늘과 땅을 합사合祀하는 건물을 세웠다. 1420년(영락 18)에 명나라 제3대 영락제가 난징에 있던 네모진 대사전을 본따서 현재의 천단 공원의 기년전 자리에 건축하였다. 그래서 15세기 동안 이 네모진 건물 안에서 하늘과 땅에 제사를 지냈다. 명나라 후기 16세기에 와서야 명 세종襧 가정제(1521~1566)가 현재의 천단 공원 남쪽에 원구단을 새로 건축하였다. 명나라 세종은 명나라 17황제 중의 12번째 황제로서 1644년 청나라가 베이징을 차지하는 시기에서부터 80여 년 전의 일이다.

청나라는 청 태종 홍타이지皇太極 때부터 센양瀋陽의 남교南郊에 원구단을 세우고 하늘제사를 올렸다. 몽골과의 전쟁에서 승리하면서 대원大元의 국새를 얻고 나서 1636년 4월 11일에 하늘에 제사를 올리고는 즉위례를 하였다. 대청大淸이라는 국호를 세우고 연호를 숭덕崇德으로 하였다. 따라서 청나라는 1644년 순치제가 산해관을 거쳐서 베이징으로 입관入關하기 이전부터 원구단 의례를 거행한 경험이 있었다.

베이징의 원구단은 그래서 명나라 가정제부터 청나라 시기 동안의 원구단이다. 베이징 원구단은 대한제국의 원구단보다 규모가 커서 지름이 약 두 배 정도의 차이를 보인다. 베이징의 원구단은 네 방향에 폐陛가 있다. 시안의 당나라 원구단이 여덟 방향에 폐가 있던 것과는 다르다. 네 방향에 폐가 있는 것은 대한제국의 원구단과 같다. 대한제국의 원구단과 마찬가지로 네모진 낮은 담인 유壝가 두 가지로 바깥의 네모진 유와 안쪽의 원형 유가 있다.

대한제국의 원구단과 다른 점은 대한제국 원구단의 유문들은 삼문의 남신문을 제외하고는 모두 단문 형식의 '홍살문 형식'으로 되어 있는데 반해서(그림 2-3), 베이징의 청나라 원구단의 네모진 유와 원형유의 사방의 문의 형식이 모두 똑같은 세 개의 문의 '영성문 형식'으로 되어 있다는 것이고 대리석으로 되어 있다는 점이다(그림 2-15). 또한 세 개의 문이 붙어 있는 형식이 아니고 모두 분리되어 있고 중간 문이 가장 높고 양편의 문은 같은 높이를 보인다. 또한 문과 문 사이에도 낮은 담이 연결되어 있다.

1530년 가정제의 원구단 건설은 영락제로부터 약 110년 후가 된다. 가정제 이전에는 현재의 기년전 자리에 있던 네모진 대사전에서 하늘과 땅을 합사하였다. 가정제 시대에 와서 하늘과 땅을 합사하는 것이 아니라 분사分祀하는 것이 합당하다는 중론에 따라 원구단을 만든다.

원구단 북쪽에 하늘신 황천상제皇天上帝의 위판, 배향하는 태조의 신주 및 종향하는 위판을 보관하는 태신전太神殿을 세웠다. 이 때 둥그런 제단 원구단에 짝을 이루는 네모진 제단 방택단方澤壇을 북쪽 교외에 만들고 황지기皇地祇를 제사하였다. 이후 1538년(가정 17)에 태신전의 이름을 '황궁우皇穹宇'로 바꾸었다. 현재의 천단 공원의 황궁우라는 이름은 명나라 가정제 때에 생겨난 이름이다. 또한 1545년(가정 24)에 대사전 터에 대향전大享殿을 세웠다. 명나라 가정제의 대향전은 베이징에 어린 나이에 입성한 순치제 후기에 재발견되고 대향전 제사를 지내기 시작한다. 대향전은 청 고종 건륭제 때에 명칭을 '기년전'으로 바꾼다.

그림 2-15. 베이징 천단 공원의 남쪽에 위치한 원구단 남쪽의 삼문.

그림 2-16. 베이징 천단 공원의 원구단 북쪽에 위치한 위패보관 건물 황궁우.

그림 2-17.
황궁우 내부에 보관된
황천상제의 위판.

그림 2-18. 베이징 황궁우와 서무(西廡).

그림 2-19. 베이징 황궁우 오른쪽 건물 서무(西廡)에 보관된 야명과 운사의 위패(야명은 황색, 운사는 홍색 바탕에 만문과 한문의 합벽문으로 되어 있다).

베이징의 청나라 황궁우는 파란색 유리와瑠璃瓦 지붕을 가진 청나라식 원형 건물이다(그림 2-16). 지붕도 특이하게 원형을 가지면서 곡선을 그리는 형식이다. 대청제국 황궁우는 황천상제의 위판만 보관되는 곳이다(그림 2-17). 대한제국의 황궁우가 겉에서는 3층 건물이지만 내부는 1층인 건물인 것과는 다르다(그림 2-7, 2-8). 다른 천신 위판은 동남쪽과 서남쪽의 동무東廡와 서무西廡에 보관되어 있다. 황지기와 지신계열 위판은 원구단의 동무와 서무에 없다.

베이징의 청나라 원구단 의례는 황천상제를 포함한 천신들만 제사하였다. 상단에 황천상제를 제사한다. 황천상제를 정위正位로 하면 보통 명나라에서는 명 태조(홍무제)와 태종(영락제)을 배위配位로 하였는데, 청나라에서는 황제의 아버지를 배위로 올리는 경우도 많았다. 최고의 효孝의 표시였다.

중단에는 해를 뜻하는 대명大名과 달을 뜻하는 야명夜明, 그리고 하단의 북두칠성, 목화토금수, 이십팔수, 주천성신周天星辰을 제사하였다. 모두 천신天神에 해당하는 신위만을 대상으로 제사를 지내는 것이다. 중단과 하단의 신위는 황천상제라는 정위正位의 종향위從享位이다.

청나라 황궁우 경내에는 동무東廡와 서무西廡가 보전되어 있다(그림 2-18). 이 건물들 안에 황천상제의 종향위從享位의 위판들이 보관되어 있다(그림 2-19). 그런데 청나라의 위판은 만문과 한문의 합벽문으로 쓰여져 있다(그림 2-19). 대한제국의 위판이 한문으로만 되어 있는 것과 차이가 난다. 만주족 황제가 제주가 되어 원구단의 제사를 드렸다는 것을 분명하게 보여주는 것이다. 또한 청나라의 원구단은 천신만을 제사하는 곳이고, 대한제국의 원구단은 천신과 지기를 합제하는 곳이라서 위판의 보관도 다른 형식을 취하고 있다.

7. 청나라 황제 베이징 원구단과 기년전에서
하늘제사를 지내다

1644년에 베이징에 들어간 청나라, 곧 입관 이후의 청나라 황제 순치제는 1636년 이후로 싱징盛京, 곧 션양에서 올리던 하늘제사를 베이징北京의 천단天壇에서 지내게 된다.

입관 이후의 청나라 황제 순치제는 대향전에서 천지 합사의 제사를 드렸지만 이후로는 1660년(순치 17) 천지 합사를 폐지하고 원구단에서 황천상제에게 제사하고 방택단에서는 황지기에 제사한다. 정월에 풍년을 기원하는 기곡제는 천단의 대향전에서는 드린다. 그런데 이 명나라의 가정제가 고쳐 세운 대향전은 18세기 청 고종 건륭제 때인 1751년(건륭 16)에 매해의 정월에 '기곡제祈穀祭'를 드리는 원형 건물인 '기년전祈年殿'으로 건립된다. 명나라식의 대향전이 청나라식의 기년전으로 탈바꿈한 것이다. 따라서 기년전이라는 건축물과 그 이름은 18세기에 생겨난 것이다. 현재 이 기년전은 중국이 자신들의 정체성을 드러내는 상징으로 자랑하는 건축물이다.

기년전은 겉은 파란색 유리와의 세 층의 지붕을 가지고 있다. 하지만 내부는 하나의 층으로 되어 있는 통층구조 건물이고, 남쪽의 원구단과 비슷한 5.2미터 높이의 세 원단의 기단 위에 세워져 있다. 쉽게 말해서 남쪽의 원구단 같은 원구단을 하나 더 만들고 그 원구단의 맨 위의 상층 위에 다시 기둥을 세우고 건물을 축조한 것이다. 상층의 원단은 직경이 68미

그림 2-20. 기곡제(祈穀祭)를 거행하던 베이징 천단 공원의 기년전.

터, 중층은 80미터, 하층이 91미터에 해당한다. 기년전은 중간에 용정주龍井柱라고 하는 기둥 네 개가 지붕을 받치고 있는데 일 년의 사계절을 상징한다. 용정주 바깥은 금주金柱가 12개씩 원형으로 둘러쳐서 2개의 원을 그리는 기둥열을 형성하는데, 안의 12 기둥열은 12개월을 상징하고 바깥의 12 기둥열은 전통 시간의 12간지 시간을 상징한다. 두 기둥열의 24개 기둥은 또한 24절기를 상징하기도 한다. 또한 전체 28개 기둥은 전통 별자리의 28수를 상징하기도 한다. 이 기년전이 바로 현대 중국이 전통 베이징을 상징하는 건물 중에 하나라고 자랑하는 건축이다. 기년전의 남쪽에 두 건물이 있어서 역시 동무와 서무로 되어 있다. 현재에는 이 기년전의 동무와 서무가 박물관 형식의 전시관으로 꾸며져 있다.

남쪽의 원구단과 기년전의 기단은 모두 8개의 방향으로 계단이 나 있다. 이 계단을 폐陛라고 읽고 정확히 뜻을 새기면 '제단섬돌 폐'가 된다. 이 폐는 한문으로 되어 있는 예서禮書에서 원형의 제단이든지 방형의 제단이든지 제단의 섬돌을 뜻할 때에는 구별하여 폐자를 쓴다. 사직단과 같은 네모진 제단에는 보통 네 방향으로 계단을 내는데 '사출폐四出陛'라고 묘사한다. 명나라의 황제는 '황상皇上 폐하陛下'라고 불렀다. 하늘에 제사지내는 제단 섬돌의 아래라는 뜻의 폐하가 이렇게 단묘궁릉 문화에서 나온 것이다.

아주 비슷한 한자인 계階자는 우리말에 상용어가 되어 있는 계단을 뜻한다. 그런데 정확히 뜻을 새기면 '사당 혹은 월대 섬돌 계'가 된다. 사당이나 월대에는 사방으로 계단이 나 있지 않고 보통 한 쪽 방향에 몇 개 혹은 삼면으로 계단이 나 있다. 그리고 보통 목조인 전통 건축물은 이러한 월대 위에 세운다. 월대 위의 건물의 어미 중에서 전殿자가 가장 높다. 황제국인 명나라와는 달리 조선의 국왕은 주로 '주상主上 전하殿下'라고 불렀다. 단묘궁릉 문화의 시각에서 이것은 종묘 건물의 아래라는 뜻으로 보기도 한다. 주상 개하階下라고 했을 때 반려동물을 부르는 소리같이 들리게 되어 있어서 피했을 것이라고 하는 우스개소리가 있다.

사당 이름 중에 '전殿'으로 끝나는 어미를 가진 사당이 대체적으로 태묘 혹은 종묘 다음으로 제일 높다. 영녕전永寧殿은 대사에 속하고 역대 시조의 사당은 보통 숭령전, 숭인전, 숭의전 등으로 중사에 속한다. 그 다음으로 높은 사당이름은 '궁宮'어미를 가진다. 궁자 어미를 가지는 사당 중

에 중사 1등이었던 사당이 사도장헌세자의 경모궁이고 영조의 생모 숙빈
최씨의 사당은 육상궁이었고 속제에 속했다. 그 다음은 다시 사당 묘廟자
를 쓴다. 선조 이후 철종 이전까지 대원군묘라고 하면 덕흥대원군 사당을
의미했다. 대략적으로 전, 궁, 묘의 순서이다.

비교하자면 기년전의 건축학적 공간 구조는 대한제국의 황궁우와 비
슷한데, 원형 건물인 것과 규모 및 기단의 크기가 다르다(그림 2-20). 건물
의 기능도 차이가 있다. 기년전은 천하의 풍년을 비는 기곡제를 드리던
곳이다. 황궁우는 위판 보관 건물이다.

반면에 대한제국의 황궁우는 팔각 건물이다. 세 단의 팔각기단 위에
세워져 있다(그림 2-7). 청나라 원구단의 황궁우는 원형기단 위에 세워져
있다(그림 2-16). 대한제국 황궁우는 세 층의 팔각 지붕을 가지고 있어서
바깥에서는 3층 건물같아 보이지만 안에 들어가면 한 층으로 통층구조로
이루어져 있다(그림 2-7, 2-8). 팔각건물과 원형건물이라는 점에서만 다르
고 내부 구조상으로는 대한제국 황궁우와 대청제국 기년전이 비슷한 구
조이다. 대청제국 황궁우는 원형건물로 보이고 한 개층의 원형 지붕에 외
면도 단층 건물 모양을 가지고 있어서, 대한제국 황궁우와는 상당히 다른
구조를 보인다(그림 2-7, 2-16).

8. 베이징 지역의 신성한 나무 측백나무

민속식물학ethnobotany이나 산림전통지식forest traditional knowledge의 측면에서 인간 사회의 생활 및 제의 공간에서 큰 키 나무들이 건축물과 함께 전통 경관traditional landscape을 형성한다. 다른 국가나 지역에 따라서 경관 요소 수목들은 인간과 자연의 상호작용을 극명하게 보여주기도 한다.

고종의 첫 원구단, 곧 건양 원구단 조성의 계기가 된 1895년 유길준의 「원구단건축청의서」에는 세 번째 청의 조항에 둥그런 단을 쌓아서 원구圜丘를 조성하고는 그 주위의 큰 담들壇垣은 만들지 않고 수목을 둘러서 심는 것이 들어가 있다.

원구단을 조성하면서 주위에 수목을 둘러서 심는 것은 『세종실록』 「지리지」에 종묘와 사직단 주위에 소나무를 심었다는 조항과 비슷하다. 여러 가지 시대적 문헌의 정황 증거나 조선 조정에서 좋아했던 수종樹種인 소나무에서 그 실마리를 찾을 수 있을 것이다. 고종 시대에는 서울 도성 주위 사산四山이 모두 민둥산으로 보인다. 그리고 광무 원구단 사진을 보아도 수목이 심어있었던 것 같지 않다. 아마도 수목을 심는 계획은 있었지만 실행되지 않고 일제강점기가 밀려와 원구단이 헐리면서 제의공간의 경관과 특정 수목의 관계를 찾을 수 없게 되었던 것 같다. 다시 정리하면 서울 용산의 남단터 둔지방 원구단은 주변이 수목으로 둘러싸여 있었던 아주 간단한 구조의 제의시설이었던 것 같다. 120여 년 전의 용산 원구단 지역의 주변 환경에 대한 연구를 더욱 심화시켜야 당대의 모습에 대한 이미지를 만들어 낼 수 있을 것이다.

그런데 베이징의 단묘궁릉 문화에서는 아주 특정한 수목이 전통 경관을 구성하는 중요한 요소로 기능하고 있다는 것을 어렵지 않게 인식할 수 있다. 베이징의 고대 제례를 지내는 공간들에는 여지 없이 측백나무 고목들이 숲을 이루고 있다. 천단 공원 경내에 유명한 것 중에 하나는 수백 년생의 측백나무*Platycladus orientalis*의 고목들이 조경되어 있고, 현재에도 잘 보호

그림 2-21. 천단 공원의 측백나무 숲.

되고 있는 점이다(그림 2-21). 베이징의 원구단과 기년전 경내를 살펴 보면 유교적 신성 공간에 수백 년생의 측백나무가 존재하는 것에서 베이징을 도성으로 삼았던 왕조들이 중요하게 상호작용했던 특정한 수목에 대한 증거를 찾을 수 있다.

천단 공원뿐만이 아니라 자금성 좌우의 태묘와 사직단에도 측백나무의 고목들이 숲을 이루고 있다. 족히 200년은 넘은 측백나무들뿐만이 아니라 몇몇 그루는 심지어 거란의 요遼나라와 금金나라 및 몽골 시대에까지 수령이 올라가기도 한다. 한국에서는 측백나무가 그렇게 굵거나 큰 것들이 없기 때문에 베이징에서나 중국의 전역에서 발견되는 측백나무의 존재를 그리 실감하지 못한다.

측백나무는 한자로 백栢자로 표기된다. 백栢자는 거의 대부분 측백나무를 가리키지만 때로는 향나무를 가리키기도 한다. 천단을 안내하는 여행자용 안내도면에서나 책자에 측백나무 노거수를 의미하도록 '고백古柏'으로 표현되어 있다. 그리고 이름이 붙어 있는 유명한 측백나무와 향나무도 있다. 청나라 황궁우의 서쪽에 '문천백問天柏'이라는 이름의 측백나무와 '구룡백九龍栢'으로 표기된 향나무가 있다. 문천백은 맨 위의 한 가지가 하늘을 향해 직각으로 치솟아 있어서 불만을 이야기하면서 하늘에다 묻는 형상을 가지고 있다고 해서 이름이 붙여졌다. 마치 "하늘이여 사람들의 무한한 숭배를 받으시면서 인간 세상에서 불공평을 제거하시지 않습니까?"라고 묻는 것으로 보이기 때문이다. 구룡백은 향나무로서 그 엄청나게 굵은 줄기가 아홉 마리 용이 서로 비틀거리면서 올라가는 형상을 가지고 있어서 붙여진 이름이다.

　　재미있는 문화적 현상은 중원에서 이 백柏자는 거의 대부분 측백나무를 의미하지만, 한반도에서는 이것이 잣나무*Pinus koraiensis*를 의미하는 경우가 거의 대부분이라는 것이다. 그래서 고려나 조선에서 유교적 경전을 읽어도 송백松柏이라는 어구가 나오면 소나무와 잣나무로 새기는 경우가 허다하다. 똑같은 경전의 같은 어구는 중원에서는 언제나 소나무와 측백나무가 된다.

고려 조정은 고려 성종대에 원구단을 쌓았고 조선 성종에서 고종대까지와는 달리 하늘제사를 거행하였다. 그러면 그 이전의 통일신라와 발해, 또 그 이전의 고구려, 백제, 신라는 어떻게 했을까? 통일신라와 발해에 대한 자료는 더 깊은 미래의 연구를 요구하고 있지만, 고구려, 백제, 신라와 그 이전의 시기는 문헌에서 부분적으로 찾을 수 있다.

우선 고구려, 백제, 신라가 건국되기 이전의 시기는 중원의 사서인『삼국지』「위서魏書」동이전의 한韓조는 각 읍중에 천신天神에게 제사지내는 성스러운 구역으로 소도蘇塗라는 곳이 있어서 나무에 방울을 세워 놓고 제사 지내며 천군天君이라는 제사장이 있다고 했다. 이 시기는 대략적으로 기원전 3세기에서 기원무렵까지로 볼 수 있다. 마한, 진한, 변진의 세 연맹체가 있는 것처럼 묘사하고 있다. 그런데 이에 속하는 소국 및 대국의 숫자가 거의 70국에 해당한다. 그리고는 기원전 2세기(B.C.194) 위만에게 찬탈당한 후조선後朝鮮의 준왕이 북쪽지역에서 남천하여 마한에 이르러서 한왕韓王으로 자처했다고 기록하고 있다. 그리고 이 준왕은 기자箕子의 40세 후예라고 기록한다. 고려말 충렬왕대에 이승휴가 지은 역사 시가집인『제왕운기帝王韻紀』에는 전조선과 후조선을 언급하고 있다. 전조선은 단군조선을 의미하고, 후조선은 기자조선을 의미했다. 그러나 이 책에서는 후조선을 그대로 쓴다. 거의 기원전 10세기에서 시작한 비파형동검문화의 분포지역과 연대적으로나 문화권역이 비슷하다.

고구려는 『삼국사기』 기원전 1년과 기원후 2년 유리왕대와 기원후 208년 산상왕대의 기사에서 졸본과 국내성에 하늘제사가 있었다는 것을 알 수 있다. 이것은 모두 '교시郊豕'가 달아나는 특이한 사건과 관련이 있다. 『삼국사기』 「고구려본기」에 따르면 기원전 1년, 곧 유리왕 19년 가을 8월에 제사에 쓰는 희생동물 돼지인 교시가 달아나서 유리왕의 신하인 탁리와 사비가 장옥택까지 가서 잡아다가 그 다리근육을 끊어버렸다. 이 사실을 알게 된 유리왕이 "어찌 감히 하늘제사 희생동물을 상하게 할 수 있는가?(祭天之牲 豈可傷也)"라고 하면서 노발대발한다. 따라서 교시는 하늘제사 희생동물을 의미하는 것이다. 그리고 이 교시를 잡는 시일을 살펴보면 이 기사는 가을 음력 8월이고, 유리왕 21년 기사는 봄 음력 3월이다. 중원의 역사서인 『삼국지』 「위서」 동이전의 고구려조에는 '동맹'이라는 음력 10월의 제천행사祭天行事 기사가 있다. 그런데 동맹은 '국중대회國中大會'라고 설명하고 있다. 나라의 수도에 많은 사람들이 모여서 축제를 연다는 뜻이다.

반면에 교시가 달아난 시일은 봄 3월과 가을 8월로서 겨울 10월과는 다른 계절이다. 여기서 또 주목할 만한 사실은 유리왕 19년(기원전 1년)에서 교시가 달아난 본래의 위치가 주몽왕이 도읍한 졸본이라는 것이다. 졸본은 현재 요령성 환런桓因이다. 또한 유리왕 21년(기원후 2년)에 교시가 달아나서 다시 잡힌 곳이 위나암尉那巖으로 이후의 국내國內이다. 이렇게 교시가 달아난 덕분에 이듬해인 유리왕 22년(기원후 3) 겨울 국내성으로 천도하게 된다. 『삼국사기』 「고구려본기」에 따르면 기원후 208년, 산상왕

12년에도 교시가 주통촌이라는 곳으로 달아나는 이변이 나타난다. 그런데 이 때는 다시 겨울 11월이다. 이리하여 봄 3월, 가을 8월, 겨울 11월에다가 동맹의 10월까지 합치면 일 년에 네 번 정도는 고구려에서 하늘제사를 올렸다는 것이 된다. 더욱이 산상왕대에 교시가 달아난 본위치가 국내國內로, 하늘제사가 있던 장소가 국내성이라는 것을 알 수 있다.

따라서 최소한 고구려 국초인 유리왕대에서부터 200년이 지난 산상왕대까지 하늘제사를 올렸다고 볼 수 있게 된다. 고구려의 유교식 제사에 대한 기사는 『삼국지』 「위서」 동이전의 고구려조에 더 나온다. 고구려의 다섯 부족 중에서 원래의 국주國主가 당대의 왕부 계루부가 아니라 '소노부'라고 기록하고 있다. 그리고 소노부는 따로 '종묘를 세우고 사직과 영성에 제사 지낸다(亦得立宗廟祠靈星社稷)'라고 기록하고 있다. 이것은 고구려가 국초로부터 종묘와 사직과 영성제를 지내고 있었다는 것을 의미한다. 여기에 하늘제 사인 교제郊祭를 지낸 유리왕대와 산산왕대의 기사를 포개면 고대 만주-한반도 사회에도 천지인天地人 모두에 해당하는 유교식의 제사가 있었다는 것을 의미한다. 그리고 이것은 분명히 불교가 만주-한반도에 들어오기 이전이다.

『삼국사기』 「제사」조에는 고구려가 음력 3월 3일에 낙랑의 언덕에서 모여 사냥하고 하늘과 산천에 제사드린다는 기사가 있다. 유리왕 21년 봄 3월 교시가 달아난 제천기사와 비슷한 시일이다. 또한 이는 평양지역에서도 제천행사를 거행했다는 것을 의미한다. 고구려에서 정기적인 제천행사가 있었다는 것을 입증해 준다. 그리고 평양을 수도로 하는 고구려에 대한 기사를 쓴 것으로 보이는 당나라 역사서인 『구당서舊唐書』에는 고구

려가 '가한신과 기자신에게 제사드린다(事靈星日神可汗神箕子神)'고 하고

있다. 여기서 가한신은 단군을 의미하고 기자신은 물론 기자를 의미한다.

『제왕운기』의 전조선과 후조선 구도와 똑같다. 현대 한국사에서는 위만조

선을 자주 이야기하지만 위만에게 제사드린다는 기록은 어디에도 없다.

2) 백제의 남단南壇 — 천지제사 제단

백제를 세운 온조왕의 무리는 고구려의 첫 수도인 졸본 지역에서 남하한

집단이라는 것이 『삼국사기』「백제본기」에 자세히 기록되어 있다. 고구

려의 유리왕대의 하늘제사 관련 기사와 일맥 상통하는 면이 있을 것으로

추정할 수 있다. 고구려 졸본 지역의 유교식 국가제례 문화를 그대로 가

지고 남하했을 것으로 볼 수 있다.

백제 건국 초기 기사는 하늘과 땅에 제사를 지내는 제단에 대한 문헌

증거를 보여준다. 『삼국사기』「백제본기」에 따르면 온조왕 20년(기원후 2)

봄 2월에 "온조왕이 큰 단을 설치하고 천지에 제사를 지냈다. 이상한 새

다섯마리가 주위를 빙빙 돌았다(王設大壇 親祀天地 異鳥五來翔)"라고 한다.

또한 온조왕 38년(기원후 20년) 겨울 10월에 왕이 큰 단을 건축하고 하늘

과 땅에 제사지냈다(王築大壇 祀天地)라고 하고 있다. 그의 아들 다루왕 2

년(기원후 29) 봄 음력 2월에 "다루왕이 남쪽제단에서 하늘과 땅에 제사지

냈다(王祀天地 於南壇)"라고 기록하고 있다.

이렇게 백제의 건국 초기 기사를 종합해 보면 처음에 온조왕이 큰 제

단을 설치하고 하늘과 땅에 제사를 지내다가 이후에는 큰 제단을 축조했

고, 그것이 온조왕과 다루왕이 도읍한 지역의 남쪽 교외에 해당하는 것이었다는 것이다. 3세기 고구려 산상왕대의 교시 기사와 마찬가지로 백제에도 남단, 남교南郊에서 천지天地에 제사지냈다는 기사가 고이왕, 비류왕, 근초고왕, 아신왕, 전지왕대에 나온다. 고이왕 5년(238)에서 전지왕 2년(406)까지, 곧 3세기에서 5세기 초에 걸쳐 있다.

종합하면 백제 건국 초에서 5세기 초까지의 도읍인 서울 한강 이남의 풍납토성 및 몽촌토성 주위의 남쪽 교외에 천지제단이 있었다는 말이다.

백제는 475년 고구려 장수왕의 공격을 받아 한강 이남의 위례성를 잃고 웅진(공주)으로 천도한다. 그런데 웅진에서도 동성왕 22년(489)에 "왕이 단을 설치하여 천지에 제사를 지냈다(王設壇祭天地)"고 한다. 이것은 천지에 제사를 지내는 제단을 새 도읍인 웅진에서도 쌓았다는 말이다.

『삼국사기』「백제본기」의 하늘땅제사의 시기는 주로 봄 2월과 겨울 10월이다. 그런데 중원의 문헌인 『한원翰苑』은 「괄지지括地志」를 인용하여 "백제는 일 년의 중간 달 네 번에 걸쳐 하늘과 오제에게 제사드린다(百濟四仲之月祭天及五帝之神)"라고 한다. 여기에 더하여 "겨울과 여름에는 북을 치고 관악기를 불며 노래와 무용이 있다. 봄과 가을에는 노래만 한다(冬夏用鼓吹奏歌舞春秋奏歌而已)"라는 말을 덧붙이고 있다. 오제는 중앙과 사방을 관할하는 천신으로 추정된다. 백제에 '제천제례악'이 있었다는 흥미로운 기사이다. 『한원』의 백제 제천기사는 백제가 일 년에 네 번 정도 천지제사를 했다는 것을 이야기하고 있다. 이것은 고구려가 네 번 정도 제천했을 것이라는 『삼국사기』「고구려본기」와 『삼국지』「위서」 동이전 고구려조의 사료를 통합한 추정과 같다.

3) 신라 김씨 왕조 진평왕의 천사옥대天賜玉帶

『삼국유사』 「기이紀異」편에는 6세기 신라 김씨 왕조의 진평왕 원년(579)에 하늘에서 천사天使가 궁궐 전정에 내려와서 상황上皇의 명으로 옥대玉帶를 전하니 진평왕이 무릎을 꿇고 받았다고 한다. 이 옥대를 "보통 교묘 대사 때에 착용했다(凡郊廟大祀皆服之)"고 한다. 신라 진평왕의 천사옥대는 제천행사시에 입는, 제사장인 왕의 제복祭服의 중요한 부분에 대해서 이야기해 주고 있다. '옥玉 허리띠'를 제사장 왕이 착용하여 제관의 권위를 드러낸 것이다.

교묘郊廟와 대사大祀를 주목하면, 먼저 교묘는 '교외에 있는 신전'으로 해석하여 보통 신궁神宮을 의미한다고 본다. 신라는 이 신궁제사가 제천의 성격을 가진다고 알려져 있다. 신라에도 중원의 수나라 때부터 구분하기 시작한 가장 높은 등급의 대사大祀에 해당하는 것이 있었다면, 이는 제천 신궁과 종묘를 가리키는 것이 된다.

제천 신궁의 형식은 신라 김씨 왕조의 기원과 관련이 있는 것으로 보기도 한다. 문무왕 비문에서 문무왕이 김씨 태조 성한왕星漢王의 자손이라는 것을 드러내는 글귀가 해독된다. 석씨 탈해왕대에 나타난 김알지의 아들이 세한 혹은 성한이고 그 성한을 김씨 신라왕조는 '태조'로 받들었다.

또 비문에는 투후秺侯로부터 혹은 투후가 7대를 통해 '제천지윤祭天之胤'을 전했다는 글귀도 나타난다. 투후는 한나라 무제 때에 흉노족의 포로로 잡혔던 김일제를 의미하는데, 무제의 충실한 신하가 되었다. 투후국을 분봉받았는데 산동성에 그 영지가 있었다. 기원 무렵 전한前漢을 뒤엎고 황제가 된 왕망의 신新나라 이후 후한後漢이 들어서자 투후국으로부터 한반도로 이주한 집단에서 금관가야와 신라 김씨왕조가 기원하였다는 '이주 정착설'이 있다. 독특한 북방 문화를 가진 집단에서 기원한 문화가 신라 김씨 왕조의 제천신궁 문화를 형성하였을 것으로 보인다. 신라의 제천신궁 제사가 시조始祖를 매개로 한 하늘제사라는 것을 이렇게 설명할 수도 있다.

4) 비파형동검문화 후조선의 하늘제사

만주-한반도에도 최소한 기원 무렵 이전부터 교사郊祀, 곧 하늘제사가 존재해 왔다고 볼 수 있다. 이것은 고구려와 백제의 건국 초기부터 제단과 희생동물을 갖춘 하늘제사가 있었다는 사실이 『삼국사기』와 중원 문헌자료에서 나타나기 때문이다. 고구려의 중심지, 곧 백제를 세운 온조집단이 남하한 근원 지역에서 정기적인 하늘제사가 드려졌던 것이 『삼국사기』「고구려본기」의 본문 분석에서 확인된다. 계루부를 포함한 5부 고구려 건국 이전의 4부 연맹체 국가가 종묘, 사직, 영성 제사를 드린 사실도 『삼국지』「위서」 동이전의 고구려조에서 확인된다.

기원전 37년 주몽왕의 고구려 건국 이전 '소노부 국주 4부연맹체 국가'는 주몽이 졸본지역으로 이주해 왔을 때에 나타나는 송양松讓의 존재와 초기 돌무지무덤이 압록강 중류와 혼강 및 남만주 일대에 분포하는 고고학적 증거에 의해서 지지된다. 이승휴의 『제왕운기帝王韻紀』는 조선의 70국 중의 대국의 하나로 '비류沸流'라는 국가를 언급한다. 이 비류를 소노부가 국주國主이던 시절의 동가강(혼강) 유역의 고대 국가로 상정할 수 있다. 그러면 비류가 적어도 종묘, 사직, 영성 제사를 거행했던 것이다. 『삼국사

기』「고구려본기」 동명성왕조에는 동명성왕 2년에 송양이 나라를 들어
내항하였고, 주몽왕은 비류수 상류지역의 송양의 근거지를 다물도多勿都
라고 하였다고 하였다. 도읍都이라는 말 앞의 다물多勿은 당대의 순고구려
말이고 그 도읍의 주인으로 송양을 삼았다고 했다. 그리고 송양의 딸이 유
리왕과 결혼한다. 그 아들이 고구려 3대 대무신왕 무휼이다. 대무신왕 4년
고구려왕 무휼이 부여와 전쟁을 하면서 비류수沸流水 상류에서 대정大鼎을,
이물림利勿林이라는 숲에서 금새金璽와 병물兵物을 얻는다. 왕의 인장을 보
통 인印이라고 하고 천자의 인장을 새璽라고 한다. 고구려는 건국 초기부
터 중원의 천자에 상응하는 대정大鼎과 국새를 가지고 있었던 것이다.

비류의 존속기간의 문헌적 자료는『삼국사기』「신라본기」 문무왕조
에서 얻을 수 있다. 문무왕이 안승을 고구려왕으로 책봉할 때에 800년의
역년을 해 왔다는 것을 언급하고 있다. 주몽에서부터 보장왕까지는 700
년에 해당하기 때문에 비류가 적어도 100년을 존속했을 것으로 추정할
수 있는 근거이다. 또한『삼국사기』「신라본기」 문무왕조 다른 부문에 고
구려의 비기秘記에 '고구려가 900년이 지난 후에 70대 노인장수에 의해
망한다'는 것이 예언되어 있었다고 한다. 당나라 영국공 이적의 고구려정
벌에 합치시키고 있다. 이러한 자료에 근거하면 '소노부를 국주國主로 한
4부족 연맹체국가 비류'는 고구려 건국 이전에 100~200년간 존속한 것
이다. 위만조선이 90여 년인 것에 비하여 그리 짧지 않다. 이러한 비류국
에서 기원한 온조, 비류집단이 남하하여 백제를 건국하고 천지제사를 지
내는 단을 쌓은 것이다.

다음으로 위만이 찬탈당한 준왕의 후조선이 고구려의 중심지와 그리

멀지 않은 지역에 위치했을 것으로 본다. 그리고 고구려 조정이 그 위치를 정확히 인식하고 있었을 것이다. 그리고 이 후조선의 조정에서 하늘제사를 드렸을 것으로 가설을 세울 수 있다. 우선 『삼국지』 「위서」 동이전 한韓조의 준왕이 기자의 40세 후예라는 의미는 기원전 11세기 중원의 천자가 상나라(은나라)에서 주나라로 바뀔 때에 기자가 북향으로 이주하였고, 그 40세대 후예 이전에 후조선의 왕王이 되었다는 것을 의미할 수 있다. 후조선 지역은 고고학적으로 '비파형동검 문화 권역'을 형성한다.

또한 『삼국사기』 「고구려본기」 유리왕 3년(B.C.17)과 24년(A.D.4)에 유리왕이 기산箕山이라는 곳에서 사냥을 한다(王田於箕山). 그런데 태조왕 86년(138)에는 왕의 아우 수성(차대왕)이 기구箕丘에서 사냥하고 5일간 도성으로 돌아오지 않았다(獵箕丘五日不反). 두 사료를 분석해 보면 기산箕山과 기구箕丘가 사냥을 하는 동일한 장소임이 드러난다. 3세기 중천왕 4년(251)과 15년(262)에도 '왕이 기구에서 사냥하였다(王獵箕丘)'고 반복되고 있다.

『구당서』에서 고구려가 가한과 기자신에게 제사드린다는 기록과 『삼국사기』 「잡지」 제사조에서 평양지역의 낙랑언덕에서 3월 3일날 사냥하고 하늘과 산천에 제사지낸 습속을 연결해 보면 기원무렵이나 2, 3세기에 기산 혹은 기구의 위치를 고구려 조정이 정확히 알고 있었고, 왕이나 왕족이 졸본과 국내에서 출발하여 기산 혹은 기구라는 장소에 가서 사냥하고 기자箕子에게 제사를 드렸을 수가 있다. 적어도 기자의 사당이 있었던 곳이면서 수렵동물이 많은 장소, 혹은 더욱 추정하여 기자의 후예인 준왕의 도읍지를 기산이나 기구로 불렀을 것으로 추정할 수 있다.

기자의 '문화적 영향 가설Cultural Influence Hypothesis'은 북향 이주한 기자

가 후대의 후조선 지역에 8조 법급을 가져 왔을 뿐만이 아니라 청동예기가 발달된 상나라(은나라)의 국가제례 문화도 가지고 왔을 것으로 본다.

『삼국지』「위서」 동이전의 부여조에는 기원전 2~3세기 무렵의 부여가 먹고 마시는 데에 조두俎豆를 사용하고, 만남을 가질 때에 작爵을 돌리고 씻는 예절이 있으며, 읍양揖讓 예절과 건물과 사당의 승강升降의 예절이 존재하였으며, 은정월殷正月에 국중대회 제천 행사인 영고迎鼓를 거행하였다는 기사가 있다.

기원전 2~3세기 만주 지역에서 은나라 문화의 영향으로 은력殷曆을 사용했다는 증거를 제공하고 있다. 기원전 3세기 한漢나라 시기부터 중원 지역은 하력夏曆에 해당하는 달력을 천자의 이름으로 반포하여 사용하였다. 오늘날의 음력달력이 이 하력에서 연원한 것이다. 하력은 은력보다 새로운 해가 시작하는 것이 한 달이 느리다. 따라서 은정월은 하력의 납월臘月이 된다. 따라서 부여의 영고는 음력 12월에 한 제천행사요 국중대회인 셈이다. 기원전 2세기 위만조선이 한나라 무제에게 패망하고 한군현이 설치되는 이후부터는 한나라의 하력이 사용되기 시작하였을 것이다. 요약하면 고대 만주 사회는 현지 고유 문화와 함께 은나라 문화의 영향력이 보전된 지역이라는 의미이다.

이렇게 비파형동검문화인 후조선 지역에 천지인의 제사를 모두 아우르는 문화가 있었기 때문에 고구려 건국 초기부터 '하늘제사 희생동물', 곧 '제천지생祭天之牲'이라든지 백제 건국 초기의 '남단 천지제사'가 나타나게 된 것이라 할 수 있다. 그것을 우리는 단묘궁릉 문화의 시각에서 『삼국사기』를 분석하여 확인할 수 있었다.

참고문헌

자료

『중국정사조선전』「사기」「한서」「후한서」「삼국지 위서」「진(晉)서」
「송서」「남제서」「량서」「주서」
김부식, 이재호 역, 『삼국사기』, 솔, 1997.
『고종실록』
『대한예전(大韓禮典)』, 1897~1899.
『승정원일기(고종대)』
권오돈 역, 『예기(禮記)』, 홍신문화사, 1993.
일연, 최호 역, 『삼국유사』, 홍신문화사, 1991.

논문 및 단행본

국립고궁박물관 편, 『대한제국 : 잊혀진 100년 전의 황제국』, 민속원, 2011.
국립대구박물관, 『근대를 향한 비상 : 대한제국』, 2012년 국립대구박물관 특별전도록.
김문식 · 김지영 · 박례경 · 송지원 · 심승구 · 이은주, 『왕실의 천지제사』, 돌베개, 2011.
박미라, 『중국 제천의례연구 : 교사(郊祀)의례에 나타난 상제(上祭)와 천(天)의 이중적 천신관을
　　　중심으로』, 서울대 박사논문, 2003.
하워드 웨슬러, 임대희 역, 『비단같고 주옥같은 정치』, 고즈윈, 2005.
이도원 편, 『한국의 전통생태학 : 생태학은 옛 사람의 삶안에 있었다』, 사이언스북스, 2004.
이태진, 『고종시대의 재조명』, 태학사, 2004.
한영우, 『조선왕조의궤 : 국가의례와 그 기록』, 일지사, 2005
한형주, 『조선 초기 국가제례연구』, 일조각,

『天坛导游图』, 中国民族攝影艺术社, 2009
武裁军, 張承志, 董维东, 『北京风光 天坛』, 北京美术摄影出版社, 2009
『北京手绘族地图 天坛』, 中国地图出版社, 2009

Berkes, F., *Sacred Ecology : Traditional Ecological Management and Resrouce Management*, 3rd Edition,
　　　Routledge, 2012.
Mendonça de Carvalho, L. M., *"The symbolic uses of plants"*.
E. N. Anderson, D. M. Pearsall, E. S. Hunn, N. J. Turner (eds.), *Ethnobiology*, Wiely-Blackwell,
　　　New York.

땅이 주시기를

························· 서울과 베이징의 사직단

1. 서울의 도성 사직단과 지방 사직단

1988년 서울올림픽 개최에 즈음하여 일제강점기와 광복 이후의 대한민국 사회가 등한시하고 내버려 두었던 사직단社稷壇이 복원되었다. 사직이라는 단어는 역사드라마에서 "전하! 사직을 보전하시옵소서!"라고 외치는 충직한 신하들의 대사에서 자주 듣던 것이었기 때문에 그리 낯선 단어는 아니다. 사직이라는 말은 과거 중세 이후의 근대 이전 사회에서 국가 자체를 지칭하는 단어이기도 하였다. 사직단은 사직에게 제례를 올리는 제단이다. 사직社稷이라는 말은 원래 토지의 신인 사社와 곡식의 신인 직稷을 붙여서 부르는 것이다.

서울의 서쪽 백호白虎에 해당하는 인왕산 가까이에 위치한 사직단은

조선의 도성 사직단이었다. 조선팔도, 곧 한반도 전역에는 조선 조정이
지방관을 파견하는 300여 개의 부목군현이 있었는데, 이 300여 개의 지
방 구역을 대표하는 사직단도 있었다. 1910년 일제강점기에 접어들자 일
본제국의 총독부가 가장 먼저 헐기 시작한 것이 도성의 사직단과 전국 각
지역의 사직단이었다. 조선의 유제를 없애기 위해서 조선의 유제가 있던
곳에 국민학교를 세운 곳이 많다. 지방의 사직단을 헐고 식민지 사람들을
위하여 국민학교를 세운 것이다.

그림 3-1. 『수선전도』 속에 보이는 조선의 사직단.

조선의 도성 사직단은 1395년(태조 4)에 한양의 경복궁 서쪽 인왕산 아래 인달방에 건설되었다(그림 3-1). 조선 태조는 새롭게 건설하는 조선의 새로운 도읍의 사직단을 건설하는 것을 직접 참관하고 순시하였다. 사직단의 동쪽 마을 이름은 송림동松林洞으로 소나무가 우거진 숲이 있는 지역이었다는 것을 짐작할 수 있다.

사직단은 잠시 한 개의 단이었다가 두 개의 단이었다가 세종 이후에 두 단으로 정착되어 대한제국에까지 이어졌다. 토지의 신에게 제사를 드리는 단은 사단社壇으로 동쪽에 위치하고, 오곡五穀의 신에게 드리는 단은 직단稷壇으로 사단의 서쪽에 위치한다(그림 3-2). 조선의 사단에서는 태사國社를 정위正位로 하고 후토后土를 배위配位로 하는데 직단에서는 태직國稷을 정위로 하고 후직后稷을 배위로 하여 네 신위에게 제사를 드린다(그림 3-3). 사직단의 남서쪽 신실神室안에는 국사, 국ㅍ직, 후토, 후직 네 신위의 위판位板이 보관되어 있다.

그림 3-2. 두 개의 제단으로 이루어진 서울의 조선 도성 사직단. 오른쪽 제단이 동편 사단(社壇)이고, 왼쪽 제단이 서편 직단(稷壇).

그림 3-3. 정위와 배위 제상이 각각 놓여 있는 사단과 직단.

조선의 태종은 1406년(태종 6) 중앙에서 파견하는 지방관이 거주하는 300여 개의 지방의 읍치나 읍성의 서쪽에도 사직단을 설치하도록 하였는데, 도성의 사직과는 달리 한 개의 단에 토지의 신과 오곡의 신을 같이 제사드리도록 되어 있었다. 도성 사직단의 배위인 후토와 후직의 위판은 없었다. 예를 들어 현재는 경상남도 산청군의 단성면은 원래 단성현이었는데 그 단성현의 지방 사직단이 아직 현존하고 있다. 지대가 높지만 평평한 지역에 위치하고 하나의 제단으로 되어 있으며, 위판을 보관하는 신실이 있다(그림 3-4).

조선 팔도의 부목군현의 읍치나 읍성의 지방관의 관아 동쪽에는 서쪽의 사직단과 균형을 이루는 문묘^{文廟}가 향교^{鄕校} 안에 건립되는 것이 보통

그림 3-4. 조선 단성현의 지방 사직단(현재 산청군 단성면).

이었다. 도성 사직과 종묘의 좌묘우사의 배치와 비슷하게 읍치가 조성된 것이었다. 가히 유교적인 왕도정치 이념을 충실히 이행하려는 배치를 이루고 있었다. 임진왜란과 병자호란 이후의 18세기 지방 사직에 대한 제사가 지방관에 의해서 잘 이행되지 않는 것을 파악한 18세기의 군주 정조는 전국의 지방 사직단을 개수·보수하고 인사고과에 사직제의 실행을 반영하기도 하였다.

조선 전기에는 도성 사직단과 읍치 지방 사직단 이외에도 전국의 300여 개 부목군현 단위의 아래 단위인 마을단위로도 리사里社라는 것이 있었다. 태종 14년(1414)에는 40~50호 마을 단위로 리사里社를 결성하도록 하고 있다. 기원전 11세기에 중원의 맹주인 주나라의 100가家 단위, 기원전 3세기에 건국된 진나라와 한나라의 25가家 단위의 리사제를 15세기 조선에 와서 실시하기 시작하였다.

1897년 대한제국大韓帝國이 선포된 이후의 조선의 도성 사직社稷은 대한제국의 황성 사직으로 변모하였다. 우선 사직대제의 대상이 조선의 국사國社, 국직國稷에서 대한제국의 태사太社, 태직太稷으로 바뀌었다(그림 3-6). 원래 조선 초기의 사직대제의 두 신위의 이름은 대사太社, 대직太稷이었는데 태종시기에 대국 명나라와의 조공책봉 사대외교에 맞게 국사와 국직으로 바꾼 것이었다.

사직단에는 네모진 낮은 담인 유壝가 바깥쪽과 안쪽의 두 군데에 있고 사방에 홍살문 스타일의 유문을 가진다. 사직단은 바깥 유문에 삼문홍살문의 북신문北神門이 있다. 『대한예전』의 사직단 그림은 위가 남쪽이고 아래가 북쪽이다(그림 3-5). 사단과 직단 각각의 사방에 계단이 있다. 『대한

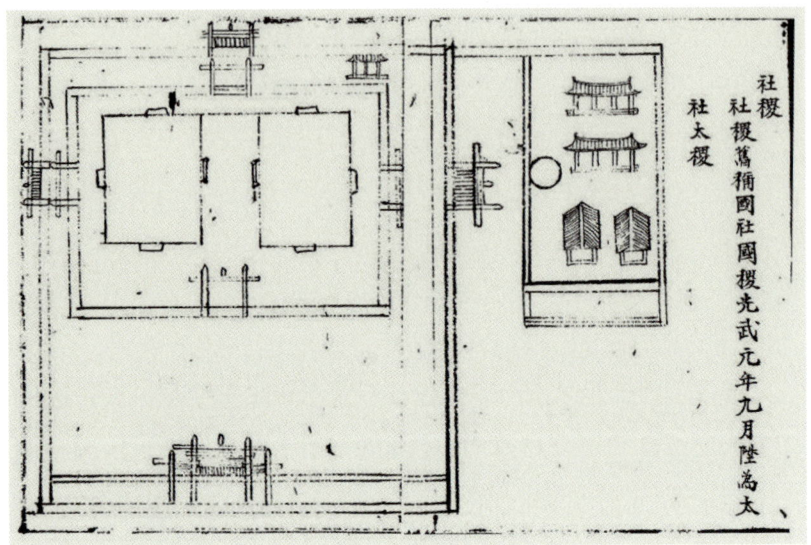

그림 3-5. 『대한예전』 단묘도설의 사직단 그림(아래쪽이 북쪽, 위쪽이 남쪽).

예전』에는 제단의 한 면의 길이가 『국조오례의』의 두 배가 되고 높이는 3척에서 5척, 사방의 계단의 수도 3개에서 5개로 증가된 것으로 문자 해독된다.

세조 이후에 원구단 의례를 폐지한 조선에게 있어서 사직단 의례는 종묘제례보다 공식적인 위상이 상위에 있어서 국장國葬 중에도 사직제례는 폐지하지 않았다. 대한제국으로 바뀌면서 국가제례에 원구단 의례가 생겨나면서 사직단 의례는 위상이 변화되었다. 광무연간(1897~1907)의 대한제국의 국가제례를 묘사하는 『대한예전大韓禮典』에는 원구, 종묘, 영령전, 사직의 순서로 되어 있어서 조선 초기 성종대의 『국조오례의國朝五禮儀』의 길례吉禮 중의 대사大祀의 순서인 사직, 종묘, 영령전의 순서에서 바뀌게 된다.

대한제국기의 고종은 원구단의 천지제사를 시작하면서도 사직단의 제사를 소홀히하지 않았다. 대한제국의 탄생을 알리는 고유제告由祭도 원구단뿐만이 아니라 사직단에서도 올렸고 명성왕후의 시호를 올리면서도 사직단에 알렸다. 고종은 사직 기곡제와 기우제도 여러 차례 거행했다. 조선 후기의 선조에서부터 철종까지의 조선의 국왕들도 역대로 모두 사직에 친제한 적이 있다.

2. 일제강점기 및 광복 이후의 훼손과 올림픽 전후의 복원

광무연간 이후, 곧 1907년 일본통감부의 강압에 의해서 고종의 황위가 순종황제에게 넘어간 융희 연간(1907~1910)에는 국가제례의 모습이 축소 혹은 폐지되고 왜곡되기에 시작하였다. 1908년 7월에 '향사이정享祀釐正'이라는 국가의례의 축소에 대한 칙령이 발표되었는데, 사직단 의례는 매년 네 차례 거행하던 것을 두 차례로 줄이고, 선농단과 선잠단의 위판을 사직제례에 합제해 버린다. 이보다 먼저 같은 해 1월에는 원구, 종묘, 사직 같은 국가제례는 국사國祀로 분류하여 내각内閣에서 관리하고 진전과 혼전, 능제는 제실사帝室祀에서 관리하는 것으로 구분되었다. 일제 통감부와 결탁한 내각이 내린 결정이라서 대한제국의 일제강점을 국가제례의 측면에서도 볼 수 있다.

1910년에 일제강점기가 시작되자 내각에서 관리하도록 한 사직제는 폐지되었다. 1911년 2월에 사직단의 부지가 원구단과 마찬가지로 조선 총독부 소관으로 넘어간다. 1922년 경성부는 사직단 인근의 16,662평을 조선총독부에게서 이관받아서 도로를 만들고 '사직공원'을 만들었다. 사직공원은 운동장이 있고 벤치와 휴게소가 생겼으며 원래의 소나무숲은 벌채되고 단풍나무와 앵두나무의 활엽수를 심어버린다. 창경궁을 헐고 식물원과 동물원으로 만들어 버린 것과 같은 맥락의 훼손이 사직단 경내에도 적용된 것이다. 일본제국의 조선총독부는 대한제국의 유제가 있던 곳에 국민학교를 많이 세웠는데, 도성 사직단도 이러한 경우가 된다. 사

그림 3-6. 남쪽 내유문을 찍은 사직단 사진(조선고적도보).

직단 북쪽을 떼어내어 1932년 매동공립보통학교를 이전시켜서 현재의 매동초등학교가 사직단의 북쪽을 차지하는 계기가 되게 했다.

조선총독부가 통치하던 1920~30년대의 사직단 주위의 모습을 담은 『조선고적도보』의 사직단 사진들에는 사직단 경내가 온통 소나무로 덮여 있었다는 증거를 보여 준다(그림 3-6). 조선 후기의 도성지도인 『수선전도首善全圖』에는 한성의 사직단이 있던 인달방의 바로 동쪽 마을 이름이 송림동松林洞으로 18세기 말에서 19세기 초에도 소나무로 덮인 지역이었다는 것을 이야기한다(그림 3-1 참조). 이러한 맥락에서 일제강점기에 사직단의 소나무숲은 1930년대 무렵까지도 유지되었던 것으로 보인다. 경성부가 사직공원을 조성하면서 소나무숲을 베어내고 수종도 바꾸고 운동장을 만든 모습으로 훼손시켰다. 이러한 훼손과 함께 숙종과 영조가 시문을 남기고 정선이 그린 안향청 앞의 '사직노송'도 일제강점기에 벌채되었다는 설도 사직을 잃은 대한제국의 상실을 대변해 주기도 한다.

해방 이후에도 사직단 일원은 엄청나게 변화되었다. 1962년 서울시 도시계획에 의해 김현옥 시장 재임시(1966~1970년)로 1967년 인왕산의 사직터널의 개통과 함께 도로가 확장되면서 사직단 정문이 14미터 후방으로 위치를 이전하게 되었다. 1968년 파라다이스 수영장이 개장하였고, 파고다 공원 뒤에 있던 종로도서관이 사직단 뒤편으로 이전되었다. 북서쪽에 단군전도 건립되었다. 1969년에 율곡 이이의 동상, 1970년에 신사임당 동상이 설치되었다.

1963년 1월 21일에 사직단의 정문은 보물 제177호로 지정되었다. 1985년의 '서울 사직단 고증 조사 및 복원기본계획'이 수립되어, 서울올림픽 개최에 즈음하여 1988년에 사직단과 유 및 유문 및 주원과 주문, 신실 등이 복원되었고 안향청이 복원되었다. 안향청을 관리사무소로 쓰던 것에서 관리사무소가 따로 만들어졌다. 1990년에는 단군 성전이 대대적으로 개축되었다. 활쏘기를 하는 황학정은 원래 위치인 경희궁으로 옮기려는 계획이 있었으나 아직 그대로 남아 있다.

일제강점기 사직단의 훼손은 동북아시아의 도성상징체계인 좌묘우사의 체제에서 국가와 동격으로 표상되던 사직의 철거로 인해서 일본제국에 대한제국이 편입되는 것을 의미하는 것이었다. 1960~1970년대의 문화재 훼손은 원구단 자리에 조선호텔을 다시 지은 경우와 같이 도로 건설이나 동상건축 및 종로도서관 이전, 단군성전의 개축 및 황학정 이전의 무산과 같은 사직단 일원의 역사성의 훼손과 비슷한 맥락을 가지고 있다.

3. 사직단 의례와 행례 공간

현재의 전주이씨 대동종약원에서 거행하는 사직대제는 서울올림픽 개최에 즈음하여 1988년에 복원되기 시작한 것으로 대한제국 광무 연간의 제사 형식을 위주로 하고 있다. 사단에서 태사와 후토를 직단에서 태직과 후직에게 일 년에 가을 한 차례 황제가 거행하는 친제親祭 형식으로 국가의례를 거행하고 있다. '사직대제'는 무형문화재 111호로 지정되어 있다. 사직대제의 제례악은 아악雅樂이다. 종묘제례악인 보태평과 정대업은 향악鄕樂 혹은 속악俗樂으로 계열이 다르다. 헌관이 제주를 담은 작爵을 신위에게 드리는 초헌初獻 시에 문무를 아헌亞獻과 종헌終獻 시에 무무를 추는 8일무의 형식을 따르고 있다.

현재의 사직단이라는 공간은 사직대제의 거행에는 크게 문제는 없는 편이다. 공간이 너무 협소하여 황궁우에서 지내는 환구대제에서 환구제례악과 문무 및 무무가 빠져 있는 것에는 비교가 되지 않는다. 하지만 대제에 참여하는 재위자와 일반 참관인들이 동북아시아에서 유일하게 남아 있는 유교적 대제 중의 하나인 사직제례를 제대로 볼 수 있는 공간은 여전히 부족한 편이다.

현재의 사직대제에는 황제국의 격에 맞는 8일무를 추고 있다. 사직제례악은 복원되어 있다. 한국에서 제례악을 하는 사람들에게 국가의례의 음악인 아악雅樂을 복원할 수 있는 능력이 있다. 일제강점기에도 공자의 사당에서 드리는 석전釋奠의 문묘제례악의 아악이 보전되었다. 속악인 종묘제례악과 함께 보전된 것이다. 2014년 12월 12일에 국립국악원에서 사직제례악과 문무와 무무 일무가 정조시대의 『사직단의궤』의 수준으로 복원되었다. 2010년에 사단법인 종묘제례악보존회에서 주도하여 복원한 것을 더욱 완정完正한 수준으로 복원한 것이다. 현재 사직단 경내가 현재보다는 더욱 원형에 가깝도록 정비되고 있다. 서쪽에는 전사청과 수복방과 같은 사직단 행례문화에 반드시 필요한 건물들이 『사직단의궤』와 대한제국기의 수준으로 복원하는 계획이 수립되어 있다.

우선 행례문화에서 거의 완정한 수준으로 복원되어 있다. 행례와 음악과 춤이 모두 수행가능 상태라서 사직대제의 예악무禮樂舞가 전통적 조화를 이루도록 되어 있다. 이 모두를 대한제국 광무연간 수준으로 끌어올린다면 대한민국의 종묘제례와 같이 '유네스코 인류구전과 무형유산 걸작'으로 등재해 볼 수 있는 동북아시아 최고의 무형문화재라고 할 수 있다. 중국은 베이징 사직단이 있지만 행례와 악무는 복원하는 데까지 가기에는 아직 힘든 것으로 알려져 있다. 사직단은 또 하나의 유네스코 문화유산으로 등재할 수 있는 귀중한 우리의 문화유산이다. 무형문화재인 제례와 악무가 복원되어 있기 때문에 더욱더 가능성이 높다.

하지만 우선 현재의 사직단 일원(사직 공원)은 조선 후기와 대한제국 시기에 가지고 있었던 시기에 국가제례를 봉행하는 성스러운 공간이라는 측면에서는 너무도 부족한 주위 경관landscape을 가지고 있다. 안향청에서 나와 단유의 북문으로 가는 중간에는 어린이놀이터가 버젓이 들어서 있고, 그 뒤에는 종로도서관이 뻘쭘하게 들어서 있으며, 서쪽 언덕에는 운동장이 원래의 고도보다 높게 조성되어 있고 원래의 사직단의 부속 건물들은 아예 없으며, 수종도 소나무가 아니라 대부분 활엽수종으로 들어서 있다. 북서쪽 인왕산 쪽에는 경희궁의 원래의 위치로 돌아가야 할 황학정이 위치하고 있고, 단군 성전이라는 조선이나 대한제국의 국가 제사와는 아무런 관련이 없는 건물이 들어서 있다. 조선과 대한제국의 단군 제사는 국가 제사의 중사中祀로 단군의 사당檀君廟과 기자의 사당箕子廟이 있었던 평양에서 지내도록 되어 있었다. 그 중사 사당의 이름이 숭령전崇靈殿과 숭인전崇仁殿으로 북한의 국가급 문화재이다. 김정일 시대에 단군무덤을 발굴했다던 북한으로서는 그 단군무덤뿐만이 아니라 단군사당 건물과 조선과 대한제국의 국가제례를 복원할 필요가 있었을 것이다.

4. 조선 후기 사직단과 사직서의궤

임진왜란 때인 1592년 한양 도성 서쪽의 사직단의 부속건물은 모두 불타 없어져 버렸다. 한성 중앙의 법궁 경복궁 및 동쪽의 종묘와 함께 훼손된 것이었다. 1597년(선조 30) 도성으로 돌아온 선조는 당시의 종친의 사가였던 경운궁, 현재의 덕수궁 자리에서 거처하면서 종묘의 복구를 가장 먼저 시작하였다. '신주神主 단자 모신다'는 말이 있는 것처럼 신주는 조선의 왕실과 사대부 집안, 그리고 이후에는 모든 백성들에게 아주 중요한 물건이었다. 국가와 조상의 신과 맞먹는 아주 귀중한 국가와 가문의 보배인 것이었다. 그래서 현대의 한국인들에게는 이상한 행동으로 보이는 문화가 조선시대에는 대단히 중요한 문화로 존재했다.

임진왜란 때에 일본군을 피해 한양을 떠나 선조가 평안도 의주까지 몽진을 가면서 종묘의 역대 왕의 신주와 사직의 위판位板을 모두 가지고 갔다. 임진왜란 당시의 왕세자인 광해군의 분조分朝가 강원도와 함경도로 의병을 모집하고 전쟁을 수행하면서 그 신주와 위판을 보전하고 다녔다. 사직단의 국사, 국직, 후토, 후직의 위판은 한양 환도 이후에는 선조 때 복원한 신실에 보관되어 있었다. 이 제례관련 물건이 제자리를 찾지 않으면 대단히 불안한 것이었다.

광해군대(1608~1623)에 사직단의 중건이 시작되었고 경복궁과 창덕궁이 불탄 이후에 광해군이 인왕산 가까이에 지은 두 궁궐인 인경궁仁慶宮과 경덕궁慶德宮 중에 인경궁의 남쪽 담장이 사직단의 북쪽 담장과 맞닿아 있었다고 한다. 인경궁은 병자호란 이후 인조대에 창덕궁을 중건하면서 그 건물의 목재와 석재가 옮겨져 없어졌고, 경덕궁은 현재의 경희궁慶熙宮으로 남아 있다.

1636년 청 태종의 조선 침입시에 인조는 사직의 위판과 종묘의 신주를 가지고 피난가려 했으나 먼저 떠난 위판과 신주는 강화도로 갔으나 인조는 뒤늦게 가다가 먼저 도착한 청나라 군대를 피해 남한산성으로 들어갔다. 1637년(인조 15) 1월 삼전도의 치욕을 겪은 후에 한양 도성으로 돌아온 인조의 조정은 사직의 위판과 종묘의 신주를 창경궁 시민당에 봉안하였고 5월에 사직단의 위판은 본래의 자리에 봉안되었다.

숙종대에 사직단의 신실을 다시 고쳐서 지었다. 그 상량문은 대제학 박태상이 지었다. 정조 시대에 사직단과 사직제례가 더욱 정비되면서『종묘의궤宗廟儀軌』와 같이 의궤가 없는 것을 보고 받은 정조는『사직서의궤社稷署儀軌』를 편찬하도록 명한다. 사직의궤에 포함된 '단유도설'이라는 그림에는 18세기 후기의 정조대의 사직단과 그 부속건물들이 묘사되어 있다 (그림 3-7).

사단과 직단을 중심으로 낮은 정방형의 낮은 담인 유壝의 네 방향에 문이 있고, 국사지신과 국직지신을 포함한 네 신위는 북쪽 문으로 들어오는 것으로 생각되었다. 음양오행론의 땅은 음陰이고 음은 북쪽과 관련이 깊은 것과 같은 맥락이다. 단유의 서문 부근에 신실이 위치하였다.

단유의 동쪽에 사직단의 정문이 있는데 대문 지역에 부장직소와 악공청이 있고 중문이 있어서 중문을 지나면 북쪽에 안향청安香廳이 있다. 안향청과 단유 사이에는 현재의 해나 비를 가리는 천막과 같은 차장을 보관하

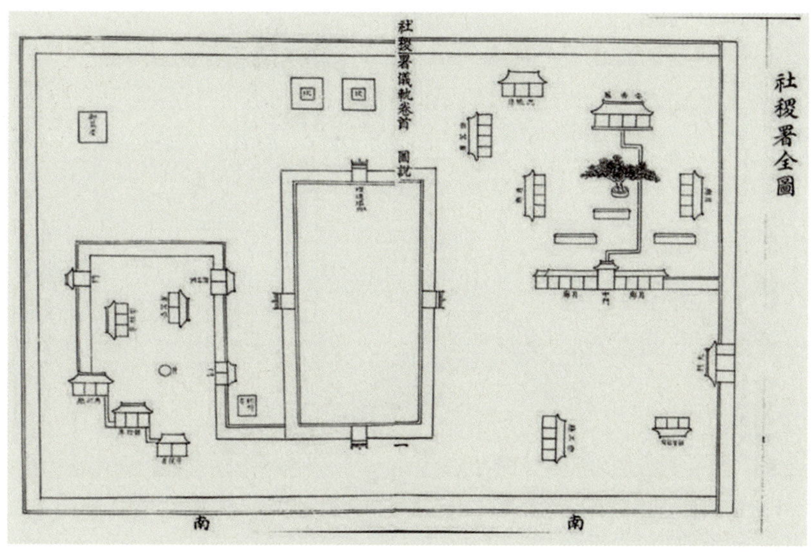

그림 3-7. 정조 때 편찬된 사직서의궤의 사직단 경내의 전체 모습(아래쪽이 남쪽, 위쪽이 북쪽). 오른쪽 북동부 경내에는 안향청(安香廳)이 있다. 안향청 앞에 소나무가 표시되어 있다.

는 차장고遮帳庫와 제기고祭器庫가 있다(그림 3-7).

사직단의 서쪽으로 현재의 운동장 지역에는 재생정宰牲亭과 제기고, 전사청典祀廳, 잡물고雜物庫, 수복방守僕房이 있었다. 『대한예전』에 의하면 대한제국기에도 이러한 배열은 사직단의 부속건물의 배열에는 변화가 없었던 것으로 보인다(그림 3-7 참조).

특이하게도 『사직서의궤』의 단유도설에서 안향청 앞에 소나무 한 그루가 표기되어 있다. 숙종과 영조가 사직단 친제를 하기 위해서 사직단 재실齋室에 와서 산재하면서 지은 임금의 시문, 곧 어제문御製文인 숙종의 사직안향청전교송기社稷安香廳前喬松記와 영조의 사직안향청정송송社稷安香廳庭松訟과 오언절구 영사직안향청정송詠社稷安香廳庭松이 존재하고 그 어제문

그림 3-8. 정조 때의 진경산수화가 겸재 정선의 그림 사직노송(社稷老松). 안향청 앞의 소나무를 그린 것이다. (고려대 박물관 소장)

들은 이 소나무가 굉장히 영물스러웠음을 알려주고 있다. 이 노송은 정조 대의 진경산수화의 대가 겸재 정선의 그림 '사직노송社稷老松'에 정조 당대의 모습이 표현되어 있다(그림 3-8). 숙종, 영조, 정조가 사직제례에 사용한 국사, 국직, 후토, 후직에 드리는 어제축문御製祝文도 정조가 편찬한 『사직서의궤』에 담겨있다.

5. 조선 후기 사직단 – 기곡제의 유산

사직단의 국가의례는 공식적으로 가장 상위 제사의 품격을 가지고 있었다. 대한제국기 이전에는 황제만이 지내는 제사인 원구단 의례가 빠져 있었기 때문이었다. 왕실에 초상이 나거나 해도 사직제사는 폐해지지 않았다. 조선 후기에 일시를 정해서 하는 사직단의 대제로는 기곡, 음력 2월(춘계)과 8월(추계), 12월의 납일의 네 번의 제사가 있었다. 대제의 규모보다 작게 지내는 제사, 혹은 소사小祀로 가물거나 너무 비가 많이 오거나 전염병, 농작물의 벌레, 전쟁 등이 닥치면 빌던 기원제祈祭와 왕실과 국가의 경사인 책봉, 관례, 혼례를 알리는 고제告祭가 있었다. 현재는 가을에 지내는 추계 사직대제만 지낸다. 모든 국가제사는 며칠 전에 몸과 마음을 정결히 하고 근신하는 자세를 가지도록 되어 있다. 목욕재계를 하고 정성을 다해 제사를 지낸다는 것과 같다.

유교적 국가의례는 신을 맞이하고, 신을 즐겁게 하고, 신이 주시는 복을 받고 신을 보내는 절차로 이루어져 있다. 사직대제도 여느 국가 제사와 마찬가지다.

1) 신을 맞이하는 절차

사직대제의 신을 맞이하는 절차는 영신례迎神禮, 전폐례奠幣禮와 천조례薦俎禮로 구성되어 있다. 사직대제의 영신례는 신을 부르는 절차로 희생 동물의 털과 피를 담아서 태사太社와 태직太稷의 정위와 후토后土와 후직后稷의 배위 신위전에 올렸다가 제단 북쪽 낮은 담壝아래 예감瘞坎이라는 구덩이에 묻는다. 사직대제의 영신악迎神樂은 국악오케스트라에 의해 연주되며 노래가 들어가지 않는다. 영신례 때에 사직단 높은 담 안의 북쪽에 위치하게 되어 있는 국악오케스트라 궁가宮架에서 순안지악順安之樂이라는 아

그림 3-9. 사직대제의 문무, 열문지무(烈文之舞).

악을 연주하고, 8줄을 이룬 일무원들은 열문지무烈文之舞를 추기 시작한다 (그림 3-9). 팔일무는 황제국에서 출 수 있는 규모의 제례무이다.

유교적 국가제례는 의례禮와 음악樂과 무용舞이 삼위일체가 이루어지 도록 되어 있다. 사직대제도 마찬가지인데, 사직대제는 종묘제례와 달리 중원에서 들어와 한국에서 변형을 거친 음악인 아악雅樂을 사용하도록 되어 있다. 사직제례악은 아악인 것이다. 종묘제례악이 향악 혹은 속악인 것과는 다르고, 공자에게 드리는 제례인 석전釋奠의 문묘제례악과 함께 아악이다. 사직제례악을 포함하는 아악雅樂은 서양 음악에 비유하자면 동북 아시아의 클래식 음악에 해당한다.

태사는 토지신이고 태직은 곡식신이다. 이들 모두는 중원의 신석기 후기 및 초기 청동기 시대에서부터 시작된 부족사회 제례가 발전되어 온 것이다. 사직의 배위 후토는 신석기 후기 및 초기 청동기 시대의 구룡이라는 사람으로 곡식을 기르는 기술을 처음 전파시킨 전설적 인물 중의 한 명이고, 후직은 요순堯舜의 농경을 맡은 사람으로 기원전 11세기 주周나라가 중원의 천자의 지위에 오르자 하늘제사郊祭 및 땅제사社稷에 배위로 올라갔다. 도성 사직단에서만 정위와 배위 모두에게 제사 지내고, 주현사직단에서는 토지신과 곡식신만을 제사지낸다.

전폐례는 신위에게 향香을 드리고 선물인 폐백을 올리는 절차로 태사초헌관과 후토초헌관이 사단社壇, 태직초헌관과 후직초헌관이 직단稷壇에 올라가 드린다. 천조례는 제상에 희생동물의 '익힌 고기'를 담은 천조갑을 올리는 절차로 천조관과 봉조관이라는 제관이 수행한다. 전폐례 때에는 사직단을 감싼 낮은 담 안에 위치한 국악오케스트라인 등가登架가 숙안지악肅安之樂을 연주하고 열문지무를 춘다. 숙안지악에 맞추어 한문가사로 된 노래를 부른다. 전폐奠幣 악장樂章이라고 한다. 우리가 신들께 폐백을 바친다는 요지의 한문 가사의 노래를 부르게 되어 있다. 다음의 진찬進饌과 천조례 때에는 다시 궁가에서 옹안지악雍安之樂을 연주하고 열문지무를 춘다.

사직제례악에는 한문漢文으로 된 가사를 가진 노래도 있다. 많이 들어가는 것은 아니고 신을 맞이하는 절차에서는 폐백을 올릴 때(전폐 악장), 신이 즐겁게 하는 절차에서는 첫 잔을 올리는 초헌 때(태사 및 태직 악장), 그리고 신을 보내는 절차에서 제상을 물리는 상징적인 행위인 철변두 때(철변두 악장)에 부르도록 되어 있다.

유교적 국가 제사에는 주로 신위에게 세 번의 작爵을 올리는 절차가 포함되어 있다. 사직대제도 마찬가지이고 처음 작爵을 올리는 제사의 주관자를 초헌관初獻官이라고 하고 초헌례의 경우에는 대축大祝이라는 제관이 태사에게 올리는 기원문인 축문祝文을 읽는 절차가 들어가 있고, 차례대로 태직에게도 축문을 읽으며, 각각의 배향인 후토와 후직에게도 축문을 읽도록 되어 있다. 두 번째 작을 올리는 절차를 아헌례라고 하고 그 주재자는 아헌관亞獻官, 세 번째 작을 올리는 절차를 종헌례라고 하고 그 주재자는 종헌관終獻官이다.

초헌례 때에 올리는 술은 담근 지 얼마 안 되는 예제醴齊를 올리고, 아헌례에는 익은 술인 앙제盎齊를 올리며, 종헌례에는 청주淸酒를 올린다. 이러한 세 가지 제주는 별도의 준소상尊所床이라는 술통상에 위치시킨다. 준소상에는 고대 중원으로부터 전래되어 온 세 가지 양식의 준尊이 사용된다. 사직대제의 네 신위의 상차림도 12변籩과 12두豆의 규모의 제상이고 변두의 배열이 세 줄行이다(단묘궁릉Ⅲ 참조). 종묘대제도 각실마다 12변12두의 규모인데, 변두의 배열이 두 줄이다. 변은 대나무로 만든 그릇으로 마른 제수를 올리고, 두는 나무로 만든 목기로 젖은 제수를 올린다.

사직, 원구, 종묘와 같은 대사大祀의 제상에는 곡식 네 가지도 빠지지 않는데 도량서직稻梁黍稷, 즉 쌀, 수수, 차조, 기장이다. 이들이 고대 중원의 제기 양식을 가진 제기에 담겨서 진설된다. 희생동물은 소牛, 양羊, 돼지豕를 사용하는데, 제상 남쪽의 위판을 기준으로 서쪽부터 소, 양, 돼지의 일곱 부위의 생고기들이 진설된다. 생고기는 변 줄 앞에 소와 양, 두 앞에 돼지고기를 놓는다. 익힌 고기도 일부의 부위대로 두 줄의 왼편(동쪽)에 진설된다. 또한 맛을 넣은 고깃국인 화갱도 고대 중원의 세기 양식을 가진 제기에 담겨서 제상에 진설된다.

제상에는 전폐례 때에 신에게 드리는 옷감인 폐백을 담은 광주리인 폐비가 올려지는데, 사직대제는 지신地神 계열의 신이므로 땅을 의미하는 색인 검은색의 옷감인 흑폐黑幣를 바친다.

초헌례 때에는 등가登架가 수안지악壽安之樂을 연주하고 열문지무를 춘다. 축문을 읽을 때에는 음악과 무용이 멈추게 되고, 축문읽기가 끝나면 다시 음악과 무용이 이어진다. 아헌례 때에는 궁가에서 수안지악壽安之樂을 연주하는데, 문무를 추던 일무원들은 퇴장하고 무무武舞를 추는 일무원

그림 3-10. 사직대제의 무무, 소무지무(昭武之舞).

들이 등장하여 8일무의 소무지무^{昭武之舞}를 추도록 되어 있다(그림 3-10).

신이 즐기게 하는 절차에는 초헌례 때에 연주되는 수안지악^{壽安之樂}에 맞추어서 태사^{太社}에게 만년의 복을 내리고 태직^{太稷}에게 백곡이 풍성하도록 숭앙하는 한문 가사의 노래를 부르도록 되어 있다.

3) 신이 주시는 복을 받고 신을 보내는 절차

신의 음덕을 받고 신을 보내는 절차에는 음복례^{飮福禮}, 철변두^{徹籩豆}, 송신례^{送神禮} 및 망료^{望燎}가 진행된다.

음복례는 초헌관이 태사 및 태직 신에게 바친 제주와 익힌 고기 제수를 맛보아 복록을 받는 절차이다. 철변두는 태사와 후토의 제상, 태직과 후직의 제상에 차려진 제수를 물리겠다고 하는 상징적 절차이다. 철변두 때에 등가에서 옹안지악^{雍安之樂}을 연주한다. 한문 가사의 철변두 악장을 부른다. 국악 오케스트라 등가^{登歌}는 낮은 담^墻안에 위치하는데 음악을 연주하고 노래를 부른다(그림 3-11). 국악 오케스트라 궁가^{宮架} 혹은 헌가^{軒架}는 북쪽 사직단 뜰에 위치하는데 역시 순서에 맞게 음악을 연주한다.

아악^{雅樂}인 사직제례악은 동북아시아의 전통 클래식 음악에 속하는 것으로 한문가사 노래인 악장^{樂章}이 들어가 있는 순서가 선물인 폐백을 바치는 순서의 전폐 악장과 초헌례 때의 태사와 태직 악장, 그리고 철변두 악장을 부르도록 되어 있다. 한문 가사이지만 뜻을 알고 나면 사직단 제사에 이렇게 폐백을 준비하였고 제사가 잘되도록 해 달라는 노래(전폐 악장), 태사신과 태직신의 음덕을 찬양하는 노래(태사, 태직 악장), 그리고 제

그림 3-11. 사직대제 국악오케스트라 등가의 연주와 노래.

사를 잘 준비하고 지냈으니 복록을 내려 달라는 노래(철변두 악장)이다. 사직제례는 대사인데 중사에도 아악 제례악을 쓰는 문묘, 국조오례의의 풍운뇌우단, 선농단 등의 악장들도 모두 전폐례, 초헌례 및 철변두에 한자 가사 노래가 들어가 있다. 이 노래는 악장을 부르는 악공만이 불러 왔는데, 앞으로는 이 노래들을 국가제례에 참석하는 모두가 불러야 하기에 중요히 배울 필요가 있다.

송신례는 제사에 참여한 헌관, 제관들이 네 번 절해서 신을 보내는 절차로 위판神版을 담아두는 독櫝을 덮는다. 송신례 때에 궁가宮架에서 순안지악順安之樂을 연주한다. 망료례는 신위전에 드린 축과 폐백, 그리고 제수로 드린 곡식인 서직黍稷을 태우고는 땅에 만든 구덩이인 예감瘞坎에 묻는 절차이다.

『국조오례의』에는 도성 사직단 이외에도 주현州縣 사직단의 행례에 대한 의주가 있다. 『대한예전』에는 이름이 부군府郡 사직단으로 되어 있다. 일제강점기에 300여 개 한반도 부목군현에서 철거된 사직단의 복원은 사직, 곧 국권을 올바로 되찾는 지름길이 될 것이다.

4) 사직단 기곡제의 의미

기곡제祈穀祭란 그 나라의 한 해의 풍년을 기원하는 국가의례로 한 해가 시작되는 정월에 지내는 제사이다. 원구단 의례가 있었던 조선 초기의 세조 때에는 원구에서 기곡제를 지냈고, 중종 때에는 선농단에서 기곡제를 지냈다.

조선 후기 숙종대에 사직단에서 기곡제를 드리게 되었다. 숙종대는 임진왜란과 병자호란이 끝나고 조선 사회가 안정된 시기였다. 천자가 원구에서 하늘에 지내는 기곡제를 숙종은 사직단에서 드리기 시작한 것이다. 대청제국은 순치제 이후로 기곡제를 기년전에서 드렸다. 조선 영조와 정조를 거치면서 이 기곡제가 국가의 길례 대사大祀의 위치에 올라 있었다. 천자가 원구에서 드리는 기곡제가 사직단에서 드려지는 것은 조선 후기 왕권의 강화와도 연결된 것으로 하늘에 드리는 기곡제를 드리는 조선의 국왕이라는 의미가 들어가 있었다.

1897년 대한제국이 선포되고 원구단이 건립되면서 이 하늘제사가 사직단에서 원구단으로 이전되었다. 사직은 국왕 혹은 제후국왕의 권한이

미치는 영역내의 토지신과 곡식신의 의미를 가진다. 그런데 조선의 숙종대부터 사직단에서 기곡제가 드려졌다는 것은 하늘제사의 의미를 다분히 담고 있었다. 사직단 의례가 풍년을 기원하는 의미를 담고 있다는 것이 전래된 것은 이렇게 조선 후기 숙종대부터 시작한 사직단의 기곡제에서 연원한다. 토지신과 곡식신이 땅(토지)에서 풍성하게 내어 주시기를 빌고 또한 내어 주심에 감사하던 사직단 의례의 의미가 가미된 것으로 보인다. 원래 사직은 한정된 토지를 보호하는 수호신에 대한 의례의 의미를 담고 있었다. 이러한 연장선상에서 대한제국이 선포되면서 기곡제가 하늘아래, 곧 천하天下를 대상으로 하는 황제가 드리는 원구단으로 옮겨가는 것은 그리 놀랄 만한 일은 아니다.

또한 대한제국의 원구단은 베이징의 천단圜丘壇과 지단方澤壇과 같은 천지분사天地分祀를 시행하던 것이 아니라 조선 초기 세조대와 마찬가지로 천지합사天地合祀를 시행하였다. 원구단에 황지기黃地祇과 오악, 오진, 사해, 사독의 지신계열이 포함되어 있다. 하지만 황지기는 방택方澤과 같이 물이 있는 땅, 곧 소택지의 신과도 관련이 있기 때문에 사社가 의미하는 토지신의 의미와는 차이가 있다.

6. 베이징의 청나라 도성 사직단과 중산공원

베이징의 천안문天安門은 대청제국 도성의 황성皇城의 정문이었다. 대청제국 시기에는 베이징이 황성을 포함하는 내성內城과 함께 남부 면적이 크게 배정된 외성外城이 내성을 둘러싸고 있었다. 현재는 이 외성과 내성이 거의 모두 헐리고 베이징을 둘러싸는 간선도로가 되어 있다. 또한 내성에는 황성과 궁성宮城이 북쪽에 치우쳐 위치하고 있어서 천안문을 지나면 궁성인 자금성紫禁城으로 들어가는 오문午門에 다다른다.

베이징의 중산공원中山公園과 노동인민문화궁이 천안문과 오문 사이에 위치하고 있다. 중산공원은 서쪽에 위치한다(그림 3-12). 중산공원은 중국

그림 3-12. 2014년 중산 공원 현판 아래 왼쪽의 사직단 표지판.

근대화의 아버지라고 하는 쑨원孫文의 자字인 중산中山을 따라서 1928년에 붙인 이름이다.

쑨원은 남중국인 현재의 홍콩이 위치한 지역인 광동성에서 태어나서 만주족의 대청제국 황실을 무너뜨리고 한족漢族의 공화국을 만들어 흥하게 하자는 멸만흥한滅滿興漢의 기치를 내걸고 근대화를 일군 사람이다. 그는 중국에서도 중원인 황하 지역에 있던 원래의 한족이 금나라나 몽골의 원나라의 황하지역 점령을 피해서 남쪽으로 이주한 황하 원주 한족의 후예인 하카족 출신이다. 현대 중국어 만다린, 곧 북경어 혹은 관화어와는 다른 광동어와 주변의 방언들을 잘하는 한족이었다. 후에 대만으로 들어간 국민당을 처음 세운 사람이 쑨원이고 쑨원의 부인 쑹메이령宋美玲은 창카이섹蔣介石의 부인과 자매지간인데 공산당의 본토에 남아서 중화인민공화국 건설에 공헌했다.

중국의 현대사에 공산주의 이념이 크게 이바지하였다. 오족공화五族共和라는 표어를 앞세우기도 하였다. 하지만 그 이전에 전통을 유지하던 만주족을 한족이 극복하는 역사적 노력도 중국 현대사에 담겨져 있다는 것을 주목할 필요가 있다. 한족의 언어인 현대 중국어가 공식언어가 되고 만주족이 사용하던 만주어는 지금 사용하는 사람이 극히 소수가 되었으며, 한족의 문자인 한문은 마오쩌둥 시대에 간체자를 도입하여 쓰고 있지만, 만주족의 문자인 만문은 현대 중국의 문화재로 남아있고, 엄청난 분량의 만문滿文 문헌들은 전문가들만 해독할 수 있다.

이러한 맥락에서 만주족의 대청제국의 유형문화재는 남아 있지만 그들이 거행하던 무형문화재는 보전될 수 있는 여지가 없었고, 거의 백 년

그림 3-13. 오방토로 덮인 단이 한 개인 베이징 사직단. 남쪽에서 북쪽 배전(중산당)을 바라보는 전경.

그림 3-14. 베이징 사직단에는 단에 오르는 계단(3개의 계단)이 사방에 있다.

전에 사라져서 명맥을 잇지 못하고 있다.

중산공원은 원래 대청제국과 그 이전의 대명제국의 사직단이 위치한 곳이었다. 현재의 중국 요령성 심양에서 황제로 올랐던 청 태종 홍타이지의 아들 청 세조 순치제는 도르곤이 이끄는 만주 팔기군과 함께 1644년에 베이징의 자금성으로 들어왔다. 청나라는 명나라가 사용하던 국가의례의 시설들을 상당 부분 수용하여 자신들이 입관 전에 거행하던 방식과 함께 국가의례를 봉행하였다.

청나라의 사직단은 명 성조 영락제가 1421년 난징에서 베이징으로 천도하면서 세운 사직단을 거의 그대로 사용한 것으로 보인다. 중산공원은 원래 거란의 요遼나라와 여진족의 금金나라 때에 흥국사興國寺라는 불교사원이 있었던 곳이고, 몽골의 원元나라 때에는 만수흥국사萬壽興國寺로도 불렀다. 금나라의 중도中都 도성은 명나라와 청나라 내성과 외성에서 몇 킬로 서남쪽으로 떨어진 곳, 현재의 베이징 펑타이구 지역에 있었기 때문에 흥국사는 금나라 도성의 북동쪽에 위치한 셈이다.

베이징 중산공원의 사직단은 서울의 사직단이 두 개의 제단으로 이루어진 것과는 달리 하나의 제단으로 이루어져 있다. 크기는 서울의 사단과 직단의 크기의 두 배 정도 되어 보인다. 제단의 위에는 다섯 가지 색깔의 흙으로 되어 있어서 중앙에는 노란색 흙, 동쪽에는 푸른색 흙, 서쪽에는 흰색 흙, 남쪽에는 붉은색 흙, 북쪽의 검은색 흙으로 덮여 있다(그림 3-15). 사방에 세 개의 섬돌로 된 계단인 폐陛가 있고, 낮은 담 단유壇壝가 푸른색 유리기와琉璃瓦 좁은 지붕으로 되어 있다. 단유의 사방에 문이 대리석으로 만들어져 있다.

그림 3-15. 베이징 사직단의 전체를 보여주는 위성사진.

베이징의 사직단이 하나의 제단으로 되어 있는 것은 영락제가 1421
년 베이징 천도시에 난징의 사직단을 따라 베이징에 하나의 제단으로 건
립하도록 하였기 때문이다. 영락제의 아버지 명 태조 홍무제 주원장은
1375년(홍무 10년) 이전에 있던 두 개의 제단으로 된 사직단을 하나의 단
으로 고치라는 명령을 내렸다. 명나라 첫 번째 도성인 난징의 사직단이
하나의 제단이었다. 이후에 태사太社와 태직太稷, 구룡(후토)과 후직을 하나
의 단에서 제사하는 양식이 청나라에도 지속된 것으로 보인다. 명나라의
번국과 지방 사직도 하나의 단으로 이루어져 있었다.

중산공원에는 한 개의 단으로 되어 있는 사직단이 있다(그림 3-13, 3-14). 사직단의 북쪽에 배전이 있다(그림 3-14). 단묘궁릉을 보는 문화적 시선은 제단인 사직단과 배전拜殿인 사직배전社稷拜殿, 극문戟門, 제기를 보관하는 신고神庫, 제사 음식을 마련하는 신주神廚, 희생동물을 마련하는 재생정宰牲亭과 옛 우물古井을 찾아보게 한다. 문제는 사직단 국가의례의 정위인 태사와 태직, 배위인 구룡과 후직의 위판을 보관하는 신실神室은 중국어 안내판에는 없다. 중산당, 곧 사직배전은 원래 황제나 제관이 사직단 국가의례를 지낼 때에 휴식을 취하거나 비가 오거나 바람이 심하게 불면 배전 안에서 제사를 올리는 공간이라고 중산당 앞의 중국어 안내판은 설명하고 있다. 사직배전은 1925년 쑨원의 서거 당시 국장公祭을 지낸 공간이었다.

따라서 현판도 바꾸어 1926년에서부터 중산당中山堂이라 편액을 걸어놓았다. 또한 사직단의 동남쪽에 현대식 건물의 중산음악당이 들어서 있다. 위판 보관 건물의 위치는 신주와 신고가 있던 남서쪽 어디에 존재하든지 아니면 다른 건물이나 회랑이 있었을 것으로 보인다.

베이징 사직단의 전체를 보여주는 위성사진(그림 3-15)에서도 나타나는 바와 같이 사직단의 담장 안이나 바깥에 수령이 오래된 측백나무 숲이 덮여 있다. 베이징 남쪽 천단 공원과 마찬가지로 거대목의 측백나무 숲이 있어서 그 연수와 규모를 감탄하게 한다(그림 3-16). 특히 중산 공원의 남쪽 문 주위에는 요나라와 금나라 때 식수되었을 것으로 보이는 수령의 측백나무들이 존재한다. 베이징 중산공원의 사직단에 들어가는 정문 옆의 중국어 안내판에는 '고전적 단묘원림壇廟園林'이라는 표현을 쓰고 있다. 동

그림 3-16. 베이징 사직단의 경내인 중산공원의 거대목 측백나무 숲.

북아시아의 공통적 문화 요소로서 제단과 사당의 경내에 조성된 숲을 단묘원림이라고 하는 것이다. 베이징의 원구단과 기년전, 그리고 사직단의 숲은 측백나무가 주종을 이루는 수백 년 전에 조성된 숲이다.

7. 사^社나무와 단^壇나무 전통과 사직단

1) 중원 수목숭배에서 시작된 사^社

중원의 토지신에 대한 숭배는 3천 년 전보다 더욱 더 고대에서부터 시작되었다. 거대한 나무와 숲을 신성시하는 고대 신앙에서 유래한 것으로 보이며 사^社라고 불렀다. 중원에는 사^社나무를 섬기는 전통이 생겨서 진화를 거듭한 것이다. 20세기의 프랑스의 중국학자 에두아르 샤반느^{Eduard Chavannes}도 중원의 사^社가 나무와 숲에 대한 숭배에서부터 시작되었다는 것을 표명한 바가 있다. 주나라 이전의 나라에 사^社신에 대한 숭배가 있었던 것은 사마천의 『사기^{史記}』뿐만이 아니라 여러 문헌을 통해서 살펴볼 수 있다. 사^社라는 한자 자체를 풀어보면 보일 시^示가 토지를 뜻하는 토^土 옆에 붙어서 형성된 글자로 볼 수 있다. 곧 토지에서 무언가 영적인 것이 나타난다 혹은 보인다는 뜻이다. 사직^{社稷}은 토지의 신인 사^社와 곡식의 신인 직^稷을 붙여서 부르는 것이었다. 동북아시아의 역사에서 3천 년 전 중원의 주^周나라에서부터 사직으로 붙여 부르게 된 것이다.

유학의 경전이면서 주^周나라 이전의 고대 사회의 문서를 포함하고 있는 『서경^{書經}』 혹은 『상서^{尚書}』에 의하면 주나라 이전에는 상^商나라가 있었고, 상나라 이전에는 하^夏나라가 있었으며, 그 이전에는 요^堯와 순^舜이 다스린 고대 국가가 있었다고 한다. 순임금이 다스리는 나라의 이름이 우^虞라고 해서 서경에서 가장 먼저 나오는 부분이 우서^{虞書}이다. 이후로 하나

라의 문서는「하서夏書」이고 상나라의 문서는「상서商書」이며 주나라의 문
서는「주서周書」이다.

　중국은 시안과 뤄양을 잇는 지역인 중원中原의 문명을 고고학적 발굴
과 연결시키려 하는 국가 프로젝트로 '하상주단대공정'이라는 연구사업
을 진행한 바 있다. 하나라, 상나라 및 주나라의 3대의 연대를 여러 문헌
을 통해서 정리하고 고고학 발굴 유물들과 병치시키는 작업을 한 것이다.
이에 따라서 하나라는 기원전 21세기에서 16세기까지(B.C.2070~1600), 상
나라는 기원전 16세기에서 11세기까지(B.C.1600~1046) 그리고 주나라는
기원전 11세기(B.C.1046)에 시작하는 것으로 그 기준 연대를 지정하였다.
철기가 기원전 5세기경에 나타나기 때문에 하나라, 상나라, 주나라는 모
두 청동기 시대에 해당한다. 특히 하나라는 청동기 초기와 신석기 후기가
겹치는 고대사회가 된다.

　기원전 21세기 이전의 우虞나라 시대에 사社를 언급하는 문헌적 자료
가『관자』경중무敬重戊 편에 나온다. "우나라 왕이 있어 숲을 불태우고 여
러 해로운 동물들을 베어내어 이로써 백성의 이로움이 되게 하였는데 봉
토하여 사를 세우고 나무를 위치시켜 마을문을 만들었다(有虞之王 燒曾藪
斬群害以爲民利 封土爲社 置木爲閭)"고 하고 있다.『논어』의 팔일장八佾章에는
노나라의 임금인 애공이 재아에게 사社에 대해 묻자, "하나라의 초대왕인
하우씨는 소나무를 사로 삼았고, 은나라는 측백나무를 사로 삼았으며, 주
나라는 밤나무를 사로 삼았는데, 백성이 떨게 만들었다(夏禹氏以松, 殷人以
柏, 周人以栗, 曰 使民戰慄)." 신석기 후기나 청동기 초기 사회에서 넓은 토지
에 큰 나무가 하나 서있고 그 공간을 다져서(봉토하여) 사社라는 공간을 만

든 것(封土爲社)을 이야기한다.

하나라를 언급하는 기록에서 우선 사社가 제의를 뜻한다는 것이 『사기』의 「봉선서」에 나온다. 기원전 21세기 하나라의 초대 왕인 "우禹가 흥기한 이후로 사제사社祭祀가 세련되게 되었다(自禹興以 修社祀)"는 것이다. 또한 이러한 사社가 고대 사회의 신성한 공간이면서 사람들이 모이는 장소였다는 것이 『서경書經』의 「하서夏書」에 나온다. 하나라의 초대 우왕을 이은 두 번째 계啓왕이 하나라에 반역하는 유호씨라는 부족을 정벌하면서 다음과 같이 말한다. "나의 명령을 잘 따르는 자들은 조묘祖廟에서 상을 받을 것이요, 명령을 따르지 않는 자들은 사에서 죽임을 당할 것이다(用命賞于祖, 不用命戮于社)." 그리고 사마천의 『사기』에는 기원전 16세기 하나라의 마지막 걸왕을 멸하고 상나라를 천자국으로 만든 "탕왕이 하나라의 사社를 옮기고자 하였으나 그렇게 하지 못하고 하사라는 글을 지었다(湯旣勝夏 欲遷其社 不可 作夏社)"라고 기록하고 있다. 현재 고고학자들과 역사학자들이 하나라 후기의 수도 지역을 현재의 하남성 뤄양의 동쪽 지역인 언사현의 얼리투爾里頭 유적으로 보고 있다. 얼리투에 『논어』의 언급에 근거하여 소나무松를 사社로 섬기는 신성 공간이 있었다는 것을 뜻한다.

상商나라는 현재의 하남성 정조우鄭州와 상코우商邱 및 안양安陽을 잇는 지역으로 하나라보다도 동쪽에 있던 나라이다. 후기의 수도가 안양으로 은殷이기 때문에 사마천의 『사기』에는 은殷나라로 표기한다. 『서경』에는 상서商書가 있어서 원래의 이름 상나라를 유지한다. 『논어』의 언급에 근거하여 측백나무栢가 사社라는 신성 공간의 중심에 있는 것을 알 수 있다. 이 상나라의 사社라는 공간은 또한 사마천의 『사기』의 주본기와 제태공세가에 무왕武王이 목야전쟁에서 승리하고 은나라의 마지막 수도 조가朝歌, 곧 하남성 기현을 멸하고 자신의 신하와 군인들이 사社의 남쪽에 사열한 가운데 고유제를 지내는 공간이 사社라는 것에서 존재가 드러난다. 신하들은 명수를 들고, 돗자리를 깔고, 제수를 차리고 희생동물을 바치고, 축문을 읽는다. 상나라의 찬란했던 청동기 유물은 하남성 안양에서 많이 발굴되었다.

2) 주나라에서 사직社稷으로

주나라는 기원전 11세기에 현재의 섬서성 시안西安지역에 위치한 나라였다. 이전에 상商나라 혹은 은殷나라의 제후국으로 출발하여 서백西伯 창昌이 이끄는 명망가진 나라로 발전하여 무왕武王대에 은나라를 정벌하여 중원의 천자국이 되었다(B.C.1046). 섬서성 시안지역은 위하渭河가 서쪽에서 동쪽으로 흐르고 있고 동쪽으로 흘러가서 화산華山의 북쪽에서 황하와 합류해 들어간다. 고고학적 발굴에 의하면 기원전 11세기에서 8세기에 이르는 기간 동안에 주나라의 도읍인 풍호와 호경이 현재의 시안의 서쪽 근교에 위치해 있었는데, 호경지역에는 왕궁이 있었던 것으로 추정되고, 풍호지역에는 주나라의 종묘와 사직이 위치했을 것으로 추정된다.

『서경』의 「주서」 소고昭誥편에는 주나라 무왕의 아들인 성왕成王이 주공 단旦과 함께 무경의 반란을 진압한 이후에 상나라 유민들을 현재의 뤄양 지역으로 이주시키고 새로운 부도읍인 성주成周를 조성한다. 성왕이 직접 성주의 남쪽의 근교에서는 교제郊第를 지내고 새로 조성한 사社에서 소,

양, 돼지 한 마리씩의 희생동물을 가지고 사직제례를 지낸 기록이 나온다 (乃社于新邑牛一羊一豕一). 주나라의 예제를 기록한 책인 『주례周禮』 「지관地官」 사도司徒의 임무 중에는 "서울 주변 지역과 강역을 정하고 구덩이를 파고 흙을 높이 쌓아 올리며 사직의 낮은 담, 유壝를 설치하고 수목으로 그 지역의 주主로 삼는다. 그 들판의 각각의 나무를 고른 장소로 드디어 그 사社와 지대를 명명한다(制其畿疆而溝封之 設其社稷之壝而 樹之田主 各以其野之所宜木, 遂其社與野)." 주나라대에 와서 낮은 담을 두른 것이 나타나고 큰 나무를 그 지대의 주主로 한다는 것이 나타나 있다. 그 지대의 주로 한다는 것은 토지신을 의미한다. 또한 큰 나무를 중심으로 하면서 낮은 담으로 신성한 공간의 경계를 짓기 시작한 것을 보여준다. 아마도 낮은 담으로 경계지어진 곳에는 큰 나무도 있었고, 그 앞에 제단이 있었을 것이다.

그런데 이렇게 한 지역의 큰 나무를 중심으로 마을이 형성되게 되어 있다. 『예기』에 의하면 주나라에서는 100여 호를 하나의 사社로 묶었다고 한다. 『예기』의 용어로는 주나라는 이렇게 기층의 백성을 사社로 묶었는데, 대부와 여러 백성에게 치사置社가 있고, 그 위에 제후국의 후사侯社가 있으며, 천자국의 대사大社가 있다고 했다. 천자인 주나라의 왕은 국가 대사大社와는 달리 자신을 위한 왕사王社가 있다고 했다. 후대의 주註는 치사는 당나라 때의 리사里社와 같다고 한다. 당나라 태종 때에 『예기』를 주석한 공영달(574~638)은 주나라에서는 밤나무뿐만이 아니라 소나무, 측백나무, 개오동나무, 회나무 등이 사社를 위한 수종으로 쓰였다고 기록하고 있다.

기원전 770년에 주나라는 서쪽의 유목민족의 침략을 받아서 동쪽의

뤄양洛陽으로 천도한다. 이때부터를 동주東周라고 한다. 뤄양의 동주시대
의 도읍, 곧 성주成周는 원래 기원전 11세기 주나라의 2대 천자인 성왕成王
이 은나라의 유민들을 천사시키고 새롭게 건설한 부도였다. 기원전 8세
기부터는 주나라 천자가 거처하는 왕궁과 좌묘우사의 원리에 의해서 동
쪽에는 종묘가 서쪽에는 도성 사직단이 건립된 것으로 보인다. 동주시대
는 공자가 주나라의 분봉 제후국인 노나라의 역사인 춘추春秋를 쓴 시대
와 대략적으로 겹쳐서 춘추시대라고도 한다. 춘추시대에는 주나라와 왕
실의 권위와 세력이 약해져서 과거의 본봉 제후국중에 패권覇權을 가진
패자들이 나와서 존왕척이尊王斥夷를 기치로 왕실을 높이고 북방외적을 공
동으로 막는 일들을 한다. 첫 번째 패자가 제齊나라 환공桓公이다.

　　제나라 환공 시대를 다루는 것으로 기록된 『관자』에는 제나라의 수도
임치 사직단에 환공이 자신의 즉위를 알리는 고유제를 지내러 갔을 때 사
직제례를 관할 하는 축관이 환공의 귀에 엄청나게 거슬리게 하는 고유축
문을 올리는 것을 듣고 그를 죽이려고 하다가 마음을 고쳐먹은 일을 재상
인 관중에게 이야기하는 대목이 나온다. 이것은 기원전 8세기 청동기 말
기 환공이라는 제나라의 임금이 다스리는 도성에 사직이 존재했다는 것
을 이야기해 준다. 제나라는 주나라의 천자가 분봉한 제후국이었다.

　　『예기』의 이야기와 『춘추좌전』의 기록에 근거하면 주나라가 천자국
이 되기 이전의 상나라의 옛 땅으로 주나라의 제후국이 된 나라에는 공실
公室 혹은 후실侯室 궁전이 있는 동쪽과 서쪽에 각각 박사亳社와 주사周社라
고 하는 두 가지의 사社가 있었다는 것이 나타난다. 박사亳社라고 부른 것
은 상나라의 첫 수도, 곧 탕湯왕이 수도로 정한 곳의 이름이 박亳이었기 때

문에 그렇게 불렀다. 또한 주나라의 사직은 주사라고 대조해서 부른 것이다. 예를 들어 노나라에도 박사가 있었고, 은나라 제사를 받들도록 한 송나라에도 박사와 주사가 있었다.

기원전 5세기부터 시작된 중원의 전국戰國시대는 거의 철기시대의 도래와 대략적으로 겹치고 이전의 청동기 시대의 농경으로부터의 급격한 생산력의 증가가 일어난다. 전국 시대는 중원의 여러 국가들이 임금을 공公이나 후侯로 칭하던 것에서 왕王을 칭한다. 이러한 진秦, 초楚, 진晉, 조趙, 한韓, 위魏, 연燕, 중산中山의 독립국가의 왕들은 모두 자신들의 수도에 궁궐을 짓고 그 궁궐의 동쪽에는 종묘를 짓고, 서쪽에는 사직을 세우는 좌묘우사左廟右社의 예제를 그대로 이어왔다. 그런데 『맹자』「양혜왕장구」에서는 맹자가 "오래된 나라에 큰 나무가 있어야만 오래된 (제후)국가가 아니라 대대로 좋은 신하가 있는 국가가 오래된 국가(所謂故國者非爲有喬木之者也)"라고 말한다. 이 때의 큰 나무喬木와 나라國의 관계는 고대 사회의 '사직'을 위치시켜 놓아야 제대로 이해가 된다. 고대 국가의 존립 자체를 지칭하는 명칭으로 사직을 사용한 사례는 전국시대의 조趙나라의 무령왕이 중원의 늘어지는 옷이 아니라 소매가 짧은 오랑캐의 옷으로 복식을 개혁하려다 반대에 부딪치면서 논의하는 말에 사직을 사용하는 것이 사마천의 『사기』에 기록되어 있다.

중원을 통일한 진秦나라에도 사社가 있었고, 주나라가 100여 호를 하나의 사社라는 행정단위로 묶은 것과는 달리 25호를 하나의 사로 묶었고, 이것은 한漢나라에까지 전승되었다. 여기서 사社는 의례공동체로서 큰 수목을 중심으로 마을을 이루고 사는 행정단위의 역할도 하게 된 것이다.

『사기』에 의하면 기원전 205년 진나라의 수도 함양을 점령한 한나라 고조 유방은 진나라의 사직을 바꾸어 고쳐서 한나라 사직漢社稷을 세웠다. 한나라 고조 10년 봄에는 2월과 12월에 각 지방 현縣에서 리사里社에서 양과 돼지를 잡아 제사지내고자 하는 요청을 허락하였다. 한나라 고조 유방은 풍패인데 그 지역의 리사가 '분유사枌楡社'라고 해서 느릅나무楡를 사社로 모시는 곳이었다. 주나라 시대에 곡식신 직稷을 토지신인 사와 함께 제사 하였으나, 한나라에서는 자주 직稷에 대한 제사를 빠뜨리는 경우도 있었다고 한다. 한나라는 진나라와 마찬가지로 25호를 하나의 사社로 묶었다고 한다. 발음은 각각의 언어에 따라서 다르지만 한국, 중국, 일본에서 영어의 society에 해당하는 공통의 한자어는 사회社會인데 이렇게 중원의 고대 사회의 사社의 의미를 담고 있어서 공유된 문화적 의미를 가지고 있다.

사직은 이렇게 각 국가를 보우하는 토지신에게 제사를 드리는 공간이면서 임금이 거느리는 조정朝廷, 곧 고대 및 중세 국가의 존립 자체를 지칭하는 명칭이 되어 왔다. 중원에서 이어진 한漢나라를 비롯한 여러 왕조들과 북방민족이 세운 여러 다른 왕조 및 한반도의 왕조도 시간차를 가지고 종묘와 사직을 세우고 그 제의를 이어왔다.

3) 만주–한반도의 단檀나무 전통

대한민국은 개천절開天節이라는 국경일을 가지고 있다. 매년 10월 3일을 기해서 만주–한반도에서 기원전 24세기(B.C.2333) 가장 먼저 나라를 열었던 단군檀君이 조선朝鮮이라는 이름의 나라를 열었던 날을 기념하는 것이다. 조선시대에는 단군을 모시는 사당인 숭령전崇靈殿이 국가 제사의 중사中祀에 포함되어 있었고, 황해도 문화현에 고려 때부터 내려오는 환인, 환웅, 단군 세 분을 모시는 사당인 삼성사三聖祠도 있었다.

단군檀君이라는 이름은 단檀나무 임금이라는 뜻이라고 할 수 있다. 단군이라는 이름이 나타나는 가장 오래된 역사서는 고려시대의 『삼국유사三國遺事』와 『제왕운기帝王韻記』이다. 단군을 역사에서 실존했던 인물로 보는 입장에서 『삼국유사』와 『제왕운기』 텍스트의 신화와 같은 이야기는 사화史話로 읽힐 뿐이다. 실제로 『삼국유사』의 주에는 단군이 서하西河의 하백河伯의 딸과 결혼하여 부루夫婁라는 아들을 낳았다는 기록이 존재한다. 중원에서 기원전 21세기 하나라 우禹왕의 이전에 존재했던 요堯와 순舜도 실존한 인물이었다고 보면 신석기 말기와 청동기 초기에 해당하는데, 단군을 실존한 인물로 보는 입장에서 만주-한반도 지역의 신석기 말기와 청동기 초기에 해당할 것이라고 생각할 수 있다.

일단 신화적인 부분을 정리해 보면 하늘에는 하늘 임금이 계셨고 그 아들 혹은 서자인 환웅桓雄이 동방 문명개척단 3천 명을 데리고 태백산太白山 신단수神壇樹 아래로 내려와 신시神市라는 도읍을 세운다. 『삼국유사』에는 신단수의 '단'자가 제단壇을 의미하는 한자로 표기되어 있지만 『제왕운기』에는 단나무 단檀자로 표기되어 있다. 아예 큰 나무와 제단을 같이 연상하도록 되어 있다. 신시라는 공간의 중심에는 신단수라는 신성스러운 단나무가 있었던 것으로 볼 수 있다. 그리고 『제왕운기』에는 환웅의 이름 자체도 단웅檀雄으로 표기되어 단나무의 신이라고 볼 수 있게 되어 있다. 또한 곰이 변하여 된 여자가 환웅 혹은 단웅과 결혼하여 단나무 임금, 단군을 낳는다.

단군을 역사적인 인물로 본다면 단군신화는 단나무라는 생물학적 나무인 신단수를 통해서 하늘로부터 환웅이라는 천신 계열이 내려오고 새로운 도시가 개척되어 새로운 문명이 만들어지는 것을 묘사한 것이 된다. 후대에 시간이 지나고 단군을 신격화하는 과정을 통해서 만들어진 사화史話인 것이다. 하늘의 손자 족속이 곰토템을 가진 족속과 결합하여 고대 청동기 초기 부족사회의 주도권을 확립하는 것이 된다. 하늘이라는 요소와 신단수와 곰과 호랑이라는 땅의 요소가 단군이라는 사람의 요소와 모두 한꺼번에 결합되는 구조를 이루고 있다.

『삼국유사』는 단군이 약 천 년 동안 왕노릇하다가 기자가 동쪽으로 오니 아사달로 돌아와 산신山神이 되었다고 한다. 실존 인물은 천 년은 살지 못하는 것이니까 실제로 단군은 단군조선의 후대에 의해서 시조始祖로 제사를 받다가 기원전 11세기에 모종의 역사적 변화에 의해서 원래의 수도로 돌아와서 산신으로 물러났다는 것으로 해석할 수 있다.

그런데 6세기 고구려의 고분벽화에 단군신화에 관한 그림들이 그려져 있다. 각저총 씨름하는 사람 둘의 왼쪽에 그려진 나무 줄기 양쪽에는 곰과 호랑이가 그려져 있고, 장천 1호분의 〈백희기악도〉와 〈사냥도〉의 왼쪽의 산으로 보이는 위에 나무가 그려져 있고 그 아래의 굴에 곰이 웅크리고 있는 모습이 그려져 있다. 이 그림들에서 묘사된 나무는 삼국유사와 제왕운기의 신단수가 아니면 이해할 수 없게 되어 있다. 또한 이 큰 나무 모티브들은 상당수의 다른 고분 벽화에도 들어가 있다. 고구려 사람들, 특히 고구려 고분벽화를 그린 화가 혹은 화공 중에 자신들보다 2천 년 전의 단군에 대한 이야기를 알고 있었다는 것이다. 12세기 고려 사람인 『삼국유사』의 저자 일연과 『제왕운기』의 저자 이승휴보다도 6백 년 전의 사람들인 고분벽화 화공들이 단군조선에 대한 인식을 가지고 있었다는 것을 이야기해 준다.

아니나 다를까 당나라의 역사를 다루는 역사서인 『구당서舊唐書』에는 고구려가 "영성과 가한신과 기자를 제사한다(事靈星神日神可汗神箕子神)"고 하였다. 가한신은 단군을 의미하는 것으로 해석된다. 또한 기원전 11세기의 기자의 앞에 써서 먼저 있었던 군왕이라는 것을 암시한다. 우선 언어학적으로 따져 보면 '가한可汗'이라는 것은 알타이 어족의 몽골어의 '칸khan'과 같은 말이라는 것이 금방 떠오른다. 당나라 사람들은 돌궐을 통해서 칸에 대한 개념을 확실하게 알고 있었다. 또한 부여어에서 마가, 우가, 저가, 구가라는 여러 '가加'가 있었다는 것과 맥락이 같다. 실제로 현재의 일본어에서 한韓을 칸 혹은 캉으로 읽는다. 따라서 한국을 칸코쿠로 발음한다. 『제왕운기』에는 마한, 진한, 변한에서 고구려, 신라, 백제가 나왔다고 하는데 그 삼한의 한韓이 실제로 발음은 칸이나 가한 혹은 간에 가까웠을 가능성이 높다. 금관가야를 세울 때에 9간이 있는데 그 '간干'과 같은 것이다. 신라에서도 한翰과 간干으로 그 음을 표시한다 김유신이 서발한이었는데 순한자어로 고치면 각간角干이다.

둘째로 고구려가 자신들의 선대의 단군과 기자를 제사하였다는 것에는 큰 의미를 둘 수 있다. 주로 10세기 이후의 고려시대부터 단군과 기자를 제사하는 전통이 생긴 것으로 보아왔는데 그보다 먼저 최소한 6세기 이전의 고구려시대에 이미 단군과 기자가 선대라고 하는 인식이 있었던 것을 알 수 있다. 중국의 후한 이후의 위, 촉, 오 삼국을 다룬 역사서『삼국지』「위서」열전 동이전 한韓조에는 현재의 베이징 주변에 있던 한나라의 변방 연燕에서 넘어온 위만이 기원전 194년에 조선 왕 준準을 내몰고 왕위를 찬탈한 것으로 기록되어 있다. 이 때 조선 왕 준은 바다를 건너 마한馬韓 지역으로 피난을 와서 한왕韓王으로 자처했다고 한다. 그리고 준왕은 기자로부터 40여 세대 후손이라고 되어 있다. 기원전 11세기에서 기원전 3세기까지의 기간은 거의 800~900년은 되어서 40여 세대에 거의 맞다. 준왕의 아버지 이름도 알려져 있는데 부否이다. 기자의 후손이라면 기씨에 이름을 붙여서 모두 기준과 기부가 될 것이다.

이보다 먼저 기원전 5세기 전국시대의 연나라가 공公이라는 임금 명칭에서 왕王을 칭할 때에 조선도 왕을 칭했다고 한다. 그리하여 연나라와 조선이 전쟁 일보직전까지 갔는데 화해가 성립되었다고 한다. 기원전 7세기의 산동성 제나라 환공은 관중과의 대화에서 조선의 문피文皮를 언급한다. 조선에서 나는 호랑이 혹은 표범가죽은 아주 귀한 것이라서 그러한 것이 다른 지방의 진귀한 보물들과 같이 들어와야 천자로 자처해도 된다는 관중의 말에서 나온다.

기원전 11세기(BC1046) 중원의 동쪽 그러니까 현재의 하남성 동북쪽 안양과 기현 부근에서 은나라의 마지막 왕인 주왕에게 잡혀 갇혀 있었던 기자箕子가 주나라 무왕에 의해서 풀려난다. 은나라 왕실의 성은 자子씨이고 기자의 이름은 서여胥余이기 때문에 원래의 이름은 자서여이다. 은나라 천자의 제후가 되기 때문에 기후箕候라고 부를 수도 있는데, 기후라는 고대 문자가 새겨진 청동 예기가 현재의 요녕성 서부에서 출토되었다. 이는 현재의 하남성 기현이나 안양에서 출발한 기자가 자신을 따른 무리들과 함께 하북성을 지나고 베이징 지역을 지나서 북향 이주했다는 사실을 이야기해 준다. 하여간 기자는 북향 이주를 했다. 그러나 요하의 서쪽에서 정착했을 가능성이 아주 높다. 한반도로 들어왔을 가능성은 낮다. 이후에 기자의 후손 중에 왕이 나왔을 수도 있다. 그러면 준왕의 조선을 '기자조선'으로 불러도 무방할 것이다. 최고로 높여서 기원전 10세기부터는 비파형동검 문화가 시작되어서 만주의 서부에서 동부 및 한반도 전역을 통해서 걸쳐있는 고고학 문화가 형성된다. 후조선에서 비파형동검문화가 시작되었다.

준왕이 자신의 수도에서 바다를 건너서 이주한 지역인 한반도 중서부 마한에 자기의 본향에 있었던 제도를 같이 가져왔을 것으로 볼 수 있는 문화가 있다. 『삼국지』 동이전 한韓조에는 한반도 중서부 마한에 신성한 공간이 있고 이름은 소도蘇塗라고 하였으며 하늘제사를 담당하는 천군天君이 있었다는 것이다. 큰 나무를 세우고 그 위에 방울을 달고 하늘에 제사한다고 되어 있다. 그런데 이 큰 나무大木를 대부분 솟대의 전신으로 해석한다. 그런데 이것이 오히려 살아 있는 큰 교목의 나무로 볼 수도 있다. 단군조선에서 기자조선에까지 단나무 수목신앙과 만주–한반도식 사직같은 신성한 공간의 전통과 문화가 이어졌을 것이다.

4) 고구려의 만주–한반도식 사직

보통 한반도에 중원식의 사직단社稷壇이 들어 온 것은 당나라 제도를 모방하여 7세기 신라 후대의 경주에서 도성 사직단만 들어온 것으로 본다. 신라 후대를 거쳐서 고려 성종대에 도성인 개성에 사직단이 세워진다. 그리고 그것이 조선으로 이어진다.

하지만 여러 문헌 사료에 따르면 기원전에도 중원의 고대 하나라, 상나라(은나라) 및 주나라의 3대 사회에서 내려온 중원의 사직社稷에 상응하는 것이 있었던 것으로 나타난다. 첫 번째는 상나라의 유민인 기자를 통해서 기원전 11세기 정도에서부터 중원의 춘추시대 주나라 제후국의 박사亳社와 같은 상나라 혹은 은나라의 사社와 같은 것이 유입되어 단군조선의 단나무 전통의 수목숭배, 곧 신단수神檀樹에서 기원하는 전통과 겹쳐진 것으로 보인다. 『춘추좌전』에는 노나라와 송나라와 같은 주나라의 분봉국 도성에는 주나라식의 주사周社와 은나라식의 박사가 공존하였던 것이 나온다. 기원전 17세기 은나라의 시조인 성탕이 처음으로 중원에 도읍한 곳의 이름이 박亳이라서 은나라의 사社를 박사亳社라고 붙였다. 두 번째는 한漢나라 무제에 의해서 위만 조선이 망한 이후에 한나라의 군현을 통해서 한나라 사직이 만주 지역의 원래의 단나무 전통과 습합하여 만주-한반도식 사직으로 된 것 같다.

기원전 11세기에 은나라의 현인인 기자가 은나라의 마지막 수도인 하남성 조가朝歌에서 만주의 서부인 요령성 서부 지역으로 북향 이주한다. 고고학적 증거에 따르면 이 때에 은나라 청동 예기들이 만주 서부 지역에서 발견된다. 최소한 이 때부터 중원식의 종묘와 사직이 현재의 만주 서부에서부터 유입되었을 것으로 보인다. 사직의 경우는 은나라의 사社 곧 주나라가 박사亳社로 부르던 것이 유입되었을 것이다. 기원전 11세기 이전의 단군조선의 단檀나무 전통, 곧 신단수神檀樹에서 기원하는 전통과 은

나라의 박사博士는 유사성이 많았을 것이다.

그 이후에 춘추시대와 전국시대 및 진나라와 한나라의 중원 통일을 거치면서 은나라 식의 예제와는 다른 형식으로 진화한 중원의 예제들이 유입되었을 것으로 보인다. 그리고는 위만조선이 무너지면서 한나라식의 예제들에 대한 지식들도 한군현이 설치되면서 이후 만주와 한반도에 대거 유입되었을 것으로 보인다. 물론 만주-한반도의 전통적 중심을 유지하면서 나름대로 진화해 나간 것으로 보인다. 기원전 11세기 이전의 단군조선의 단檀나무 전통, 곧 신단수神檀樹에서 기원하는 전통을 유지하면서 중원의 예제를 유입했을 것으로 보인다.

중원 사료에 따르면 고구려에는 중원의 사직社稷에 해당하는 것이 고구려 이전의 4부족 체제에서부터 존재했다. 중원의 후한을 이어서 나타난 위촉오의 삼국의 역사를 기록한 『삼국지』의 「동이전」과 같은 역사적 사료에는 고구려에는 5부족이 있는데, 왕부족이 계루부이고, 소노부(연노부), 절노부, 순노부, 관노부로 이루어져 있었다. 계루부는 동명왕 주몽이 북동부 지역에서 이주한 집단을 의미하는 것으로 보인다. 계루桂婁는 어미가 루婁자로 현재의 흑룡강성의 족속 읍루挹婁와 같은 어미를 가진다. 다른 4부족은 모두 노奴자로 끝난다. 『삼국사기』의 부족 이름에는 나那로 되어 있어서 한자어가 아니라 순알타이어의 '내'와 발음이 유사하고, 따라서 한자어의 '천川'을 의미한다.

『삼국지』 동이전 고구려조에는 이 소노부가 원래 국주國主였는데, 그 적통대인을 고추가古鄒加라고 불렀다고 한다. 이 소노부(연노부) "또한 종묘를 세우고 영성과 사직에 제사한다(亦得立宗廟 祀靈星社稷)"고 했다. 따라서 기원전 37년 계루부 주몽왕이 세우기 이전부터 중원과 같은 종묘와 사직이 있었고, 고구려 이전과 초기부터 사직이 있었던 것이다.

　『삼국사기』에는 주몽과 겨루는 비류국왕沸流國王 송양松讓에 대한 기사가 있고, 그가 "우리는 여기서 누대에 걸쳐 왕노릇해왔다(我累歲爲王)"라고 한 것이 기록되어 있다. 이규보가 지은 『동명왕편』에도 비류국왕이 자신이 선인의 후예仙人之後라고 한다고 노래하고 있다. 『삼국사기』에서 비류부는 소노부와 교환하여 쓸 수 있는 족명이라는 것이 나타난다. 또한 『제왕운기』에는 고려 이전의 대국으로 부여와 함께 비류沸流라는 나라 이름을 거명한다. 따라서 『삼국지』 동이전의 소노부가 종묘와 사직을 가지고 있고 이후 고구려에 통합되어서도 그것을 유지했다는 것은 비류국에도 사직과 종묘가 있었음을 이야기하는 것이다. 이것은 더욱 나아가서 종묘와 사직의 제도가 고구려, 백제, 신라가 건국되기 이전부터도 존재했다는 것을 의미한다.

　고구려 건국 초기부터 사직이 존재했기 때문에 이후에도 사직에 대한 언급이 있다. 『삼국사기』에 기록된 대로 3세기(247년) 중원의 삼국 중의 조조의 위나라의 유주자사 관구검이 고구려를 침략했을 때 도성이 함락되고 훼파된다. 이 때 동천왕은 전란 이후에 현재의 평양의 대성산 주변으로 추정되는 곳에 평양성을 축조하고 "백성들을 이주시키고 종묘와 사직을 옮겼다(移民及廟社)"는 기록이 『삼국사기』에 있는 것이다. 도성인 길림성 지안의 환도성이 복구가 될 수 없음을 알고 조치한 것이다.

　기원전 4세기 고국양왕 9년에는 관리에게 왕명을 내려서 "국사國社를 세우고 종묘를 수리하게 했다(命有司立國社修宗廟)"고 한다. 고구려는 하늘제사인 동맹이 있었다. 주몽와 유화부인의 시조 사당이 있었다. 종묘도 있었고,『후한서』에 따르면 "귀신과 사직과 영성에 제사하는 것을 좋아한다(好祠鬼神社稷零星)"고 할 정도로 국가 제사가 잘 짜여져 있었던 것 같다. 고구려 고분 벽화에서 단군 신화가 그려져 있었던 것에서 보는 것처럼 단나무 전통과 융합된 사직이 존재했을 것으로 보인다. 고구려의 만주-한반도식 사직은 이후 발해로 이어졌을 것으로 보인다.

백제도 부여와 고구려 지역에서부터 남천南遷하여 한반도 중부에 근거지를 마련하여 나름대로의 단묘궁릉 문화를 발달시킨 것으로 보인다. 고구려의 비류부(소노부)와 이전의 비류국에서 종묘와 사직이 있었고 영성靈률을 섬겼기 때문에 이 지역에서 옮겨온 백제의 건국 세력도 이러한 만주 중부의 단묘궁릉 문화에 숙지하고 있었다.

『삼국사기』에는 시조인 온조왕대에서부터 원년(기원전 18)에 동명사당을 세우고, 15년(기원전 4)에 궁실을 세운 이후 17년(기원전 2) 국모의 사당, 곧 소서노의 사당을 세웠다고 기록되어 있다. 고구려가 시조 주몽의 어머니를 부여신으로 받들고, 시조 주몽왕의 사당을 첫 수도인 졸본에 세운 것과 비슷한 양상을 보여준다. 더욱이『삼국사기』백제본기의 기록에는 온조 20년(기원후 2)에 큰 제단을 설치하고 온조왕이 친히 하늘과 땅에 제사드렸다는 기록이 존재한다. 이는 천지합제의 원구단을 세운 것으로 보게 만드는 기록이다. 비류국과 고구려의 종묘와 사직을 숙지하고 있었던 온조의 백제 건국세력이 사직단을 세우지 않았다고는 볼 수가 없다.

기원후 7세기 신라 후대 성덕왕대에 당나라 사직단을 모방하여 경주에 도성 사직단이 건립되었다. 중원의 문화와는 가장 멀리 고립되었던 지역적 특성을 반영하는 것 같다.

그러나 수목신앙에서 기원하여 제단을 첨가하는 방식으로 진화를 거듭한 사직단에 상응하는 것이 신라뿐만이 아니라 만주와 한반도 전역에 있었던 것으로 보인다. 좋은 증거는 『삼국사기』 「잡지」에 나오는 몇몇 거대 수목들과 숲이 통일신라시대의 도성 주변의 국가의례의 제장으로 사용된 것이 드러난다.

우선 사직단에서 잘 지내는 기우제의 장소와 같이 신라 도성에서 기우제를 지내던 장소의 이름도 혜수惠樹이다(『삼국사기』 「잡지」 제사편). '은혜로운 나무'라는 의미를 가진 장소와 기우제와는 잘 어울린다. 특히 신라 지역은 중원과도 다르게 선농단이 아니라 선농, 중농, 후농이라는 독특한 농사관련 제사가 있었던 것과도 맥락을 같이한다.

『삼국사기』 「잡지」 제사편에 따르면 도성의 하천에 대해서 제사를 지내는 사천상제四川上祭 제장祭場 넷 중의 둘이 바로 문열림文熱林과 박수樸樹이다. 문열림은 숲으로 『삼국유사』에는 당나라 고종대의 신라 혜통법사와 관련된 교룡蛟龍이 악행을 저질렀다는 문잉림文仍林과 같은 것으로 보인다. 교룡은 물과 깊은 관련이 있다. 또한 도성으로부터 뻗어나간 대로를 위해서 지낸 사대도제四大道祭의 제장 넷중의 둘도 첨병수詹幷樹와 저수渚樹로 각각 남쪽과 서쪽 대로를 위한 제사를 지낸 곳이다. 박수, 혜수, 첨병수, 저수와 같이 어미에 나무 수樹자로 표기한 것은 모두 거대목의 신목(神木)을 의미한다.

따라서 사직단이 중원의 사社나무나 만주-한반도의 단檀나무를 중심으로하는 수목숭배에서 시작하여 중원의 주나라와 같은 고대 사회에서 곡식신의 조합되고 이후 문화 전파되어 만주-한반도에도 유입되고 큰 무리 없이 어떤 때에는 조화롭게 수용되었던 것을 알 수 있다.

조선과 대한제국의 국가 제사에 사용된 제기祭器 혹은 예기禮器는 주로 중원의 주周나라의 청동 예기禮器의 모양을 가지고 있다. 기원전 12세기 주나라 이전의 토기나 도자기의 모양을 가지고 있던 것인데, 조선 전기 세종대에 유기鍮器로 만들기 시작하여 조선과 대한제국의 예기는 유기로 만든다.

국가 제사에서 세 번의 제주祭酒를 올리는 데 사용하는 중심 예기는 작爵이다. 보통의 술잔과는 다르게 생겼다. 이것을 신위에게 올리는 것을 헌작獻爵이라고 하고 이를 올리는 사람을 '헌관獻官'이라고 한다. 첫 번째 작을 올리는 사람은 초헌관, 두 번째 작을 올리는 사람은 아헌관, 세 번째 작을 올리는 사람은 종헌관이라 한다.

제주를 담은 술통을 보통 준尊이라고 한다. 따라서 작과 준을 두는 상이 위치한 곳은 준소尊所라고 한다. 준도 여러 가지 모양과 문양을 가지고 있다. 헌작이 세 번인 유교 제사에서 세 가지 다른 준을 사용하기도 하고, 같은 술통을 세 개 두는 경우도 있다. 같은 술통을 놓을 때에는 보통 산뢰山罍를 쓴다. 다른 술통을 쓸 때에는 두 가지 준과 산뢰를 사용한다(2준1뢰). 준소를 그려놓은 도면을 준뢰도尊罍圖라고 하는 경우가 있다. 2준1뢰를 그리고 있다.

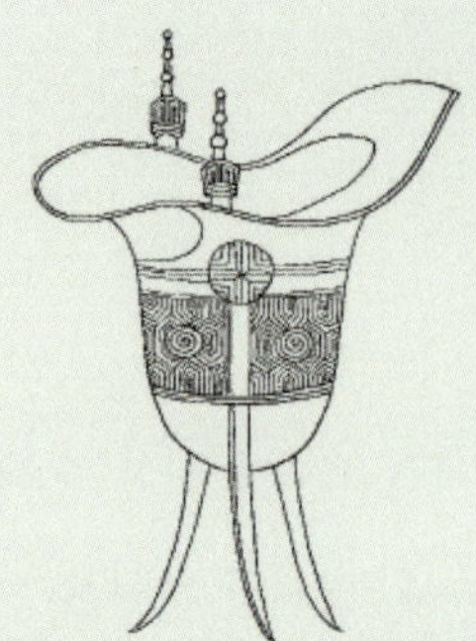

Ⅲ-1. 작爵의 형태 〔사직서 의궤〕

Ⅲ-2. 준尊의 형태 : 왼쪽이 대준이고 오른쪽이 산준 혹은 산뢰이다. 〔사직서 의궤〕

Ⅲ-3. 산릉(왕릉) 제향의 준소상: 조선의 유기제 작爵과 청주를 담은 준尊인 산준 혹은 산뢰와 술뜨는 국자인 작爵

사직단의 고유제나 기원제에 사용된 2변2두 제상 차림새를 자세히 살펴보면 조선시대 사람들이 국가 제사에서 신위에 올리는 가장 기본적인 문화 요소들을 살펴볼 수 있다. 2변2두 제상 차림새는 규모가 작은 소사小祀에 올리는 제상이다.

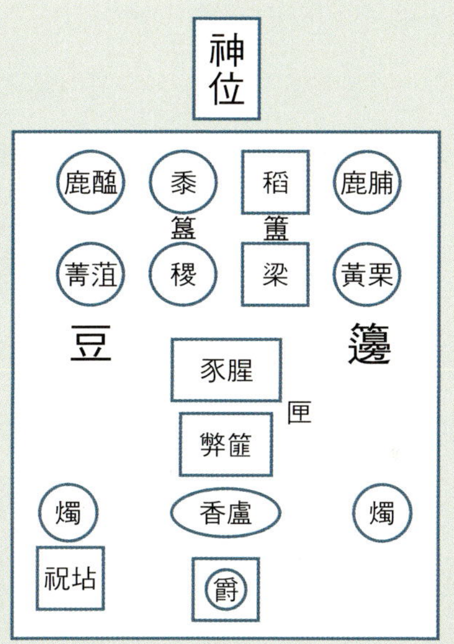

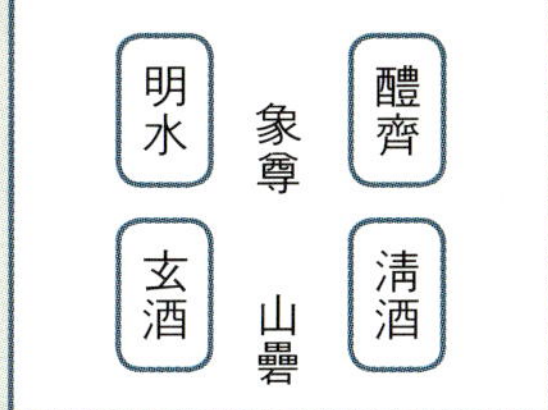

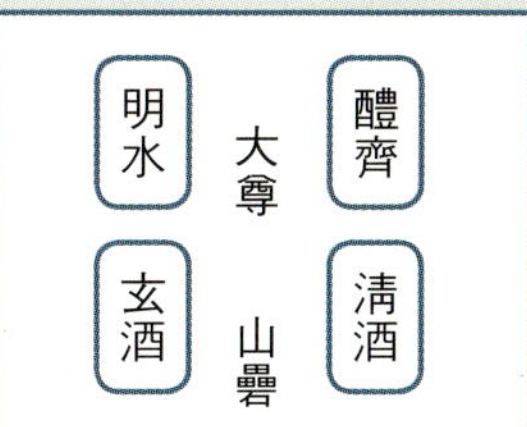

IV-1. 사직단 기고 제상 2변2두

신위를 중심으로 위에서 보아 ①왼쪽의 대나무 그릇 변籩에 마른 음식인 밤(율황)과 사슴고기포(녹포)를 담았다. ②오른쪽의 나무 그릇인 두豆에는 물기있는 젖은 음식인 열무김치(청저)와 사슴고기장조림(녹해)을 담았다. ③중간에 희생동물 돼지생고기(시성)가 올라가 있다. ④신위의 바로 앞에 곡식 네 가지를 담은 것이 올라가 있다. ⑤술통상에는 제주가 예제와 청주 두 가지 올라가 있다.

그림이 보여주는 것처럼 사직단 제사의 고유제 2변2두 차림새를 기본적으로 5요소로 구분할 수 있다. ①변籩의 제수, ②두豆의 제수, ③희생동물, ④곡식, ⑤술祭酒이 기본적인 다섯 요소 구분이라고 할 수 있다. 이 다섯 가지 요소들이 상위의 더 큰 규모의 제상에서는 가짓수가 증가되고 정성을 더욱 더 들인 음식들로 부가되든지 하는 것이다. 원구, 사직, 종묘 같은 대제에는 12변12두의 24가지 제수가 올라간다. 중사와 소사는 10변10두에서부터 2변2두까지 다양하다.

우선 변籩에는 마른 음식이 올라가는데 밤, 대추, 진자, 호도, 은행같은 나무의 열매, 말린 사슴고기포, 생선포, 떡 종류가 부가된다. 두豆에는 젖은 음식으로 열무김치(청저), 미나리 김치, 죽순김치 같은 절인 채소류, 사슴, 토끼, 생선의 장조림류 및 돼지갈비, 소의 천엽등이 부가된다.

희생동물에서 유래한 고기는 돼지고기의 사용이 기본이다. 돼지고기와 함께 양고기를 올리는 것이 부가되는 것이고 돼지고기와 양고기 및 소고기를 사용하는 것이 가장 상위의 큰 규모의 제사이다. 희생동물은 생고기 그대로 올리는 것이 기본이다. 익힌 고기, 곧 삶은 고기를 올리는 것은 상위에 속한다. 그것은 예기禮器에 담아서 삶는 정성이 더 들어가는 과

IV-2. 사직대제의 12변12두 제상 차림새

정이 존재하기 때문에 원구대제, 사직대제, 종묘대제와 같이 시일을 정해 놓고 하는 대사에 사용된다. 사도세자 사당인 경모궁이나 문묘 석전 같은 중사의 의례에는 익힌 고기를 올리는 경우가 없는데, 국왕이나 황제가 친히 초헌관이 되는 경우에만 삶은 고기를 올리는 것이 부가된다.

희생고기를 물에 넣고 국을 끓여서 올리는 경우는 상당히 높은 단계의 제상에만 사용되는 편이다. 소사인 사직단의 고유제의 2변2두 제상에는 국이 없다. 고깃국을 갱羹이라고 하는데, 조미를 한 '화갱'이 기초이고, 그냥 물만 넣고 고깃국물을 우려낸 것이 '대갱'으로 상위 제사에 부가된다. 화갱만 올리는 제상보다 높은 제상에 대갱이 들어간다.

곡식에는 도량서직稻粱黍稷이라는 네 가지 곡식을 생곡식 그대로 담아 올린다. 왕릉 제사와 같은 속제에는 밥을 해서 올린다.

술에는 청주淸酒가 기초적인 것이었다. 두 가지 술을 사용할 때에는 예제醴齊와 청주를 쓰고, 3헌일 경우에는 앙제盎齊가 부가되어 초헌 예제, 아헌 앙제, 종헌에 청주가 올려진다. 사직에서는 사용되지 않지만 원구제나 종묘 및 왕실 사당 제사의 영신迎神에는 울금을 넣어 만든 '울창주鬱鬯酒'가 사용된다. 울창주가 신을 부르는 절차에 사용되는 것이다. 술과 함께 항상 명수明水와 현주玄酒라고 하는 맑은 물이 술통상, 곧 준상尊床 위에 올라간다. 술이 있기 이전의 고대 사회의 유습을 그대로 준상에 보전하는 것이다. 이 물을 받는 것에 정성이 들어갔다.

국가제례는 일반 민간의 제사와는 제례, 악무뿐만이 아니라 제기와 제수에서도 많은 차이가 있다. 국가제례는 제기가 민간 제사에서 쓰는 제기와는 달리 거의 대부분 중원의 고대 사회에서 내려온 형태의 제기들을 사용하는 편이다. 또한 제수도 쌀稻, 수수粱, 기장黍, 차조稷와 같은 곡식을 그대로 제기에 담아 올리는 이 민간 제사에서 밥을 담아 제상에 올리는 것과 다르다. 국가 제사는 제상과 함께 술통상인 준소상을 쓰고 술통과 술을 뜨는 국자를 이용하여 작爵이라는 중원의 고대 술잔을 이용하여 신위에게 올린다. 잔盞을 사용하는 일반 민간 제사와 다르다.

또한 원래는 소, 양, 돼지와 같은 희생동물도 전생서典牲署라는 특별한 공간에서 제례 이전에 깨끗하게 가두어 길러서 제사 지내기 이전에 종헌관이 대축과 전생서 장생령掌牲令과 함께 방울 달린 특수한 제사용 칼인 난도鸞刀를 사용하여 잡는 예법도 포함되어 있다.

종묘에는 계절마다 새로 생산되는 햇과일, 곡식, 고기 및 생선을 올리는 천신薦新이라는 제례도 있었다. 농경 경제에서 나오는 것들을 국가 조상신에게 드리는 것이었다. 또한 조선 초기만 해도 국왕이 강무나 사냥을 나가서 포획한 사냥동물을 드리는 천금薦禽도 있었다. 실제 제례의 거행뿐만이 아니라 이렇게 국가 제사의 제기와 제수 및 의복에 대한 것도 상당한 전문성과 지식을 요구한다. 중요무형문화재 제56호에는 행례(의전) 부문 보유자와 제수 부문 보유자 2인으로 되어 있다. 사직대제 제수도 이 제수 부문 보유자를 중심으로 전주이씨 대동종약원 제무부에서 봉사한다.

참고문헌

자료

권오득 역,『예기(禮記)』, 홍신문화사, 1993.

오세옥 · 김기빈 역,『사직서의궤(社稷署儀軌)』, 정조7년, 1783, 한국고전변역원, 2013,

『사직단국왕친향도병』, 순조대, 국립중앙박물관 소장.

논문 및 단행본

강문식,「숙종-정조대 사직제도 정비와 사직서의궤 편찬 : 규장각 소장 사직서의궤를 중심으로」,
정옥자외 공저,『조선시대문화사(상) : 문물의 정비와 왕실문화』, 일지사, 2007.

강문식 · 이현진,『종묘와 사직 : 조선을 떠 받친 두 기둥』, 책과함께, 2011.

국립고궁박물관,『조선왕실의 상징 종묘와 사직 : 국립고궁박물관 학술연구 용역보고서』, 2011

박호원,『한국마을신앙의 탄생』, 민속원, 2013.

송지원,「사직제의 역사, 의례와 음악」,『사직대제 : 사직제례악 복원공연』, 국립국악원 국립국악원
　　　예악당, 2014.12.12.

오충현,「서울의 전통 도시숲」, 이도원 편,『한국의 전통생태학 2 : 경관과 생활공간 읽기』, 사이언
　　　스북스, 2008.

유훈조,『조선 후기 주현사직단의 입지와 조영방식에 관한 연구』, 성균관대 박사논문, 2012.

이정호,『한국인과 숲의 문화적 어울림』, 소명출판, 2013.

　　　「소나무 이용과 보전의 역사성과 사회성」, 김진수외 공저,『소나무의 과학 : DNA에서 관리
　　　까지』, 고려대 출판부, 2014.

　　　「조선과 대한제국」,『국가의 건립과 산림문화』산림문화대계 제2권, (사)숲과문화연구회,
　　　2014.

　　　「마을제사의 신수(神樹)와 조선의 리사(里社)」,『숲과 문화』, 2016.

정경희,「한국의 제천 전통에서 바라본 정조대 제천기능의 회복」,『조선시대사학보』34, 2005.

지두환 · 송지원,『사직대제 : 중요무형문화재 제111호』, 국립문화재연구소, 민속원, 2007.

Mendonça de Carvalho, L. M., *"The symbolic uses of plants"*, E. N. Anderson, D. M. Pearsall, E. S.
　　　Hunn, N. J. Turner (eds.), Ethnobiology, Wiely-Blackwell, New York.

Song, H. J., trans. By Paek, I. O., *Confucian Ritual Music of Korea: Tribute to Confucians and Royal
　　　Ancestors*, Korean Foundation, 2008.

Yi, C. H., "Sylvanic trees institutionalized in the ancient Northeast Asia: Cultural and
　　　environmental significance of Dan-tree and Sa-tree", *Forest Policy and Economics* 22,
　　　2012.

Yi, C. H., J. Liu, "Sa-tree culture and tradition in the Central Plain of China", *Forest Science and
　　　Technology* 10(3), 2014.

천하의 방택과 산천해^{山川海}

1. 베이징의 지단 공원

베이징시 남부에 천단^{天壇} 공원이 있다면 북부에 지단^{地壇} 공원이 있다. 지단 공원의 위치는 궁성인 자금성의 북동쪽이다. 대청제국 시기에 있던 베이징의 내성과 외성의 사이에 위치한다. 현재는 이 외성을 헐고 닦은 베이징 간선도로와 가까이 있다. 지단 공원에는 방택단, 황지실, 재생정, 재궁, 신주^{神廚}, 종루 및 신마전이 있다.

명나라 초기에는 내성만이 베이징의 성곽이었다. 따라서 명나라 때에는 원구단이 있는 현재의 천단 공원은 남쪽 교외, 곧 남교^{南郊}였다. 대조적으로 지단 공원은 내성의 북동쪽 바깥, 곧 북교^{北郊}에 위치한다.

교외^{郊外}에 제단을 쌓고 올리는 국가의례를 교제^{郊祭}라고 하는데 중원

그림 4-1. 천단 공원 전시관에 전시된 명나라 대사전(大祀殿)의 모형.

에서 수천 년의 전통을 가지는 것이다. 원구단 국가의례도 교제에 속한다. 대명제국의 초기의 교제郊祭는 천지합사 문화였다. 베이징 남교에 있던 현재의 천단 공원의 기년전 자리에 세워졌던 '대사전大祀殿'에서 천지합사하였다(그림 4-1). 대사전에는 천지제사에 대한 의미만 들어있는 것이 아니라 중원 수천 년의 명당明堂 전통을 포함하고 있었던 것 같다.

16세기 명나라 가정 9년(1530)에 천지분사의 논의가 생겨나 명나라 베이징 도성의 남교 대사전 남쪽에 원구단이 건축된다. 국가의례의 천지분리天地分離의 개념에 따라서 남교에 위치한 공간에서는 하늘에 대한 국가의례를 거행하게 한다. 그리고 현재의 지단 공원 자리에 방택단을 수축하고 천하 땅 지신地神에 대한 국가의례를 거행하기 시작한다. 천신 계열의 종향위 위판들은 원구단의 위판 보관 건물들에 그대로 두고, 지신 계열의 종향위 위판들은 방택단의 위판 보관 건물로 옮겨진다. 이것은 대명제국의 국가의례에 있어서의 커다란 개혁이었다.

1530년은 조선의 중종 25년에 해당한다. 연산군의 폭정이 중종반정中宗反正에 의해서 새롭게 안정을 찾아가고 예악이 복구되던 시기였다. 천지 합제의 원구단 의례를 15세기 말 성종대부터 중지한 조선 조정에서는 외교적으로 상국으로 섬기던 대명제국의 국가의례 변화에 대해서 그렇게 주목하지 못했다.

16세기 이후부터 하지夏至에 베이징 북교의 방택단에서 황지기皇地祇에게 제사가 드려진다. 여름의 국가제사였던 것이다. 겨울 동지冬至의 원구단에서 하늘에게 제사를 드리는 것과는 대조적이다. 원구圓丘와 방택方澤은 하늘은 둥글고 땅은 네모지다는 천원지방天圓地方의 세계관을 그대로 반영한다. 하늘은 원구에서 땅은 방구(혹은 방택)에서 국가의례를 올린다는 것이다.

1749년 청나라 고종 건륭제 때 방택의 제단을 다시 건립한다. 건륭 14년이고 조선의 영조 25년에 해당한다. 현재의 지단 공원의 방택단은 청나라 고종이 건립한 방택단을 기준으로 복원한 것이다. 청나라의 방택단은 1911년 신해 혁명 이후로 경조京兆공원, 1928년에 시민공원으로 부르다가 1957년 지단 공원으로 이름을 바꾸어 현재에 이른다. 1981년에 방택단과 황지실, 재생정, 재궁, 신주神廚, 종루 및 신마전 같은 부속 건물이 복원되었다.

그림 4-2. 베이징의 북교에 있는 지단 공원의 방택단 위성사진.

그림 4-3. 방택단 안쪽 담장(內墻)의 북쪽 삼문 영성문.

그림 4-4. 방택단 안쪽 담장(內墻) 남쪽의 영성문.

그림 4-5. 두 층의 네모단 제단으로 구성된 방택단.

　　지단地壇이라는 말은 천단天壇과 대응되는 말로서 근대에 성립된 말이다. 실제로는 방택方澤과 지기단地祇壇이라고 하는 것이 정확하다. 실제로 지단 공원 내부의 제단이 있는 곳의 중국어 안내판 설명에도 '방택단方澤壇'으로 표기되어 있다. 지단 공원의 경내는 단묘원림壇廟園林의 또 하나의 사례가 된다. 천단 공원, 사직단(중산공원) 및 태묘(노동문화궁)와 같이 수백 년의 수령을 자랑하는 측백나무가 평지 숲을 이루고 있다.

　　방택단 주위에는 낮은 담 유壝가 이중으로 되어 있어서 내유內壝와 외유外壝로 되어 있다. 사방에는 원구단, 사직단과 같은 대리석으로 만든 영성문이 있다. 북쪽 영성문은 삼문三門으로 되어 있고 사직단과 마찬가지로 땅은 음陰이라는 생각에서 북신문北神門이 된다(그림 4-3). 다른 방향의 문은 한 개의 문만을 가지고 있다(그림 4-4).

　　방택단은 네모진 상하上下 두 층의 단이다(그림 4-5). 제단은 네모진 제단 두 층으로 되어 있고 높이가 약 1.25미터 내지는 1.28미터로 되어 있다. 두 단의 바깥은 단을 둘러 네모진 작은 해자가 있고 이를 '택거澤渠'라고 한다. 하늘은 양이고 땅은 음이라는 생각에서 방택단도 음수陰數에 해당하는 짝수 36개의 돌로 6행 6열로 단을 쌓았다.

경내 동북부에는 망료간望燎杆이 있고, 서북부 구석에는 예감瘞坎이 있다. 아래층 단의 남쪽 반은 동서에 산 같은 문양을 가진 돌 신좌대가, 북쪽 반에는 수형 문양의 돌 신좌대가 있다.

2. 지신 계열 위판의 보관

황기실皇祇室은 방택단의 남쪽에 위치한다. 다시 말하면 제단에서 계단을 내려와 남쪽 영성문으로 나가면 위치한다(그림 4-6). 현재 황기실에는 황지기의 위판이 중앙에 보관되어 있다. 원구단의 황궁우에 해당하는 건물이다(그림 4-7). 황기실과 황궁우는 국가제례에서 모시는 위판을 보관하는 건물이다.

현재 황기실은 일종의 전시실과 같이 꾸며져 있는데, 황지기와 같은 계열의 지신地神에 해당하는 신위의 위판들도 함께 보관 및 전시되어 있다. 황기실 안에 산과 강과 바다에 해당하는 오악五嶽, 오

그림 4-6. 방택단 남쪽의 황기실.

진五鎮, 오릉산五陵山, 사독四瀆, 사해四海의 위판들을 전시하고 있다(그림 4-8, 표 4-1). 방택단 남쪽의 황기실 자체만이 독립적으로 존재해 온 것인지 아니면 1980년대에 지단 공원의 방택단 부속 건물들을 복원할 때 동무와 서무가 누락된 것인지는 문헌 고증이 더 필요하다. 대조적으로 원구단 북쪽의 황궁우에는 황천상제의 위판이 보관되고 있고, 동무 서무에 각각 천신天神 계열의 신위의 위판들이 보관되어 있다.

그림 4-7. 황기실에 보관된 천하 땅 황지기의 위판.

그림 4-8. 황기실에 보관된 진산의 위패들.

명칭	신위	실제 지역	명칭	실제 지역
오악五嶽	동악東嶽	태산太山	오릉산五陵山	계운산啓運山
	서악西嶽	화산華山		천주산天柱山
	중악中嶽	숭산崇山		융업산隆業山
	북악北嶽	항산恒山		창서산昌瑞山
	남악南嶽	형산衡山		영녕산永寧山
오진五鎭	동진東鎭	기산沂山		
	서진西鎭	오산吳山		
	중진中鎭	곽산霍山		
	북진北鎭	의무려醫巫閭		
	남진南鎭	회계산會稽山		
사독四瀆	동독東瀆	대회大淮	사해四海	동해
	서독西瀆	대하大河		서해
	남독南瀆	대강大江		남해
	북독北瀆	대제大濟		북해

　행례를 하기 직전에 방택단에 신좌를 설치하고 황기실의 위판들을 가져와 자리하게 한다. 북신문北神門이 삼문인 것에서 볼 수 있는 바와 같이 헌관이 북신문으로 들어가 남쪽으로 바라보면서 방택단 의례를 거행했을 것이다. 사직단과 방향이 같다. 방택단의 윗단에는 황지기의 신좌가 설치되고 제상 및 제주를 담는 술통상인 준소상이 차려지고, 배위 제상과 준소가 차려진다. 아랫단의 남쪽에는 오악, 오진, 오릉산의 신위들이 설치되고, 아랫단의 북쪽에는 사독과 사해의 신위들이 설치된다.

　황지기가 가장 상위에 있으면서 그 아래의 지신 종향위로 오악五嶽과 오진五鎭은 유명한 산들을 배정하고 있다. 베이징과 난징을 잇는 수직선과 시안과 뤄양 및 카이펑을 잇는 수평선을 중원中原 전체에 그으면 나타나는 5방위, 곧 중원의 중악 하남성 숭산崇山 및 중진 곽산을 중심으로 동, 서, 남, 북의 산들이 신위로 되어 있다. 또한 5개의 능원이 있는 산을 지정한 오릉산五陵山 위판도 있다.

대천大川을 대표하는 사독四瀆은 중원의 유명한 네 개의 강이다. 황하와 장강, 그리고 회화와 제하濟河가 들어가 있다. 사해는 역시 중원의 동해(동중국해), 서해, 남해(남중국해), 북해(발해만)이다.

현재 황기실은 일종의 전시관 역할을 하고 있다. 위판들뿐만이 아니라 방택단 관련 여러 유물들, 곧 방택제사에 사용한 도자기 예기禮器들이나 송나라 진종의 황지기 옥책玉冊이나 편경과 편종같은 악기 일부등을 전시하는 기능을 하고 있다. 예기는 제사에 쓴다고 해서 제기祭器라고 하기도 한다. 국가의례에서 쓰는 것이라서 예기라고 부르는 것이 더 좋다. 예기들은 방택단의 신주神廚, 폐백으로 들이는 옥책과 방택단 제례악에 사용되었을 악기들은 신고神庫 등이 복원되고 그 공간에 전시해야 할 것 같다.

청나라 방택단 제사에서는 도자기로 유명한 양자강 남쪽 강서성 경덕진에서 특별히 구운 노란색의 도자기 제기 견본을 전시하고 있다. 전시하고 있는 것은 도량서직稻粱黍稷의 곡식을 생으로 담아 제상에 올리는 네모진 그릇 보簠와 둥근 그릇 궤簋이다(그림 4-9). 조선의 예기 모양과 아주 흡사한 모습을 갖추고 있다. 조선과 대한제국은 조선 초기 세종대에서부터 국가의례의 예기를 주로 놋그릇(유기)으로 주조하였기 때문에 대청제국과 조선의 단묘궁릉 문화에서 가장 크게 차이가 나는 특색이다.

그림 4-9. 황기실에 전시된 노란색 방택단 도자기 예기.

3. 방택단에서 황제를 알현한 조선 사신

조선의 사신이 1778년 베이징에 들어갔을 때에 방택단에서 제사를 봉행하고 나오는 건륭제를 알현한 적이 있다. 박지원보다 2년 먼저 간 사신들이다. 박지원의 『열하일기熱河日記』는 1780년 건륭제의 칠순잔치를 축하하는 사신으로 간 종형 박명원을 따라서 청나라의 수도 베이징과 청황제의 행궁 피서산장이 위치한 청더(열하)까지 갔다가 온 청나라 여행기이다.

1778년 음력 5월 27일 하지夏止에 베이징의 방택단에서 국가의례를 마치고 나오는 건륭제가 조선에서 온 사신 일행을 보게 된다. 정조대 정승에 오르는 채제공蔡濟恭과 같이 간 조선 사신들이었다. 건륭제는 주위의 근신들에게 이들이 조선 사신이냐고 측근에게 묻는다. 이것은 건륭 43년의 일로서 건륭제가 황제로 즉위한 지 43년째 되는 해이고 정조가 즉위한 두 번째 해이다. 이 내용은 『정조실록』에 기록되어 있는 채제공의 보고서에 내용으로 들어가 있다. 채제공은 이후에 영의정으로 오르는 정조대의 중요한 인물이다. 조선 조정에 보낸 이 보고서는 황제가 방택단 하지 제사를 지내기 전에 원림인 원명원에서 지내고 있었다고 보고한다. 또한 건륭제는 5월 보름에 베이징 원구단에서 기우제를 지냈다고 한다.

채제공 보고서에 따르면 건륭제는 1778년에 천단 기우제와 방택단의 하지 제사를 마치고 산하이관山海關을 거쳐 동순東巡하였다. 건륭제는 자신이 존경하는 할아버지 강희제가 1684년에서 1707년까지 드넓은 대청제국 땅 남부를 6번 순행巡行하였다고 하면서 여러 번 남쪽 땅을 순행한다. 이와 마찬가지로 만주족 황족의 발상지인 싱징盛京과 흥징興京으로도 동순東巡하기를 여러 차례 했다.

『조선왕조실록』에 의하면 원구단의 제사와 마찬가지로 방택단 제사에서도 청나라 황제 자신의 선대 황제 아버지를 배위配位로 제사지내는 모습들이 기록되어 있다. 정조의 재위 마지막 해인 1800년(정조 24)은 청나라 인종 가경제의 시대이다. 가경제는 청나라 고종 건륭제의 아들이다. 음력 1월 26일 청나라에서 조선으로 온 사신이 가경제의 조서와 칙서를 전달한다. 내용중에 가경 4년(1798) 11월 26일 동지에 원구에서 상제에게 제사를 올릴 때에 자신의 아버지인 고종 건륭제를 배위配位로 의례를 올렸으며, 가경 5년(1789) 1월 18일 두 번째 신辛일에 원구에서 기곡제를 올렸고, 5월 초하루 하지에 방택에서 황지기 제사를 올릴 때에 고종 건륭제를 배위로 올렸다는 것을 전한다.

적어도 대청제국 건륭제 이후의 여러 청나라 황제들이 방택단의 제사를 올렸다는 것은 조선왕조실록이나 중국 문헌 등을 통해서 알 수 있다. 방택단은 베이징 궁성의 바깥에 위치하고 있었고, 또한 북동쪽의 라마불교 사원인 옹화궁雍和宮과도 가까워서 청나라 목종 동치제의 경우는 용화궁에서 재궁처럼 마음 준비하는 기간을 보내고 방택단으로 가서 제사를 지낸 경우도 있었다.

시안西安, 뤄양洛陽, 카이펑開封과 같은 중원에 있던 당나라 같은 국가에서도 남교의 원구단 의례와 북교의 방택단 의례가 거행된 기록이 있다. 베이징에는 남쪽 교외 원구단, 북쪽 교외 방택단뿐만이 아니라 동쪽 교외 일단日壇, 서쪽 교외 월단月壇이 있다. 베이징 내성 성벽의 동서남북 밖, 곧 명나라의 도성 밖의 교외 4군데에 모두 제단이 있었던 것이다. 그리고 현재도 베이징에 일단과 월단이 있다. 하지만 청나라 시대에는 일단과 월단은 국가 제사인 사전에 원구, 방택, 태묘, 사직과 같은 황제의 제사, 혹은 대사大祀에는 속하지 않았다.

4. 대한제국의 악진해독과 대청제국의 오릉산

방택제의 황지기는 악, 진, 해, 독과 청나라의 능산陵山과 같이 천하 땅을 모두 표상하려고 하는 면에서 같은 지신 계열의 사직과 다르다. 사직단의 사社도 토지신의 계열이지만 토지 자체를 표상하며 거대목의 수목이 그 신체 역할을 하였다. 또한 사직단의 제사에 곡식신이 포함된 것처럼 땅에서 인간에게 내어 주는 산물들을 관장하고 일정한 면적의 토지를 호국護國하는 수호신의 성격을 띄고 있다. 황지기는 산신 계열을 능가하여 천하天下를 표상한다.

천하를 표상하는 신위들 중 가장 상위에 황지기가 있고 그 아래에 지신 계열의 신위를 국가의례에 모시는 것은 조선과 대한제국의 영토 관념의 차이를 살필 수 있는 기준을 마련해 준다. 조선을 거쳐서 대한제국기에 들어오면 원구단이 복설되고 원구제에 천지합제가 실시되면서 황제가 친제하는 국가의례의 대상으로 들어가는 지신의 신위들이 원구단 의례의 종향위從享位로 들어간다. 대한제국기의 황지기의 종향위에 해당하는 신위들은 5악, 5진, 4독, 4해가 들어간다. 그 실제 지역에 대한 사항은 표 4-2에 정리되어 있다. 15세기 말 조선 성종대의 『국조오례의』에는 중사中祀에 악해독을 위한 의례가 있었다(표 4-3). 풍운뇌우단 및 선농단과 같은 크기와 형식으로 각 지역에 제단을 쌓고 10변10두의 국가 제사를 봉행했었다. 축문의 형식으로 보아도 국왕이 보낸 지방관이 섭사의 형식으로 제사를 지내는 것이었다. 그런데 4악, 5독, 3해의 체제를 갖추고 있었다(표 4-3).

명칭	신위	실제 지역	명칭	신위	실제 지역
오악五嶽	동악東嶽	금강산 〔회양〕	사독四瀆	동독東瀆	낙동강 〔상주〕
	서악西嶽	묘향산 〔영변〕		서독西瀆	패강 〔평양〕
	중악中嶽	삼각산 〔양주〕		남독南瀆	한강 〔양주〕
	북악北嶽	백두산 〔갑산〕		북독北瀆	용흥강 〔영흥〕
	남악南嶽	지리산 〔구례〕			
오진五鎭	동진東鎭	오대산 〔강릉〕	사해四海	동해	회양(강원도)
	서진西鎭	구월산 〔문화〕		서해	풍천(황해도)
	중진中鎭	백악산 〔양주〕		남해	나주(전라남도)
	북진北鎭	장백산 〔경성〕		북해	경성(함경북도)
	남진南鎭	속리산 〔보은〕			

표 4-3. 조선 성종대 국조오례의의 악, 해, 독

명칭	신위	실제 지역	명칭	신위	실제 지역
악嶽	남악南嶽	지리산 〔남원〕	해海	동해	양양(강원도)
	중악中嶽	삼각산 〔도성 북쪽〕		서해	풍천(황해도)
	서악西嶽	송악산 〔개성〕		남해	나주(전라남도)
	북악北嶽	비백산 〔정평〕			
독瀆	남독南瀆	웅진 〔공주〕			
		가야진〔양산〕			
	중독中瀆	한강 〔도성남쪽〕			
	서독西瀆	덕진 〔장단〕			
		평양강〔평양〕			
		압록강〔의주〕			
	동독東瀆	낙동강 〔상주〕			
	북독北瀆	두만강 〔경원〕			

대한제국의 5악, 5진, 4독, 4해는 종향위로 원구단 의례에서 모셔진다. 황제가 직접 친제하는 대사大祀 원구단 의례의 일부로 들어가 있다는 것이다. 반면에 조선의 4악, 5독, 3해는 모두 각 지역에 제단을 따로 쌓거나 치제공간을 만들어 지방관이 중사中祀 규모로 의례를 거행하였다.

대한제국『대한예전』의 원구단 의례는 종향위에는 5진이 들어가 있다. 흥미로운 점은 5악의 북악으로 들어간 백두산白頭山과 함께 5진의 북진산으로 장백산長白山이 신위로 들어가 있다는 것이다. 또한 그 실제 지리적 지역도 백두산은 내륙의 고지대인 갑산이고, 장백산은 두만강변의 함경북도 경성이다. 이것은 광무연간에 대한제국의 영토에 대한 인식이 우리가 현재 생각하고 있는 면과는 상이한 점이 있다는 것을 증명해 주는 하나의 중요한 자료가 된다. 간도間島라는 현재의 두만강 북부 지역에 대한 인식이 북진산 장백산을 종향위의 하나로 모시는 원구단 의례의 중요성을 다시 한 번 일깨워 준다. 대조적으로『국조오례의』에서 북악은 함경남도 비백산으로 함흥 남쪽의 정평을 근거지로 한다.

또한 조선의『국조오례의』는 4악으로 네 산을 포함하는 반면에, 대한제국의『대한예전』의 원구단 의례는 종향위 5악 다섯 산을 포함한다. 중악 삼각산(북한산)과 남악 지리산은 같다. 서악과 북악은 바뀌어 있고,『대한예전』에는『국조오례의』에 없는 동악으로 금강산이 들어가 있다. 조선시대만 해도 금강산을 유람하는 명산으로 여기고 있었지만 실제로 그 산신의 신위를 제사하는 것은 대한제국에 와서야 이루어지게 되었다는 것을 강력하게 보여주는 것이다.

『국조오례의』에서는 동해, 남해, 서해에 제사지내던 제단이 있다.『대한예전』의 원구단 의례에는 4해가 모두 종향위 신위로 들어간다.

강과 나루에 해당하는 독瀆에서는 『국조오례의』와 『대한예전』 사이에 아주 다른 면모가 나타난다. 조선 초기의 『국조오례의』 중사에는 네 방향의 독瀆으로 표시하지만 실제로 국가 제사 중사 제단 혹은 치제장소가 7개가 있었다는 것이 나타난다. 남독에 금강의 웅진과 낙동강의 가야진으로 두 군데가 나타나고, 서독에는 대동강의 평양과 임진강의 덕진(경기도 장단) 및 압록강의 의주까지 하여 3군데가 있었다. 반면에 『대한예전』 원구제 종향위에는 실제로 4 방향에 4개의 독瀆이 들어가 있다(표 4-2).

대청제국의 황지기 제사에는 대한제국의 원구단 의례 5악, 5진, 4독, 4해 지신 계열 종향위에 더하여 '오릉산五陵山'이라는 구분이 하나 더 들어가 있다. 청나라 방택단 제사에 '청나라 오릉산五陵山' 위판이 들어가 있는 것이다.

우선 청나라의 산릉들이 위치한 다섯 산을 오릉산五陵山으로 지정하여 그것을 보호하고 신성시한다는 의미가 들어가 있다(표 4-1 참조). 계운산啓運山은 청나라 태조가 금金나라를 이어 후금을 세운 허투알라인 흥징興京에 있는 산으로 청나라 태조 누르하치의 선조의 황릉인 영릉永陵이 있는 산이다. 천주산天柱山은 현재의 심양인 청나라 성징의 태조 황릉인 복릉福陵이 있는 산이고, 융업산隆業山은 태종 황릉인 소릉昭陵이 있는 산이다.

입관 이후의 청나라 황제들은 베이징 동쪽과 서쪽에 능원을 마련하였다. 동청릉은 베이징 동쪽, 곧 첸진의 북부 하북성 준화현에 있는데 이곳의 능산이름인 창서산昌瑞山이다. 서청릉은 베이징 서남쪽, 곧 하북성 이현에 있는데 이곳의 능산이름이 청나라 때는 영녕산永寧山이다. 현재는 명칭이 운몽산으로 바뀌어 있다.

　강희제와 건륭제의 동순東巡과 같이 청나라의 황제들은 이러한 현재의 요녕성 싱징과 흥징을 돌아보는 동순에 영릉, 복릉, 소릉을 돌아보는 것이 일정에 잡혀 있었다. 싱징의 청나라 초기의 궁궐에 행차하여 만주 8기의 역사도 되짚어 볼 수 있는 그런 일정이었다.

5. 조선왕조와 고려왕조의 천지 제례의 차이

고려 왕조의 수도인 개경開京에도 방택단이 있었다. 고려 왕조의 역사서인 『고려사』「예지」 길례에는 가장 큰 국가제례인 대사大祀에 원구圜丘, 방택方澤, 사직, 태묘, 별묘, 경령전, 여러 산릉으로 되어 있다. 방택은 조선에는 없고, 산릉은 조선에서는 속제, 곧 왕실제사이다.

　'방택'이라는 명칭이 원구 다음으로 가장 먼저 나온다. 10세기 성종(981~997)대에 원구단, 방택단, 사직단을 만들었고 고려 왕조 끝날 때까지 유지하였다. 고려 성종(981~997)은 고려 태조에서 5대 경종에 이르는 기간에 정비되지 못한 문물을 유교적인 방식으로 정비한 국왕이다. 고려 왕조나 조선 왕조는 '성종成宗'이라는 묘호의 국왕아 문물을 정비한 것이라고 해도 과언이 아닐 것이다.

　고려는 밖으로는 제후국의 모양새를 보이고 있었지만, 안으로는 황제국 형식의 국가제례를 가지고 있었다. 또한 고려 중기 무신의 난이 일어나던 의종대에 유교식 예법을 정리한『고금상정례』가 편찬되었다.『고금상정례』에는 유교식으로 정리가 되지 않는 국가 및 왕실 제례는 잡례雜禮라는 구분으로 정리하였는데, 그 구분속에 왕실이 중요하게 지내던 토속적 제례가 포함되어 있었다. 결코 잡스러운 제사들이 아닌 것으로 판명된다. 조선의 국조오례의 식으로 용어를 만들면 속례俗禮 정도가 될 것이다.

고려 왕조도 원구단과 방택단에서 하늘과 천하 땅을 분리하여 지냈다. 요약하면 대청제국처럼 고려도 '천지 분사天地分祀' 했다. 원구단은 원형, 방택단은 사각형, 곧 방형이다. 또한 방택方澤이라는 이름에서 알 수 있듯이 땅 중에서도 수분이 좀 많은 소택지沼澤地를 상징하려고 했던 것으로 보인다. 또한 성곽의 바깥에 원구단과 방택단이 위치했기 때문에 그 행례를 교제郊祭라고 불렀다. 교제郊祭라는 것은 고대 사회 도성의 근교近郊 지역에서 시간의 변화와 일장日場의 길이 변화에 맞추어 지내는 제사에서 유래하였다. 하루의 해의 길이가 가장 짧은 동지에는 원구에서 제사지내고, 하루의 해가 가장 긴 하지에는 방택 혹은 방구方丘에서 제사를 지내는 것이다. 동지에는 하늘에 제사를 지내고 하지에는 땅에 지낸다는 음양의 원리를 가지고 있다. 당나라나 송나라 및 그 이전의 나라들에서 원구와 함께 방택에서도 교제를 지냈다. 이를 하늘제사는 둥그런 제단에서 지내서 원구단이 되고 천하 땅제사는 네모진 방형 제단에서 지내서 방택단이 되었다. 고려 초기 성종이나 현종대에는 이 방택의 제사가 원구제와 함께 거행되다가 중기 이후로는 원구제만이 지속된 것으로 보인다.

고려사에는 방택단 제사에 대한 자세한 기록은 없다. 제사를 지낸 날짜와 간략한 설명만이 있을 뿐이다. 8대 현종대인 1031년(현종 22)에 원구와 방택에 제사지냈다는 기사가 있다. 10대 정종靖宗 2년(1036)에 방택에 제사지냈다고 기록하고 있다. 헌종원년(1095)에는 원구, 방택, 종묘, 사직에 제사를 거행하였다. 1127년(인종 5) 이자겸과 척준경을 제거하고 친정을 시작한 고려 17대 인종仁宗도 방택단에서 황지기에게 제사를 드렸다.

조선은 고려의 방택단을 계승하지 않았다. 또한 조선은 태조에서 7대 세조에 이르는 기간 동안 원구단 의례를 거행하였다. 고려의 원구단에서는 상제上帝를 정위로 하고 고려 태조를 배위로 하였으며, 동쪽의 청제靑帝, 서쪽의 백제白帝, 남쪽의 적제赤帝, 북쪽의 흑제黑帝의 오방제와 같은 천신天神을 배위로 제사지냈다. 이러한 측면은 세조대의 원구단 의례에도 전승된 방식이었다. 호천상제昊天上帝를 정위로 하고 오방제를 배위로 하였으며 조선 태조를 배위로 하였다.

세조대의 원구단 의례를 보면 고려 초기와는 달리 '천지합사天地合祀'의 특징들을 보여준다. 원구단에서는 하늘과 땅을 모두 제사 지내는 것이었다. 하늘의 호천상제昊天上帝와 천하 땅의 황지기皇地祇의 신위에게 제사를 올리는 것이었다. 천지합사하던 대한제국의 원구단 의례와 황천상제라는 신위의 태호泰號가 다르다.

세조 사후 15세기 말 성종(1469~1494)대에 원구단 제사를 폐지하였다. 조선은 명나라의 제후국 혹은 친왕親王국으로 자처하게 되어 황제국의 형식을 따르지 못한 것이다. 조선 성종대의『국조오례의』에는 그의 할아버지인 세조대에 지내던 원구단 제례에 대한 내용이 아예 없다. 오히려 태종, 세종, 세조 실록에 그 내용을 가지고 있다. 예를 들어『세종실록지리지』에 원구의 위치가 숭례문 밖 둔지산 부근에 있다고 기록하고 있다.

반면에 고려 성종이 문물을 정리한 고려 임금이었던 것과 마찬가지로 조선 성종도 태조에서 세조에 이르는 『경제육전』이라는 초기 법전에서 더욱 정리된 조선의 법전 『경국대전』을 편찬하였다. 또한 조선 성종은 세종 때부터 시작하여 세조대에 진척을 보인 국가의례에 대한 집대성인 『국조오례의』를 실제로 편찬하였다. 이후의 국가제례 및 의례의 전범이 되게 하였다. 또한 조선 성종대에 『악학궤범』이라는 제례 및 의례의 음악과 무용을 정리한 책도 편찬되었다

19세기 말, 20세기 초 하늘과 천하 땅을 같이 제사 지내는 대한제국의 원구단은 황천상제와 황지기 및 종향위에 대한 천지합사天地合祀의 문화이다. 고종이 19세기 말, 20세기 초 대한제국으로 가는 과정에서 원구단 제사를 국가제사의 가장 높은 제례로 만들어 갔는데, 천지합사天地合祀의 형식을 따르고 있었다. 이것은 대명제국의 중기에서 대청제국을 거치는 동안에 있었던 천지분사天地分祀의 형식과도 다르다.

대한제국 원구단 의례는 15세기 조선 세조대의 원구단 제사와도 여러면에서 다른 형식을 띄고 있다. 상제의 태호가 황천상제로 바뀌어 있었고, 배위 오방제가 없으며, 세조대의 악장과 다르게 음악을 새로 만들고 아악雅樂의 제례악무 역시 새롭게 작곡한 것이다. 조선 태조를 고황제로 추존하면서 배위로 한 것은 특이한 점이라 할 것이다.

또한 대한제국기 고종도 청나라에서는 방택단에서 오릉산에 대한 제사를 지낸 것을 인지하고 있었다. 광무 4년(1900) 고종실록에 의하면 역대의 국가제례의 문헌을 살펴본 궁내부 장예원경掌禮院卿 이주영이 산릉에 봉호한 다음에 방택과 지기단에서 산신령에게 제사지낸다는 것을 고종에

게 이야기한다. 방택단을 아직 만들지 못했기 때문에 이를 산천단^{山川壇}에서 시행하자고 주청을 올리게 되고 고종은 이를 허락한다. 이것은 고종대에 원구를 만들면서도 원구의 천지합사에 능산에 대한 신위가 없다는 것을 인식하고 있었다는 것과 함께 방구 혹은 방택단의 필요성을 알고 있었다는 것을 이야기해 준다.

대한제국의 원구단은 따라서 대청제국의 방택단 종향위 신위로 제사되던 오릉산에 해당하는 산릉을 지키는 산신들에 대한 제사를 산천단에서 거행하였거나 거행하려고 했었다. 예를 들어 동구릉이나 서오릉의 산의 산신도 대한제국의 국가제례에서 고려되고 있었던 것이다. 산릉제사는 『국조오례의』에서나 『대한예전』에서 모두 속제^{俗祭}로 분류된다. 조선 후기의 남단이며 고종의 건양 원구단터는 황성 안에 광무원구단이 마련되고는 산천단으로 바뀐다. 그 석물이 용산생태공원 부지(미군기지터)에 아직 남아있다.

고려시대에는 산릉제사가 대사^{大祀}로 분류되어 있다. 원구와 방택의 천지제사, 사직과 태묘와 함께 산릉제사가 대사로 구분되어 있었다는 것은 조선과 크게 차이가 나는 점이다. 다만 고려의 방택단에서 고려산릉산의 신위가 종향위로 제사되었는지는 문헌 발굴과 연구가 필요하다.

6. 청나라 건륭제의 『만주원류고』와 금사^{金史}

대한제국기와 독립운동사에서 큰 역할을 한 역사학자 신채호 선생은 청나라 건륭제가 책이름을 정한 『만주원류고^{滿洲源流考}』를 많이 참조한 것으로 보인다. 『만주원류고』는 1777년(건륭 42)에 청나라 황족의 발상지 만주와 그 족속인 만주인의 기원에 대해서 중원의 문헌을 찾아서 부족^{部族}, 강역^{疆域}, 산천^{山川}, 국속^{國俗}으로 범주를 나누어 관련되는 본문들을 모두 발췌하여 모아서 편집한 것이다. 황제가 책의 명칭을 지었기 때문에 흠정^{欽定}이다.

『만주원류고』는 건륭제가 1743년(건륭 8) 자기의 생모인 효성헌황후 뉴호록씨와 함께 동순하면서 지은 부체의 시인 '어제성경부^{御製盛京賦}'와 같은 황제의 시들을 편집해 넣고 있다. 흥징의 계운산에 있는 선조의 황릉인 영릉을 공경하는 마음으로 참배하고 쓴 시인 '어제공알영릉^{御製恭謁永陵}', 싱징의 태조릉인 천주산 복릉을 공경하는 마음으로 참배하고 쓴 시인 '어제공알복릉^{御製恭謁福陵}', 싱징의 태종릉인 융업산 소릉을 공경하는 마음으로 참배하고 쓴 시인 '어제공알복릉^{御製恭謁昭陵}'등은 방택단의 오릉산에 대한 제사와 맥락을 같이 한다. 『만주원류고』의 「산천1」조는 "계운, 천주, 융업 등 이 세 산을 우러러 삼가 신궁^{神宮}을 모셨던 바, 왕기^{王氣}가 서려 있고 상서로운 징조가 모여 있기에 이를 맨 앞에 열거하여 우리 왕조의 발상이 여기서 비롯되었음을 기록하려 합니다"라고 시작한다.

또한 청나라 태조가 1619년 명나라 대군을 무순 지역에서 격파하는 대승을 거둔 살이호 대첩과 1640년 태종이 명나라 군대를 요서지역에서 산해관과 베이징쪽으로 더 밀어내는 전투인 금주 전투, 송산 대첩과 행산 대첩 지역을 동순하면서 시로 남겼는데 이를 『만주원류고』가 수록하고 있다.

『만주원류고』는 네 가지 범주로 구분된 여러 편집 내용의 뒤에 청나라 편수관들의 비평문이 들어가 있다. 또한 황제가 사서史書를 읽고 평가한 부여고夫餘考, 삼한고三韓考와 같은 비평문도 간간이 들어가 있다.

그런데 건륭제 자신이 쓴 글에 보면 18세기 사람 건륭제가 만주의 역사를 보는 시각이 들어가 있다. "요즈음에 읽는 『금사金史』 「세기世紀」에 이르기를 금나라의 시조는 완안부에 살았고……"라는 구절과 같이 건륭제가 12세기 여진족 금나라의 사서를 읽고 있다는 것을 드러낸다. 12세기에 금나라는 현재의 흑룡강성 하얼삔 동남부 아청에서 연경(베이징)으로 천도하여 북중국을 호령했다. "우리 왕조가 금나라 때 완안씨에게 복속되지 않을 수 없었던 것은 마치 오늘날 완안씨가 모두 우리 조정의 신하가 되었듯이 온 천하가 지존이신 천자 한 분에게 통속되는 것이니 세상의 이치란 원래 다 그런 것이다." 이것은 청나라가 금나라를 계승하였다는 것을 이야기하고 있다. 금나라(1115~1231)에서 기원하여 원나라와 명나라 치하를 거친 후에 청나라가 흥기하였다는 인식이 확실하게 드러나 있다.

청나라 태조 아이신기오로 누르하치는 명나라가 베이징을 지배하던 시절, 곧 조선에서 임진왜란이 일어나 난리가 났을 때에 명나라 원군이 요동에서 출병하는 것을 보고 자신도 명나라 조정에게 군대를 보내겠다고 했다. 명나라 조정은 이것을 거절했다. 하지만 그는 임진왜란 기간 동안에 명나라가 자신들의 땅을 부르던 건주建州의 여진족을 모두 통일해 버리고 복속시켜 버린다. 이 건주 5부족 중에 왕기야(완안)부족이 있다. 건주부에는 숙수후, 후너허, 왕기야, 동고, 저천의 5부가 있었다. 숙수후부가 누르하치의 부족이다. 현재의 요녕성 혼하渾河 유역이남과 압록강 북부, 혼강渾江 유역 이서 지역이 주 무대였다. 이 때 복속된 왕기야 부족장이 금나라의 황족의 성인 '완안'을 쓰는 부족이다. 청나라 태조의 아버지 탁시, 할아버지 기오창가, 증조할아버지 푸만은 모두 건주부 좌위라는 명나라 봉작을 가지고 있었다. 또한 청나라 태조의 6대조인 조조肇祖 멍터무는 여진족의 알타리부족의 부족장이었다. 멍터무는 현재의 요령성 신빈현 허투알라, 곧 청나라의 흥징興京지역에서 살았다. 멍터무 이후에 여러 아들들과 부족들의 주축이 동쪽의 두만강 하류 지역으로 옮겨가 살기도 하고 다시 이주하여 허투알라도 돌아오기도 하였다. 또한 한 때 알타리부는 현재의 함경북도 두만강 유역의 회령지역이 주활동지였다. 『용비어천가』에 나오는 조선 태조의 고조부인 목조가 알동 만호 다루가치라는 원나라 벼슬을 했다. 이 때의 알동과 알타리부는 지리상으로나 족속상으로도 가깝고 관련성도 상당히 있다.

그런데 이런 건주建州라는 명칭 자체가 발해渤海로부터 유래했다는 것을 『만주원류고』의 편집자들이 고금의 역사서를 뒤지고 찾아서 밝혀낸 것으로 보인다. 또한 건륭제 자신이 금사 세기를 읽고 나서 비평한 것에 보면, "『금사』「세기」에는 당나라 때에 말갈에 발해왕이 있어서 10여대를 전하였으며 문자文字와 예악禮樂이 있었다고 하였던 바, 말갈은 곧 금나라의 선대이니 문자를 가지고 있었다는 말이다. 그리고 본조의 국자國字는 태조 때부터 어르더니 박시등에게 명하여 만들게 하였다"라고 인식하고 있다. 발해는 금나라의 선대라고 인식하고 있다.

이러한 어제 문헌에 근거하여 18세기 대청제국 황제 건륭제에게 발해–금나라–건주–청나라로 이어지는 역사 계승의 의식이 있었던 것을 알 수 있다.

한반도에서 신라, 후백제, 후고구려를 이은 고려 태조가 통일전쟁을 벌이고 있었던 때는 거란의 요나라 태조 야율아보기와 태종 야율덕광이 발해를 무너뜨리고 목단강의 발해 상경과 그 주변의 발해유민들을 현재의 요녕성 요양 지역으로 대규모 이주시키는 무렵이다. 역사에는 926년에 발해가 거란에게 멸망했다고 알려져 있다. 발해의 서울과 바로 그 주변에 있는 사람들이 서향 이주를 하게 되었고 발해의 주변부에 있던 부족들은 원주지에 그대로 남아 있었다.

발해 멸망 190여 년 이후인 1115년에 완안 아골타가 금나라金를 세웠다. 1115년이 금나라의 독자적인 연호年號인 수국收國 원년이다. 그런데 완안 아골타는 고려 예종睿宗 때 윤관이 9성을 돌려받은 후에 금나라의 창업에 성공하였다. 1119년은 천보天輔 3년으로 완안 아골타가 발해의 유민 중의 한 명인 양박楊朴의 건의를 받아서 남교南郊와 북교北郊에서 하늘과 땅과 태묘에서 제사를 올리고 금나라 황제가 된 해이다. 금나라의 도성은 현재의 하얼빈 동남쪽 아청阿城이다. 이후에 3대 희종과 4대 해릉왕 때에 아청에서 현재의 베이징으로 천도하였다. 아청은 상경, 베이징은 연경燕京, 경사京師 혹은 중도中都라 불렀다. 완안 아골타는 '여진과 발해는 본래 하나(女眞渤海本同一家)'라는 주장하에 요양과 만주에 흩어진 발해인들을 회유하여 금나라에 편입시킨다.

완안 아골타의 족속은 거란의 요遼나라에게서 여진女眞으로 불리던 족속이다. 요나라나 여진족의 금나라는 황제국이었다. 이 시대는 중원의 카이펑開封에도 한족 황제국 송宋나라가 있던 때이다. 고려 예종 때에 창업한 금나라는 2대 태종 완안 오걸매가 금나라군을 이끌고 서쪽으로 진군하여 고려와도 몇 번 교전한 요나라를 1124년에 무너뜨린다. 금나라가 만주의 서부를 판도에 넣어 버린다.

금나라는 오숙烏熟, 철려鐵黎, 발해, 거란, 한아漢兒의 5족 혹은 5국國 연합체였다. 4대 해릉왕은 종형인 3대 금나라 희종을 죽이고 등극하여 급격하게 남하하여 베이징에서 카이펑으로 다시 천도를 추진하다가 1161년에 일어난 혁명으로 죽는다. 이 남진 전쟁에서 돌아간 발해군 1만 명이 요양에 있던 요양유수遼陽留守 갈왕葛王 완안 오록을 옹립하게 되어 금나라 5대 세종이 된다. 금나라 세종의 어머니 정의황후는 발해 대족이었다. 금나라 세종은 금 태조의 손자이면서 추존 예종叡宗의 아들이다.

금나라 태종은 거란의 요나라를 1124년 무너뜨린 여세를 몰아 남하하여 1126년 송나라의 황제 휘종과 흠종이 카이펑 부근에서 사로잡아 만주의 금나라 상경으로 끌고 간다. 송나라의 연호 '정강靖康' 원년에 일어난 송나라의 급변사태이므로 '정강의 변'이라고 한다. 남쪽의 절강성 항조우杭州, 곧 당대의 임안臨安으로 도망간 송나라 정권에서 1127년 새로운 황제 고종을 추대한다. 따라서 960~1127년까지를 북송北宋이라고 하고, 하고 이후를 남송南宋이라고 한다. 남송은 엄청난 양의 세폐를 베이징의 금나라에게 바치게 되었다. 이후로 금나라와 남송의 국경은 현재의 회하淮河

가 되었다.

1125년 거란의 요나라를 무너뜨린 금나라가 1126년에 고려에게 이전에는 '형제의 나라'에서 요나라를 섬기던 '신하의 예'로 섬길 것을 요구해 왔고 이자겸과 척준경은 금나라를 사대事大할 것을 주창하였다. 송나라에 사신으로 갔다가 금나라 태종이 송나라의 휘종과 흠종을 사로잡는 '정강의 변靖康之變'을 체험하였던 『삼국사기』의 저자 김부식도 고려 인종이 금나라에 사대하는 것에 동의한다. 발해 이후 거란 치하를 거친 여진족의 금나라에 대한 인식이 고려 왕조에서는 오랑캐 취급이 아니었던 것이다. 병자호란을 겪은 조선이 후금, 곧 청나라에 사대事大하기를 주저한 것과는 대조적이다.

금나라도 황제국이었는데 4대 7황제를 추존하였다. 그리고 금나라 황제들에게도 사당이름 곧 묘호廟號가 있었다. 태조 완안 아골타의 아버지를 세조世祖, 두 삼촌을 강종康宗과 목종穆宗, 할아버지를 경조景祖, 증조할아버지를 소조昭祖, 고조할아버지를 헌조獻祖로 추존하였다. 그리고 시조는 함보函普 혹은 합부哈富로 신라 혹은 고려 사람이 두만강 건너 북향 이주하여 흑룡강 주변의 여진 부족에 가서 아들들을 낳아 증손 헌조가 나오게 되었다고 금나라 사서는 기록하고 있다. 함보의 동생은 고려에 머물렀다고 한다. 『만주원류고』는 금나라의 국호가 신라 왕족의 성인 김金에서 나왔다고 쓰고 있다. 고려의 후삼국 통일전쟁시에 김씨 성을 가진 신라 왕족 중에서 북향 이주한 것으로 보인다.

대청제국의 황제로 등극한 청나라의 태종 아이신기오로 홍타이지도 금나라의 역사책인 『금사金史』를 애독하였던 것으로 보인다. 청나라 태종

문황제文皇帝는 자신들의 신하들에게 『금사』를 읽으라고 권유하는 기록들이 있다. 『만주원류고』 속의 청나라 건륭제의 글에서 보이는 『금사』를 읽은 흔적들은 이미 중원의 황제국으로 형성되기 이전부터 만들어진 청나라의 황제 전통인 것이다.

금나라가 아청에서 옮겨 도읍한 중도中都가 베이징 지역이었다. 요나라나 금나라는 5경 제도를 실시하였다. 몽골이 금나라의 중도를 무너뜨리고 3대의 쿠빌라이가 대원大元제국의 수도로 베이징을 선택하였다. 몽골어로 된 자신들의 역사서에서 칭기즈칸이 중두를 공격하였다는 기사가 나온다. 그 중두는 금나라의 수도였던 베이징의 금나라 도성이었다.

송나라는 시안과 뤄양 및 정조우와 위도가 비슷한 카이펑에 도읍을 하여 중원의 한족 국가를 표방하였으나 금나라의 남진에 밀려서 북송北宋의 두 황제가 금나라에 잡혀가고 북송 조정의 일파가 항조우로 천도하여 황제를 세워 남송南宋시대가 열리게 된다. 송나라의 신유학新儒學인 성리학을 집대성한 주희는 이렇게 금나라에 밀려 항조우에 내려가 조정을 꾸민 남송 조정 시대의 대학자이다. 주희는 당대에는 각광을 받지 못하다가 몽골의 대원제국이 한족들에게 과거를 실시하면서 성리학의 정통으로 인정받게 된다.

『삼국사기』를 집필한 김부식은 주희보다 약간 앞서 북송의 두 황제가 금나라에 사로잡혀 금나라의 상경인 현재의 하얼빈 부근의 아청인 상경上京에서 죽게 되는 중원 역사의 '정강의 변'을 직접 목도하여 겪은 사람이다.

아마도 고려사람들이 거란은 북국北國으로 인식하지는 않았지만, 금나라는 북국으로 인식하였던 것 같다. 현대 역사학자들 중에 통일신라와 발해를 남북국南北國으로 인식하는 역사관과 같은 구조가 나타난다. 단묘궁릉 문화로 살펴보아도 금나라 태조가 원구단 의례를 올리고 황제로 등극한 것으로 보이며, 금나라 상경上京 시대에 이미 태조의 선대를 추존하였으며 태묘를 가지고 있었다.

참고문헌

자료

지재희 · 김주녕 역, 『주례(周禮)』, 자유문고, 2002.
장진근 역, 『만주원류고(滿州源流考)』(건륭42, 1777), 파워북, 2008.

논문 및 단행본

쉬진시웅(許進雄), 홍희 역, 『중국고대사회 : 문자와 인류학의 투시』, 동문선, 1991.
후자오량, 김태성 역, 『중국의 문화지리를 읽는다』, 휴머니스트, 2005.
한석정, 노기식 편, 『만주 : 동아시아 융합의 공간』, 소명출판, 2008.

Chang, K. C., *Art, Myth and Ritual : The Path to Political Authority in Ancient China*, Cambridge, Harvard University Press, 1981.

제2부

사당에서 만나는 문화

들어가는 글

전 세계의 여러 신전들 중에서도 동북아시아의 신전^{the Northeast Asian} Shrine은 조상신을 만나는 동북아시아 유형을 독특하게 발전시킨 것으로 보인다. 동북아시아의 신전神殿은 사당 문화라고 해도 과언이 아니다. 고고학적인 신석기 후기 홍산문화에서는 원형 제단뿐만이 아니라 조상신을 모시는 신전의 가장 원시적인 모습이 나타난다. 청동기시대를 거치면서 더욱 성숙된 모습으로 발전하게 된 것으로 보인다.

후손들이 조상신을 만나는 공간으로 지은 신전은 조상신 이외에도 상당히 광범위한 인간 사회에 큰 공헌을 보인 인물들에 대한 숭배와 만나서 역사적 기념비의 역할을 해 왔다. '제2부 사당에서 만나는 문화'에서는 근대화 바로 전의 조선과 대한제국, 그리고 대청제국의 '으뜸사당^{the Greatest} Shrine'인 종묘 혹은 태묘를 둘러본다(제5장). 이어서 1800여 년 전의 중원의 한 인물로서 명나라와 조선 후기의 '무武 숭배'의 대상이 된 관우사당과 중원 태산泰山 신앙의 도교사당을 주시한다(제6장). 그리고 기원전 5세

기의 동북아시아 문화영웅인 공자를 모시는 '문文 숭배' 사당의 문화들을

살펴본다(제7장).

조상을 섬기어

1. 사당 이름인 묘호

한국의 역사를 배운 사람들은 15세기의 영명한 군주를 세종世宗이라고 한다. 조선왕조의 정궁인 광화문 앞 광장에도 세종이라는 임금의 동상을 세워놓고 그의 업적과 영명성英明性을 기념하려고 한다. 한국 사람들은 조선시대의 국왕을 조祖아니면 종宗으로 끝나는 칭호로 부른다. 고려시대의 군주들도 초기에는 묘호에 조와 종을 붙였다.

13세기 몽골제국의 부마국이 되면서 고려는 충렬왕이니 공민왕이니 하면서 조와 종자가 아니라 '왕'으로 끝나는 임금이름을 10대 정도 가지게 되었다. 몽골의 대칸이자 황제 쿠빌라이를 만났던 원종元宗(재위기간 1259~1274)대부터 고려의 마지막 왕 공양왕恭讓王(재위기간 1389~1392)까지 모두 '왕'자를 붙이게 되었다. 원종은 충경왕忠敬王이라는 다른 이름이 있다. 이를 합하면 34대에 이르는 고려시대 군주중에 11대는 '왕'이라는 이름을 가진다.

따라서 어느 왕조시대의 조정朝廷을 뜻하는지를 밝히는 것이 좋다. 고려 태조는 왕건이고 조선 태조는 이성계라고 한국사 시간에 배운다. 그런데 조선 태조의 휘는 성계였으나 등극 후에는 이름을 단旦으로 고쳤다.

우리가 부르는 역대 임금의 이름들은 그 임금의 사당廟과 관계된 이름이다. 이를 '묘호廟號'라고 한다. 다시 말하면 그 임금을 기념하는 '사당의 이름'이 있고, 대부분 조나 종으로 끝나는 그런 이름이 제정되고 현 시대의 역사시간이나 한국사람들의 일상에서 그 임금을 지칭하는 것이다. 그런데 이 사당은 종묘宗廟를 뜻한다.

종묘는 제대로 풀이하면 '으뜸사당'이다. 영어로는 'the Greatest Shrine', 곧 '최고 신전'이라는 의미를 가진다. 한글로만 읽어서 '묘'자가 들어 있다고 무덤이 절대 아니다. 무덤을 뜻하는 묘墓와 발음이 같을 뿐이다. 또한 임금과 그의 가족의 무덤은 능陵이나 원園자를 포함하고 그 다음의 수준의 것을 묘墓라고 한다.

왕조시대의 최고의 정치지도자를 태조니 세종이라는 묘호를 쓰는 것은 한국 사람들의 특징이라 할 수 있다. 중국에서는 특히 명나라나 청나라의 경우는 황제가 쓰던 연호年號뒤에 제帝를 붙여서 부른다. 명나라의 가정제나 만력제, 청나라의 순치제나 건륭제라고 부르는 것이 보통이다.

대명제국, 곧 명나라의 가정제나 만력제는 세종과 신종이라는 묘호가 있다. 따라서 가정제(재위 1522~1566)는 묘호는 세종이라서 명 세종이고 휘諱는 주후총이다. 만력제(재위 1573~1620)는 묘호가 신종이라서 명 신종이고 휘는 주익균이다. 대청제국, 곧 청나라의 순치제나 건륭제도 세조나 고종이라는 묘호가 있다. 순치제(재위기간 1643~1661)의 묘호는 세조라서 청 세조이고 휘는 아이신기오로 푸린愛新覺羅 福臨이다. 건륭제(재위기간 1736~1795)는 묘호가 고종이라서 청 고종이고 휘는 아이신기오로 홍리弘曆이다. 비교하면 조선왕조에서는 조카인 단종을 폐위시키고 왕위에 오른 수양대군의 묘호도 세조世祖라서 조선세조라 해야 정확해진다. 흥선대원군의 둘째 아들로서 조선의 국왕에 등극하였으며 대한제국을 선포한 군주의 묘호도 고종高宗이라서 조선고종이라고 해야 정확해진다.

다른 측면으로 정리하면 청나라나 명나라의 황제는 그들의 재위 기간 중에 사용한 연호에 황제라는 제帝 자를 붙여서 부른다. 명 세종이 살아 있을 때의 연호가 가정嘉靖이었고 그를 가정제라고 부른다. 명 신종의 연호는 만력萬曆이었고 그를 만력제라고 부른다. 또한 청 세조가 살아있을 때의 연호가 순치順治였고, 그 연간을 순치연간(1643~1661)이라고 하며 그를 순치제라고 부른다. 청 세종은 옹정雍正이었고 그 시대는 옹정연간(1722~1735), 청 고종은 건륭乾隆이었고 건륭연간(1735~1796)이었다.

왕정 국가의 국가 사당과 연관하여 부르는 임금의 이름은 중요하다. 이것은 조선이나 고려 왕조 및 중원의 황제국에서도 마찬가지였다. 세종이라는 묘호를 살펴보자. 조선 전기에 문화의 융성기를 만들고 한글인 훈민정음을 창제한 조선의 임금의 묘호가 바로 세종世宗이다. 그런데 공간과 시야를 좀 넓혀서 이야기하자면 훈민정음을 창제한 우리의 영웅 세종은 '조선세종'이라 부르는 것이 좋다. 왕이나 황제의 이름은 존칭하여 휘諱

라고 하는데 임금님의 휘를 함부로 부르는 것은 아주 외람된 일이긴 하지만 조선세종의 휘는 도裪라서 성씨인 전주이씨全州 李氏를 포함하면 이도가 된다. 고려의 34대 군주 중에서 조와 종을 가진 묘호를 쓰게 된 역대 24대 중에는 세종이라는 묘호를 가진 군주가 없다. 고려와 조선의 약 1천 년간에 세종이라는 묘호를 쓰게 된 군주가 조선왕조 4대 군주 세종 단 한 명뿐이고 따라서 그냥 세종이라고 부르면 한국에서는 자동적으로 '조선세종'을 의미하게 된 것이다.

그런데 역사적 시간과 공간을 넓혀서 동북아시아 지역 전체로 확대하면 세종이라는 묘호를 역사에 남긴 군주는 제법 헤아릴 수 있다. 예를 들어 근대에 가까운 청나라와 명나라에서도 세종이라는 묘호를 어렵지 않게 찾을 수 있다. 대청제국, 곧 청나라의 5대 황제는 그의 재위기간(1723~1735)에 쓰던 연호가 옹정雍正이라서 옹정제라고 한다. 그런데 그의 묘호도 세종이라서 그는 '청세종'인 것이다. 또한 대명제국, 곧 명나라의 11대 황제는 그의 재위기간(1522~1561) 연호를 가정嘉靖이라 정해서 썼기 때문에 가정제라고 하는데 그의 묘호도 세종이라서 그는 '명세종'인 것이다.

2. 묘호와 연호의 이중주

종묘는 조선 왕실과 대한제국 황실의 사당廟이다. 보통 종묘는 역대 제왕의 신주神主를 보관하던 곳이며 거기에서 제사를 지내는 곳이라고 알려져 있다. 물론 현재에는 역대 제왕과 왕후의 신주를 모시고 제사를 지내는 사당의 기능만을 하고 있다.

그런데 조선과 대한제국의 역대 왕과 황제의 신주만 보관되어 있던 공간이 아니다. 신주와 함께 그들의 생전에 집무 및 결재에 쓰던 어보(도장), 책봉에 사용한 옥책이나 금책같은 그 임금과 왕후들의 지위를 표상하는 보물들을 소장하던 국가 보물 보관처였다. 고대사회나 왕조시대의 국가 보물 수장고 역할도 하였다. 지금은 그 보물들이 국립고궁박물관에 옮겨져 소장되고 있고 신주와 제사에 필요한 의장들만을 보관한다. 말하자면 조선 왕실과 대한제국 황실의 보물들이 보관되어 있던 공간이기도 하였다. 따라서 종묘를 관리하던 조선의 관서인 종묘서宗廟署는 국가 제사처 관리 기능과 함께 군문軍門에서 차출된 사람들이 배치되어 보안과 경비의 경찰업무도 함께 수행하였다.

조선 후기의 문헌에는 우리가 종묘로 부르는 국가 사당을 '태묘太廟'라고 해 놓은 것이 많다. 숙종 때 편찬된 『종묘의궤』의 본문이 대부분 태묘로 나오고, 김정호가 그린 한양 지도인 『수선전도首善全圖』에도 종묘를 '태묘'라고 표기해 놓고 있다(그림 1-1 참조). 태묘라는 말의 의미도 가장 크고 중요한 사당이라는 의미에서 종묘와 거의 비슷한 의미를 가진다. 따라서

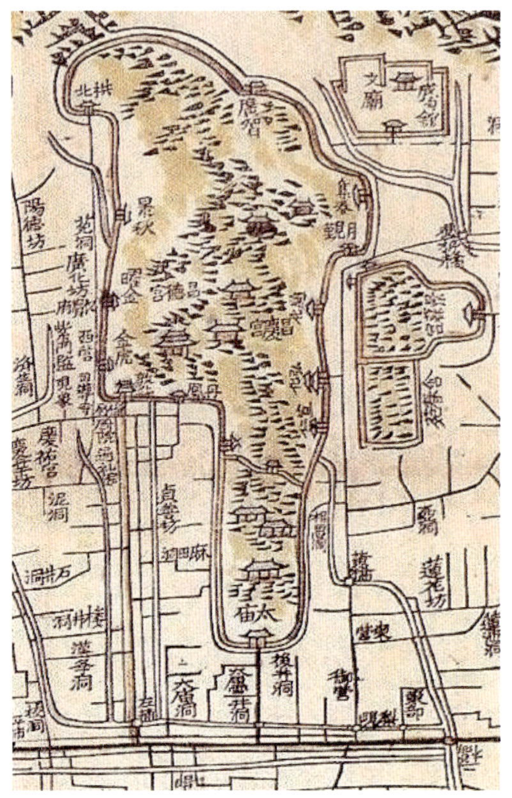

그림 5-1. 〈수선전도〉의 태묘와 동궐 부분.

조선에서 종묘와 태묘는 동등하게 쓰는 용어로 보아도 무방하다.

현대 중국에서는 베이징의 청나라 태묘太廟와 서울의 종묘가 상응하는 것이라는 인식이 부족하다. 중국의 여러 지방에 오랜 전통을 가진 씨족의 최고의 사당을 종묘宗廟로 부르고 있어서라는 설명이 가능하다. 단지 베이징의 청나라 태묘를 국가 사당으로 인식하고 있기 때문이다. 한국인들이 중국인들에게 설명할 때에는 우리의 종묘는 태묘라고도 불리기도 했다는 것을 정확하게 지적해 줄 필요가 있다.

조선 조정은 묘호를 모두 자주적으로 쓴 것이라 할 수 있다. 종묘에 모셔신 신주에서 조자나 종자로 끝나는 묘호를 쓰지 않는 것은 거의 없다. 고려도 거의 대부분 묘호를 자주적으로 써 왔다. 34대 군주 중에서 24대 군주가 독자적 묘호를 쓴 것이다. 반면에 고려와 조선은 중원의 큰 나라와의 외교적 관계를 고려하여 외관상 큰나라로 인식하는 조정의 연호를 써 왔다. 공문서의 연호가 바뀌는 것은 조정에서 인식하는 큰 나라가 바뀌는 것을 의미했다. 고려와 조선을 중세 1천 년이라고 이야기한다면 거의 1천 년간 묘호를 독자적으로 쓴 것이다.

연호는 대부분 중원에 기준을 두어 썼다. 이것을 '묘호와 연호의 이중주'라고 할 수 있을 것이다. 현대에 가까운 조선 후기 조선 조정도 청나라를 대국으로 인정할 수밖에 없었다. 조선 조정은 조선의 국왕이 승하하면 시여해 주는 청나라 시호諡號는 쓰지 않았지만, 연호는 공문서에 그대로 쓰고 있었다. 조선 중기의 국왕의 결재에 의해서 임진왜란 및 병자호란 이후에『경국대전』의 기존 조항에 새로 들어간 조선의 국법을 정리한『수교집록』에도 효종대에서 숙종대까지 청나라 연호를 쓰고 있다. 조선 전기에 대체적으로 좋은 관계를 가지고 있었으며 임진왜란 때 원병을 보낸 명나라의 경우에는 조선 조정이 명나라가 시여한 시호도 쓰고, 연호도 썼다. 청나라가 내린 시호를 잘 사용하지 않은 것에서 조선이 가지고 있던 청나라에 대한 반감을 읽을 수 있다. 반청의식을 가진 사대부들은 청나라 연호를 쓰지 않고 '숭정기원모년崇禎紀元某年'처럼 명나라 마지막 연호인 숭정崇禎에서 얼마나 많은 연수가 지났느냐를 표시하였다.

요약하자면 종묘에 봉안된 신주에 쓰여진 왕과 황제의 이름은 모두 묘호廟號인 것이다. 이것은 조선이나 중원이나 마찬가지다. 그런데 사당 이름인 묘호를 우리 한국인들은 역사 시간에 배우고 일상적으로 사용하며 드라마에서 자주 듣고 보게 된다. 역대의 왕과 황제의 묘호는 그들이 승하(혹은 붕어)하여 산릉에 안장되고 난 이후에 신주에 쓰여져서 왕실 사당인 종묘나 태묘의 신실에 보관된다. 왕후와 황후가 먼저 승하하게 되면 따로 혼전이라는 신주모시는 사당을 운영하다가 왕과 황제가 승하(혹은 붕어)하게 되면 종묘에 같이 신주를 모시게 된다. 왕후와 황후는 묘호는 없고, 왕과 황제의 묘호를 따라 간다. 신주를 종묘와 같은 사당에 모시는 것을 부묘祔廟한다고 한다.

3. 조선 고종의 가계와 왕위종통

대한제국을 선포한 고종高宗의 등극 이전 어릴 때의 아명은 명복命福이고, 이후에는 익성군翼成君이었고, 이름은 재황載晃이었다. 형인 완흥군이 재면載冕이니 '재載'자 돌림이다. 왕이나 황제의 이름은 존칭하여 휘諱라고 하는데 고종의 휘는 재황이 되는 것이다. 현대에는 이렇게 성씨와 휘를 모두 부르지만 당대에는 왕이나 황제의 휘를 함부로 부르면 안되는 관계로 거의 불려지지 않고 문서로만 보관되었다고 해도 과언이 아니다.

　조선의 26대 임금으로 등극한 고종은 흥선군興宣君 이하응의 둘째 아들이다. 고종의 할아버지의 이름은 이구李球로서 원래 조선 16대 인조仁祖

의 셋째 아들인 인평대군의 6대손이다. 그는 17살 되던 1815년 은신군^恩信君의 양자로 입적되어 남연군南延君이 된다. 이렇게 원래의 생부가 이어 온 가문 및 가계家系에서 벗어나 근연 가문의 종통을 잇게 되는 것을 '출계 出系한다'고 한다. 은신군은 영조의 아들 사도장헌세자의 셋째 아들이자 정조의 이복 동생이다. 남연군은 1815년(순조 15) 수원관守園官으로 차출되 고 1821년에는 수릉관守陵官으로 임명되어 능원을 돌보는 일을 맡아서 한 다. 그에게 아들이 넷이 있었는데 넷째가 흥선군 이하응이다.

조선의 전주 이씨 왕실에서는 종손이 끊어질 위기에 처하면 가까운 다른 선원파璿源派에서 양자를 들여서 그 가문의 종통宗統를 이어나갔다. 인평대군파에서 남연군을 양자로 들여서 정조의 동생 가문을 이어 왕실 의 계보를 이은 것이다. 출계出係된 남연군은 생부와 생모는 인평대군파에 속하지만 종통宗統에 의해서 사도세자의 아들이면서 정조의 동생 은신군 가문을 잇는 왕실사람이 된 것이다.

남연군의 부인이 남양 홍씨인데 유명한 추사 김정희의 양어머니(큰어 머니)와는 자매지간이었다. 그래서 흥선군 이하응은 김정희에게서 학문을 익혔다. 추사 김정희는 아버지와 청나라의 수도인 연경(베이징)을 다녀 오 기도 하고 1819년에는 문과에 급제하여 암행어사, 예조참의, 설서, 검교, 대교, 세자시강원 보덕을 지내고, 1836년에는 병조참판, 성균관 대사성을 역임한 당대의 학자이기도 하였다. 그는 정조 시대의 규장각 검서관이자 북학파라는 이름의 기초가 되는 『북학의北學議』를 지은 박제가에게서도 배웠다. 따라서 대청제국이 오랑캐의 국가가 아니라 당대 최신의 문물을 가진 나라라는 인식을 만드는 사람들 속에서 학문적으로 성장하였고, 청나라 고증학적인 학문 연구에도 일가견이 있었다. 북한산의 비석이 무학 대사의 비석이 아니라 신라의 진흥왕이 세운 순수비라고 밝힌 사람도 김정희이다. 그의 그림 「세한도歲寒圖」와 서예 추사체는 조선은 물론 청나라에까지 유명하였다. 흥선군 이하응도 그림에 뛰어났다. 특히 난초 그림은 당대 최고라고도 했다.

흥선군의 둘째 아들을 왕위에 올린 사람은 신정왕후 풍양 조씨였다. 신정왕후는 23대 순조(재위 1800~1834)의 아들인 효명세자의 세자빈이었다(그림 5-2). 효명세자(1809~1830)는 영명한 군주후보였으나 등극하지 못하고 일찍 서거하였다. 효명세자는 세도정치의 파행을 고치기 위해서 힘을 쓰기도 하였으나 실제 대리청정을 한 지 3년 만에 아깝게 세상을 떠나게 되었다. 효명세자는 대리청정 기간에 창덕궁과 창경궁을 그린 『동궐도』의 제작을 명한 것으로 보이는 영명한 세자였다. 그의 부인이 신정왕후이다. 신정왕후가 바로 24대 헌종(재위 1659~1674)을 낳은 생모이다. 효명세자는 순조 27년(1827)에 대리청정을 시작하였으나 순조 30년(1830)에 서거하였다. 이후 효명세자의 아들 24대 헌종이 아버지를 익종翼宗으로 추존하였고 세자비 풍양조씨는 신정왕후로 존호尊號되었다. 헌종이 후사가 없이 승하하자 헌종의 아저씨가 되는 철종이 등극하였다.

25대 철종(재위 1849~1863)은 원래 사도세자의 아들이면서 정조 바로 다음 이복 동생인 은언군恩彦君의 손자요 전계대원군의 아들이었다. 은언군은 은신군의 형이다. 철종은 신정왕후 풍양조씨의 시어머니인 순조비 순원왕후 안동 김씨가 순조의 양자로 입적하여 왕위에 오르게 했다(그림 5-2). 정조 이후로는 왕후의 친정집 가문이 세도정치를 했고, 그에 따라서 국가의 운영이 파행적이었다.

철종도 후사가 없자, 신정왕후는 왕실의 최고 어른으로서 흥선군의 둘째 아들 고종을 자기의 양자로 입적시키면서 왕위에 오르게 한 것이다. 다른 말로 하면 종법宗法상으로 고종이 헌종의 동생이 되게 한 것이다. 따라서 남연군과 흥선군이 조선 왕실 은신군 가문의 사람이었던 것에 주목하지 않고 정말 전혀 아무런 왕위 계승권이 없었던 것처럼 이야기하는 것은 타당하지 않다.

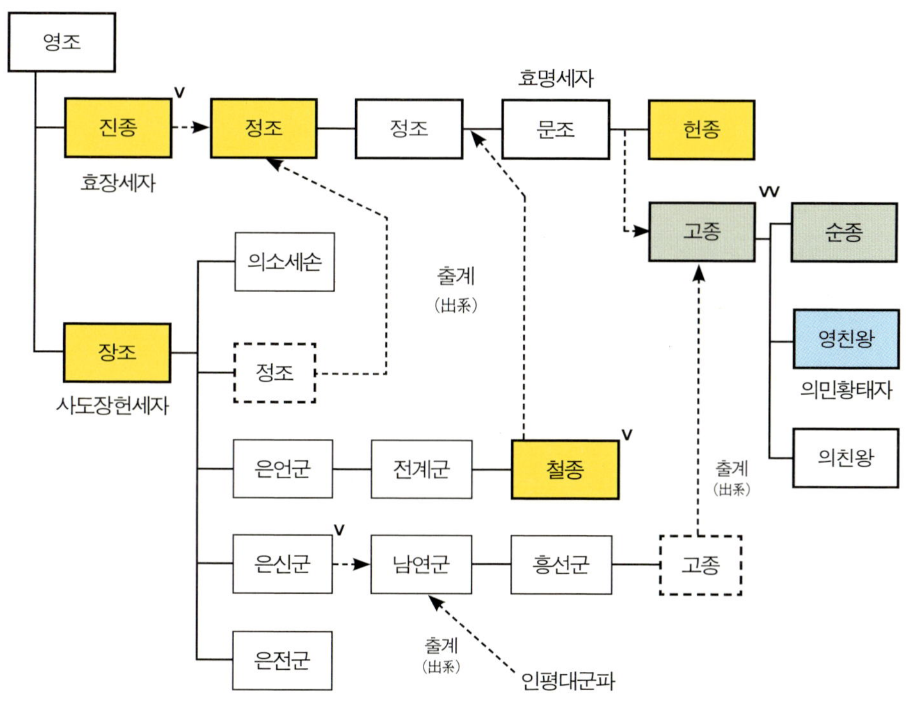

그림 5-2. 고궁의 왕위종통가계도.

이러한 맥락에서 고종은 1863년 등극하면서 왕실의 종법상 익종과 신정왕후의 양아들이 되었다. 따라서 국왕의 왕실제사 및 국가 제사는 모두 익종과 신정왕후를 아버지와 어머니로 모시는 효孝에 맞추어져 있었다. 생부와 생모는 흥선대원군과 군부인 여흥민씨이다. 흥선대원군에게는 고종의 형인 완흥군完興君 이재면이 있어서 운현궁의 흥선대원군 가문을 잇게 하였다.

이것은 조선 초기 세조의 왕후인 정희왕후 윤씨가 맏아들 의경懿敬세자와 세자빈 한씨의 둘째 아들을 성종으로 즉위시키면서 수렴청정을 하다가 친정체제로 옮겨가게 한 최초의 선례를 따라서 한 것이다. 의경세자와 세자빈의 맏아들인 월산대군이 의경세자의 묘와 사당懿敬廟을 돌보도록 한 조처이다. 의경세자는 이후 아들인 성종에 의해서 덕종으로 추존되고 성종의 어머니는 소혜왕후로 성종의 아들인 연산군 시대까지 생존했다.

따라서 정희왕후-성종은 친할머니-친손자 관계이지만 신정왕후-고종은 양어머니-양자의 관계만 다른 것이다. 고종은 따라서 은신군가문에서 출계出系되어 생부 흥선대원군의 가계와는 다른 종통宗統을 가지는 것이다.

출계가 있었던 조선 후기의 중요한 선대先代 사례는 왕위가 영조에서 손자인 정조에게 승계시키는 과정에도 있었다(그림 5-2). 영조는 정조가 당대의 역모에 연루된 사도세자를 이어서 왕위를 계승하는 것이 아니라 사도장헌세자의 요절한 이복형인 효장세자의 종통宗統을 이으면서 왕위가 계승되게 하여 후대의 정치적 논란을 잠재우도록 배려하였다.

단묘궁릉문화의 시각에서 보면 그동안 부각되지 않았던 것이 새롭게 드러난다. 정조의 종통을 따라가 보면 당대의 종묘와 사당 및 능원의 문화가 다르게 보인다. 우선 정조가 왕위에 등극하면서 가장 먼저 한 것은 종통상 양부인 효장세자를 진종眞宗으로 추존하는 것이었다. 할아버지 영조의 배려로 그의 행보에는 아무도 이의를 제기할 수 없었다. 진종의 신주가 종묘에 부묘되었으며, 효장세자의 묘가 영릉永陵으로 승격되었다. 이와 함께 진종의 생모 정빈이씨의 묘도 유길원綏吉園으로 승격하였으며 사당도 연호궁延祜宮이 되었다. 그 다음 우선 순위로 생부인 사도세자에게 장헌莊獻이라는 시호諡號를 가상하여 '사도장헌세자'라고 하였으며 사도장헌세자의 원園을 수은묘垂恩墓에서 영우원으로, 사당 수은묘垂恩廟를 경모궁景慕宮으로 승격시키고 증축하였다.

요약해보면 정조는 종통상의 양부는 추존왕으로 종묘에 신주를 부묘하였고, 능역은 세자묘에서 왕릉으로 격상시켰다. 그 다음 우선순위로 생부의 신주는 종묘에 부묘하지 못하고 따로 경모궁을 조성하였다. 생부 사도장헌세자의 신주가 종묘에 부묘된 것은 대한제국기 고종대인 광무 3년(1899)에 와서이다. 사도장헌세자는 장조莊祖로 추존되었고, 경모궁의 사도장헌세자 신주가 종묘로 부묘되었다. 사도장헌세자의 생모인 영빈 이씨의 묘도 고종대에 와서야 유경원綏慶園으로 승격되었다.

4. 고종대의 정전과 영녕전

고종대에 그려진 것으로 보이는 '종묘친제규제도설병풍'에는 현재의 종묘와 영녕전永寧殿이 그림으로 그려져 있다. 종묘는 하나의 지붕 아래 19개의 사당이 한 줄로 열지어 있는 것이고, 영녕전은 16개의 사당이 구획되어 있는 것이다. 종묘는 19실이고 영녕전은 16실의 건물로 되어 있다. 현재에는 종묘라고 하면 두 신전인 종묘와 영녕전을 모두 지칭하는 것이다. 그리고 종묘를 보통 종묘의 정전正殿이라고 부르기도 한다. 하지만 종묘와 영녕전은 엄연히 다른 구조의 신전인 것도 사실이다.

조선의 종묘는 북궐, 곧 법궁인 경복궁의 동쪽에 위치하는데 동궐인 창덕궁–창경궁의 남쪽에 위치한다. 실제로 신주가 모셔져 있는 정전과 영녕전 건물은 정확하게 남북 방향으로 자리하고 있는 것이 아니고 북동과 남서 방향으로 15도 방향 틀어져 있어서 계좌정향癸座丁向이라고 한다(그림 5-3).

신주를 기준으로 하여 '종묘(정전)'와 '영녕전'의 두 건물군으로 이루어져 있다. 종묘의 다른 건물들은 제향의 봉행을 위한 재궁과 향축을 두는 곳인 향대청, 제수를 준비하는 전사청, 그리고 종묘 관리를 위하여 필요한 종묘서宗廟署의 건물군들이 있다. 정전과 영녕전의 남쪽의 큰 문은 남신문南神門이고, 그 문에서 북쪽의 건물로 들어가는 신도神道가 일직선으로 나 있다.

종묘(정전)에는 한 지붕 아래에 19개의 신주를 모시는 방(사당)이 가로 열지어 같이 있다(그림 5-4). 남신문南神門에서 북쪽으로 바라보면 좌우로

그림 5-3. 종묘와 영녕전 경내 전체를 보여주는 항공사진.

늘어선 기다란 건물이 눈에 들어온다. 종묘의 건물은 서쪽에서부터 동쪽으로 보아서 그냥 같은 규모의 방이 나열되어 있는 듯한 느낌을 준다. 신주를 모시는 방을 신실神室이라고 하는데, 원래는 신주만을 모시는 것이 아니고 왕과 왕후의 도장인 어보御寶과 국왕의 치적을 적은 『국조보감』 및 시호와 존호를 새긴 금책金冊, 옥책玉冊들이 보관되어 있었다. 이러한 보물들은 현재 국립고궁박물관이 소장한다.

종묘와 별도로 약간 북서쪽에 위치한 규모가 조금 작은 건물이 영녕

그림 5-4. 조선과 대한제국의 종묘.

그림 5-5. 조선과 대한제국의 양녕전.

전이다(그림 5-5). 역시 영녕전의 남신문에서 바라보면 16개의 신주를 모시는 신실이 있다. 정전과는 대조적으로 영녕전은 조금 다른 구조를 보여준다. 남신문에서 바라보면 정전과는 다른 것이 보이게 된다. 중간에 4개의 신주를 모시는 방이 지붕의 높이도 양 옆의 사당들과는 달리 높고 앞으로 툭 튀어나와 있다. 이것은 사조전四祖殿이라고 한다. 영녕전의 높은 지붕의 사조전은 정전의 지붕 높이와 같다. 동쪽과 서쪽 각각의 6개의 사당으로 구획된 공간은 동서로 같은 지붕 높이로 늘어서 있다.

특정한 제관 이외에는 다른 모든 제례를 거행하는 사람들인 왕이나 왕세자 및 관원들은 종묘와 영녕전 모두 동문으로 드나들게 되어 있다. 제례음악을 연주하는 악공들과 제례무용수들인 악무원들은 모두 서문으로 드나들게 되어 있다. 동문과 서문만이 사람들이 드나드는 문인 것이다. 남쪽의 삼문은 신문神門으로 향축香祝이나 신께 바치는 특별한 제수인 조육俎肉이 들어가는 문이다. 조선의 조정에 출사한 문관과 무관은 종묘제례에 배향관으로 참석하면 동쪽에는 문관이 서쪽에는 무관들이 배향할 수 있었다.

1) 한 지붕 아래 19개 사당을 가진 종묘

조선의 종묘 정전은 1395년 태조 때 만들어졌는데 신주를 모실 수 있는 5개의 석실로 이루어져 있었다. 태조 때 지은 종묘는 7개의 동일한 규모의 방을 가진 건물이었다. 현재의 종묘 건물이 19개의 방을 가졌으니 하나의 방의 크기가 같았다면 전체적으로 지금보다 작은 규모였을 것이다. 중간의 5개와 좌우 한 개씩의 협실을 가진 것이다. 이것을 이해하기 쉽게

'7실 종묘'라고 하자. 각각의 석실은 신주를 모시는 개별 사당으로 5개의 사당, 곧 5묘廟를 근간으로 하였다. 조선 태조가 살아 있을 때에는 자신의 4대조인 이안사, 이행리, 이춘, 이자춘을 목왕穆王, 익왕翼王, 도왕度王, 환왕桓王으로 추존하여 새로 천도한 도읍인 한양의 새 종묘에 신주를 모셨다. 따라서 5개의 방 중에 4개의 방이 차 있었다. 5번째 방은 태조가 승하하면 3년상 후에 그 신주와 태조대의 보물들이 들어가도록 되어 있었다. 태종은 추존한 4왕의 묘호를 제정하여 목조穆祖, 익조翼祖, 도조度祖, 환조桓祖로 격상시켰다.

세종대에는 추존 선대 4조와 태조 및 정종의 6신위가 되기 때문에 5개의 신주모시는 5묘제를 시행하는 조선에서 가장 앞의 목조의 신주를 땅에 묻든지 다른 방법을 찾아야 하였다. 이를 해결하기 위해서 송나라의 별묘別廟의 사례를 본따서 별묘로 영녕전永寧殿을 짓게 되었다. 그리하여 목조의 신주를 영녕전으로 옮겼다. 정전에서 영녕전으로 신주를 옮기는 것을 '조천祧遷'이라고 한다.

조선 태조가 지은 종묘에서는 5개의 신주를 모시는 방을 가지고 있었지만 실제로는 7개의 방을 가지고 있었다. 조선 제13대 군주인 명종 원년(1546)에는 7개의 방 옆에 양쪽에 2개씩 4개의 방을 양쪽으로 늘이는 공사를 하여 11개의 방을 가진 정전을 만들었다. 명종대 종묘는 '11실 종묘'인 것이다. 명종대에는 이미 추존 선대 4왕은 영녕전으로 신주가 이안되어 있었다.

명종 대까지 열두 분의 임금이 왕위에 있었지만, 두 분은 폐위되어 종묘에 자신의 신주 공간, 곧 사당을 가지지 못했고(연산군과 노산군), 2대 정종, 5대 문종은 영녕전으로 신주가 옮겨져 있었다. 그러면 8위의 신주가 모셔지게 되는 것이 정상이다. 그런데 왕위 계승에 9대 성종의 아버지이 자 7대 세조의 맏아들인 의경세자懿敬世子는 세조보다 먼저 서거하였지만 아들 성종이 덕종德宗으로 추존하여 종묘의 정전에 신주가 부묘되었다. 따라서 명종대의 11실의 정전에는 모두 9위의 신주가 모셔져 있었다.

임진왜란(1592) 때에 조선의 도성 한양의 궁궐과 종묘, 사직단 등이 모두 불타버려서 소실되었다. 한양으로 환도한 선조는 세자 광해군과 함께 이들을 복구하기 시작하였고, 광해군이 즉위한 1608년에 종묘의 중건이 마무리되었다. 이때의 중건은 명종대의 '11실 종묘'를 원형으로 하여 복원하였다.

명종과 광해군대의 11실 종묘의 구조에는 서쪽이 대수가 높아서 '서상西上'의 제도를 따르는 것이었다. 말하자면 가장 먼저이고 가장 높은 선대인 태조가 가장 서쪽의 사당을 차지하는 것이다. 그리고 가장 서쪽의 사당이 첫 번째 사당, 곧 '제1실'이 되는 것이다. 남신문에서 북쪽으로 보아 태조의 사당이 가장 왼쪽에 위치하는 것이다.

조선의 종묘는 '세실世室'이라는 제도 때문에 양옆으로 길게 늘어진 구조를 가지게 되었다고 해도 과언이 아니다. '세실世室'이라는 것은 4대가 지나도 종묘에서 영녕전으로 신주를 영원히 옮기지 않는 신위이다. 승하 후에 세실로 결정되면 정전에 그대로 남는다. 따라서 5묘제도를 따르면서도 세실을 두는 조선의 제도 때문에 명종 및 광해군대의 11개의 신주 모시는 방을 가진 종묘가 된 것이다.

이러한 불천위의 결정은 조선의 조정에서 왕과 당상의 관원들이 같이 한 것이라서 각각의 시대의 정치적·사회적 구조를 반영한다. 조선의 경우는 21대 영조대까지 340여 년을 이어 왔고 종묘에 부묘한 왕의 수도 많았으며, 특히 세실이 많아져서 11실이 다 차게 되었다. 영조 2년(1726)에 다시 4개의 방을 더 늘리는 공사를 하는데, 이번에는 11실의 동편에 4개의 방(사당)을 더 늘려서 종묘 정전은 '15실 종묘'가 되었다. 24대 헌종 2년(1836)에는 다시 동쪽으로 4개의 방을 더 늘려서 현재의 모습과 같은 '19실 종묘'가 되었다. 따라서 요약하자면 현재의 '19실 종묘'의 모습은 광해군 원년(1608)에서 시작하여 헌종 2년(1836)에 걸친 약 240년의 과정을 통해서 형성된 것이다.

철종의 신주를 부묘한 고종 3년의 종묘의 신위 배치는 '19실 정전'에 가장 동쪽 두 사당의 신주가 비어 있었다(그림 5-6). 고종 당시 제15 사당은 효명세자의 신주로, 헌종의 아버지이며 헌종이 추존하여 '익종'이라 하였다. 고종을 왕위에 올린 신정왕후 조씨는 아직 살아 있었다. 제16 사당은 헌종의 사당이고, 제17 사당은 철종의 사당이었다. 철종의 미망인인 철인왕후도 생존해 있었다.

대한제국이 1897년에 선포되면서 황제국으로 국가 제사가 바뀌었는데, 원구단(환구단)의 천지제사가 새로 제정되었고, 그 다음으로는 종묘는 조선의 5묘제에서 7묘제가 시행되도록 되었다. 조선의 종묘는 국왕이 5사당을 받드는 5묘제五廟祭를 실시하였다. 가장 서쪽의 태조의 묘와 가장 오른쪽의 네 개의 사당이 당대 종묘 제례의 제주(임금)의 5묘가 되는 것이고 그 중간에 있는 역대 왕의 신주는 불천위인 것이다.

또한 고종 황제는 광무 3년(1899)에 5명의 조선 왕을 대한제국의 황제로 추존한다. 바로 태조를 태조고황제太祖高皇帝, 장조를 장조의황제莊祖疑皇帝, 정조를 정조선황제正祖宣皇帝, 순조를 순조숙황제純祖肅皇帝, 익종을 문조익황제文祖翼皇帝로 존호하였다. 황제국은 신주의 시호를 독자적으로 쓸 수 있다. 이에 따라 이러한 추존 황제들의 신주도 모두 바꾸었다.

대한제국 황제 고종은 광무 3년 이들 추존황제의 옥책과 금보를 가지고 종묘에 가서 고유제를 올렸다. 이 추존행사를 거행하고 편찬한 의궤가 황제추존시의 의궤로 남아있다. 또한 고종은 대한제국의 시조始祖가 되는 조선 태조를 대한제국의 태조고황제로 추존하고 12월 22일 원구단의 동지 제사에 정위인 황천상제와 황지기의 배위로 태조고황제를 올렸다.

대한제국 시기의 황제 추존에 따라서 종묘의 신위 배치가 달라졌다(그림 5-6, 광무 3년). 정조의 아버지이자 영조의 세자였던 사도세자를 장조의황제莊祖疑皇帝, 세자비 혜경궁 홍씨를 헌경의황후로 추존하여 종묘의 제13 사당에 부묘한 것 때문이다. 사도세자는 정조의 아버지이므로 고종 3년 제13 사당에 있던 정조와 효의왕후의 신실(사당)이 제14 사당으로 옮겨가게 된 것이다. 다음 차례에 오는 왕들의 신위도 다음의 신실(사당)로 옮긴 것이다. 추존한 5황제의 신주도 이름이 국왕에서 황제로 바뀌었다. 고종황제가 1919년에 사망하자 당대의 제주인 순종황제에 의해서 고종이 세실로 되고, 장조의황제의 신주는 영녕전으로 조천하였다. 그래서 순종황제 생존시에는 정전 19실만이 비어 있었다.

사도세자의 아들인 정조(재위 1776~1800)는 자신의 생부가 왕위에 오르기 전에 뒤주에 갇히는 사건을 목격하였는데, 즉위 후에 아버지의 묘소 영우원永祐園을 수원으로 옮기면서 현륭원顯隆園으로 바꾸고, 종묘에 부묘

고종3년(1866)

실	1	2	3	4	5	6	7	8	9	10	11	12	13	14	15	16	17	18	19
대왕	태조	태종	세종	세조	성종	중종	선조	인조	효종	현종	숙종	영조	정조	순조	익종	헌종	철종		
왕후	신의, 신덕	원경	소헌	정희	공혜, 정현	단경, 장경, 문정	의인, 인목	인렬, 장렬	인선	명성	인경, 인현, 인원	정성, 정순	효의	순원		효헌			

광무3년(1899)

실	1	2	3	4	5	6	7	8	9	10	11	12	13	14	15	16	17	18	19
대왕	태조고황제	태종	세종	세조	성종	중종	선조	인조	효종	현종	숙종	영조	장조의황제	정조선황제	순조고황제	문조억황제	헌종	철종	
왕후	신의, 신덕고황후	원경	소헌	정희	공혜, 정현	단경, 장경, 문정	의인, 인목	인렬, 장렬	인선	명성	인경, 인현, 인원	정성, 정순	헌경의황후	효의선황후	순원숙황후	신정억황후	효헌	철인	

그림 5-6. 고종 시대의 종묘의 신위 배열

하지 못한 신주를 모신 사당 수은묘垂恩廟를 경모궁景慕宮으로 바꾸었다. 하지만 정조 생전에는 아버지 사도세자를 추존하여 종묘에 부묘하지 못했다. 성종의 아버지 의경세자가 덕종으로 추존되어 종묘에 부묘된 것과는 달랐다. 그 신주를 보관하던 곳이 경모궁이다. 경모궁은 궁궐이 아니고 '사당廟'이었다.

조선 후기 정조 이후에서 대한제국에 이르기까지 거의 1세기 정도 경모궁은 종묘 대제 다음 가는 사당 의례였고, 제례악祭禮樂과 일무佾舞가 동반되는 중사中祀 중에서도 최고의 중사였다. 조선 후기 역대 국왕들이 친제를 가장 많이한 사당 제사였다. 중사에는 경모궁, 문선왕묘(성균관의 공자 사당), 선농단 등이 속해 있었다.

고종대의 장조의황제 추존은 경모궁에 있던 신주의 종묘 부묘와 함께 화성의 현륭원을 격상시켜 능호도 융릉隆陵으로 바꾸었다. 광무 4년에 신주가 옮겨서 빈 경모궁에 현재의 중부경찰서 자리에 있던 영희전永喜殿이라는 어진御眞을 모시는 진전에서 어진을 옮기고 새 영희전을 건립한다. 이를 이전의 원래의 자리의 영희전과 구별하기 위해서 '광무 영희전'이라고 하자. 이 광무 영희전에 태조, 원종, 숙종, 영조, 순조의 어진을 옮긴다. 경모궁과 광무 영희전이 일제강점기의 경성제국대학이며 현재의 서울대학교 의과대학자리이다. 이 경모궁−광무 영희전은 서울대학병원 경내에 그 기단터와 남신문이 남아있고 문화재로 지정되어 있다(사적237호).

고종은 조선의 역대 국왕이 5개의 사당을 모시는 5묘제에서 대한제국의 7개의 사당을 모시는 칠묘제七廟祭로 격상시켰다. 그 과정에서 사도세자의 장조 추존이 같이 이루어졌다. 19실 종묘전의 가장 서쪽의 태조고황제1위와 장조, 정조, 순조, 문조, 헌종, 철종의 6신위를 모신 것이다. 이것은 대한제국의 황제국의 위상을 반영하는 것이다. 중간의 태종부터 영조까지는 11위의 세실이다.

고종이 1919년에 승하하면서 장조는 영녕전으로 친진되고, 정전의 태조고황제, 정조, 순조, 문조, 헌종, 철종, 고종의 7묘가 순종대에 봉사하는 일곱 개 사당이 되었다. 1907년 순종황제 때에 헌종과 철종의 황제 추존이 이루어졌다.

2) 사조전을 포함한 16개 사당을 가진 영녕전

조선 초기 세종 1년(1419)에 송나라의 추존 4대를 모신 숭원전崇元殿의 제도를 모델로 하여 영녕전을 처음 창건하게 되었다. 정종의 승하에 따라서 5개의 신실 밖에 없는 종묘(정전)에 모실 신실이 없기 때문이었다. 송나라의 숭원전이 송나라 태조 조광윤의 선대 4대의 신위를 처음부터 모시던 곳이었던 것인 반면에 조선의 영녕전은 조선 태조의 선대 4대의 신위를 종묘에 모셨다가 옮겨서 모신 사당이다.

세종이 지은 영녕전의 구조는 정전 4칸과 좌우의 협실 2개였다. 영녕전 정전 4칸과 좌우 협실을 포함하여 8실 영녕전이었다. 광해군 2년(1610)에 영녕전의 좌우의 협실이 더 늘어난 10실 영녕전 구조로 증축되었다. 현종 8년(1667)에 좌우의 협실이 늘어난 12실의 영녕전이 되었다. 경종 2년(1722)에 다시 좌우의 협실을 더 늘려서 14실 영녕전 구조가 되었다. 헌종 1836년에는 좌우 협실을 2개씩 늘려서 현재의 모습과 같은 16개의 신주를 모시는 사당을 가진 영녕전의 구조를 가지게 되었다.

영녕전의 구조는 중간의 4개의 방들은 종묘 정전의 이름과 같은 '사조전四祖殿' 혹은 '정전'이고 좌우에는 협실로 이루어져 있다(그림 5-5). 『국조오례의』에서부터 조선 후기 『속오례의』, 『춘관통고』가 모두 다 똑같은 정전이라는 용어를 쓴다. 영녕전의 정전은 태조가 추존한 4명(목조, 익조, 도조, 환조)의 추존왕들을 모신 4개의 사당, 곧 '사조묘四祖廟' 혹은 '사조전'이다. 영녕전 정전의 지붕의 높이는 종묘 정전의 지붕의 높이와 같다. 정전의 서쪽에서부터 순서를 정하고 난 이후에 서상제로 서협실의 가장 서쪽에서부터 순서를 붙인다. 따라서 신위를 배열하는 순서는 중간의 정전正殿에 4위가 배열되는데 역시 서쪽에서부터 목조, 익조, 도조, 환조의 순서로 조천祧遷된 이후로 변화되지 않았다. 좌우의 협실에는 종묘에서 옮겨진 신주를 서쪽의 사당에서부터 모시는 형식이다. 서협실과 동협실의 맨왼쪽 서쪽의 방에 가장 빠른 역대 왕의 신위를 배치하여 종묘의 서상제와 같이 하였다. 그래서 서협실의 가장 서쪽에 2대 정종과 정안왕후의 신주가 모셔져 있다.

고종시대(1866~97 / 1897~1907)

	서협실						정전						동협실			
실	5	6	7	8	9	10	1	2	3	4	11	12	13	14	15	16
대왕	정종	문종	단종	덕종	예종	인종	목조	익조	도조	환조	명종	원종	경종	진종		
왕후	현안	현덕	정순	소혜	장순, 안순	인성	효공	정숙	경순	의혜	인순	인헌	단의, 선의	효순		

순종 시대(1907~1910 / 1926)

	서협실						정전						동협실			
실	5	6	7	8	9	10	1	2	3	4	11	12	13	14	15	16
대왕	정종	문종	단종	덕종	예종	인종	목조	익조	도조	환조	명종	원종	경종	진종소황제	장조의황제	
왕후	현안	현덕	정순	소혜	장순, 안순	인성	효공	정숙	경순	의혜	인순	인헌	단의, 선의	효순소황후	헌경의황후	

그림 5-7. 고종과 순종 시대의 영녕전의 신위 배열

연산군이나 광해군 같은 혁명(반정)에 의해서 폐위된 왕의 신주는 종묘나 영녕전에 모셔지지 않았다. 반면에 성종의 아버지 의경세자는 덕종德宗으로 추존되었고, 성종대에 종묘에 있다가 이후에 영녕전으로 옮겨졌다. 병자호란을 당한 인조의 아버지는 선조와 인빈 김씨 사이에서 태어나 정원군定遠君이었는데, 인조가 반정으로 왕이 되자 아버지를 원종元宗으로 추존하여 종묘에 있다가 이후 영녕전으로 옮겨졌다. 영조의 맏아들로 사도세자의 형이면서도 어린나이에 서거한 효장세자는 정조에 의해 진종眞宗으로 추존되어 신위가 종묘에 있다가 이후 옮겨져서 현재 영녕전에 있다.

고종황제가 1919년에 승하하자 순종은 고종태황제를 불천위로 하여 종묘의 정전에 모시고, 고종황제 때 종묘에 부묘되었던 장조의황제와 황후의 신주를 영녕전으로 친진하였다. 또한 순종이 황태자에서 황제로 되면서 융희 1년(1907)에 정전의 헌종과 철종을 헌종성황제와 철종장황제로 추존하였고 영녕전의 진종을 진종소황제로 추존하였다. 이는 고종이 계승한 사도장헌세자의 종통상에 있는 영조 이후의 종통을 올바로 하기 위한 것이었다. 태조, 진종, 장조, 정조, 순조, 문조, 헌종, 철종, 고종, 순종의 황제 계통이 바로 서게 되었다. 이에 따라서 순종시대의 7묘는 종묘 가장 서쪽의 태조고황제와 두 황후의 신주를 모신 제1실 태조 사당과 제13실의 정조선황제부터 제18실의 고종태황제와 황후까지의 여섯 사당이었다. 추존된 진종과 장조는 영녕전으로 조천된 것이다.

종묘 담장 안에는 칠사당이 정전과 같이 가로로 일자로 해서 남신문의 서쪽에 있고, 종묘에 모신 역대 왕의 공신들의 신주를 모시는 공신당이 동쪽에 있다.

칠사당은 국가의 안녕에 필요한 여러 가지 불행을 방지하는 측면에서 사계절의 시간에 맞게 관계되는 신들에게 제사하는 것이다. 칠사七祀는 사명司命, 사호司戶, 사조司竈, 중류中霤, 국문國門, 공려公厲, 국행國行이다.

조선의 종묘제례가 정조, 한식, 단오, 추석, 동지 및 납일의 네 계절에 거행되는 것에 따라서 봄에는 사명과 사호, 여름에는 사조, 가을에는 중류와 국문, 겨울에는 공려와 국행에게 제사지냈다. 사명은 궁중에 거하는 신으로 나이에 관계되는 수명受命, 선을 행하고도 흉한 일 당하는 조명遭命, 선과악에 따라 보응하는 수명隨命의 삼명을 살피는 신이다. 사조는 음식에 관계하는 신이라 여름의 음식 조심에 관계된다. 사호, 국문 및 국행은 각각 출입, 문, 통행에 관계되는 신이다. 중류는 당堂과 실室에 거처하는 신으로 오행의 토기土氣가 왕성한 기간에 제사지낸다. 공려는 후손없는 제후가 신으로 된 것으로 보복과 가해를 일삼는 신이다.

배향공신은 종묘 정전에 모신 역대 왕의 신위에 배향되는 공신들을 말하여 그 위판이 공신당에 모셔진다. 역대 왕의 신주가 정전에 모셔졌다가 영녕전으로 친진되면 그 왕대의 공신의 위판들은 매안된다. 종묘에 배향되는 공신은 각 국왕의 시대의 공신들로 후대의 조선의 지도층들이 결정하여 국가제사에서 숭모되는 것이다.

대한제국 고종황제시대의 종묘 정전은 19개의 사당 중에서 17개의 사당에 신주가 존재하는 정전이었다(그림 5-3, 5-4, 5-6). 당시에는 친제인 경우 초헌관이 고종황제 한 명이고 한 사당에 대해서 초헌하고 축문 읽고 다음 사당으로 옮겨 초헌하고 축문 읽고 해서 17개의 사당을 모두 다 초헌례를 하도록 되어 있었다. 또한 아헌관과 종헌관도 당대의 종묘 정전의 17개 사당에 모두 작爵을 올리는 예를 거행해야 하는 것은 마찬가지였다

순종은 1925년에 승하하여 종묘의 제19 사당에 부묘되었다. 그 묘호가 순종효황제이다. 순종은 1882년에 여흥 민씨를 세자빈으로 맞이하였는데 1904년에 승하하였고 1925년 순종이 승하하기 전까지 신주를 모셔둔 곳은 의효전懿孝殿으로 이후 창덕궁 이왕직선원전에 위치했다. 순종효황제가 부묘될 때 여흥 민씨는 순명효황후라는 시호를 받게 되었다.

순종은 1904년에 순정효황후 해평 윤씨를 두 번째 황태자비로 맞이하였다. 1907년 순종이 황제가 되자 해평 윤씨도 황후가 되었다. 마지막 황후는 창덕궁에서 거처하면서 대한민국의 현대사를 몸소 겪었고, 1966년에 승하하였다. 시호는 순정효황후이다. 순종의 계황후인 순정효황후는 시동생인 황태자 영친왕英親王이 황태자비와 함께 1963년에 환국하여서 3년 정도 대한민국 땅에서 같이 생존하였다.

순종이 1925년 승하한 다음 황위를 계승하기로 되어 있던 황태자였던 영친왕이 종묘의 19개의 사당廟으로 구성된 대한제국의 종묘의 제주祭主가 되어야 마땅하였다. 하지만 대한제국의 황태자 영친왕은 1963년에

야 환국할 수 있게 되었다. 1945년 광복이 되어도 돌아오지 못했고, 1948
년 대한민국 정부가 세워져도 환국할 수 없었으며, 창덕궁 이왕직선원전
에 모셨던 조선 태조부터 철종까지의 어진이 부산에서 불타버리는 사건
이 일어난 한국 전쟁 중에도 일본에 있어야 했고, 4·19혁명이 일어나 초
대 대통령이 하야하는 역사적 사건과 그 이후의 대한민국의 현대사를 대
한민국에서 겪을 수 없게 되었다. 종묘 대제가 제대로 될 리는 만무한 일
이다.

1910년 대한제국이 일본제국에게 합방이 되면서 대한제국이라는 정
식 국호는 사라지고 도로 '조선'으로 격하되었고, 대한총독부가 아닌 '조
선총독부'가 대한제국의 정궁인 경복궁 광화문 뒤에 세워졌다. 대한민국
순종 황제는 일본제국 천황 아래의 창덕궁 이왕李王으로 격하되었다. 고종
황제는 덕수궁 이태왕李太王으로 격하되었다. 대한제국의 경운궁慶運宮은
덕수궁으로 격하되었다. 대한제국의 정부가 의정부와 궁내부로 이원화되
었는데 의정부는 조선총독부로 넘어갔고 궁내부는 '이왕직李王職'이라는
이름으로 규모가 축소되었다. 이왕직은 일본제국 천황 궁내부 소속의 하
나의 부서에 해당하였다.

순종이 승하한 1925년부터 1963년까지 종묘 대제의 제주가 서울에
부재한 가운데, 1922년 고종의 제2 황자 의친왕을 총재로 한 전주이씨 대
동종약소가 창립되었다. 이를 계승한 전주이씨 대동종약원이 1955년에
창립되었다. 전주이씨 대동종약소는 총독부의 탄압을 받아서 회보인 『동
광東光』도 폐간되고 와해되었다. 광복 이후에 전주이씨 대동종약원이 재
조직되었다.

전주이씨 대동종약원이 1957년 태조의 기일을 기해 건원릉 산릉제향을 다시 재개하기 시작하였고, 영친왕이 귀국한 지 6년 만인 1969년 5월 4일에 종묘대제를 거행하기 시작하였다. 1975년에 종묘대제가 중요무형문화재 56호로 지정되었다. 1995년에 종묘가 유네스코 세계문화유산으로 등재되었다(그림 5-8). 2001년에는 종묘제례와 종묘제례악이 유네스코 세계 무형문화재로 등재되었다.

대한제국의 황태자 영친왕은 1970년에 승하하여 종묘 영녕전 16실에 부묘되었다. 시호는 '의민懿愍 황태자'이다. 현재의 영녕전 16실은 의민황태자의 사당인 것이다. 대한민국에서는 영친왕으로 알려져 있었기 때문에 영친왕의 사당이라고 해도 된다. 영친왕의 능원은 현재 고종과 순종의

그림 5-8. 종묘가 유네스코 세계문화유산임을 알리는 표석.

황제릉이 위치한 남양주시에 위치하고 영원英園이라는 왕릉 형식으로 조성되어 있다.

한동안 영친왕이라는 명칭 자체가 고려시대 몽골의 부마국이었던 시대의 '충忠'자를 앞에 두고 어미에 '왕'으로 격하시킨 충렬왕, 충혜왕 같은 시호로 잘못 알려져 있었다. 말하자면 영친왕英親王의 '친親'자는 일본제국의 천황가의 일개 왕으로 격하시킨 것에서 유래한 것으로 오해되었다. 그래서 한 때는 책봉 당시의 책봉명인 '영왕英王'으로 부르자는 해프닝도 있었고 영왕이 정확하다고 알고 있는 사람도 많다. 하지만 황제국의 역사적 경험이 없었던 이유와 조선에서 대한제국으로 국격을 승격시킨 사실에 대해서 너무도 무지한 덕분에 생긴 웃지 못할 결과라고 하지 않을 수 없다.

황제의 아래에는 황태자가 가장 서열이 앞서고 그 아래에는 여러 왕들이 책봉되도록 되어 있다 그런데 그 왕들 중에서도 가장 상위의 왕들이 친왕親王이 된다. 친왕은 황제의 형제나 아들들이 책봉받을 수 있다. 이것은 복식에서도 차이가 나서 보통의 왕들이 입는 면류관 앞뒤에 달린 줄의 수가 보통의 왕들보다 친왕이 2줄 정도 많다. 조선 태종대에 명나라, 곧 대명제국에서 하사받은 면복과 면류관이 모두 친왕 수준이었다. 이것은 조선 조정이 예상하지 못한 것이었고, 그리하여 태종대에 스스로 제후국임을 자처하게 되는 중요한 이유 중에 하나로 작용했다. 대한제국이 선포되고 흥선대원군은 흥왕興王으로 책봉되었고, 그의 아들은 순종효황제 시대에 흥친왕으로 책봉된 적이 있다.

대한제국기 광무4년(1900)에 고종황제의 황자 중에 제2 황자를 의왕 혹은 의친왕으로 제7 황자를 영왕 혹은 영친왕으로 각각 책봉하였다(그림

5-9). 순종이 황제가 되자 동생인 영친왕을 황태자로 책봉하였다. 궁내부 소속의 의친왕부와 영친왕부 같은 친왕부親王府들이 있어, 두 친왕부에는 궁내부 관원이 파견되어 수행하도록 되어 있었다. 이왕직으로 격하되면 서 의친왕부는 공가公家로 격하되었고 절대로 친왕이라는 이름이 친일세 력의 왕으로 붙여진 이름은 아니다. 영친왕과 의친왕은 황제에 의해서 책 봉된 친왕을 부르는 대한제국의 '책봉명'이다.

현재의 종묘의 정전 19실과 영녕전 16실은 전부 역대의 신주로 채워 져 있어서 각각의 사당에게 모두 제사를 드리는 구조이다. 제주는 의민황

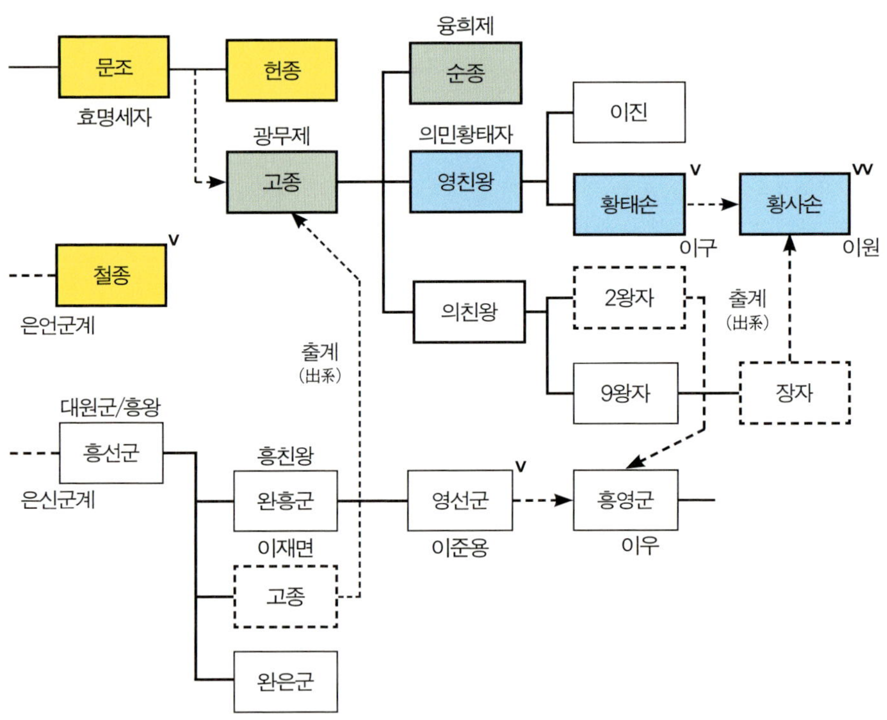

그림 5-9. 대한제국 황실친제관 황사손의 종통가계도.

태자의 아들인 황태손皇太孫이 하도록 되어 있는 시스템이다(그림 5-9). 일본과 미국에 교육을 받은 황태손도 2005년 승하하셨지만 사당이 없고 능원만 있어서 회인원懷仁園이다. 1996년에 대한민국에 영구 귀국하여 승하하기까지 조경단, 종묘, 사직, 건원릉의 4대 제향을 받들었다. 황태손이 후사가 없어서 전주이씨 대동종약원이 의친왕의 9왕자의 장자를 출계出系시켜 황태손을 계승하도록 주선하였다. 이구 황태손의 양아들로 황태손의 삼년상을 치룬 이원 황사손皇嗣孫이 현재 종묘와 다른 국가제례의 제주, 곧 '황실친제관皇室親祭官'으로 봉사하고 있다(그림 5-9).

대한제국 이전에는 예조가 종묘제례를 담당하였다. 실제로 예조판서가 국왕의 친제의 예의사로 등장하여 국왕의 행례를 인도하도록 되어 있었고, 친제인 경우에는 승정원의 승지들이 근시近侍로서 국왕의 행례를 도울 뿐만 아니라 다른 판서들도 전폐찬작관奠幣贊爵官이나 천조관薦俎官등으로 실제 종묘 제례에서 행례하도록 되어 있었다. 1894년 조선의 제도가 의정부와 궁내부로 개편되어 대한제국기에는 궁내부의 장예원掌禮院과 종정부宗正府에서 국가제례를 담당하게 되어 있었다. 장예원은 장예원경이 우두머리로 장예소경, 좌장례, 우장례, 찬의, 상례 6명, 주사8명 등의 관직이 있었다. 또한 장예원 예하의 봉상사奉常司가 이에 관여된 조직을 가지고 있었다. 음악은 장악원掌樂院에서 담당하였고, 사옹원司饔院은 음식, 상의원尚衣院은 복식 등을 담당하였다. 현재의 종묘대제는 전주이씨 대동종약원의 종묘제례보존회에서 제례와 제수 마련을, 종묘제례악보존회에서 제례악, 일무보존회와 국악고등학교에서 일무를 맡아서 진행한다.

6. 조선과 대한제국의 종묘제례와 대한민국

조선의 종묘는 사직보다 공식적으로는 서열이 뒤에 가는 국가 대제였다. 하지만 조선 왕조는 종묘와 그 제사를 가장 중요하게 생각한 것 같다. 국가 제사는 조선의 국왕과 대한제국의 황제가 직접지내는 친제親祭와 궁궐의 법전이나 편전, 곧 경복궁의 근정전이나 사정전에서 전향축傳香祝을 통해 향과 축문을 받은 헌관이 제례를 대리하게 하는 섭제攝祭가 있다. 국가 제사에서 사직과 종묘 같은 대사大祀에 속하는 제사가 친제로 거행되는 경우가 많았다. 농경과 사회의 풍요를 위해서 중사中祀 중에서도 선농단과 학문과 교육을 상징하는 문묘에도 친제가 있을 수 있었고, 왕후는 비빈들을 거느리고 선잠단의 제례를 거행하기도 하였다.

조선 성종대에 완성된 『국조오례의』에는 제례 노래와 음악의 경우에 조선 초기의 속악俗樂을 쓰는 것으로 종묘와 함께 문소전文昭殿과 성종의 아버지 의경세자 사당인 의묘懿廟를 들고 있다. 조선 초기에는 국가의 공적인 사당인 종묘와는 달리 왕실의 원묘原廟에 해당하는 문소전文昭殿이 경복궁내에 있었고 중요한 속제 중의 하나였다. 문소전은 임진왜란 이후에 사라졌다.

문소전과 의묘와 함께 속제俗祭로 구분된 두 가지 제례는 어진을 모신 진전眞殿과 산릉山陵이다. 예를 들어 세종의 경우처럼 한강을 건너서 현재의 강남구 내곡동에 있는 태종의 산릉인 헌릉에 왕세자와 같이 행차하거나 정조의 경우처럼 아버지 장헌세자(사도세자)의 수원의 현릉원으로 직접 행차하여 왕릉에 친제하는 경우가 있었다. 진전의 경우도『국조오례의』의와『대한예전』모두에서 속제에 포함되고 국왕과 황제가 모두 진전에 많이 들러 작헌례를 드린 것으로 보인다.

궁궐에 있던 황제는 며칠간 제사를 위해서 몸조심, 행동거지 조심을 하는 재계齋戒를 한다. 제례에 참가하는 왕세자 및 관리들과 제관들도 서로 맹세하는 서계誓戒를 하고 마찬가지로 재계하게 되어 있다. 제사 하루 전에 거가출궁을 해서 종묘의 외대문으로 들어가서 사당에 인사드리는 망묘례望廟禮를 한다. 이후에 종묘의 각실 앞의 발을 걷고 제상과 준소상이 차려지고 준비가 끝난다. 재궁에서 하루 재계를 하고 난 이후 제사 준비되었다는 보고가 있으면 면복과 면류관을 착용한 황제가 정전 동문 밖 소차에 들어가 앉는다.

조선시대나 대한제국 시대의 종묘 및 영녕전 제향은 자정을 넘긴 시간에 실시해서 아침에 끝나도록 되어 있어서 보통 관솔불을 밝혀 놓고 했으며 제향의 시간 자체도 조선 후기 이후로는 지금보다 훨씬 길었다. 초헌관, 아헌관 및 종헌관이 각각 1인이 담당하였기 때문에 19사당을 연이어서 봉무하는 형식이었다. 하나의 사당에 초헌관이 향을 올리고, 폐백을 올리며, 작을 올리고 축문을 읽는 시간을 10분씩이라고 해도 19사당이면 약 3시간 10분이 걸린다. 또한 아헌관과 종헌관이 작을 올리는 시간을 5분씩만 잡아도 19사당이면 약 1시간 35분이 걸린다. 삼헌을 제외한 영신, 전폐, 천조, 음복, 망료 같은 순서를 하면 적어도 30분 이상은 소요된다. 이 모두를 합산해 보면 종묘대제 한 번만 치루어도 최소한 5시간 정도가 걸린다. 또한 어두운 새벽에 제향을 거행하였기 때문에 어두운 사당 안에서 축문의 글자가 제대로 보였을 리도 만무한 일이다.

전통 시대의 종묘 제향은 참으로 고되면서 엄청난 주의력을 요구하는 국가 행사였다. 또한 조선시대나 대한제국 시대의 종묘 제향은 일 년에 거행되는 횟수가 적어도 5회로 훨씬 많았기 때문에 지금과 비교도 안 될 정도로 국력이 들어가는 행사였다.

대한민국의 종묘대제는 전통을 최대한 보전하면서도 현대 사회에 맞게 행례行禮를 조정한 좋은 사례이다. 우선 제례 시간이 영녕전은 오전에 하고, 종묘(정전)는 정오를 넘긴 시간으로 하여 전주이씨 선원파 사람들뿐만이 아니라 대한민국 시민이면 누구나가 관심이 있으면 참석할 수 있게 하였다. 여러 사람들이 참여할 수 있는 관계로 행례의 시간도 대폭으로 감소시켰다. 이것은 각각의 사당에 초헌관, 아헌관, 종헌관과 제관들을 배정하는 방식으로 조정되었다. 전통적인 방식의 서상제西上制를 기준으로 제1 사당인 태조 사당에 대한제국 황실친제관의 행례를 우선 차례로 하고 나머지 헌관들이 연이어서 순서를 진행하는 방식을 취했다. 각각의 사당에 헌관과 제관을 배치함으로 인해서 대부분의 순서가 '동시화 synchronization'되었다. 예를 들어 대축관이 제례 기도문인 축문祝文을 읽는 독축의 경우도 동시에 하도록 한 것이다. 이러한 조정을 통해서 종묘대제나 영녕전대제의 행례 시간이 각각 2시간을 넘지 않게 되었다. 광의의 종묘대제는 춘향과 추향으로 한 해에 두 번 거행하는데, 종묘와 영녕전의 행례가 모두 하루에 치루어진다. 대한민국의 종묘제례는 대한제국의 황제국 형식이라서 일무는 8일무를 추게 하고 있다. 각실 행례의 동시화는 시간을 줄이는 장점이 있지만 종묘제례악의 초헌, 아헌, 종헌 순서의 시간을 줄여서 보태평과 정대업의 전곡과 악장 모두를 연주할 수 없게 하는 단점도 있다.

7. 청나라의 태묘

베이징의 청나라 도성의 황성皇城 정문 천안문天安門과 궁성宮城인 자금성紫禁城 정문 오문午門 사이의 공간의 서쪽에는 중산공원이 있다. 반대편 동쪽에는 청나라의 태묘太廟가 위치한다. 태묘라는 말은 아주 큰 사당이라는 의미로 종묘와 바꾸어서 쓸 수 있는 말이다. 실제로 중원의 3천 년 전의 주周나라에서 천자天子가 있는 시안에 종묘라고 부르는 주나라 왕실의 사당이 있었다. 고려 왕조도 왕실의 사당을 태묘라고 불렀다. 그런데 『예기』에는 천자는 7묘廟를 제후는 5묘를 봉사한다고 되어 있다. 고려와 조선 모두 5묘제를 실시했다.

베이징의 자금성과 남동편의 태묘 및 남서편의 사직단의 배열도 좌묘우사左廟右社의 원칙을 따른다(그림 5-10). 주나라 궁궐의 좌묘우사의 배치를 따라서 명나라 3대 황제인 영락제가 세운 구조도 좌묘우사의 배치를 하고 있다. 서울도 법궁이면서 궁성이었던 경복궁을 중심으로 동쪽의 종묘와 서쪽의 사직단이 좌묘우사로 배치되어 있다. 베이징과 서울의 차이는, 베이징은 평지에 조성하여 자금성이라는 궁궐과 태묘 및 사직단의 규모가 크고, 성벽 자체가 굉장히 높게 되어 있다는 점이며, 남북 선으로 직각

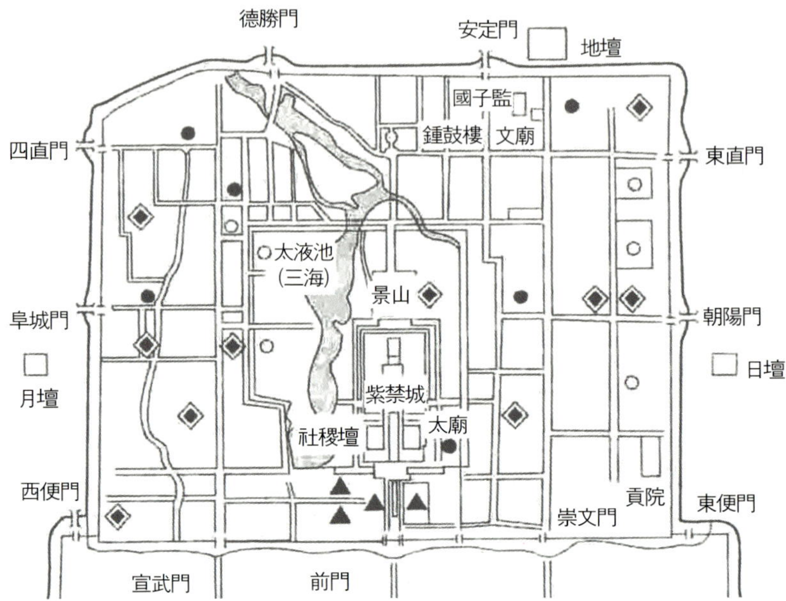

그림 5-10. 베이징의 좌묘우사.

을 이루면서 오밀조밀하게 정방형의 구조를 하고 있다는 점이다.

　반면에 서울의 배치는 분지를 둘러싼 사산四山을 중심으로 배치를 한 덕분에 땅줄기의 선을 살펴서 지형의 구조와 어울리게 건축하였다는 점이다. 베이징의 자금성과 사직단 및 태묘는 직각과 방형의 구조를 이루지만, 서울은 거의 남북 직각선을 이루는 북궐인 경복궁 궁성과는 직각 방향을 보이지 않고 오히려 북동-남서 방향으로 건물을 배치하였다. 경복궁 둘레의 성벽은 궁성宮城이기는 하지만 자금성의 높이에는 미치지 않고, 담장이라고 할 정도로 되어 궁장宮墻이라고 할 정도이다.

　자금성의 남동편에 위치한 청나라의 태묘는 현재 노동인민문화궁으로 불린다. 베이징 시민들이 들어와서 여러 행사를 할 수 있게 되어 있고,

특히 베이징 올림픽 때 태묘 앞의 뜰에 태묘 월대와 난간의 형식을 가지는 무대를 설치하여 〈베이징은 당신을 환영한다(北京歡迎你)〉는 홍보 노래를 여러 유명 가수들이 모두 모여 부르는 콘서트를 열었다. 같은 노래로 베이징의 명소를 소개하는 중국 국영방송CCTV 제작 동영상에도 태묘가 자금성과 사직단과 함께 들어가게 구성하였다.

베이징 자금성 남동쪽의 태묘는 청나라의 태묘이다. 천안문과 같은 성벽에 있는 동쪽의 문으로 들어가면 청나라의 태묘인 현재의 인민문화궁으로 들어갈 수 있다. 천단 공원과 사직단(중산공원)에서 보던 수백 년생의 측백나무 숲을 지나서 극문戟門을 넘어 들어가면 태묘의 뜰안으로 들어간다.

태묘의 뜰안에서 중간에 앞에 보이는 건물이 전전前殿이다. 3층의 대리석 기단 위에 세워진 건물로 현재는 전시실로 되어 있다. 실제 태묘의 제례가 거행될 때에는 이 공간이 사용되었다(그림 5-11, 5-12). 전전의 왼쪽과 오른쪽의 건물들은 배전配殿으로 공신당과 공적있는 왕족의 신위를 모셔둔 곳이다.

전전의 뒤에는 층으로 된 기단이 아니지만 같은 남북의 일직선 상에 두 건물이 잇달아 있다. 전전 뒤의 중전中殿은 침전으로 신주를 모시는 공간이다. 원래는 한 명의 황제가 시조황제와 6대의 소목의 신위를 모시고 태묘제사를 지내게 되어 있는데, 청나라는 태묘제사에서 태조부터 모두에게 다 제사를 지냈다고 한다.

침전의 뒤의 후전後殿은 조묘祖廟로 만주족의 태조 누르하치의 4명의 조상 추존황제의 신주를 모시던 공간이라 한다. 청나라의 4대조는 6대조

그림 5-11. 베이징 태묘의 전경. 오른쪽이 태묘의 극문이고 남쪽이다. 극문을 들어서면 태묘 뜰이 고 전전(前殿), 중전(中殿), 후전(後殿)이 배열되어 있다. 전전의 좌우에는 배전으로 공신과 공이 있 는 황족의 신위가 모셔진 곳이었다.

그림 5-12. 베이징 태묘 전전 앞 뜰 신도와 어도 위에서.

인 조조肇祖, 누르하치의 증조부인 흥조興祖, 할아버지인 경조景祖, 그리고 아버지인 현조顯祖와 그 추존황후들이다. 시조는 만주족의 신화에 나오는 부쿠리 용손으로 까치와 관계된 신화를 가지고 있다. 6대조인 조조는 휘諱가 멍터무로 가장 먼저 요령성 신빈현의 허투알라 지역을 개척하여 살았던 사람이고, 흥조는 푸만, 경조는 기오창가, 현조는 탁시이다. 할아버지 기오창가와 그의 넷째 아들 탁시가 명나라군에게 한꺼번에 목숨을 잃었었고, 누르하치는 10세 때 어머니를 잃고 아버지와 계모의 슬하에서 좋은 대접을 받지 못하고 자랐다고 한다.

8. 합벽문의 문화

베이징에서 볼 수 있는 '합벽문合璧文 문화'의 대표적인 것으로 베이징 청나라 태묘 전전의 현판을 들 수 있다(그림 5-13). 천단 공원의 원구단 북쪽의 황궁우에 모셔진 황천상제의 위판과 서무에 보관되어 있는 종향위 천신들의 위판들에서도 합벽문 문화를 만났었다(그림 2-17, 2-19 참조).

　서울의 잠실 석촌호수가 북쪽에 있는 세칭 삼전도비, 곧 청 태종을 기리는 '대청황제공덕비大淸皇帝功德碑'와 같은 문화인 것이다(그림 1-5, 1-6 참조). 다른 점이라고 한다면 삼전도비는 병자호란 당시에 몽골의 부족을 병합하고 대원제국의 국새를 얻은 바 있기 때문에 만주문과 몽골문 그리고 한문으로 3체 합벽이다. 반면에 황천상제 위판과 태묘 현판은 만주문과 한문이 병립된 2체 합벽문이다.

조선의 4대 세종대왕이 훈민정음을 창제하시고는 새로운 문자를 사용한 사례로 『용비어천가』가 있다. 세종 27년에 정인지, 안제 등이 한문으로 된 '용비시龍飛詩'와 간략한 역사적 해제를 대왕에게 올렸다. 세종은 류의손, 이사철, 정창손에게 명하여 이를 훈민정음으로 번역하여 올리라 하고, 어효첨과 양성지에게는 용비시의 역사적 기록을 찾아서 올리라 한다. 이후에 최항, 박팽년, 강희안, 신숙주, 이현로, 성삼문, 이개, 신영손 등이 시를 다듬고, 국문가사를 짓고, 역사적 사실 등을 종합하여 책을 만들어 대왕에게 상주한다. 그 책을 받은 세종은 전체 가사의 이름을 『용비어천가龍飛御天歌』로 짓고는 1447년(세종 29) 10월에 책으로 인쇄하여 신하들에게 나누어 준다. 현재로서는 한글이 세계에서 가장 과학적인 문자로 알려져 있다. 하지만 15세기 세종 이후에서 19세기 고종의 즉위 시대까지 한글은 여자들의 글諺文이나 백성들의 글로 사용되었을 뿐 공식적인 글자로는 사용되지 못했다.

가장 높이 받드는 신神들을 부르는 국가적 제사의 문자로까지는 한글이 격상되지 못하고 남아 있었고 현재도 마찬가지다.

반면에 만주족의 청나라는 자신들의 독자적인 문자들을 만들어서 사용하였으며, 가장 높이 받드는 신神들을 향한 국가 제사에도 만주문을 사용하였다. 17세기 초에 만든 만주문을 자신들의 국가 제사에 사용하는 선으로까지 격상시킨 청나라를 살펴볼 필요가 여기에 있다. 심지어 최고의 신인 원구단과 기년전의 황천상제皇天上帝의 위판에도 만주문과 한문이 같이 쓰여져 있을 뿐만 아니라(1부, 그림 2-17 참조), 청나라 황실의 조상신을 모시는 태묘의 전전임을 알리는 현판에 도 만주문과 한문의 합벽문을 채택하고 있다(그림 5-13). 또한 문자를 사용한 차례에 있어서도 만주문의 우위를 그대로 드러내고 있다. 만주문이 상위에 해당하는 오른쪽에 있고 한문이 다음에 해당하는 왼쪽에 있다. 조선 인조가 청 태종에게 받은 굴욕만을 역사적 이미지로 떠올리는 사람들은 이러한 측면을 바라보지 못한다. 단지 역사적으로 침략을 당해서 받은 것만을 생각한다.

그림 5-13. 베이징 태묘의 전전에 걸려 있는 '태묘' 합벽문 현판.

　100여 년 전의 대한제국에서부터 한글이 「관보官報」에서 사용되기 시작하였다. 건양원년(1895) 1월 7일에 고종이 종묘에서 축문으로 읽은 「독립서고문獨立誓告文」은 조선이 청나라의 종주권을 부정한 선언이다. 이 문헌은 순한글, 순한문 및 국한문혼용체가 모두 『관보』에 게재되었다. 대한제국 정부에서 재정적인 지원을 하여 발간된 서재필의 「독립신문」도 한글을 사용하기 시작하였다. 이러한 한글 사용의 사례가 숙성되어 전체 사회로 퍼지기 전에 일본제국의 강점기가 찾아온 것은 매우 안타까운 일이었다. 기독교인들이 읽는 성경은 한글로 번역되어 백성들에게 읽히는 글로서의 한글의 유용성을 크게 향상시켰다. 그들이 숭앙하는 하나님이라는 가장 높은 신을 부르는 책이 한글로 되어 있다.

　돌이켜 성찰해 보면 국가 제사에 대한 용어와 문헌들이 모두 한문漢文

이라는 어려운 글자들로 이루어져 있고, 사직대제와 종묘대제를 거행하는 절차 명령문인 홀기笏記도 한문으로 되어 있으며, 제사 드리는 기원문인 축문祝文도 한문으로 되어 있으며, 부르는 노래의 가사도 모두 한문으로만 되어 있었던 요인이 한국 사회 전반이 받아들이고 수용할 전통 문화로 자리잡지 못하게 한 가장 큰 원인으로 작용하였다. 또한 이러한 제례와 그에 관계된 서적들도 매우 어렵고 전문적인 방식으로만 쓰여져 있어서 일반인들이 접근하기에 어렵게 만들어져 있었다.

조선과 대한제국의 국가 제사는 종교의 상이함과 유무를 떠나서 국가적이고 사회적인 차원에서 접근할 필요가 있는 중요한 문화이다. 동북아시아에서 이러한 무형문화재들이 제대로 보전되어 있는 곳이 없는 것이 사실이다. 그래서 세계적인 문화유산으로 자리매김도 되고 있는 것이다. 조선과 대한제국의 종묘와 청나라의 태묘를 비교하면서 우리에게 부족한 점이 확연히 드러난다. 세계적인 문자인 한글이 적어도 합벽문 스타일로도 들어가지 않았다는 사실이다. 최근에 한글 지방과 축문이 나오는 것은 자연스러운 일로 보인다.

종묘(정전) 제향과 영녕전 제향은 모두 국가 신이 된 왕실 조상신을 맞이하고, 조상신을 즐겁게 하며, 조상신의 음덕을 받고 보내는 절차로 이루어져 있다. 사직단에서 각위 신을 맞이하고, 즐기게 하고, 보내는 것과는 별로 다르지 않다.

신을 맞이하는 절차에 들어가기 전에 헌관과 제관들 및 배향관(현재의 참석자) 및 악사와 일무원이 각자의 위치에 서서 종묘대제를 드릴 준비를

V-1. 종묘 뜰의 궁가와 월대 위의 등가

한다. 집례가 모든 집사가 4배를 하라는 것에서부터 행사가 시작된다. 예의사가 초헌관인 조선 국왕이나 대한제국 황제에게 제례가 시작되는 것을 알리는 것에서부터 실제의 행례行禮가 막을 올린다. 월대 아래 종묘 뜰에 위치한 국악 오케스트라 궁가宮架에서 보태평保太平의 신을 맞이하는 음악인 영신악迎神樂 연주를 시작하고, 뜰에서는 일무원佾舞員들이 문무文武인 보태평지무를 추기 시작한다.

종묘대제의 제주祭主는 초헌관인 국왕이나 황제이다. 친제인 경우에 아헌관은 왕세자가 하고 종헌관은 영의정이 하도록 되어 있었다. 현재는 친제親祭의 경우 대한제국 황실친제관인 황사손이 맡아서 한다. 국왕이나 황제의 앞에 서서 인도하며 행례를 돕는 사람을 예의사禮儀使 혹은 찬례贊禮라고 한다. 예의사는 친제인 경우에 주로 예조판서가 맡아서 했다. 1894년 이후 의정부와 궁내부로 구분된 이후 대한제국기에는 예의사가 궁내부 대신이나 장예원 경이었다.

집례集禮는 제례 절차의 명령문인 홀기笏記를 창唱하는 사람으로 한문으로 된 명령문을 읽으면서 전체 사회를 본다. 현재 종묘의 집례는 중요무형문화제 제56호 보유자와 종묘제례 이수자가 하고 영녕전 집례는 이수자 중에서 한다. 집례는 헌관과 제관들의 움직임이나 순서를 창할 뿐만 아니라 헌관과 제관들의 제례 순서에 맞게 뜰에 위치하는 악무원들의 음악과 무용이 잘 어우러지도록 음악과 무용이 시작되고 그치는 것을 지시하는 순서를 크게 외치는 것이다. 홀기를 크게 소리내어 창하는 것은 많이 연습해야 하는 것으로 창홀唱笏이라고 한다. 요즈음에는 마이크가 있어서 창홀을 전달할 필요가 없으나 현대적 음향기기가 없던 시절에는 집례의 창홀을 각 제관 및 참석한 배향관들에게 사람의 음성으로 전달하는 사람들이 있었다. 전창자傳唱者로 '찬자贊者'라고 한다. 집례의 홀기를 그대로 따라서 외쳤다.

1) 신을 맞이하는 절차

종묘와 영녕전에서 신을 맞이하는 절차에는 영신악인 영신迎神 희문熙文이 9차례 연주를 하면서 시작된다. 9라는 숫자는 인신人神을 위한 숫자이다. 천신天神에는 6, 지신地神에는 8이라는 숫자가 적용되고 영신악의 연주 횟수를 이것에 맞추었다.

신을 맞이하는 절차는 신관례와 천조례로 이루어져 있다. 종묘대제의 신을 불러들이는 의식은 신관례晨祼禮라고 한다. 이것은 제주 혹은 초헌관이 세 번 향을 올리는 삼상향三上香과 신주를 모신 방인 신실의 땅에 만든 구멍灌地口에 울금초로 향을 내게 만든 울창주鬱鬯酒를 붓는 것으로 이루어져 있다. 또한 폐백幣帛을 대나무 광주리인 폐비에 받들어 드린다. 신관례 동안에는 월대 위의 오케스트라 등가登歌에서 보태평保太平을 연주하고, 뜰에서는 일무원佾舞員들이 문무文武인 보태평지무를 춘다.

조선의 종묘에서 사용한 음악과 노래인 보태평과 정대업定大業은 조선 세종대왕이 만든 것으로 세조가 편곡하여 종묘제례악으로 사용하기 시작하여 현재에 이른다. 가사가 담긴 보태평과 정대업의 노래가사(악장)가 있다. 노래 가사는 모두 한문으로 되어 있다. 신관례 때에는 영신장迎神章과 전폐장奠幣章을 노래하고 연주한다.

종묘 정전의 월대 위에는 등가登歌라는 오케스트라가 위치하고 아래 정전 뜰에는 신도 좌우로 궁가宮架가 위치한다(그림 V-1). 실제로 음악의 연주는 협율랑協律郞이 집례와의 상호작용으로 지휘기를 움직여 제례와 음악과 무용을 조화롭게 만들도록 한다. 협율랑은 실제로 정전의 월대 서쪽에 위치하여 동향으로 서 있게 되어 있다. 전체 오케스트라의 우두머리인 전악典樂은 궁가의 앞에 서서 북향을 하여 뜰안에 내려와 있든지 아니면 협율랑보다 서쪽에 위치한다.

제사상에 익힌 고기 제수를 올리는 절차는 천조薦俎 혹은 궤식饋食이라고 하는데. 천조관이 제1묘廟 혹은 제1실 태조고황제의 사당에 놓을 조俎를 받들고, 봉조관은 익힌 소, 양, 돼지 고기를 담은 생갑牲匣을 받들어서

V-2. 종묘제례악 연주와 문무 보태평지무

전사청神廚에서 나온 전사관의 인도하에 남신문을 넘어 신도神道를 걸어서 올라간다. 사람의 배 높이 정도로 돌로 쌓은 월대의 중간에 있는 계단, 곧 태계泰階를 거쳐 올라가 제상에 받들어 올리고 생갑 덮개를 연다. 신위가 모셔진 각 사당(묘)에 제상의 다른 제물은 이미 제례 거행 이전에 진설되어 있다. 짐승의 털, 피, 간, 기름을 담은 쟁반(모혈반)을 신위 앞에 놓은 후에 쑥, 조, 기장과 함께 버무려 화로에 넣고 태워서 연기를 피운다. 이러한 천조례 동안 마당 뜰에 있는 오케스트라 궁가宮架에서 풍안지악豊安之樂을 연주하고, 진찬장進贊章을 노래 부른다.

2) 신이 즐기게 하는 절차

종묘대제에서는 초헌관이 신관례를 하여 신을 맞이하기도 하지만, 제주祭酒를 작爵이라는 술잔에 따라서 올리기도 한다. 신이 즐기게 하는 절차 전체에서 제주를 올리는 횟수는 3번이고 그 절차마다 각각 헌관이 있어서 차례대로 거행한다. 따라서 초헌례, 아헌례, 종헌례의 삼헌의 절차가 있다. 초헌관初獻官은 보통 국왕이나 황제가 시행하고, 아헌관亞獻官은 왕세자나 황태자가 하는 것이며, 종헌관終獻官은 영의정이나 정1품 당상관이 시행한다. 친제가 아닌 섭제의 경우는 초헌관이 영의정이나 정1품 당상관으로 달라진다.

초헌관은 제관들이 종묘 신실의 문턱 밖에 설치한 술통상 자리 준소尊所에서 술을 따르는 것을 잘 지켜본다. 술을 따르는 제관은 준尊에서 술을 떠내어 작에 붓는다. 작을 받들고 있던 제관이 제주가 담겨진 작을 문턱 신실 안의 제관(진폐찬작관)에게 주면 그것을 가지고 신실안 제상 앞에 궤하고(무릎을 꿇고) 있는 헌관에게 주면 헌관이 신위에게 작을 눈높이로 받쳐든다. 헌관이 자신 왼편의 제관(전폐찬작관), 혹은 현재의 대축大祝이라는 제관에게 작을 건네면 그 제관이 제상 위에 작을 올린다.

초헌례에는 초헌관이 첫 술잔을 드리는 절차와 함께 대축大祝이라는 제관이 제례의 기도문에 해당하는 축문祝文을 읽는 절차가 포함된다. 축문에는 언제, 누가(국왕), 어느 조상신(왕과 왕후)에게, 감사하여 제수를 차려서 제향을 올리니 잘 받아 주시고 복을 내려달라는 글월이 한문으로 되어 있다. 초헌관이 주재하는 절차에는 보태평을 연주하고 그 악장을 노래한다.

보태평은 12곡의 악장으로 이루어져 있는데 첫 장이 헌관이 초헌례를 시작하면 부르는 인입장引入章으로 '보태평 희문장熙文章'이라 한다. 가사는 열성조의 덕을 칭송한다. 마칠 때 부른 인출장引出章으로 '역성장繹成章'이라 한다. 열성조의 공덕이 길이길이 이루어진다는 요지의 노래로 문무에서 왼손에 약籥을 잡고 오른손에 적翟을 잡고 9변의 춤을 춘다는 가사가 포함되어 있다. 초헌관이 작을 들어 신위전 앞에 바칠 때 이 역성장을 연주하라는 집례의 창홀唱笏이 들리도록 되어 있다.

보태평의 연주와 노래와 더불어 8줄 방형으로 64명의 무동들이 문무文舞를 춘다(그림 V-2). 아헌관의 절차가 시작되기 전에 원래는 문무원들이 서문을 통해서 나가고 무무원들이 들어오게 되어 있다. 문무는 구멍이 세 개 뚫린 피리인 약籥과 긴 막대기에 꿩 깃털을 장식한 적翟을 들고 추는 춤이다. 영신, 신관과 천조 및 초헌례 때에 춘다. 춤사위는 양陽의 논리로 왼쪽을 돌며 동작이 정적이다.

아헌관과 종헌관도 술을 담은 작爵을 제상 위에 드리는데 축문을 읽는 것만 빼고는 모든 절차가 초헌관과 같다. 또한 아헌관과 종헌관의 절차에는 정대업을 연주하고 그 악장을 노래하며 무무武舞를 춘다. 정대업은 11곡으로 첫째 장이 소무장昭武章이고 열성조의 무공을 찬양하는 노래이고, 마지막 장은 영관장永觀章으로 무공의 덕과 위업이 오래가는 것을 본다는 요지의 노래이다. 영관장에도 춤을 춘다는 가사가 포함되어 있다. 또한 아헌관이 앙제라는 제주를 받아서 들어와서 신위에 올릴 때에 이 영관장을 연주하라는 창홀이 들리도록 되어 있다. 종헌관이 술을 올리는 절차에서도 이 영관장을 연주하라는 창홀이 나와야 한다.

무무는 무공을 찬양하는 춤이라서 조선 초기에는 6일무를 추더라도 칼과 창 및 활과 화살과 같은 무기를 들고 황룡대기, 청룡기, 백호기, 주작기, 현무기 및 백기, 청기, 황기, 적기, 흑기 및 홍색 대둑大纛과 같은 군대의 깃발들을 들고 춘다. 음陰의 논리로 오른쪽으로 돌며 동작은 동적이다. 종헌례 절차에 종묘 정전의 마당뜰 남쪽에 있는 칠사당과 공신당의 위판에 칠사헌관과 공신헌관이 한 번의 술잔을 올린다.

종묘대제의 경우에는 종헌례에 맞추어서 칠사당과 공신당의 헌관과 제관들이 칠사당의 신위에 헌작獻爵하고 공신 신위에 헌잔獻盞한다. 칠사당의 신위는 계절에 따라서 하고, 종묘의 공신 신위는 83위가 있다.

3) 조상신의 음덕을 받고 신을 보내는 절차

조상신의 음덕을 받고 신을 보내는 절차에는 음복례, 철변두, 송신 및 망묘가 진행된다. 먼저 음복례飲福禮가 있어서 조상신에게 바친 술과 제수를 초헌관이 상징적으로 맛보는 정도의 절차가 있다.

다음으로 제사에 쓰인 제물을 거두어 들이는 절차는 철변두徹籩豆라고 한다. 철변두 절차에는 풍안지악豊安之樂을 연주하고 그 가사인 철변두徹籩豆 악장을 노래한다. 실제로 제상에 있는 변籩과 두豆라는 제기에서 한두 개의 그릇만 자리를 옮기는 것이다. 변은 대나무로 만든 제기로 마른 음식을 담고, 두는 나무로 만든 제기로서 물기가 있는 음식을 담는다.

제사의 규모와 제사상의 크기는 변두의 숫자에 따라 결정되며 대사, 중사, 소사에서 그 수가 다르다. 종묘대제는 12변12두 크기의 상차림으로 되어 있다. 중사는 10변10두, 소사는 8변8두 이하(8, 4, 2, 1변두)로 되어 있다.

다음에는 모든 제관이 각각의 사당 앞에 네 번 절하는 것으로 송신례送神禮이다. 이 때에는 흥안지악興安之樂을 연주하고 그 악장을 부른다. 제례의 마지막 절차로는 축판(축문)과 폐백을 태우는 절차인 망료望燎가 진행된다. 각각의 사당의 축판(축문)과 폐백을 모아서 제1 사당의 대축이 주도하고 제1실 초헌관이 지켜보는 가운데 태운다. 이러한 절차들이 끝나면 집례는 제례가 끝났음을 알리면서 '예필禮畢'이라고 창한다.

참고문헌

자료

오세옥 · 박헌순 역,『경모궁의궤(景慕宮儀軌)』(정조 8년, 1784), 한국고전번역원, 2013.

이혜구 역,『악학궤범(樂學軌範)』(성종 24년, 1493), 국립국악원, 2000.

선종순 역,『종묘의궤(宗廟儀軌)』(숙종32년, 1706), 김영사, 2013.

『종묘친제규제도설병풍』(고종대), 국립고궁박물관 소장.

논문 및 단행본

강문식, 이현진,『종묘와 사직 : 조선을 떠 받친 두 기둥』, 책과함께, 2011.

강제훈 · 정종수 · 이현진 · 박정혜 · 한형주 · 김상보 · 이민주 · 송혜진 · 남호현,『종묘, 조선의 정
　　　신을 담다』, 국립고궁박물관, 2014.

국립고궁박물관,『조선왕실의 상징, 종묘와 사직 : 국립고궁박물관 학술연구 용역보고서』, 2011.

나희라,『신라의 국가제사』, 지식사업사, 2003.

문숙희,『종묘제례악의 원형과 복원』, 학고재, 2011.

박성연,『종묘제례악 : 그 역사와 사상』, 문사철, 2013.

서한범,『국악통론(國樂通論)』, 태림출판사, 1981.

송지원 · 이숙희 · 김영숙,『종묘제례악』, 국립문화재연구소, 민속원, 2008.

오충현,「서울의 전통 도시숲」, 이도원 편,『한국의 전통생태학 2 : 경관과생활공간 읽기』, 사이언스
　　　북스, 2008.

하워드 웨슬러 지음, 임대희 역,『비단같고 주옥같은 정치』, 고즈윈, 2005.

이정호,「조선과 대한제국」,『국가의 건립과 산림문화』(산림문화대계 제2권), (사)숲과문화연구회,
　　　2014.

　　　　,「여민락과 육룡이나라샤」,『이화(李花)』255, 2015.

종묘제례보존회,『종묘 · 종묘제례』(사진첩), (사)전주이씨대동종약원, 2004.

채미하,『신라국가제사와 왕권』, 혜안, 2008.

Song, H. J., trans. by Paek, I. O., *Confucian Ritual Music of Korea : Tribute to Confucians and Royal
　　　Ancestors*, Korean Foundation, 2008.

제6장

영웅의 가호, 산신의 보우

동묘와 동악묘

1. 임진왜란 직후의 조선

조선에게 임진왜란은 아주 큰 역사적 전환기를 가져다 주었다. 일본의 토요토미 히데요시가 일으킨 1592년에서 1598년까지 진행된 조선-일본 전쟁은 동북아시아에서 큰 변화를 가져왔다. 전쟁터는 한반도 전역이었고, 특히 충청, 전라, 경상도 지역은 그 피해가 심했다. 압록강과 의주로까지 몽진한 조선 선조宣祖의 주청에 따라서 명나라의 신종 만력제 조정은 원군을 파견하였다. 조선 선조 조정은 무능하였고, 민심은 이반되어 국왕이 도성 궁궐을 떠나서 북쪽으로 올라가자 궁궐을 불태우고 노예문서를 불태웠다. 하지만 조선의 각지에서 의병들이 일어나 일본군을 괴롭혔으며, 이순신의 남해안의 활약으로 인해서 일본군이 남해안을 거쳐서 북쪽으로 치고 올라가는 것은 막을 수 있었다.

조선은 중원의 한족漢族의 명나라에게는 사대事大하는 분위기의 나라, 주자학 일존주의가 지배하던 나라이다. 명나라, 곧 대명제국이 임진왜란 때에 원군을 보내서 조선을 구원해 준 것에 대해서 과도하리 만큼 감사를 표시하였다. 명나라 신종神宗 만력제萬曆帝는 육군은 요동을 경유하며, 수군은 강소성과 절강성에서 출항하여 조선을 지원하도록 하였다. 만력제는 파병 결정 당시에 실제 정사에 별로 관심이 없어서 명나라 정치는 환관들이 농단하고 있었다. 조정 내부의 반대를 무릅쓰고 병부상서 석성石星이 파병을 결정하였다. 1598년에 임진왜란이 끝나고 선조의 조선 조정은 명나라에 나라를 다시 만들게 된 은혜, 곧 '재조지은再造之恩'을 입은 나라가 되었다.

왕세자 광해군은 의주의 행재소에 피난 가 있던 선조의 조정의 분조分朝를 책임졌다. 광해군은 선조의 왕후인 의인왕후 박씨와 같이 다녔으며, 실제로 전투와 모병을 하러 다녔다. 실제로 광해군의 분조가 종묘의 신주와 사직의 위판을 모시고 다녔다. 선조는 위급한 상황이 생기면 압록강을 건너 명나라의 권역인 요동으로 도망갈 생각을 하고 있었다. 광해군은 왕후가 아닌 후궁인 공빈 김씨의 몸에서 태어난 관계로 파란만장한 곡절을 겪으면서 1591년에 왕세자로 책봉된다. 광해군의 아버지 선조는 1608년에 세상을 떠나고 인조대에 천장되어 건원릉과 현릉이 있는 현재의 동구릉 지역 목릉穆陵에 묻히게 된다. 33세의 광해군이 당대의 서궁, 곧 경운궁 즉조당에서 왕위에 즉위하게 된다. 광해군을 다음 왕으로 옹립하는 데에는 시조나 가사로 유명한 송강 정철이 선조에게 적극적으로 나섰다. 자기는 선조의 미움을 사서 유배를 가는 과정을 거치면서도 주장을 굽히지 않았다.

단묘궁릉 문화의 시선에서 보면 광해군이 종묘와 사직의 신주와 위판을 모시고 다닌 것은 큰 의미를 가진다. 실제로 광해군이 종묘와 사직을 새로 중건한 셈이다. 선조는 현재의 덕수궁 자리에 있던 종친의 사가에서 머물면서 한성의 여러 건물들을 복구하였다. 선조 때부터 복구하던 종묘가 1608년에 완공되었다.

1608년은 선조가 승하한 해이면서 종묘가 완성된 해이며 광해군이 즉위한 해이다. 따라서 광해군이 분조를 통해서 가지고 다니던 종묘의 신주와 사직의 위판을 봉안하였다. 임진왜란이 일어난 1592년에 조선의 한성 백성 및 노비들에 의해서 종묘가 불타고 그 뒤의 북쪽에 일본군이 주둔한 적이 있었다. 법궁인 경복궁과 이궁인 창덕궁과 같은 궁궐들도 잿더미가 되어 버렸다. 성종과 계비 정현왕후의 선릉宣陵과 중종의 산릉인 정릉靖陵, 중종의 제3계비 문정왕후의 태릉泰陵도 일본군이 파헤치는 수모를 겪어야 했다.

조선왕조는 선조 이전까지 200여 년 동안 태조로부터 인종 및 명종대까지 적통을 이어오지는 못했지만 왕후에게서 난 대군의 소생으로 왕위를 계승하여 왔다. 그러나 중종의 아들인 인종과 명종이 후사가 없었다. 선조는 중종의 후궁 창빈 안씨의 둘째 아들인 덕흥군德興君의 셋째 아들 하성군河城君으로서 왕위에 올라서 정통성에 대한 콤플렉스가 있었다. 덕흥군의 아들로서 왕위를 계승하였으니 사가私家의 계승으로는 서자庶子가 되는 것이다. 선조가 왕위에 오르자 덕흥군은 덕흥대원군이 되었다. 그리고 덕흥대원군의 제사는 장자인 하원군河原君이 맡아서 현재에 이르고 있다. 성종이 왕위에 오르자 그 형인 월산대군이 의경세자, 곧 덕종德宗의 제사를 맡았던 것과 비슷하다. 그러나 의경세자는 곧 덕종으로 추존되었으나 덕흥군은 세자도 아니어서 추존에 이르지는 못했다.

2. 광해군과 단묘궁릉문화

조선시대를 전기와 후기로 분기하는 것은 임진왜란과 병자호란이라는 양난을 통해서 뿐만 아니라, 조선의 왕통 계승에서도 적통계승嫡統繼承에서 방통계승傍統繼承이라는 변화에서도 찾아볼 수 있다. 조선 후기는 방통계승이라는 정치적 변수에서부터 후대의 정치 전개를 가늠하는 분위기를 만들어 나갔다. 실제로 임진왜란과 병자호란도 이러한 왕위 계승의 왜곡에 의해서 조선 지도층이 분열되고 더욱 제대로 대처하지 못하게 되었다고 해도 과언이 아닐 것이다.

그런데 선조의 정비였던 의인왕후도 후사가 없었다. 선조는 이미 공빈김씨로부터 첫째 아들 임해군, 둘째 아들 광해군을 얻었다. 그런데 의인왕후가 승하하자 선조는 새로 국혼을 치르고 인목왕후를 맞이하였다. 인목왕후에게서 왕자를 얻었는데 그가 바로 영창대군이었다. 선조가 승하할 때 영창대군은 두 살이었다. 이러한 상황에서 광해군도 방계 계승이 되어 있어서 정통성 시비에 말려들 수밖에 없는 상황이 전개되었다. 광해군은 당쟁이 있던 시대에 북인北人들과 조정을 꾸려갔다. 같은 어머니 소생의 형인 임해군을 강화도로 유배 보내고, 선조의 계비인 인목대비를 서궁(경운궁)에 유폐시키고 그의 세 살짜리 아들인 영창대군을 죽게 만든다. 임진왜란 이후의 명나라 사신이 강화도에 유배되어 있는 임해군을 면담하는 등의 여러 정치적 사건들이 광해군의 정통성에 대한 콤플렉스를 자극하였던 것으로 보인다

광해군은 영명한 군주였다. 인조반정에 의해서 광해군 조정이 무너졌지만 현대 역사가가 과거의 사관史官이라고 한다면 새로 묘호廟號를 만들고 사당을 세울 필요가 있다고 생각되는 군주이다. 고려의 광종과 같이 대한민국 추존 조선 광종光宗으로 해도 될 것 같다.

광해군대에 창덕궁이 1610년 중건 완료된다. 선조와 광해군은 정궁이자 법궁인 경복궁은 복구하지 못한다. 경복궁을 적통계승이라 보고 창덕궁을 방통계승이라고 보면 이상하리만치 그대로 대입이 된다. 광해군은 서쪽에 궁궐을 건축하는데, 현재의 경희궁인 경덕궁慶德宮을 1619년에 완공한다. 인왕산 쪽에 인경궁仁慶宮이라는 궁도 1621년에 완공한다. 광해군은 조선 왕조의 건국 설화 노래집이자 역사서인 『용비어천가』도 새로 편찬하였다. 『신증동국여지승람』을 편찬하여 한반도 각지역의 지리와 물산을 다시 정리하였다. 반면에 전쟁 이후의 무리한 공역과 경제 정책 실패와 같은 광해군의 실정失政도 만만치 않았다는 역사적 사실은 냉정하게 평가되어야 한다.

광해군 8년인 1616년 이전에는 선조의 원래 묘호가 '선종宣宗'이었다. 1616년에 광해군 조정이 묘호를 '선조宣祖'로 고쳤다. 이유는 임진왜란을 극복하고 나라를 재조再造하고, 명나라의 법전인 『대명회전大明會典』에 태

조 이성계가 환조 이자춘의 아들이 아니라 공민왕과 우왕대의 권신인 이인임의 아들로 잘못 기재되어 있는 것을 고쳤으며, 임진왜란이 조선이 일본을 끌어들여 명나라를 치려 했다는 정응태의 무고를 해명했다는 등의 이유였다.

공교롭게도 같은 해인 1616년에 만주의 아이신기오로 누르하치가 흥징 허투알라에서 후금後金을 건국한다. 1619년(광해군 12년)에 후금이 현재의 요령성 푸순撫順 주변의 살이호에서 명나라의 10만 대군과 교전하여 대승을 거둔다. 명나라의 요청에 의해서 광해군이 조선군을 파병한다. 형조판서 강홍립이 도원수, 평안병사 김경서가 부원수였다. 조선군은 명나라의 우익남로군과 함께 사르후전투에 참전하였다. 이 때 조선군은 후금군에 투항하고 강홍립은 포로가 된다.

1619년 후금後金의 사르후(살이호) 전투 승리는 동북아시아의 파란을 예고하는 서막이 오른 것이었다. 누르하치의 후금은 그의 아들 태종 홍타이지에 의해서 청나라로 변화되어 차후에 명나라와 패자를 겨루게 되고, 세조 순치제 때인 1644년에 베이징에 입성한다. 대조적으로 조선에서는 4년 후에 왕을 폐위시키는 혁명이 일어나 버린다. 1623년(광해군 15년) 선조와 후궁인 인빈 김씨의 아들 정원군의 맏아들 능양군綾陽君이 당색이 서인西人인 김류, 이귀 등과 함께 혁명을 일으킨 것이다. 세조가 국왕인 조카 단종를 몰아내고 등극한 것이었다면 능양군은 국왕인 삼촌을 몰아내고 등극한 것이다. 이때 다시 창덕궁이 거의 다 불탄다. 임진왜란 이후의 전후 복구를 지휘하던 경운궁에 유폐되어 있던 인목대비의 교명으로 능양군은 등극한다. 능양군의 묘호가 인조仁祖이다. 따라서 이 혁명을 '인조반정仁祖反政'이라 한다. 창덕궁은 1647년(인조 25)에 다시 짓는데, 광해군이 인왕산에 지었던 인경궁의 전각을 뜯어다가 짓게 된다. 광해군에 의해 유폐되었던 인목대비는 복위되어 인경궁에서 거처하였는데 1632년(인조 10)에 세상을 떠났다. 인목대비가 승하한 후 창덕궁을 지으면서 인경궁은 세상에서 사라지게 되었다.

3. 명나라의 무묘와 조선의 관왕묘

선조가 임진왜란을 겪으면서 가장 아쉬워했던 것 중에 하나가 조선은 문치文治의 나라로 국방력이 없었고 무武를 숭상하지 않았다는 점이었다. 조선은 유학을 정학正學으로 인정한 사대부의 나라이고 사회 전반에 과도하게 문치文治의 가치만을 숭상했었다. 그리고 조선 건국 이래 200여 년 동안 큰 전란이나 천재지변이 없이 운영되어 와서 군사 체제도 와해될 대로 와해되어 있었다. 하지만 선조의 시대를 성리학자들의 활동이 두드러진 시대라고 보는 것도 역사의 아이러니이기도 하다. 종묘의 공신당에 선조의 묘정에 배향된 두 인물이 바로 퇴계 이황과 율곡 이이다. 임진왜란을 극복한 국가 유공자인 공신의 책록에서 보아도 선조의 뒤를 따라다닌 사람들은 충무공 이순신이나 충장공 권율보다도 높은 혜택을 누리도록 되었다. 현대의 객관적인 시각에서 보아 문치의 가치에 너무도 경도된 시대였다는 것을 확실하게 알 수 있다.

　강력한 유목 문화와 무예 숭상의 정신을 가지고 있던 몽골의 원元나라를 북쪽으로 밀어 올려 버린 태조 주원장의 명나라에는 숭무崇武 문화가 살아 있었다. 명나라는 공자의 문선왕묘文宣王廟를 세우면서도 균형을 맞추어서 무묘武廟, 곧 무성왕묘武聖王廟를 세우고 제사를 지냈다. 무성왕묘는 관우關羽를 숭상하는 사당이다.

　관우(160?~219년)는 장비와 함께 후한後漢 말에 황족인 유비와 의형제를 맺고 중원의 삼국 중에서 서쪽의 촉한蜀漢을 세우는 데 크게 이바지한 문무를 겸전한 용장이다. 후한은 도성을 현재의 뤄양洛陽에 두고 왕망이 세운 신新나라(A.D.8~22)의 난리를 잠재운 광무제光武帝 유수劉秀가 기원 무렵 재건한 한족 국가로 전한前漢을 계승하였다. 후한의 말기는 대체로 서기 200년대가 되는데 군벌이 날립하는 난세였고, 이러한 난세를 통하여 뤄양을 중심으로 하는 북부에는 조조의 위魏나라가 장강 이남의 난징에는 손권의 오吳나라가 사천성 청두에는 유비의 촉蜀나라가 정립하게 된다. 결국은 조조가 세운 위나라가 촉나라를 극복하고, 이후 위나라를 이은 사마司馬 씨의 진晉나라가 280년에 오나라를 극복하여 다시 통일되게 된다.

　조조曹操는 살아 있을 때에 후한 조정의 국상 자리에 있었고 그의 아들인 조비曹丕의 시대에 후한 헌제로부터 양위를 받아 위나라를 세운다. 관우는 조조의 진영에 유비의 부인들과 함께 포로로 잡힌 적이 있었는데, 이 때 조조는 관우를 자기 사람으로 만들기 위해서 후한 조정에서 '수정후壽亭侯'의 작위를 내리게 한다. 하지만 관우는 조조의 진영에서 빠져나와 무사히 유비의 진영으로 가게 된다. 몇 년 후에 관우는 조조를 사로잡았지만 놓아주어 과거의 은혜를 충의로 갚는다. 서기 219년에 관우는 오나라군에게 잡혀 호북성 당양에서 죽는다. 조조는 관우의 목을 뤄양으로 가져 오게 만들어 뤄양에 묻는다. 그래서 호북성 당양에는 관우의 묘가 있고 후대에 관우가 숭상되어 그 이름이 '관릉關陵'이다. 또한 관우의 머리가 묻힌 곳은 '관림關林'이라고 한다. 전설에 의하면 산서성 운성시에서 별로 멀지 않은 상평촌이 관우의 고향이고 이곳에 '상평관우가묘常平關羽家廟'가 있다. 수隨나라 때 처음 만들어진 사당이라고 한다.

상평에서 10킬로 정도 떨어진 산서성 해주海州에도 관우사당關帝廟이 있다. 이곳도 수나라 때 처음 건립되어 당나라, 송나라 이후, 명나라와 청나라를 거쳐 현재에 이른다. 이 '해주 관제묘'가 가장 규모도 크고 일반 중국인들뿐만이 아니라 청나라 황제 세 명이 편액을 써서 내릴 정도로 유명한 사당이다. 중국에서 화교들에게 가장 인기가 있고 가장 높이 숭상되는 인물이 또한 관우이고 중국 전역에 관왕묘가 있다.

명나라 태조 홍무제 주원장은 관우의 시호를 '수정후壽亭侯'에서 '무안왕武安王'으로 올리고 제사하였으며 태조가 난징에서 명나라를 세우는 데에 음조를 보탠 것으로 믿고 있었다. 100여 년 전에 그렇게 강성하였던 몽골의 대원大元을 북쪽의 유목지역으로 몰아낼 수 있는 군사력을 가지게 되었던 것은 이렇게 문치에 균형을 맞춘 무예숭상의 의지가 황제의 권력의 배경이 되었기 때문이다. 따라서 명나라 때에 각 왕부王府가 있는 곳과 군현의 성내에는 문선왕묘와 함께 무성왕묘가 존재했다. 예를 들어 현재의 중국 섬서성 시안에 가면 명나라 및 청나라 시대의 성벽이 남아 있고, 전통 건물들이 일부 남아 있다. 시안은 명나라의 군왕인 진왕秦王의 진왕부가 있었던 지역 중심지였다. 그 성 내부에 진왕부에 맞는 사직과 무성왕묘武聖王廟 및 문선왕묘文宣王廟가 있었다. 또한 제3대 영락제는 베이징으로 천도한 이후에도 북쪽과 서쪽에 있는 북원北元을 포함한 몽골족들과의 전쟁을 친정親征할 정도로 숭무정신이 있었다.

이러한 무성왕묘의 신위에 대해서 임진왜란 때에 원군을 보낸 명나라 신종 만력제는 만력 13년 '협전 대제協天大帝'로 올렸다. 무성왕묘를 '관제묘關帝廟'라고 하는 것도 명나라의 문화였다. 명나라는 청나라가 1644년 베이징에 입관하기 전에도 물론 강력한 군사력을 가지고 있었지만, 실제로 명나라의 국방력이 청나라의 진군을 못 막을 정도는 아니었다. 오히려 명나라가 스스로 내부에서 분열하고 농민반란에 의해서 내부에서 와해된 것이었다.

임진왜란이 끝나는 1598년에 선조는 명나라의 장수들이 관우를 제사 지내는 것을 보고는 무武를 숭상하는 사당에 대해서 관심을 가질 수밖에 없게 되었다. 실제로 숭례문 밖에 주둔하던 명나라 군대의 장수 진인陳寅이 자신이 거처하던 전각을 고쳐서 관왕묘關王廟를 만들고 제사를 지낸다. 이것이 선조대의 남관왕묘의 시작이다. 철종-고종대의 〈수선전도〉에는 '남묘南廟'로 표시되어 있다(그림 6-1). 19세기 수선전도 시대에 숭례문을 나가서 남쪽 우수현牛首峴의 서쪽으로 남묘에 이르는 길이 나 있었다.

이후에 흥인문 밖에 주둔하던 지역 가까이에 동관왕묘를 세우게 된다. 『선조실록』에도 동대문 밖의 영도교永渡橋 옆이라고 기록되어 있다(그림 6-2). 〈수선전도〉에는 흥인문에서 시작되어 동쪽으로 가는 길가의 인창방仁昌坊의 '동묘東廟'로 표시되어 있다. 일제강점기 때에 인창방과 북쪽의 숭신방崇信坊을 합쳐서 현재의 종로구 숭인동을 만들었다.

선조는 임진왜란 때에 군대를 보내준 명나라 인물들을 기리는 사당을 세웠다. 1598년에 명나라 군대를 이끌고 온 병부상서 형개邢玠의 위판을 모신 사당인 '선무사宣武祠'를 도성 안에 세웠다. 〈수선전도〉에는 숭례문의 북쪽 성벽을 따라서 올라가는 곳으로 선혜신창宣惠新倉의 남쪽에 위치하였다는 것이 표시되어 있다(그림 6-1). 여기에 선조는 '재조번방再造藩邦'이라

그림 6-1. 〈수선전도〉 숭례문 안팎 부분. 숭례문 바깥 남쪽의 우수현 서쪽에 남묘(南廟)가 위치하였다. 선무사(宣武祠)는 숭례문안 북쪽 선혜신창 남쪽 성벽 가까이에 위치하였다.

는 액자를 내걸었다. 1604년에는 경리조선군무도찰원 우첨도어사인 양
호楊鎬를 배향하였다. 선무사는 실제 공을 세운 것으로 평가된 사람의 사
당이었는데, 이후에 숙종대에 관왕묘의 제례를 선무사에 준해서 하도록
하게 되었다.

　도성인 한성에 선무사가 있었다고 하면 명나라군이 실제로 회복하는

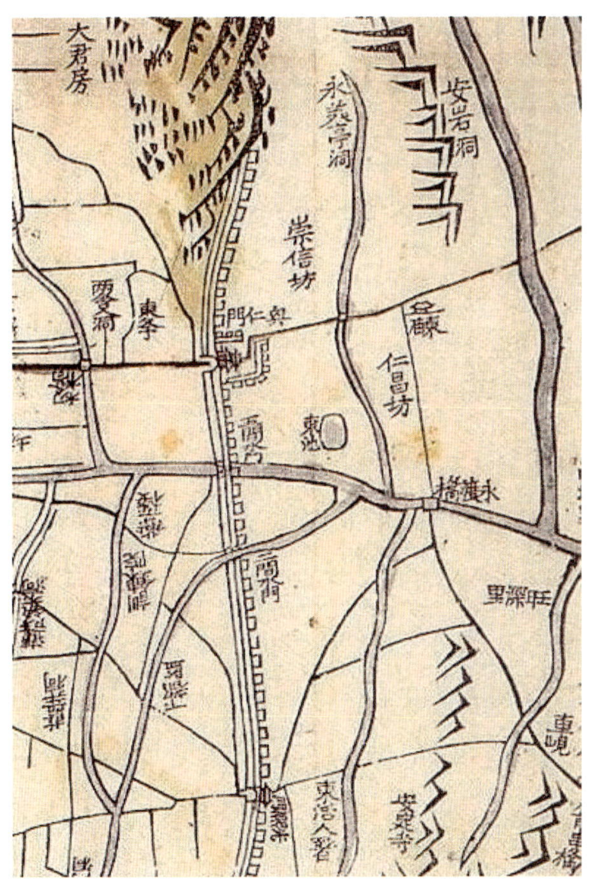

그림 6-2. 〈수선전도〉 흥인문 안팎 부분. 흥인문 바깥 인창방에 동묘
(東廟)가 위치한다.

그림 6-3. 동묘 정전 지붕 밑의 현성보번 현판. 흥인문 바깥 인창방에 동묘(東廟)가 위치한다.

전투를 벌였던 평양에는 무열사武烈祠를 세웠다. 명明나라 병부 상서 석성石星과 실제로 요동 명나라군을 이끌고 온 이여송李如松, 양원楊元, 이여백李如栢, 장세작張世爵 등을 배향하는 사당이었다. 평양성 서문西門 안에 있었다. 선무사와 무열사는 임진왜란 때의 군대를 보내어 나라를 지키도록 지원해준 명나라에 감사하는 표시가 되고, 현재로 말하면 한국전쟁 후에 건립한 유엔군 기념 공원과 같은 것이다.

선조 이후의 조선의 국왕들도 관왕묘에 대한 관심도가 적지 않았다. 광해군대에는 동관왕묘와 남관왕묘를 돌보고 매년 봄가을 경칩일驚蟄日과 상강일霜降日에 관원을 보내 제사를 드렸다. 조선 국왕의 대장기 군깃발에 제사 지내는 무반들만의 소사小祀급 제사인 둑제纛祭와 같았다.

숙종은 관왕묘의 시호를 무안왕武安王으로 했다. 또한 1692년 숙종은 동관왕묘를 보고 시를 두 편 지었고 『숙종실록』에 전한다.

평소에 내가 수정공을 사모함은 　　　　　　生平我慕壽亭公

절의와 정충이 만고에 높아서이네 　　　　　節義精忠萬古崇

광복에 마음 쓰다 몸이 먼저 갔기에 　　　　志勞匡復身先逝

천추토록 열사들 가슴에 눈물 그득하네 　　烈士千秋涕滿胸

동쪽 교외에 일 있어 고묘 지나다가 　　　　有事東郊歷古廟

들러보니 맑은 유상 숙연했도다 　　　　　　入瞻遺像肅然淸

이번은 공경하는 마음 더욱 간절해지며 　　今辰致敬思愈切

우리 동방 만세토록 편케 해주기 소원이로다 　願佑東方萬世寧

숙종 36년(1710)에 예조에 의해서 전라도 강진 고금도의 관왕묘에는 명나라 수군제독 진린과 조선의 삼도수군통제사 이순신을 배향하였다는 것이 보고된다. 숙종대에는 성주 관왕묘와 안동 관왕묘에 대한 현황도 숙종에게 보고되었다. 관왕묘의 헌관들은 훈련대장, 어영대장, 금위대장, 총융사 등의 무관들이었고, 국왕이 전하는 향과 축을 전해 받아서 관왕묘에 가서 봄과 가을에 제사를 드리도록 되어 있었다.

정조는 문치를 위해서는 규장각奎章閣을 설립하고 개혁문신을 양성하였을 뿐만 아니라, 군부를 개편하여 장용영壯勇營을 새로 만들고 개혁 무신을 양성하였다. 정조도 관왕묘에 무신들을 보내서 관왕묘 제향을 맡겼다. 또한 1786년 친히 관왕묘 제사에 필요한 한문 가사인 관묘악장關廟樂章을 지어 제향에 쓰도록 했다. 이것은 소사였던 것에서 음악과 노래와 일무가 있는 중사中祀급으로 격상시킨 것을 의미한다.

4. 조선 무반의 국가제례

조선이 문치文治에 지나치게 치중하였다는 것은 『국조오례의』에 나타난 국가제례에서도 확연하게 드러난다. 국왕이 대사大祀인 사직과 종묘의 제사 이외의 중사中祀 제사에 친향하는 경우가 거의 없었다. 예외적으로 만약에 있다고 한다면 단지 적전이 있는 도성 밖 동쪽의 선농단先農壇에 가서 제사를 지내고 적전례를 행하는 것이나 창덕궁 동쪽 도성의 문묘文廟가 있는 성균관에 가서 문선왕인 공자에게 친향하는 것이었다. 선농단 제사는 정1품 관리, 문묘는 정2품 관리를 초헌관으로 보내어 제사를 수행하는 것이 보통이었다. 선농단보다는 사직단이 상위에 있었고, 문묘보다는 종묘 제사가 상위라는 것이 분명해진다. 선농단은 농경경제 사회에서 아주 중요한 위치에 있었다는 것에서 그 의의를 찾을 수 있을 것이고, 문묘는 조선이 주자학 일존의 성리학의 나라, 문반이 정치를 좌우하는 나라라는 것을 반영할 수 있을 것이다.

조선에서 무반武班이 주체가 되는 국가 제사는 소사小祀로 국왕의 대장기 깃발인 둑纛을 신위로 모시고 지내는 제사인 '둑제'와 함께 조선 초기의 군사 훈련인 강무 하루 전에 지내는 마제禡祭 정도가 있었다. 무반들의 둑제를 지내는 곳이 바로 한강변의 뚝섬 지역이다. 마제 같은 것은 도성 동남쪽의 왕실 목장에서 지냈다.

보통 소사에는 음악과 무용이 없다. 대사와 중사의 국가 제사에만 음악과 노래와 무용이 따라갔다. 강무장講武場은 조선 초기에는 금표도 세우고 경작도 금지하여 잘 운영이 되고 군사 훈련도 잘 되었지만 권세가들이 자신들의 농지로 편입시켜 버리는 작폐가 나타나서 임진왜란 직전에 거의 유명무실하게 되어 버렸다.

국가제례의 문무와 무무의 차이가 조선 전기와 후기의 비교에서도 나타난다. 종묘제례의 무무武舞는 아헌관과 종헌관이 작을 드릴 때에 헌가와 등가의 정대업定大業음악에 맞추어 공연된다. 실제로 조선 전기에는 일무원들이 칼, 창, 활과 화살을 가지고 춤을 추도록 되어 있었다. 또한 조선 전기의 제례를 기록한 『국조오례의』에는 무무 주변에 4방과 중앙에 5색의 깃발(백, 청, 황, 적, 흑)이 있고, 일무원의 남쪽 중앙에 홍대독紅大纛, 사방에 흑소독黑小纛이 위치하게 되어 있었으며, 중앙의 황룡대기와 함께 같은 줄 동쪽에 현무기와 백호기, 그 서쪽에 주작기와 청룡기가 나부끼게 되어 있었다. 또한 등가와 헌가를 제외한 악기들이 배치되어 큰 소리를 내는 소라나 북같은 타악기들이 열지어 있어서 실제로 검, 창 및 활과 화살을 들고 추는 무무와 함께 보조를 맞추도록 되어 있었다.

무반의 국가제례에는 헌관이 갑주甲胄나 무관복인 융복戎服을 입는다. 『춘관통고』의 관왕묘조에는 정조 당재의 금의今儀 의주儀註가 있다. 관왕묘 작헌의酌獻儀와 전배의殿拜儀가 있는데 국왕과 왕세자도 갑주나 융복을 입었다.

5. 관왕묘와 중사^{中祀} 제례악무

고종 시대인 1883년(고종 20)에 기존의 남대문인 숭례문 밖의 남관왕묘와 동대문인 흥인문 밖의 동관왕묘에 더하여 도성 혜화문 안에 북관왕묘를 건축하였다. 관왕묘에 대한 고종의 관심은 군부의 개혁과도 연관이 되었고, 군사^{君師}였던 정조를 숭모했던 고종의 식견과도 연관되어 있다.

북관왕묘는 문묘가 있는 성균관과도 가까웠다. 고종은 왕세자와 함께 지금의 돈암동 지역에 해당하는 삼선평^{三仙坪}에서 활을 쏘는 대사례를 한 적이 많은데 북관왕묘에서 전작례를 한 이후에 하기도 하였다. 또한 고종은 이보다 먼저 평양에도 관왕묘를 세웠다. 김정호의 〈수선전도〉는 1883년 이전에 만들어진 서울 도성의 지도라서 북관왕묘는 표기되어 있지 않고, 동관왕묘와 남관왕묘만 표시되어 있다. 『고종실록』에 의하면 고종 시대에는 안동, 성주, 남원에 이어 개성, 평양, 전주에도 관왕묘가 있었던 것 같다.

북관왕묘는 고종의 정치적 위기 때 피난처 역할을 하기도 했다. 1884년 12월 젊은 20대의 개화파 인사들이 우정국 개국식을 빌미로 민태호, 민영목 등의 명성왕후 민씨 척족 관리들을 죽이고 일으킨 갑신정변 때 고종이 피신한 공간이었다. 따라서 자신이 1여 년 전에 세운 관왕묘가 남다른 의미를 가지고 있었다. 정변이라는 위기를 넘긴 고종에게 관우는 신앙의 대상으로까지 갈 수 있는 여지가 있었다. 북관왕묘는 현재 혜화동 서울과학고등학교 자리로 추정된다. 동관왕묘와 남관왕묘 및 숭의묘가 한성 성곽 바깥에 위치한 것과 달리 혜화문과 연결되었던 북동쪽 성곽 안쪽에 위치하였다.

　동관왕묘와 고종의 인연은 우선 유릉綏陵 능행과 관련이 있다. 고종은 순조의 아들 효명세자의 세자빈이었던 신정왕후에 의해서 왕위에 올랐기 때문에 헌종에 의해 익종으로 추존된 효명세자의 왕릉王陵인 유릉이 있는 동구릉에 능행을 자주 했다. 이러한 능행은 고종 초기의 창덕궁이나 중기의 경복궁에서 출발하여 흥인문을 나가는 길이 포함되어 있는데, 이에 따라 동관왕묘를 들르는 경우도 있었다. 이 동관왕묘가 현재의 동대문구 숭인동의 동묘東廟이다(그림 6-2 참조).

　동관왕묘의 정식 명칭은 현재의 숭인동 동묘 정전인 현성전顯聖殿의 지붕 아래 현판에 있다. 현판에는 '현령소덕의열무안성제묘顯靈昭德義烈武安聖帝廟'라고 쓰어 있는데, 앞부분은 존호에 해당하고 뒤의 '무안성제묘武安聖帝廟'가 동관왕묘로 부르는 사당의 공식적인 명칭이다(그림 6-4). 조선 숙종대에 무안왕武安王이라는 시호를 가지고 있었는데, 현재 무안성제武安聖帝라는 시호로 바뀌어 있다. 이것은 고종이 대한제국을 선포하고 나서 1902년에 관우의 시호를 무안왕에서 무안성제, 곧 관제로 추숭한 것이다.

　『대한예전』에는 "관왕묘는 3개인데 하나는 황성동문 밖에 하나 남문 밖에 하나 황성내 북쪽에 하나로 제도는 모두 같고 정전 3칸이다"라고 되어 있다. 여기서 황성은 서울 도성을 이야기하고 동문은 흥인지문, 남문은 숭례문을 의미한다. 관왕묘 제사는 임금의 대장기 깃발인 둑纛을 모시는 사당인 둑묘纛廟와 같은 날짜인 봄의 경칩과 가을의 상강 같은 날에 지내도록 되었다.

　관왕묘의 제사는 중사中祀였다. 선조 때 처음에 시작할 때에는 소사小祀

그림 6-4. 동묘(東廟)의 정전인 현성전(顯聖殿).

였다가 정조대에 와서 중사로 승격되었다. 관왕묘가 중사로 편입된 것은 숙종대에 선무사의 예에 따라서 관왕묘를 운영하던 것에서 탈피한 것이다.

『고종실록』의 1896년 8월 14일 건양 1년의 기사를 보면 궁내부대신 이재순이 올린 대사, 중사, 소사에 관한 보고에서 관왕묘는 중사로 기재되어 있다. 이때는 고종이 러시아 공사관에 있던 때이다. 광무연간에 집필된 『대한예전』에도 관왕묘 제사는 중사로 포함되어 있다. 중사로 기재된 것은 음악과 무용이 동반된다는 것을 의미한다. 대조적으로 건양 1년의 궁내부 제사 편재의 대사, 중사, 소사 구분에는 선무사가 소사로 들어가 있다.

보통의 중사의 제상 진설은 10변10두의 규모에 양과 돼지를 잡아서 제사를 지낸다.『춘관통고』의 정조 당대의 제상 규모가 10변10두 3행 이었다. 그런데『대한예전』의 관왕묘의 진설도에는 8변8두 규모로 되어 있다. 규모가 8변8두 소사小祀 제사 중에 가장 규모가 큰 지방 향교의 문묘 제사와 비슷하다. 대한제국기의 서울에는 관왕묘가 3군데라서 창덕궁 동쪽의 문선왕묘에 비해서 숫자가 많다. 문선왕묘 석전은 중사 10변10두의 규모이다.「대한예전」의 8변8두 규모는 황성에 네 군데의 무묘에서 제사를 올리기 때문에 규모를 축소한 것으로 보인다.

고종은 광무 6년(1902) 돈의문 밖 천연정 주변에 숭의묘崇義廟 혹은 서묘西廟라고 하는 촉한의 유비를 정위로 하고 관우, 장비, 조자룡 등을 배위로 하는 사당을 세운다. 이렇게 대한제국 시기에는 4군데의 무성묘武聖廟가 중사라서 문선왕묘와 비교된다. 무성묘의 제례를 상대적으로 중시한 고종의 의지를 읽을 수 있는 대목이기도 하다.

『대한예전』의 관왕묘의 중사는 조선의 왕실 제사인 속제俗祭와 비슷한 특징들을 가지고 있다. 정전 현성전의 관우 소상 뒤에 조선 궁궐의 법전의 어좌 뒤에 있는 '일월오악도'가 배경으로 있는 것과 같은 맥락을 가지고 있다. 사직과 종묘 같은 다른 국가 제사가 대부분 작爵을 쓰는데 관왕묘 제사도 작을 쓴다. 또한 작의 위치도 신위가 북쪽에 있으면 반대쪽인 제상의 남쪽에 세 개의 작을 위치시키게 되어 있다. 제주祭酒와 술통을 문소전의 경우 같게 했다. 조선 전기 경복궁 내에 있었던 원묘인 문소전文昭殿의 제주 술통과 같은 사준沙尊에 청주를 담는다. 관왕묘의 준소상에도 사준에 청주를 담았다.

관왕묘의 음악도 문묘같은 아악雅樂이 아니고 속악俗樂으로 들어가고 등가登歌만이 있으며 군악의 형식을 취하고 있다. 음악은 박拍으로 시작하고 마치며, 중앙에 황룡기, 동쪽에 청룡기, 서쪽에 백호기, 남쪽에 주작기, 북쪽에 현무기가 있어서 펄럭이게 되어 있다. 이것은 종묘제례의 정대업 무무武舞에 동반하던 등가 헌가 이외의 무용동반의 의장이 관왕묘의 등가에 들어가 있는 형태를 보이고 있다. 관왕묘 등가에는 중앙에 중간 규모의 북中鼓, 대평소, 필률, 해금, 대금, 장고를 가지고 연주한다. 영신과 전폐에 각각 왕재지곡王在之曲과 힐향지곡肸蠁之曲의 한문가사 노래를 부른다. 초헌, 아헌, 종헌에도 같은 음악과 가사를 부른다.

6. 능원행의 기점으로서의 관왕묘

조선 후기에 국가의례에 새로이 도입된 것이 관왕묘, 곧 관우사당이다. 조선 전기 『극조오례의』 체제에서 무반武班의 가치를 선양하는 국가의례가 소사小祀급 밖에 없었던 조선의 사전祀典에 개혁적으로 추가된 것이다. 정조는 관왕묘 제례악무의 한문 노래 가사인 관왕묘 악장을 직접 지을 만큼 큰 관심을 보였다. 임진왜란 이후에 도성의 숭례문 밖의 남묘(남관왕묘)와 흥인지문 밖의 동묘(동관왕묘)는 무반들의 국가 제사로 자리매김되는 것에 그치지 않았다.

관왕묘는 조선 국왕의 능원행陵園行에서 기점의 역할도 하였다(그림 6-5). 순조 때 발간된 국정 운영 매뉴얼인 『만기요람』에는 능원 행차시에 한강의 어느 나루에 주교^{舟橋}를 설치하는가에 대한 조항이 있다. 서쪽은 노량진이고 동쪽은 광진으로 되어 있다. 정조의 생부 사도장헌세자의 현릉원^{顯隆園} 원행^{園行}에 필요한 한강을 가로지르는 주교가 설치되었다는 것은 잘 알려져 있다. 그런데 정조의 아들인 순조대에는 주교의 설치가 동쪽의 광진나루와 서쪽의 노량진으로 정리되어 있었다. 조선 후기 역대 왕의 『조선왕조실록』에는 능원행에 대한 기록이 상당수 존재하고 그 기록에는 동관왕묘와 남관왕묘를 들렀다는 기록이 빠지지 않는다.

조선 후기 역대 임금들은 중요한 왕릉을 직접 참배하는 열성을 보였을 뿐만 아니라 자신들의 직계 가족 및 사친의 원^園과 묘^墓에도 직접 행차하여 제사를 올렸다. 정조의 생부 사도장헌세자의 능원이 화성의 현릉원이

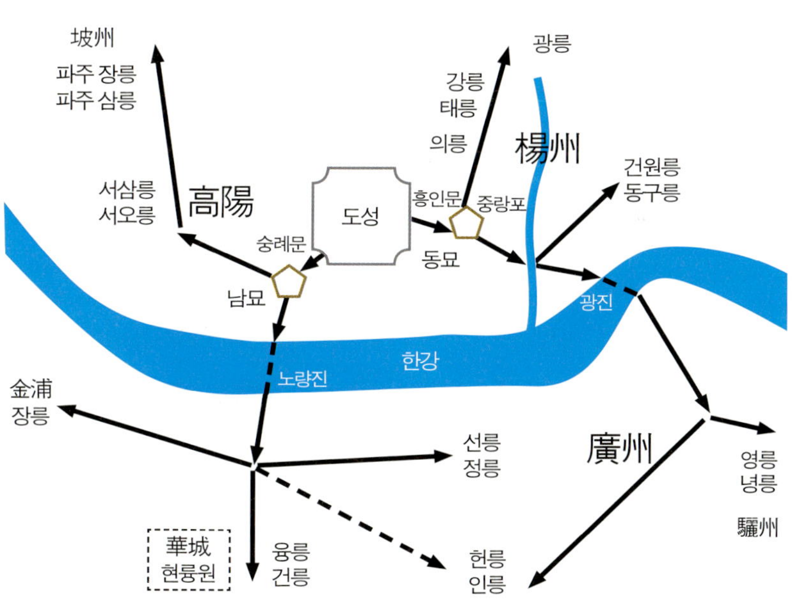

그림 6-5. 조선 후기 능원행(陵園行)의 중간기점인 동묘(東廟)와 남묘(南廟).

었고 순조의 생모인 유빈 박씨의 능원은 양주의 휘경원徽慶園이었다. 이보다 먼저 선조임금도 양주에 있는 생부 덕흥대원군의 묘에도 직접 행차하였다.

조선 후기의 국왕들은 한강의 이북의 동쪽 옛 양주楊州와 포천 지역에 있는 왕릉과 원園에 국왕이 능원행을 갈 때에는 호위 군사들과 함께 동관왕묘를 들러 행렬을 정비하고 작헌례酌獻禮를 드리기도 하였다(그림 6-5). 옛 양주는 현재의 서울 동대문구, 성북구, 성동구, 노원구, 도봉구, 광진구, 남양주, 구리, 의정부, 현 양주 지역을 포함하는 넓은 지역이었다. 건원릉(태조릉)을 포함하는 동구릉과 의릉(경종릉), 태릉(중종비 문정왕후릉)과 강릉(명종), 사릉(단종비 정순왕후릉) 및 정릉(태조비 신덕왕후릉) 및 여러 국왕 사친의 원園들이 옛 양주에 위치하였다. 포천의 광릉(세조릉)을 포함하면 한강 이북 지역 양주에 능원이 가장 많다.

한강 이북 서쪽의 고양과 파주 지역으로 능원행을 갈 때에는 남관왕묘를 들러 같은 방식으로 사당을 둘러보는 것이 상례로 되어 있었다(그림 6-5). 고양에는 서오릉과 서삼릉이 파주에는 파주 삼릉과 파주장릉(인조릉)이 위치한다.

역시 한강 이남 여주의 영릉(세종릉)과 녕릉(효종릉)와 대모산의 헌릉(태종릉)으로 행차할 때에도 동관왕묘가 기점 역할을 하였다. 동관왕묘를 거쳐서 광진나루를 건너서 남한 산성에 위치한 광주행궁廣州行宮에서 유숙하고 능행陵行하였다. 김포의 장릉과 옛 광주廣州 지역의 선릉과 정릉 같은 곳은 남관왕묘를 거치고 노량진을 건너서 동쪽으로 갔다. 정조의 경우 수원 화성의 생부 사도세자의 현릉원으로 행차할 때에는 남관왕묘를 거쳐서 갔다.

능원행陵園行을 통해서 백성들의 소리를 듣고 그들의 민원을 해결하는 조선 후기의 국왕들의 민심챙기기 행보에 관왕묘가 일정한 역할을 한 것이다. 관왕묘는 능원행의 기점 역할을 한 것에서 무반들의 국가 제사에 버금가는 역할을 한 것이다. 어가御駕가 궁궐을 떠나 능원행차할 때에는 병조무반 예하의 장교와 군졸들이 호위하였다. 그들의 정신무장에 관왕묘 들르기가 크게 유용했을 것이다.

7. 민간신앙과의 차별성

조선왕조는 예조禮曹가 국가 제사 체계를 관장하는 부서였고, 성종대의 『국조오례의』의 성립 이후에 전국의 유교적인 국가 제사를 통해서 영향력을 행사하였다. 특히 도성 사직과 짝을 이루도록 전국 300여 부목군현에 지방 사직단을 만들도록 하였고, 향교에는 문묘를 만들어 지방관이 이러한 것들을 관할하도록 하였다.

태조의 어진을 잠저인 함경도의 함흥과 영흥뿐만이 아니라 평양, 경주, 전주 등에 진전眞殿을 만들었다. 중사인 역대시조 사당의 경우 조선 전기에 단군과 기자 및 고구려 시조는 평양, 백제 시조는 직산, 신라 시조는 경주에 두어 지방관이 치제하도록 하였고, 4악, 3해, 7독의 경우와 같이 전국을 국가의 제사 체계에 편입하였다. 이와 함께 4악에 빠진 산과 강에 대해서는 소사에 명산대천을 넣어 해당 지방관이 관리하도록 하였다.

조선 왕조는 민간 신앙을 나름대로 유교적 제사 체계 안으로 들어오도록 노력하였다. 전국의 300여 개 부목군현에는 반드시 읍치의 북부, 혹은 읍성의 북교에 여단厲壇이라는 것을 만들어 제사받지 못하는 주인없는 귀신無祀鬼神이나 억울하거나 한이 많아서 나타난 위해성 귀신들을 한 군데 모아서 지방 관아에서 제사를 지내도록 하였다. 성종대의 『국조오례의』에는 이러한 잡귀들보다 강력한 신을 성황신城隍神으로 보고 있다. 그래서 여단의 제사는 항상 성황단에 고유하고 지냈다. 그런데 이러한 유교적 제례에 의한 통합적 방향은 군현의 단위에서 그치고 실제로 마을인 리里 단위에는 미치지 않는 경우도 많았다.

한반도는 어디든 산을 의지하고 마을이 형성되었다. 이러한 지리적 환경에 비추어 산신에 대한 신앙이 고대 사회로부터 민간 신앙의 형태로 많이 나타났다. 신라의 경우에도 국가의 사전祀典에 대사大祀에도 나력, 골화, 혈례라는 세 산신에 대한 제사가 포함되고 신라 5악의 제사도 4진, 4해, 4독과 함께 중사에 포함되었으며 다른 산과 강은 소사에 편제되어 있었다.

고려시대에도 태조가 "짐은 삼한 산천의 도움으로 대업을 이루었다(朕賴三韓山川陰佑 以成大業)"고 선포할 정도로 산신신앙에 대한 인식이 깊었다. 또한 태조는 팔관회를 불교의 연등회와 같은 급으로 생각하였는데, 훈요십조 여섯 번째에서 "팔관은 천령天靈, 오악五嶽, 명산대천名山大川, 용신龍神을 섬기는 것이다"라고 할 정도로 하늘(천령)과 산과 강 및 바다(용왕신)에 대한 토속적인 신앙을 표현하였다. 고려 왕조는 따라서 산과 강에 고려 황제의 명의로 봉작하는 경우가 많았다. 또한 고려 인종과 문종 시기에 송나라로부터 들어와서 사당을 세운 형태가 원형인 성황 신앙은 토속적 민간 신앙과 결합되었다. 고려 왕조까지 지방의 읍치는 대부분 산성을 가지고 있는 가운데 산을 끼고 있는 환경조건에 맞게 되었다. 이후에는 성황당과 서낭당이 거의 구별이 없이 되어 조선 말과 현재에도 전해지고 있다. 또한 산신이나 성황신의 신체가 큰 수목으로 되어 있는 것은 이러한 고대사회로부터의 신앙이 조선시대까지도 남아 있었다는 증거가 된다.

조선 왕조는 이러한 무속적인 신앙 자체를 음사淫祀로 규정하여 규제하였다. 불교를 탄압한 것과는 다른 양식이었다. 산천에 있는 신위의 제사를 국행제 이외에는 폐지하는 방향으로 나아갔다. 1430년(세종 12)에는 '각도산천단묘순심별감各道山川壇廟巡審別監'이라는 위원회를 만들어 고려 왕조로부터 내려온 무격신앙과 결합한 신앙의 전국 실태 조사를 벌였다. 각 산천신과 성황신의 무슨 무슨 태왕, 태후, 태자, 태손비 등의 작호나 신상神像 등에 대해서도 조사를 했다. 1437년(세종 19)에는 산천과 성황 신들에게서 무슨 무슨 호국護國을 빼고 폐지하도록 하였다.

다른 방향에서는 민간신앙을 유교적 국가 제사 체계 내로 편입시키려는 시도가 병행되었다. 주현사직이 여단제사와 함께 소사에 규정되어 있는 것은 이러한 측면이 가미되어 있다. 더군다나 1406년 조선 태종이 시작한 주현사직州縣社稷의 설립이 어느 정도 진행된 이후인 1414년에 마을 단위에서 리사里社를 설립하는 제도화도 추진되었다. 조선은 40~50호를 묶어서 하나의 마을 곧 리里로 제도화하였다. 함경도에는 대한제국 고종 시대까지 다른 지역에서는 리나 동으로 불리던 단위를 무슨 무슨 사社라고 지칭하였다. 예를 들어 함흥의 본궁이 있는 마을 이름을 운전사雲田社라고 했는데, 다른 지역에서는 보통의 명칭이 운전리나 운전동이 되었을 것이었다. 이것은 함경도 지역에서 리사를 설립하여 행정구역으로 사용한 것이면서 태종대의 음사를 통합하려던 시도가 그대로 유제遺制로 남은 것이다.

명나라는 태조 홍무제가 만든 『홍무예제』에서부터 초기의 『대명집례』에 이르기까지 도성 사직단과 함께 지방 사직단이 있었고, 마을 단위로 리사里社가 있었다. 『대명집례』의 이사 제례의 순서, 곧 마을 사람들이 모여서 향촌의 제사를 지내는 리사 제례의 홀기를 분석해 보면 단壇에서 하는 제사인 지방사직단과는 달리 리사는 거대목巨大樹, 살아 있는 큰 나무이고 사직단의 제사처럼 큰 나무의 북쪽에서 제관들이 나무 밑에 사社의 신좌를 놓고 그 서쪽에 직稷의 신좌를 놓고 토지신과 곡식신에게 제사를 지내는 것으로 나타난다. 조선 성종대에 바다에서 표류하여 명나라의 영파 지역에 갔었던 조선 사람은 그 지역의 리사里社에 도착하여 마을사람들로부터 도움을 받게 되는 것이 『표해록』에 나온다.

조선의 국가 제사의 공간인 제단이나 사당에도 가끔식은 무격 신앙이 끼어드는 경우도 있었다. 관왕묘에는 도성뿐만이 아니라 안동, 성주, 고금도, 남원의 관왕묘에도 관우의 소상塑像이 안치되었다(그림 6-6). 소상이 있다면 소상을 숭배하는 토속 신앙과 가까운 스타일의 무격이 끼어들 여지는 많았다. 현재 서울 숭인동 동관왕묘에는 관우의 금동좌상이 정위를 차지하고 있고, 네 개의 배위 소상이 좌우에 서 있는 구조를 가지고 있다. 배위 소상은 무인 조루와 주창이 각각 조공과 주공이고, 문인 관평과 왕보는 각각 관공과 왕공이다.

그림 6-6. 현재의 동묘(東廟) 내의 관왕 청동좌상과 좌우의 네 배위 소상.

『고종실록』 1893년 8월 21일 안효제가 고종에게 올린 상소문에 의하면 10년 전인 1883년 임오군란 이듬해에 고종이 건립한 북관왕묘에서 무격의 굿이 시행된 것으로 보인다. 이 상소문은 또한 궁궐 내부에서도 무당을 불러서 굿을 하고 승려를 불러서 불교식 행사를 한 것을 비판하고 있다. 북관왕묘와 궁궐 내부에서 무격과 불교의 기원행사가 자주 행해지고 많은 재정이 사용된 것을 비판하고 있다.

북관왕묘의 건립은 임오군란과 관련이 있었다. 북관왕묘는 1883년 9월 25일에 준공되었다. 명성왕후가 임오군란 시에 충주 피난에서 돌아온 지 약 1년 만에 완공된 것이다.

1882년 6월 10일 흥선대원군의 삼군부 체제의 군부가 고종의 신식 별기군에 비해 차별을 받는 것에 격분하여 임오군란을 일으켰다. 고종과 명성왕후에 대해 가지고 있던 불만이 터져나왔고, 명성왕후에게로 집중되었다. 창덕궁안으로 불만에 가득찬 군사들이 들이닥쳤다. 명성왕후는 창덕궁을 빠져나와 비밀리에 여주와 장호원을 거쳐 충주로 피신하게 되었다. 고종은 6월 10일 명성왕후가 승하한 것으로 하여 망곡처를 창경궁 명정전으로 하고 빈전을 환경전으로 하는 명을 내린다. 같은 날 빈전도감, 국장도감, 산릉도감을 설치하고 관리를 임명한다. 고종은 이 때에 대원군에게 다시 실권을 넘겨 주었다. 임오군란의 진압을 위해 출동한 청나라 군대가 궁성 창덕궁을 점령하면서 흥선대원군의 재집권은 33일 만에 끝나고 대원군은 청나라 군함에 실려 서해 건너 텐진天津을 경유하여 하북성 바오딩保定으로 옮겨져 억류당한다. 명성왕후는 충주로 피난 갔다가 1882년 8월 1일에 환궁하였다. 고종은 명성왕후의 승하를 기정 사실로 하여 엄중한 정치적 위기를 넘긴 것이다.

임오군란을 진압하는 데 파병한 청나라의 군대가 서울의 성곽 밖과 수원에 주둔하였는데, 제독인 오장경이 동관왕묘에 주둔하였다가 진을 다른 데로 옮겼다. 말하자면 동대문인 흥인문 밖과 남대문인 숭례문 밖, 그리고 수원부에 청나라 군대가 주둔하게 된 것이다.

북관왕묘 터에는 현재 서울과학고등학교가 들어서 있다. 고종의 군부 개편에 따른 부작용으로 나타난 임오군란의 혼란을 극복하고 새롭게 의지를 다지는 의미로 1883년 북관왕묘가 설립되었다. 그리고 10년 만에 무격 행사가 북관왕묘에 자주 열린 것에 대해 안효제의 비판 상소가 올라간 것이다.

1908년 순종의 칙령에 의해서 '향사이정享祀釐正'이라는 국가 제사를 축소하는 조치가 취해지는데, 남관왕묘, 북관왕묘 및 서묘가 동관왕묘에 합치게 되고 제실帝室 귀속이 아니라 국가 귀속으로 넘어간다. 이후로 동관왕묘가 현재의 동묘라는 이름으로 남게 되었다. 아이러니하게도 동관왕묘는 현재 김정호의 〈수선전도〉의 동묘라는 표기와 같은 이름이 되어 버렸다.

8. 베이징의 태산 사당 동악묘

베이징의 명나라 및 청나라 시대의 사당을 먼저 이야기한다면 민간의 신앙을 대표하는 중국의 도교道敎 사원인 도관道觀을 들 수 있다. 그런데 흥미로운 것은 도교 신앙의 대표적인 장소로 베이징에는 동악묘東嶽廟가 있다는 것이다(그림 6-7). 명나라와 청나라의 동악東嶽은 산동성에 있는 태산泰山이다. 베이징에서 산동성의 태산까지는 상당히 먼 거리이다. 그런데 베이징에 동악의 산신을 기리는 사당이 있다는 사실은 흥미로운 일이다.

중원 사람들의 태산에 대한 신앙은 대단히 오래된 중요한 문화이다. 한국인에게 백두산이 중요한 것과 비슷할 것이다. 산동성의 동쪽은 산들이 제법 있는데 태산의 서쪽에는 거의 산이 없고 황하가 흐르는 충적 평지이기 때문에 서쪽 평지에서 동쪽으로 바라보면 태산이 엄청나게 높아 보이고 하늘과 가까워 보인다. 따라서 수천 년 동안 천자天子 중에서도 하늘이 인정한 천자만이 태산에서 봉선封禪이라는 최고의 제사를 드릴 수 있다는 신앙에 가까운 믿음이 중원 사람들에게 존재해 왔다. 이렇게 문화적으로 중요한 태산의 산신을 위한 사당이 상당히 먼 거리의 베이징에 존재하는 것이다.

베이징 동악묘는 베이징의 내성 동쪽 조양문朝陽門의 바깥에 위치한다. 동악묘는 조선 후기 청나라에 보낸 조선 사신들이 꼭 들러 옷을 갈아 입는 장소로 조선과는 인연이 깊은 곳이기도 했다. 베이징 동악묘 들어가는 문에는 오른쪽에 북경민속박물관이라는 현판이 있다(그림 6-7). 중원의 백성들, 더욱 좁게는 베이징의 백성들이 가지고 있었던 민속신앙과 문화를 채록하고 연구하는 곳이기도 하다.

베이징의 동악묘에서 얻은 생각 한 줄기는 현재 경복궁 동쪽 구역에 위치한 국립민속박물관을 안동, 성주, 남원과 같은 지방의 관왕묘 지역으로 옮겨서 전통의 민속과 중원으로부터 들어온 민속을 같이 아우르는 것이 어떨까 하는 것이었다. 경복궁 동쪽 구역에 국립민속박물관이 있는데, 조선의 정궁인 경복궁을 올바르게 복원하려면 박물관은 이전해야 한다. 실제로 조선의 지방 읍치에 설치한 성황단城隍壇은 고려 중기에 송나라에서 들어온 성황신앙에서 시작된 것이다. 돌보는 이 없는 귀신들을 모아서 제사 지내는 여단厲壇과 함께 민간 신

그림 6-7. 베이징의 동악묘 현판문. 오른쪽 문에는 북경민속박물관이라는 현판이 있다.

앙을 유교식으로 통합하고 재편한 조선 조정의 의지를 보여주는 것이다.

중원의 명산들도 한반도와 마찬가지로 민간 신앙의 대상이었을 뿐 아니라, 청나라의 유교식 제사에도 중원의 전통적 동악東嶽, 서악西嶽, 중악中嶽, 남악南嶽, 북악北嶽의 5악을 신위로 받드는 제사가 방택단 황지기 제사에 포함되어 있었다. 중악은 숭산嵩山인데, 뤄양洛陽의 남쪽 지역으로 중원을 대표하는 지역이다. 전통적으로 기원전 2세기 한漢나라 이전에는 중원中原이라는 곳에는 원래 베이징 지역이 빠지는 경우가 많다. 베이징은 전국 시대 연燕이 있었던 곳이고 중원의 북부 변방에 위치했다. 현재의 섬서성 시안西安, 하남성 뤄양洛陽 및 카이펑開封 등을 잇는 황하와 회하를 잇는 선이 중원이다. 숭산은 하남성 뤄양과 정조우鄭洲 사이의 남쪽에 위치한다. 서악은 섬서성 시안 부근의 화산華山이고, 남악은 호남성 형양 북쪽의 형산衡山이다. 북악은 산서성 다퉁大同 남동쪽의 항산恒山이다. 항산은 베이징과 위도가 같아서 서쪽으로 직선거리 지역에 위치한다. 따라서 전통적인 중국의 중원中原은 남북으로는 하북성과 산서성의 경계 항산에서 호남성 형산에 이르고, 동서로는 태산에서부터 화산에 이르는 지역에서 찾을 수 있다.

전통적인 중원의 문화는 숭산과 황하를 중심으로 동쪽과 서쪽에서 발원하였다고 할 수 있다. 숭산을 기준으로 숭산과 황하의 북안을 중심으로 기원전 20세기 하夏나라가 중원을 호령했고, 숭산의 동쪽 지역의 황하 남북에서 기원전 16세기에 상商나라가 일어나서 천자국이 되었고, 기원전 11세기에는 숭산의 서쪽, 화산의 서쪽에서 주周나라의 무왕이 천자가 되었다.

동악東嶽 태산은 이러한 중원의 청동기 시대 나라들 이전부터 중요한 의미를 가지고 있었다. 우선 산동성의 태산의 동쪽의 지역은 지대가 높고 산지 지형을 가지고 있어서 태산의 서쪽 지역의 평지와는 대조를 이룬다. 그래서 평지인 서부 중원에서 동쪽으로 바라보면 태산이 엄청나게 높아 보이게 되어 있다. 가장 높다는 뜻의 '대종岱宗'이 태산의 별칭이 된 것도 무리가 아니다. 그래서 고대 사회에서부터 태산은 중원에서 살아가는 사람들의 신앙의 대상이 되어 왔다. 또한 태산은 중원의 천자들이 봉선封禪이라는 천자 중에서도 덕이 있고 천하를 올바로 이끄는 천자들만이 드릴 수 있는 제사를 드리는 장소로서도 중요했다. 고대 사회의 전설적 제왕들 뿐만이 아니라 흉노를 몰아내고 위만조선을 편입시킨 한나라의 세종 효무제나 돌궐과 고구려를 무너뜨린 당나라의 고종 같은 황제들이 태산에서 봉선을 하였다.

베이징의 동악묘는 산동성 태산의 신을 모시는 사당이다. 그런데 도교적 색채를 가지고 있어서 그런지 소상塑象들이 굉장히 많이 있다. 동악묘는 중로와 동로 서로의 3줄기의 건물군으로 이루어져 있다. 중로를 정원正院이라 하고 동로의 동원東院과 서로의 서원西院이 남북으로 열지어 있다.

중앙의 정원에는 대악전岱嶽殿 혹은 대종보전岱宗寶殿이 중심을 이룬다. 대악전 앞 월대月臺위에는 큰 향로가 놓여 있어서 동악묘를 찾는 사람들이 분향焚香할 수 있게 되어 있다(그림 6-8). 대악전 뒤에 침전에 해당하는 육덕전育德殿이 있는데 동악대제東嶽大帝와 그 동악제후東嶽大帝后의 소상이 있다. 정원의 대악전과 연결된 동쪽과 서쪽의 월랑에는 온갖 인간사를 관장하는 신들의 소상들이 칸마다 채워져 정렬하고 있다. 조선 후기의 조선 사신들이 옷을 갈아입는 곳은 주로 서원 지역의 건물이었다고 한다. 현재는 아직 복원되지 않은 지역이다.

베이징의 동악묘는 중화인민공화국에서는 달갑지 않은 대상이었고, 문화혁명 때에는 타도의 대상이기도 했다고 한다. 1999년 음력설인 춘절에 와서야 베이징 시민들이 들어갈 수 있게 되었다고 한다.

현대 중국 사회에서도 도교 사원

그림 6-8. 베이징 동악묘의 정전인 대악전(岱嶽殿) 앞의 향로와 향반.

이 많이 있고 많은 중국인들이 도관을 찾는다고 한다. 도관에는 불교 사찰의 승려와 같은 사람들이 있어서 신앙의 대상에 대한 설명도 하고 사당에 대한 안내도 한다. 베이징 대악전 앞에는 도관의 정전 앞에 향을 피우도록 되어 있는 향탁이 있고 향로와 향이 있다. 긴 향촉에 불을 붙여서 끄고는 그것을 가지고 목례를 하면서 기원하는 사람들도 있고, 대악전 안에 들어가 직접 절을 하는 사람들도 있다.

돈을 지불하여 빨간색의 명패에 이름들을 써서 신도 옆의 진열대에 걸어 두어 자신들이 기원하는 바를 이루고자 하는 민간 신앙은 베이징 동악묘에서만 보이는 현대 중국의 문화 현상이 아니다(그림 6-9). 명 13릉의 수 킬로미터짜리 신도의 일부분에도 동악묘에서 보이는 똑같은 형식의 빨간색 명패를 걸어 놓은 것을 볼 수 있었다. 현대 중국인들의 신앙적 측면을 엿볼 수 있는 사례이다(그림 6-9).

그림 6-9. 베이징 동악묘의 대악전(垈嶽殿) 들어가는 참도 양 옆의 빨간색 기원 명패.

9. 개발과 전통 보전

베이징 동악묘는 개발과 전통 보전의 딜레마를 보여 주는 좋은 사례이다. 한국에서도 근대화라는 미명 아래 전통의 경관landscape을 훼손한 사례가 많은데 동악묘는 전통 보전과 개발의 이중성이 잘 나타나는 중국의 사례에 해당한다.

베이징 동악묘의 경내는 큰 대로가 동서로 관통해 있다. 베이징 시가지 개발로 인해서 현재의 동악묘 들어가는 문 앞은 조양문외대가朝陽門外大街라는 대로가 가로지르고 있다(그림 6-10). 따라서 대로가 원래의 동악묘 정문의 북쪽 구역을 차지하여 관통해 있다. 동악묘의 정원, 동원 및 서원이 북쪽에서 남쪽으로 내려오는 양쪽 선을 따라 내려가야 원래 크기의 동악묘 경내가 된다. 현재의 정문 앞 조양문외대가의 동악묘 폭만큼을 떼어내야 동악묘 원래의 경내가 되는 것이다.

따라서 동악묘 정문인 '삼문 패루牌樓'가 길 건너편에 서 있다(그림 6-11). 조양문외대가라는 대로를 건너간 지점에 위치하고 있다. 패루는 3개의 문으로 되어 있다. 이 패루는 푸른 유리벽돌과 녹색 유리벽돌로 쌓아 올린 문으로 가로지르는 대로를 건너 남쪽에 남아 있다. 원래 들어가

그림 6-10. 베이징의 동악묘 경내를 관통한 조양문외대가(朝陽門外大街).

그림 6-11. 원래의 베이징 동악묘 정문인 패루. 남쪽에서 바라본 세 개의 문 패루 모습.

그림 6-12. 베이징의 동악묘 현재 입구문과 당간지주 및 양측의 고루.

던 패루의 남쪽, 곧 정문 앞에는 '질사대종秩祀垈宗'이라는 현판이 붙어 있다. 대종垈宗, 곧 태산의 신을 모시는 곳이라는 의미이다.

현재 사용하는 동악묘 입구문은 실제로 동악묘 경내의 중문中門인 셈이다. 베이징의 시가지 개발로 인해서 베이징 동악묘 경내 전체를 관람하려면 조양문외대가朝陽門外大街를 건너서 삼문 패루를 먼저 보고 거기를 통과하여 대로를 건너 중문으로 들어가야 하는 것이다.

현재의 동악묘 입구문, 곧 중문의 양 옆에는 북을 매단 고루鼓樓가 있다. 고루의 현판 글자가 흥미로운데, 서쪽 고루는 '고래 경'자, 동쪽은 악어를 나타내는 한자가 쓰여 있다. 현재 사용하는 입구문 앞에는 당간 지주 두 개가 양 옆에 있어서 깃발을 꽂던 과거의 모습을 그대로 남기고 있다(그림 6-12).

참고문헌

자료

『대한예전(大韓禮典)』(1897~1899).

서영보, 심상규 외, 고려대민족문화연구원 역, 『만기요람(萬機要覽)』(순조 8년, 1808), 국립고전번
　　　역원, 1971.

『춘관통고(春官通考)』(정조 12년, 1788).

논문 및 단행본

김창호, 「해동성적지(海東聖蹟誌)」, 『한국민속신앙사전 : 마을신앙』, 국립민속박물관, 2010.

남덕현, 『관우 : 영웅을 넘어 신이 된 사람』, 현자의마을, 2014.

쉬진시웅(許進雄), 홍희 역, 『중국고대사회 : 문자와 인류학의 투시』, 동문선, 1991.

오항녕, 『광해군 : 그 위험한 거울』, 너머북스, 2012.

이정호, 「양주 능원행(陵園行)과 동묘(東廟)」, 『이화(李花)』 253, 2015.

장장식, 「서울의 관왕묘 건치와 관우신앙의 양상」, 『민속학연구』 14, 2004.

정해득 · 이현진, 『왕의 행차 : 조선 후기 국왕의 융릉, 건릉 행행(行幸)과 의례』, 화성시문화원, 2014.

한명기, 『역사인물 다시 읽기 광해군 : 탁월한 외교 정책을 펼친 군주』, 역사비평사, 2000.

제7장

성현을 기리어

························· 문묘와 공묘

1. 문묘는 공자사당

문묘文廟는 공자와 그의 제자 및 중원의 여러 유학자들의 위판位版를 모시는 사당이다. 중심 건물에 공자라는 성현聖賢의 위판을 봉안하며 제향을 드리는 사당이다. 위판은 하나의 신위神位를 여러 곳에서 제향을 드릴 수 있도록 여러 개 만들 수 있다. 조선은 신유학新儒學인 주자朱子의 성리학을 지도 이념으로 삼아서 사회를 만들어 나간 왕조였다. 주자는 고려 중기에 해당하는 남송시대 사람이지만 성리학도 공자라는 성현의 가르침에서 나왔다고 해서 공자를 '학문의 조종祖宗'으로서 사당에 모신다.

문묘는 조선의 도성뿐만이 아니라 전국의 모든 300여 개 읍치의 국립학교인 향교鄕校 안에 존재했다. 조선의 부목군현에는 대부분 관아의 동쪽

에는 문묘라는 공자의 사당이 있었고, 서쪽에는 주현사직단이 존재하여 도성의 도성사직단과 종묘의 우사좌묘右社左廟의 형식과 비슷한 공간 배치를 하고 있었다. 북쪽에서 보아 오른쪽에 사직단이라는 제단이 있고 왼쪽에 사당이 있는 배치 방식에서 도성에는 국왕과 왕후의 신위를 모신 종묘가 있고 지방에는 공자와 제자들을 모신 문묘가 존재한 것이다.

공자孔子의 성은 공孔씨고 이름은 구丘이다. 공자(B.C.551~479)는 2천 6여백 년 전의 중원中原의 사람으로 자기 시대 앞에 있던 중원의 3대, 곧 하夏나라, 상商나라, 및 주周나라의 문화를 정리하고 집대성하였다. 그의 제자들이 하나의 학파, 곧 유가儒家를 이루어 중국뿐만이 아니라 한반도와 일본열도 및 북방의 동북아시아 문화에 지대한 영향을 끼친 위인이다. 여기서 중원이라는 지역은 현재의 베이징 지역이 아니고 황하의 중류에서 하류 및 회하 사이의 넓은 평지 지역을 이야기한다. 서쪽으로는 현재의 섬서성, 하남성, 산동성과 절강성의 경계선 지역을 서쪽에서 동쪽으로 잇는 선을 가정해서 그 남북의 지역을 가리킨다고 보면 그렇게 틀리지 않는다.

공자는 기원전 6세기 동주東周시대의 노魯나라에 살면서 유학을 창시한 성인이다. 청동기 시대의 말기에 해당하는 시대를 살다가 간 동양의 성현이다. 청동기 시대는 대부분의 물건은 목재나 석재이고 일부의 예기나 무기에 청동기가 사용되던 시기이다. 공자보다 후대의 맹자(B.C.372~289)의 시대에는 철기가 사용되기 시작하였고 농경에도 철기가 사용되기 시작하였다. 현재의 중국 산동성 취푸曲阜에는 그가 세상을 떠난 1년 후에 중원의 천자국 주周나라의 제후국인 노魯나라의 임금인 애공哀公이 세워준 사당이 존재했다. 또한 그의 가문의 후손들도 같은 곳에 묻혀서 공림孔林이라는 숲을 이루고 있다. 서기 200년대의 관우關羽의 목이 묻힌 뤄양洛陽의 묘역을 관림關林이라고 하는 것과 같다.

주나라의 초기의 수도는 현재의 섬서성 시안西安이고 공자가 태어나기 200여 년 전인 기원전 770년에 수도를 시안에서 하남성 뤄양洛陽으로 옮겨서 동주東周시대가 시작된다. 기원전 11세기 무렵(B.C.1046) 주나라가 중원의 여러 제후국을 봉건하여 주나라의 왕王이 곧 천자天子이던 시대는 시안西安이 도읍이어서 상대적으로 서주西周라고 한다. 제후국의 임금들은 공公아니라면 후候라고 불렀다. 동주의 천자가 이들 제후국의 임금들을 책봉하는 문화가 오래 계속되었다.

공자가 태어난 제후국의 이름은 노魯나라고 현재의 산동성 취푸曲阜를 도읍으로 하는 주나라 천자의 분봉국이었다. 따라서 노나라의 임금은 장공莊公, 애공哀公처럼 '공公'자를 붙인 이름을 가지고 있었고 자신들의 강토를 차지하고 다스렸다. 수도를 동쪽으로 옮긴 동주시대에는 주나라 천자의 권위가 떨어지고 제후국들이 서로의 힘을 겨루던 시대로 춘추春秋시대라고 한다. 공자가 편집한 제후국 노나라의 역사서의 이름이 춘추春秋였고, 그에 따라서 기원전 7세기부터 기원전 5세기까지를 보통 춘추시대라고 한다.

기원전 5세기부터는 중원의 여러 제후국들 중에 힘이 강한 진秦, 위魏, 진晉, 조趙, 한韓, 송宋, 연燕, 초楚, 중산中山으로 자립하여 각자가 주나라의 천자에 해당하는 왕王을 칭하게 된다. 또한 이러한 시대는 각각의 나라들이 나름대로의 방법으로 부국강병을 추구하여 전쟁이 끊이질 않았다. 기원전 221년에 진秦나라가 중원의 나라들을 통일하는데 이 때 여러 나라들의 왕들보다 높은 의미의 황제皇帝라는 말이 탄생한다. 진나라 시황제는 성씨가 영씨고 이름이 정이어서 영정인데 2세황제 때 다시 중원이 쪼개어지고 유방의 한漢나라가 재통일하여 그 첫 황제가 된다. 따라서 진나라와 한나라 이전에는 천자는 곧 왕王이었고, 이후에는 천자는 곧 황제라는 등식이 성립하게 되었다.

공자는 예악으로 대표되는 주나라의 문화를 정리하고 제자들을 가르쳐서 후대에 전승시킨 사람으로 만세사표萬世師表로 칭송되었다. 공자가 살았던 시대는 주나라 천자의 권위가 떨어지고 제후국들이 서로의 힘을 겨루던 시대였다. 제후국들이 주나라 천자인 왕王을 받들면서도 중원의 권력을 쥐게 되는 것을 패권覇權이라고 하였고, 첫 번째로 패권을 쥔 제후국 임금은 산동성의 제齊나라의 환공桓公이었다. 공자는 환공보다 100여 년 뒤의 사람이다. 공자가 살던 춘추시대는 주나라 초기의 봉건제도와 예禮와 악樂이 거의 쇠퇴하고 허물어진 시대였다.

공자의 학문의 유파를 유가儒家라고 하는데 유가는 진秦나라의 중원 통일과 분서갱유와 같은 위기를 넘기면서 한漢나라 이후에는 중원을 대표하는 문화로 자리잡았다. 실제로 한나라의 고조 유방은 곡부에 가서 공자에게 제사를 드린 지도자였다. 한나라 고조의 증손자인 한나라 무제 유철이 당시까지의 도가道家를 누르고 유가를 국가의 치국이념으로 자리잡게 하여 거의 2천 년간 중원 문화의 중심으로 서게 하였다.

대체로 7세기 이후의 당나라 시대에서부터 공자는 성현으로 받들어졌다고 한다. 만주와 한반도에는 신라와 발해가 남북으로 위치하던 시대 이후부터인 것이다.

당나라 이후의 중원의 역대 왕조들은 공자를 자신들의 왕조를 떠받치는 이념이면서 관리들의 임용시험인 과거科擧의 주요 내용을 이루게 하는 제도를 유지하고 있었기 때문에 산동성 취푸曲阜의 사당은 역대 왕조에서 여러 번 고쳐 짓고 보수하여 현재에 이른다.

2. 서울의 문선왕묘

문묘는 공자를 문선왕으로 높이 불러 문선왕묘文宣王廟라고도 부른다. 현재의 서울 문선왕묘는 성균관대학교 정문에서 도로가 뚫려있어서 도로를 걸어 들어가는 사람들은 무의식적으로 걸어 들어가지만 공자와 그의 제자들의 위판이 있는 조선의 성균관 문묘의 남신문을 보고 들어가는 것이다(그림 7-1). 현재 이 남신문에는 어떤 현판도 걸려 있지 않다. 다만 삼문三門으로 된 남신문 앞에 설명 표지판이 있어서 성균관이라는 것을 알리고 있다.

문선왕묘에서 공자의 위판을 모신 사당의 주건물은 5칸의 대성전大成殿이라 한다(그림 7-2). 대성전에는 공자와 함께 안자, 증자(B.C.505~435), 자사(483~403), 맹자의 4성聖이 모셔져 있고 공자의 제자 10명이 모셔져 있다. 남쪽에서 보아 대성전 좌우에는 종향위從享位로 모시는 유현들의 위판들을 보관하는 건물로 동무東廡와 서무西廡가 있다(그림 7-3). 대성전의 서쪽에 제사를 위한 시설들인 전사청과 악공청이 있었다.

영조가 1742년에 세운 탕평비가 문묘의 남동쪽 가까이 성균관대학교

그림 7-1. 성균관대학교 정문 부근의 문묘와 북쪽 명륜당의 위성사진.

그림 7-2. 서울 문선왕묘의 정전 대성전(大成殿).

그림 7-3. 서울 문묘 종향위 위판 모시는 동무(왼쪽)와 서무(오른쪽).

정문의 왼쪽, 곧 수위실 맞은편에 위치하여 있다(그림 7-4). 탕평책이라는 것은 당파를 가리지 않고 인재를 등용하겠다는 조선 후기 조선 국왕들의 의지의 표현이다.

임진왜란을 겪은 선조 때부터 숙종대까지 당쟁이 격심했다는 것은 아주 잘 알려진 역사 이야기이다. 조정에 출사한 사림士林들끼리 동인과 서인, 남인과 북인으로 나뉘어서 당여黨與들끼리 정치적 사안에 따라서 결집하여 반대 당여들을 공격하고 자리에서 물러나게 하며 심지어는 죽음으로까지 내모는 여러 사태들을 주도하게 되었다. 정권이 한 당여에게 넘어가면 관리임용에서 뿐만이 아니라 과거 시험에서의 급제자 처리 및 심지어는 한 국왕대의 사실을 기록하는 『실록』의 편찬에 있어서도 당여의 의론이 반영되기에 이르렀다. 이러한 문제를 해결하기 위해서 조선 국왕과 여러 뜻있는 고위관리 및 선비들이 여러 가지 조처들을 취하기도 하였지만 무용지물이었다.

그림 7-4. 영조가 1742년에 세운 탕평비각.

영조 때부터 관리들의 등용에서 차별을 없애겠다는 실질적 정책이 실행되는데 그 표상이 문선왕묘의 동편에 세운 탕평비蕩平碑이다(그림 7-4). 1742년 영조 18년으로 창덕궁 부용지 영화당에서 왕세자 사도제사에게 영을 내려 건립하게 한 것이다. 탕평에 관한 이론적 배경은 이미 당쟁이 극성을 부리던 시기 중의 하나인 숙종대에 나타나기 시작하였다. 특히 영조 40년(1764) 문묘에 종사된 박세채(1631~1695)가 숙종대에 황극탕평론을 주장하고 여러 갈등에 대한 중재자로서도 활약한 바가 있고 '황극탕평론皇極蕩平論'에 대한 글을 그의 문집에 남기고 있다.

현재에는 성균관대학교로 들어가는 길 주변에 개천이 없는데, 조선 후기에 문묘를 포함한 전체 성균관을 감싸 도는 개천이 북쪽에서부터 흘러 내려서 현재의 성균관대학교 정문의 남쪽을 동에서 서로 돌아서 흘러 내려갔다. 이 개천을 '반수泮水'라고 했다. 따라서 이 개천에 여러 개의 다리들이 있었다. 대표적인 것으로 현재의 유림회관 앞에 중석교中石橋라는 다리가 있었다. 유림회관 뒤에는 하련대라는, 국왕이 친림할 경우 연輦을 내리던 곳이 네모지게 되어 있다.

탕평비를 세우던 영조 당대에는 반수교泮水橋라는 다리가 있었다. 유림회관 앞 개천물이 굽어지기 직전에 위치한 다리였다. 이 반수교 옆에 영조가 세운 탕평비가 있었다. 성균관대학교 정문의 왼쪽, 곧 수위실 맞은편에 위치한 탕평비와 상대적인 공간 거리를 살펴보면 된다(그림 7-4).

대한제국의 국가의례서인 『대한예전』은 1894년 갑오개혁 이후 대한제국기에 집필된 전례서이고 길례吉禮를 다루는 단묘도설에 문묘가 수록되어 있다(그림 7-5). 이점은 조선 초기의 『국조오례의』에도 마찬가지이

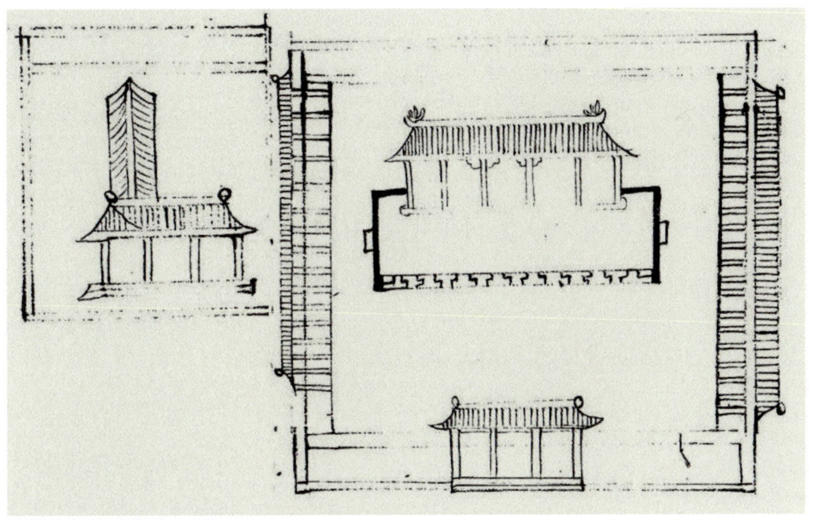

그림 7-5. 대한제국기에 집필된 『대한예전』의 문묘 그림.

다. 남쪽의 신문神門과 중간의 정전인 대성전大成殿과 동쪽과 서쪽의 건물과 전체 문묘 경내의 서쪽에 전사청과 수복방만을 스케치한 형태로 그리고 있다.

3. 조선의 교육 기관

조선은 성리학적인 유교문화가 지방으로까지 깊이 침투한 국가였다. 한반도에서는 고려 후기부터 남송南宋의 주자학朱子學을 주로 하는 문화를 만들어 나갔다. 물론 근대화에서나 현대문화에 미치는 영향에 있어서는 공보다는 과가 더욱 많을 수도 있다.

만주와 한반도의 고대 및 중세 국가들도 유학과 학문 및 문화와의 관계를 고려하여 중원의 고대 및 중세 국가의 이러한 문화들을 나름대로의 특색을 가지면서 받아들였다. 고구려의 태학太學이나 신라 신문왕 2년(683)의 국학國學도 유학을 주로 하는 교육기관이었다. 한반도의 중세 왕조인 고려와 조선의 경우로 이에서 벗어나지 않고, 고려의 국자감 혹은 성균관이라는 국립대학에 공자의 사당을 세웠다. 고려의 국자감은 원래 성종(981~1009)대에 건립하려고 하였으나 거란의 침입으로 개성이 잿더미가 되어서 11대 문종(1046~1083)대에 와서 국립 최고 교육기관으로 정착되었고 이후에 예종(1105~1122)과 인종(1123~1146)대에 재정비되었다.

인종 원년에 고려에 사신으로 온 송나라 사람 서긍이 쓴 『고려도경』

에는 국자감 안에 선성전宣聖殿이라는 공자를 모신 사당이 있다고 적고 있다. 임천각臨川閣에는 수만 권의 장서가 있고, 청연각淸燕閣에는 경사자집經史子集 4부의 책이 가득 차 있다고 했다. 고려의 국자감을 성균관으로 바꾼 해는 1308년으로 충렬왕 34년이었다. 국자감에는 유학뿐만이 아니라 율학, 산학 등을 포함하고 있었고 심지어는 예종 때인 1109년에는 강예재라는 무학武學도 포함되어 있었고, 고려의 과거에 무과도 있었다. 국자감의 무학과 과거의 무과도 인종 11년에 폐지되었다. 또한 1308년 성균관으로 개칭하면서 율학이나 산학 등을 실무관서로 옮기고 온전히 유학만을 전문으로 하는 교육기관으로 탈바꿈하였다. 원나라에서 주자학을 들여온 이후가 된다.

조선의 유학교육기관은 수도 한성 숭교방에 성균관과 동서남중학의 4학이 있었고, 지방에는 향교를 가지고 있었다. 〈수선전도〉의 한성 동쪽 산(동청룡)과 흥인문 부분을 살펴보면 창경궁의 동쪽 및 혜화문 안쪽에 문묘와 성균관을 같이 표기하고 있고, 흥인문 안쪽의 현재의 종로 7가와 동대문쇼핑센터가 만나는 지역의 북쪽에 있던 '동학東學'이 표시되어 있다(그림 7-6). 또한 〈수선전도〉의 남쪽 산인 목멱산, 곧 현재의 남산 부분을 살펴보면, 목멱산 동북쪽 기슭에 '남학南學'이 표시되어 있다(그림 7-7).

현재의 교육 시스템과 마찬가지로 조선의 중기 이후에 서원書院이 전국 지방에 많이 만들어져서 국립과 사립의 유학 교육기관 시스템이 마련되어 있었다. 대신에 한성부의 도성 안에는 서원이 없고, 성균관과 세종대부터 4학, 곧 서학, 중학, 동학, 남학과 같은 국립 교육기관만이 있었다. 또한 양반의 경우는 조선시대에 학문과 유학을 배우는 데에는 관리가 되

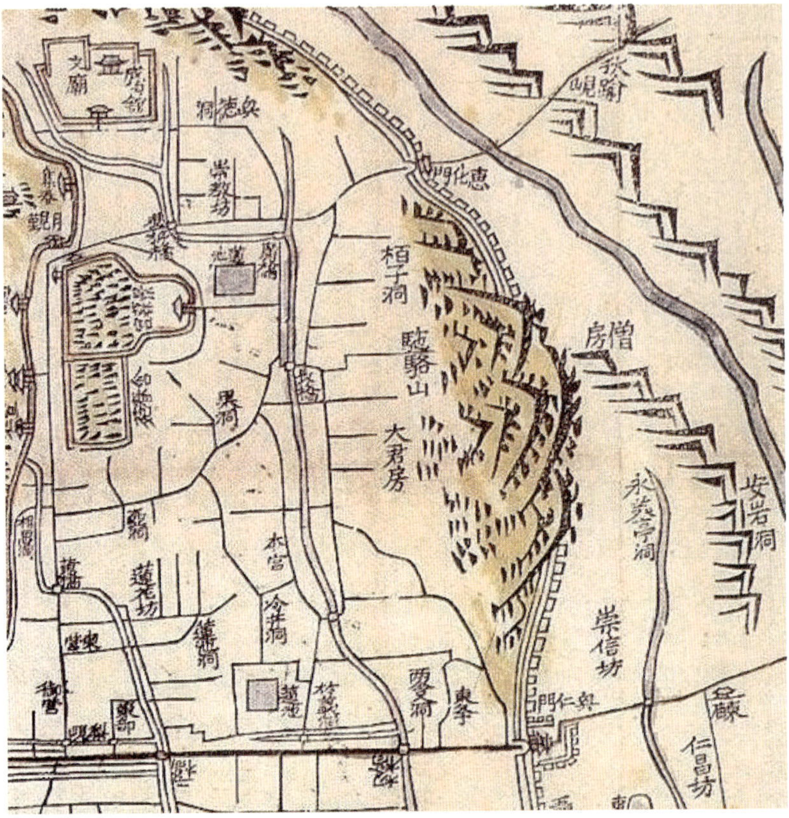

그림 7-6. 〈수선전도〉의 낙산과 흥인문 부분(아래가 남쪽, 위가 북쪽).

그림 7-7. 〈수선전도〉의 목멱산(남산) 부분(아래가 북쪽, 위가 남쪽).

어 나간 가문의 어른들과 친척의 어른들에게서 배우는 사례가 많기 때문에 교육의 기회는 여러 방식으로 열려 있었다. 또한 과거科擧라는 시험 제도를 통해서 관리로 등용되는 것이 중요한 사회 구조를 형성하고 있었기 때문에 긍정적인 측면도 많았지만 권세를 등에 업고 저지르는 과거의 부정과 비리가 끊이지 않아서 많은 문제점들을 노출시킨 것도 사실이다.

조선에는 수도 한성에 성균관이 있었을 뿐만 아니라 전조前朝인 개성에도 성균관을 두고 있었다. 조선 초기에 개성은 수도 한성 다음으로 가는 도시로 유수부留守府라고 하였다. 조선 태조 이후로 300여 개 부목군현에는 보통 읍치 동쪽에 위치한 국립 학교인 향교 내에 문묘를 가지고 있었고, 서쪽에 지방사직단이 설치되어 있었다. 도성이 좌묘우사의 원리대로 동쪽에 종묘를 가지고 서쪽에 사직단을 가지는 것과 같은 배열이었다.

중앙에서 파견된 지방관은 국가의 지방 제사에 속하는 경주, 평양, 익산, 전주 등의 역대 시조 제사中祀, 조선 태조의 어진을 모신 진전제사俗祭, 명산대천의 산천단 등에 드리는 제사小祀등을 사전祀典에 지정된 것에 맞게 드리게 되어 있었으면서 또한 지방 사직단과 문묘의 제사를 모시도록 되어 있었다. 지방 향교에서 유학을 배우는 것과 함께 이렇게 문묘제사와 사직제사에 향교의 향교 학생들이 참여하도록 되어 있었다.

성균관은 조선 최고 국가 교육기관으로서 500여 년 동안 많은 인재를 배출하였다. 예를 들어 이전까지는 중원의 유학을 수입하여 가르치는 수준에서 머물러 있었던 조선의 성리학을 한 단계 높인 바 있는 퇴계 이황도 성균관 유생 시절을 보냈었다. 또한 성균관에 문묘가 있어서 유학과 문치文治를 숭상하는 기조의 배경이 되었다. 〈용비어천가〉와 같이 조선 왕실의 건국 역사를 읊는 노래에서부터도 유학을 정학正學이라고 주창한 바와 같이 문文은 곧 유학이요 주자학이었다. 조선의 교육 기관을 대별하자면 관학官學으로는 한성의 4학과 지방의 향교가 있었고, 지방에는 향교와 사학私學인 서원書院들이 있었다. 그런데 이들 관학 모두에는 문묘가 존재했고, 사학인 서원에도 사당이 있는데 개별적인 유현儒賢들의 위판을 모시고 있었다. 교육에도 제의가 차지하는 비중이 높았던 것이다.

조선은 중기 이후로부터 유학자이면서 관리였던 자신들의 스승을 문묘의 유현儒賢으로 봉안하는 문제를 가지고 집요하게 지속적으로 정치적 투쟁을 벌였다. 말하자면 조선의 성리학 학술 정치사가 바로 조선 성균관에 위판이 모셔진 동방 18현에 다 담겨 있다고 해도 과언이 아니다. 신라의 설총과 최치원, 고려의 안향은 고려시대 성균관의 문묘에 종향되었지만, 고려의 정몽주 이후 조광조를 포함한 14명의 조선 유학자들은 당대와 함께 이후의 제자들이 만드는 학문적·정치적 세력에 관계되었다. 종묘가 국왕과 왕후, 그리고 추존왕의 부묘 문제라는 권력 향배의 정치적 역사를 담고 있다고 한다면, 문묘는 이렇게 학파學派와 정파政派에 따라서 달라지던 역사적 궤적을 담고 있다. 따라서 종묘와 문묘는 두 가지 다르면서도 상관되어 있는 역사적 궤적을 담고 있는 사당이다.

4. 조선 성균관

조선 성균관은 문선왕묘의 북쪽에 학생들을 가르치는 강학講學의 공간과 기숙사 및 도서관을 갖추고 있다. 유학 강학의 공간은 '명륜당明倫堂'이라 한다(그림 7-8). 명륜당 앞의 뜰의 동쪽과 서쪽에 길게 회랑같은 두 개의 건물이 있는데 바로 기숙사에 해당하는 동재와 서재이다. 동재와 서재는 명륜당 앞의 뜰에서 들어가는 것이 아니고 반대로 각각 건물의 동쪽과 서쪽의 측면으로 들어가야 대청마루도 보이고 생활공간이라는 맛이 나게 되어 있다(그림 7-9).

조선은 숭문주의崇文主義를 표방하던 사회였기 때문에 학문과 서적에 대한 관심이 대단한 나라였다. 국왕이 거주하는 궁궐 속에도 궁궐 도서관들이 여럿 있었고, 도서와 문서를 보관하는 건물들이 상당히 많았다. 정

그림 7-8. 조선 성균관의 강학공간인 명륜당.

그림 7-9. 조선 성균관의 기숙사 중의 하나 동재.

조가 창덕궁의 현재의 부용지 옆에 임금들의 글씨, 그림, 서적들을 소장하는 규장각과 함께 여러 서고書庫들을 지은 것을 알 수 있듯이, 도서의 출판과 인쇄 및 보관은 조선의 중요한 문화였다. 창덕궁 후원의 부용지 주변의 주합루 건물이 정조가 원래 창설했던 규장각이고 실제로 1층이 규장각이었고 2층이 주합루였다. 현재는 주합루 현판만 남아 있고, 창덕궁 정문인 돈화문을 들어가면 궐내 각사 지역에 규장각 건물이 있다.

성균관에도 도서를 보관하는 도서관이 있었는데 대성전의 뒤의 동편에 위치한다(그림 7-10). 이 아담한 건물의 이름은 존경각尊經閣이다. 존경각의 장서는 일제강점기 경성제국대학으로 옮겨갔다가 현재는 성균관대학교 도서관으로 환수되어 있다.

조선 성균관은 현재의 대학 총장에 해당하는 관직으로 대사성大司成이 있었다. 조선 태조 때에는 조선 건국의 최고의 공로자인 정도전도 대사성이었다. 대사성 아래에 여러 가르치는 관원들이 있었고(사성, 사예, 직강, 전

그림 7-10. 조선 성균관의 도서관인 존경각.

그림 7-11. 조선 성균관의 관리처인 정록청.

적, 박사), 성균관의 경내를 관리하는 실무자는 학정學正과 학록學錄이라고 하였다. 이 관원들의 사무실 이름이 정록청正錄廳으로 기숙사 동재의 동편에 있다(그림 7-11). 이들은 성균관의 실제 관리와 사무도 맡아 보았지만 1895년 고종대의 개혁 이전에는 문선왕묘의 국가제례에서의 묘사廟司 역할을 담당해야 했다.

조선 후기에는 조정에 출사하지 않았지만 서원과 향약 등을 통해 지방 사회를 주도한 사람들 중에 학덕學德이 높고 뛰어난 학문의 소유자들을 조정에 출사시키는 정책들이 있었다. 그 사람들은 산림에 묻혀있다고 해서 '산림山林'이라고 불렀다. 특히 광해군을 인조반정으로 몰아낸 서인 정권에서부터 이러한 산림들을 조정으로 불러서 빈약했던 정통성을 강화하려는 정책을 폈다. 그들을 조정으로 출사시키기 위한 정책 중의 하나로 세자시강원뿐만 아니라 성균관에도 새로운 관직, 산림직山林職이 생겨났는데 정3품의 성균관 좨주祭酒와 종4품 사업司業이었다. 역시 명륜당에서 강학하는 역할을 하는 것이다. 효종 및 현종대에 유명한 양송兩宋 송시열과 송준길이 모두 성균관 좨주와 세자시강원 관리를 거친 사람들이었다.

성균관의 학생들은 명륜당에서 유학의 경전에 대한 강의를 듣고 배우기도 하였지만 문묘의 제사에도 참여하였다. 지방 향교나 서원의 학생들도 마찬가지였다. 유학이라는 학문적 배움의 또 다른 하나의 측면으로 공자 및 유현들의 사당의 제례에 참여하는 것이었다.

국가제례에서 국왕이 친림하지 않는 경우는 국왕이나 황제로부터 향과 축이 전달된다. 『국조오례의』에서는 '전향축傳香祝'이라 한다. 헌관이 창덕궁 인정전 같은 곳에서 익선관과 곤룡포 차림의 국왕에게서 받아서 향과 축문을 받아서 '향정香亭'이라는 들것에 넣어서 헌관 이하와 같이 국가제례를 지내는 해당 공간의 재궁 혹은 안향청으로 가져가게 되어 있다. 조선 왕조 실록에는 전향축의 기사가 국왕과 황제의 집무로 기록되어 있다. 주로 궁궐의 편전인 경복궁의 사정전, 창덕궁의 인정전에서 이루어지는 제례를 공식적으로 시작하는 순서이다. 그 향과 축이 전달된다는 의미가 바로 국가에서 문묘를 돌보고 문선왕과 유현들을 숭앙한다는 숭문주의를 표현하는 방편 중의 하나였다. 향과 축을 보관하는 장소가 따로 마련되어 있는데, 이것도 성균관의 대성전 동편의 경내에 있고 향관청享官廳이다. 향관청은 하나의 독립된 구조를 가지고 있다(그림 7-12). 향과 축이 성균관으로 와서 향관청으로 들어가는 남문이 삼문三門 양식으로 있고, 좌우에 협문이 있으며, 향관청 정전의 좌우에 동월랑과 서월랑이 있다. 사직단의 향축 보관 건물인 안향청安香廳이 남문과 함께 좌우에 월랑이 두

그림 7-12. 석전의 향과 축을 보관하던 조선 성균관의 향관청.

개가 있는 구조와 동일한 구조이다. 월랑은 재관들의 제례시에 사용하는 공간이다. 향과 축 이외의 문묘의 국가제례에서 필요한 제기들이나 희생 동물 처리 같은 것들은 대성전 서쪽의 전사청에서 관리하였다.

현재의 중국 산동성 취부曲阜에는 공자의 원 거주지 옆에 중원 역대 왕조가 건축하고 개수를 거듭한 공묘孔廟가 있다. 그 경내에 공자가 자신의 제자들을 가르치던 살구나무와 월대가 있어서 후대에 그곳에 전각을 세워놓았다. 이 살구나무는 한자로 행杏자로 표기되고 행단杏壇이라고 한다. 공자가 살구나무 아래애서 강의하는 단이었으니 현재의 강단講壇이 되는 셈이다. 그 강단이 공묘의 대성전 앞뜰에 있다. 공자가 생활하던 춘추시대 공자의 집 서북쪽에 해당하는데, 후대에 공자 사당 정전인 대성전의

그림 7-13. 명륜당 앞 뜰의 천연기념물 59호 은행나무.

앞뜰이 되어 버린 것이다. 이와 비슷하게 조선 성균관 명륜당 앞뜰 남쪽에도 나무를 심었는데, 살구나무가 아니고 은행銀杏나무이다. 천연기념물 59호로 400여 년의 수령을 자랑한다(그림 7-13). 유교의 경전이면서 공자의 말씀과 그의 제자들과의 문답을 기록한 『논어論語』를 배우는 사람들이 명륜당에서 공부하면서 은행나무를 보고 공자와 제자들의 공부하던 공간인 행단을 연상했을 것이다.

5. 고종 시대 이후의 교육제도 변화

조선 중기를 지나면서 서원書院이라는 사학私學이 생겨나서 학문 연구와 교육의 큰 축을 담당하였다. 서원에도 사당이 있었는데 주로 동방 유현東邦 儒賢들을 모시는 사당이 있었다. 조선 후기에는 향교보다는 서원에서 많은 인재가 배출되는 것으로 인식할 정도가 되었다. 그러나 조선의 주자학 일변도의 학문 경향은 조선 후기로 올수록 사회적 정의나 기회의 균등과 같은 가치들과는 상반된 방향의 보수화의 경향을 가지고 있었다. 정조 사후 순조대부터 나타난 현상, 곧 대왕대비나 왕후척족들의 가문이 정권을 잡는 세도정치의 병폐들이 다발적으로 나타났다. 조선의 도성에서 일어나는 사회적 모순뿐만 아니라 지방의 서원을 중심으로 붕당을 형성하여 정치에 참여하였고 서원들이 지방 백성들의 수탈의 중심지가 되었다.

1860~70년대 흥선대원군이 집권하면서 이러한 사학私學이 가지고 있

던 병폐를 개혁해 나가기 시작하였다. 1871년(고종 8)에 흥선대원군이 전국 47개소의 중요한 서원만 남겨두고 다른 서원들을 철폐하여 버렸다. 지방에서 백성들을 수탈하는 것을 막고 서원에 딸린 토지와 노비를 몰수한 혁신적인 조치였다. 관학官學에 대한 정리는 이러한 조치 25년 후에 일어났다. 갑오 농민전쟁 이후에 양반과 상민의 구별을 없애야 한다는 요구와 교육의 기회 균등이라는 명분하에 1894년에 과거제가 폐지되었고, 신분제도를 없앴으며, 1895년(고종 32)에 성균관은 문묘 제례를 담당하는 기관으로 축소하였다.

1894년 갑오개혁으로 인해서 새로 생긴 학부아문學部의 전문학무국은 "중학교, 대학교, 기예학교, 외국어학교 및 전문학교를 관장한다"라고 하여 이미 대한제국 선포 이전 1894년부터 대학교 설립에 대한 생각이 고종의 조선 정부에도 있었다는 것을 알 수 있는데, 국립 대학의 설립은 실현되지 못했다. 을사조약 1년 후인 1906년에 평양 숭실학교에서 대학부, 1910년의 이화학당의 대학부, 1915년의 경신학교의 대학부에서 대학교육이 처음 이루어졌다. 1912년에는 평양에 숭실대학이 한국의 대학의 효시가 되었지만 이후 일본제국 조선총독부는 새로운 사립학교령으로 대학을 격하시켜 전문학교화하였다.

삼일운동 이후 식민지 조선의 여론이 근대식 대학大學의 설립을 강하게 요구하였기 때문에 1924년에 경성제국대학이 설립되었다. 총독부는 1924년 이전에는 대학이 아닌 전문학교의 수준만의 교육을 식민지 조선에게 허용하였다. 대학이라는 명칭과 제도의 사용을 억압하였다.

성균관은 대한제국 시기에 유학을 중심으로 하는 교육기관으로 회복이 되었다가 1910년 경학원으로 개칭되고 축소되어 조선 최고 학부의 역사를 접었다. 그러다가 1930년에 명륜학원의 설립이 인가되어 전래의 성균관의 교육기능이 근대적으로 되살아났다.

광복 이후에 유학자이자 독립운동가인 심산 김창숙 선생이 유림儒林들의 중지를 모아 성균관대학을 설립하였고, 성균관과 향교를 현대적 조직체로 발전시키는 계기를 만들었다. 따라서 성균관대학의 교육의 기능과 조선 성균관이 가지고 있던 문묘 제례의 기능은 이미 갑오개혁 이후 1895년에 분리되었다.

성균관의 문묘 제례는 『국조오례의』에도 나오는 것처럼 '석전釋奠'이라고 하는 것이 정확하다. 그리고 석전의 주체는 유림들의 조직인 유도회 혹은 성균관이지 교육 기관으로서의 성균관대학이 아니다. '유림의 조직체'로서의 성균관과 지방 향교는 서울의 문선왕묘와 지방의 문묘의 제례를 받들면서 이를 중심으로 유교문화 전통을 계승하고 발전시키는 본산으로 역할해야 할 것이다.

조선 왕조 시대에 국왕이 성균관을 시찰하러 가는 것을 '시학視學'이라고 하였다. 국왕이 반궁泮宮 혹은 학궁學宮에 가서 성균관의 학자에게 강의도 듣고 성균관의 학자 및 학생들에게 음식과 술도 내리면서 격려하는 의례였다. 또한 정조와 같은 영명한 군주를 포함하여 일부의 국왕들은 문선왕묘에 친제 석전釋奠을 하기도 하였다. 고종도 성균관 문묘 석전을 친제한 적이 있다. 세종을 포함한 조선의 역대 국왕들은 문묘에 향과 축을 내리는 일을 실록에 기록하고 있다.

또한 왕세자는 성균관에서 유학에 입문하는 입학례를 하도록 되어 있었고, 국왕의 경연에 해당하는 서연을 할 수 있었다. 이뿐만 아니라 왕세자가 문선왕묘 석전을 주재하던 경우도 있었다. 왕세자 교육은 동궁東宮 '세자시강원'에서 맡아서 했다. 왕세자 이외의 왕자와 종친의 교육은 '종학宗學'에서 맡아서 했다. 종학은 경복궁 동문인 건춘문 동쪽에 자리하고 있었다.『경국대전』에 종학에 대한 조항들이 존재하고 정3품에서 종6품의 성균관 교관들이 종학박사(교관)를 겸임하였다. 근대에 들어서 조선의 종학 제도를 이은 수학원修學院이라는 교육기관이 대한제국기 초기 경복궁 동쪽 종학터에 있다가 광무연간 후기에 경운궁(덕수궁) 안에 위치하여 운영되었다. 일제강점기가 들이닥치면서 수학원은 해체되었다. 일본 황실 종친을 교육하는 '학습원學習院'이라는 교육기관과 비슷한 유형이었는데 일본의 학습원은 현재 학습원대학으로 발전하였다. 현재 종학과 수학원의 전통을 되살리는 노력이 한창이다.

6. 문묘 제례는 석전釋奠이라 한다

『국조오례의』의 길례 변사조는 성균관이나 향교의 문묘에서 지내는 제사는 '석전釋奠'으로 정의한다. 따라서 성균관 문묘와 향교의 문묘에서 지내는 기본적 제사는 '문묘석전文廟釋奠'이라고 해야 가장 정확한 표현이다. 공자의 사당은 문묘이고 그 제사는 석전이라고 하는 것이다.『대한예전』에도『국조오례의』에서와 같이 문선왕묘 석전을 '유사석전有司釋奠'으로 동일하게 쓰고 있다. 지방 향교의 석전은 '주현석전州縣釋奠'이라는 조선 초기의 용어에서 대한제국의 행정 명칭에 맞게 '부군석전府郡釋奠'으로 쓰고 있다.

서울의 문선왕묘 석전은 중사中祀로 구분되는 국가 제사이다. 부군석전은 소사小祀로 구분된다. 도성 문선왕묘 석전의 경우는 정2품의 고위 관리가 초헌관인 제례였다. 부군석전은 공자와 4현(안자, 증자, 자사, 맹자)의 위판을 모시는 대성전을 중심으로 지내게 되어 있다.

문묘의 신위 배열은 공자의 위판이 정위正位이고 4현의 위판이 배위配位가 되며, 동무와 서무의 위판은 종향위從享位가 된다. 중사인 석전은 대사에 해당하는 사직과 종묘 제례와는 규모와 횟수에 있어서는 차이가 있다. 종묘는 봄, 여름, 가을, 겨울 및 겨울 납일 같이 절기마다 지내고 사직도 정월기곡, 봄, 가을 및 겨울납일에 지냈다. 석전은 매해 중춘과 중추의 첫 번째 정일丁日에 거행되었다.

국가제례 구분상 중사中祀인 성균관의 도성 문선왕묘 석전은 10변10두의 제상을 차려서 제례를 지내게 되어 있다. 대사는 12변12두이다. 제상 차림새는 보통 대나무로 만든 제기로 마른 음식을 담은 변籩과 나무로 만든 제기로 주로 젖은 음식을 담은 두豆의 가짓수로 규모를 가늠한다. 소사小祀인 부군 석전은 8변8두가 기본이고, 6변6두 정도이다. 문선왕묘에 국왕이 친향하는 경우에도 10변10두에 삶은 고기를 올리는 것이 덧붙여질 정도였다. 따라서 문선왕묘 석전이 경우에는 중사의 규모이기 때문에 대성전에 있는 5성, 곧 공자와 그의 제자인 안자(안회)와 증자(증삼), 공자의 손자인 자사 및 맹자에게는 10변10두의 제상이 차려진다. 그 외에 『국조오례의』의 형식에 따른다면 대성전 안의 10명의 공자의 제자 종향위와 동무와 서무의 100여 종향위에는 2변2두의 제상이 차려지고 작爵이 한 번만 올려진다. 부군석전에서는 대성전의 5성에게는 8변8두가 차려지고, 종향위에는 2변2두의 제상이 차려진다. 『대한예전』에서도 이러한 제사 규모는 변경되지 않았다.

신에게 세 번 제주祭酒를 바치는 것은 유교례에서는 거의 모두 나타난다. 석전에서는 공자와 배위의 신위에 세 번 제주를 바친다. 제상과 술통 상尊所床이 따로 되어 있는 것은 대사와 중사의 다른 제사와 같은 형식이다. 문묘는 술통이 세 개가 있다. 각각의 술통에서 초헌관과 아헌관과 종헌관의 작爵에 술이 채워지고 제상에 올려진다.

7. 석전제례악과 노래

문선왕묘 석전은 제례에 음악과 춤을 동반되는 중사中祀이다. 부군석전에는 제례악과 무용이 없다. 문선왕묘 석전제례악은 아악雅樂이다. 아악은 중원으로부터 들어와 고려와 조선에서 현지화한 음악을 쓴다. 이것은 사직단의 제사가 아악으로 쓰는 것과 비슷하다. 종묘는 속악俗樂 혹은 향악鄕樂으로 조선 전래의 음악을 쓴다.

문선왕묘 석전은 제례 음악과 노래만으로 신을 맞아들인다. 영신악迎神樂을 인신人神의 수만큼인 9번 연주하므로 신을 맞이한다. 『국조오례의』와 『대한예전』의 의주에 의하면 '응안지악凝安之樂'을 연주하고 열문지무를 추면서 신을 맞아들인다. 석전의 영신迎神 악장에는 '제사를 지내는 이 공간으로 이르러오시라'는 요지의 한문의 가사가 들어가 있다. 가사가 4자의 한자로 구성되어 있다.

오호라 앞세대의 선성이시여大哉先聖 도와 덕이 높여지고 숭앙되며道德尊崇

길게 지속되어 왕화되니維持王化 백성의 으뜸이 되어라斯民是宗

제사의 의식이 떳떳해졌으며典祀有常 정수가 순조롭고 융성하니精純并隆

신으로 이르러 오소서 神其來格 오! 성스러운 위용을 드러내소서於昭聖容

부군 문묘의 석전에는 제례를 수행하는 모든 사람들이 4배하는 것으로 영신이 이루어지고 바로 전폐례, 곧 향과 폐백을 드리는 절차에 들어간다.

석전제례악에서 흥미로운 점은 서구의 클래식 음악에 해당하는 동북아시아의 아악雅樂 계열의 제례음악과 노래가 있다는 점이다. 그리고 일제 강점기에 조선과 대한제국의 다른 제례악들의 전통이 끊어질 때 향악계열의 종묘제례악과 함께 아악 계열의 제례악으로는 문묘제례악만 보전되었다는 사실은 다시 살펴볼 만한 일이다.

초헌관이 정위인 공자신위에 초헌을 할 때에 성안지악成案之樂과 열문지무와 함께 '공자악장'이 노래로 불린다. 또한 배향 4현의 신위에 배향초헌관이 차례로 초헌을 하는 것에 맞추는 '안자악장', '증자악장', '자사악장' 및 '맹자악장'을 부르도록 되어 있다. 실제로『국조오례의』나『대한예전』에는 유사석전에 공자와 4현에게 모두 돌아가면서 초헌과 함께 각각의 축문을 읽도록 되어있는 것과 맥락이 같다. 각각의 축문을 읽을 때에는 음악이 정지된다.

초헌관이 예제라는 제주를 담아서 작爵을 올리는 것에 맞추어 공자악장을 부르게 되어 있다. 음악을 멈추고는 대축이 공자 신위에 대한 축문을 읽고는 다시 음악을 다시 연주하게 되어 있다. 말하자면 작을 올리면서 노래가 불러지고 연주를 멈추고 축문을 읽게 되어 있다. 축문이 끝나면 다시 음악이 연주된다.

이렇게 악장을 포함한 초헌과 각각의 배향신위에게도 독축이 있는 것이 문선왕묘 석전이다. 부군 석전이 거행되는 향교는 음악이 없고, 실제로 독축이 공자 신위에게만 진행되고, 배위인 4현에게는 작爵만 올리도록 되어 있다.

현행의 문선왕묘 석전과 부군 석전에는 공자에게만 독축하고 있다. 백여 년 전의 일제강점기 이전의 『대한예전』에 근거하면 유사석전에서 공자와 4현 모두에게 독축해야 한다. 물론 초헌과 성안지악의 노래와 연주도 '예악무禮樂舞의 조화'를 위하여 잘 맞게 해야 한다.

문선왕묘 석전에는 성안지악成案之樂이 공자에게 초헌, 아헌, 종헌의 절차에 세 번 연주된다. 초헌에는 대성전 기단 위에 위치한 국악오케스트라 등가가 성안지악을 연주하고, 아헌과 종헌은 뜰에 위치한 궁가가 연주한다. 또한 문선왕묘 석전의 제례무에는 열문지무烈文之舞라는 문무文舞만이 들어간다. 무무武舞인 소무지무昭武之舞는 국왕이나 황제가 친림한 경우에만 아헌과 종헌에서 성안지악이 반복되는 가운데 들어간다.

제례악무는 궁중 악무와 함께 조선시대에는 예조 예하의 장악원掌樂院에서 500여 년의 전통을 이어왔다. 장악원은 1894년 갑오경장으로 의정부와 궁내부로 이원화되면서 궁내부의 장예원掌禮院 소속이 되었다. 광무 원년(1897)에는 장예원 소속의 장악원이 교방사敎坊司로 명칭이 변경되었다. 이 때만 해도 770명의 악사가 있었는데, 융희 원년(1907)에는 장예원 장악과掌樂果로 축소되면서 3백 명으로, 그 이듬해 270명으로 감축되었다. 1910년 경술국치 이후에는 '이왕직 아악대'로 재편되어 감원되었는데 조선총독부 치하의 1917년에는 50명 밖에 남지 않았고 궁중제례악무는 존폐의 기로에 있었다. 다행히 이 시기 일본제국 궁내성宮內省이 보낸 일본 전통음악의 권위자 다나베 히사오田邊尙雄가 조선의 제례악을 조사한 연후에 보존해야 한다는 보고를 올렸다. 1919년 이후로 건물이 마련되고 후학 양성을 하도록 되어서 종묘제례악과 문묘제례악이 보존되었다. 1925년부터는 '이왕직 아악부'라고 했는데 1945년 해방 이후에는 '구황실 아악부'라고 불렀다. 이것이 대한민국의 국립국악원이 되었다. 대한제국의 장예원 교방사에서 일제강점기 이왕직 아악부를 거쳐서 국립국악원이 된 것이다.

조선과 대한제국의 제례악을 보전하는 데에 크게 기여한 다나베 히사오의 술회는 다음과 같다. "내가 처음으로 조선의 아악을 들으니 나의 몸이 하늘에 오른 듯한 느낌이 들었다. 이것이야 말로 아악의 이름을 욕되게 하지 않는 것이라고 느꼈다. 애석하도다. 아악은 우리 일본에는 하나도 전하여 있지 않다. 이와 같이 고대의 음악이 남아 있는 곳은 세계에서 조선뿐이다. 실로 세계의 보배다. 이것을 어떤 방법으로든지 동양의 음악으로 발전시켜 나가고 싶다."

석전은 줄잡아 공자의 사후死後인 기원전 6세기부터 시작되었기 때문에 거의 2500년의 전통을 가진 제향이다. 때문에 중원의 다른 모든 제향의 모범이 되기도 하였다. 따라서 아악을 쓰는 국가 제사인 사직단 제례악이 2014년 겨울에 완정完正한 형식으로 복원되었는데 전통이 끊기지 않고 보전된 문묘제례악이 존재한 것이 큰 도움이 되었다. 원구단이나 선농단의 제례악을 복원하는 데에도 서로의 비교가 필요하다.

8. 베이징 공묘와 청나라 국자감

공자사당을 한국에서는 문묘文廟라고 하는 데 비해 중국에서는 공묘孔廟라고 한다. 경기도 오산에 있는 공자의 영정을 모신 사당 궐리사闕里祠 경내의 박물관에 공자의 후손이 왔다가 쓴 글에도 '공묘孔廟'라고 쓰고 있어서 중국에서는 공묘가 보통의 말임을 입증하고 있다. 산동성 취푸의 공묘는 원묘原廟이고 베이징 공묘는 국묘國廟라고 보는 것이 좋을 것이다. 청나라 베이징 공묘는 건륭제 때인 1737년(건륭 2)과 광서제 때인 1906년(광서 32)에 대대적으로 개축 및 증축이 이루어졌다. 조선 성균관의 남쪽에 문선왕묘가 있고 북쪽에 강학 공간이 있는 것과는 달리 베이징의 청나라의 공묘는 동쪽에 있고, 청나라 국자감은 서쪽에 위치한다. 설명판에는 좌묘우학左廟右學이라는 설명이 쓰여 있다. 조선의 문선왕묘와 성균관(명륜당)의 관계는 남묘북학南廟北學라고 해야 할 것이다.

청나라 베이징 공묘에서 공자의 위판을 모신 건물은 이름이 같아서 대

그림 7-14. 베이징 청나라 공묘 대성전.

성전大成殿이다. 서울의 문선왕묘와 마찬가지이다. 산동성 취푸의 공묘에도 대성전으로 이름이 똑같다. 다만 조선 서울의 문선왕묘 대성전이 5칸인 반면에 청나라 베이징 공묘 대성전은 9칸짜리 건물로 규모가 크다(그림 7-14).

대성전이라는 편액 밑에 만 세대에 스승의 으뜸이라는 뜻의 '만세사표萬世師表'라는 가로 현판이 붙어 있다. 내부의 감실에 공자의 위판이 있고, 감실 양 옆에는 안연(안자), 증삼(증자), 자사, 맹자와 공자의 제자들의 위판이 진열되어 있고, 편종이나 편경 같은 석전의 제례악 악기들이 전시되어 있다. 대성전 안에는 '도흡대동道洽大同'이라는 현판, 곧 '도가 차서 넘치면 대동大同이다'가 있다(그림 7-15). 『예기』의 예운편에 나오는 대동사회를 의미하는 것으로 중원이나 청나라 및 조선이나 대동사회라는 이상

그림 7-15. 베이징 청나라 공묘 대성전 내부. 가운데는 도흡대동 편액.

적인 사회에 대한 갈구가 강했다는 다는 것을 보여준다.

청나라 시대 국자감 공묘에서 석전 제례가 거행되었다는 것은 국자감 벽옹 안에 전시된 청나라 시대 석전 그림에서 찾아볼 수 있다(그림 7-16).

만주족이 세운 청나라는 유학을 장려하지 않았을 것 같은 느낌을 주는 것은 아마도 한국사 시간에 정묘호란과 병자호란으로 조선의 백성들을 어렵게 만들었다는 역사적 이미지에 기원하는지도 모른다. 청나라의 이미지는 오랑캐와 호로胡虜가 대부분이다. 이러한 경향은 반정으로 등극한 인조 조정 이후의 노론 당파의 인식이 조선 후기 내내 지속되어 대한민국으로까지 전해졌기 때문인 것 같다. 하지만 청나라 조정은 베이징으로 천도하기 이전과 이후에도 유학儒學을 장려하고 명나라 이래의 과거제

그림 7-16. 국자감 벽옹 내부에 있는 공묘 대성전의 석전 모습을 그린 청나라시대 그림.

를 실시한 제국이었다. 실제로 조선은 1894년 고종 31년의 갑오개혁 때에 과거제를 폐지하지만 청나라는 1905년에 가서야 과거제를 폐지한다. 한국 사람들이 보통으로 가지고 있는 이미지와는 많이 다르다.

청나라가 베이징으로 들어온 이후에 성조 강희제(1661~1722), 세종 옹정제(1722~1735), 고종 건륭제(1735~1796)의 3대의 시기는 청나라 문화의 전성기라고 하는 역사가들이 많다. 1661년 강희제가 등극하면서부터 건륭제가 재위를 가경제에게 넘겨준 1796년까지의 기간이다.

강희제는 재위기간이 61년이나 되면서 청나라를 굳건한 반석 위에 올려 놓은 황제였다. 그는 주자학자이면서도 서양의 천문학과 수학에도 정통하였으며 남중국 삼번의 난을 제압한 무용의 제왕이기도 했다. 강희제의 명에 의해서 『주자전서』와 『성리대전』이 편찬되었고, 『강희자전』이라는 한자사전도 만들어졌다. 대신들의 섭정에서 벗어나 친정親政을 시작한 다음 해인 1670년에 강희제는 「성유16조聖諭十六條」를 발표하여 청나라 조정이 유교에 기반한 조정이라는 이미지를 만들어 나갔다.

입관 이전부터 청나라도 유학을 정학正學으로 정하였다. 강희제부터는 공자를 성인화하고 산동성 취푸曲阜의 공묘孔廟를 중수하기 시작한다. 강희제의 아들인 옹정제는 아버지 강희제가 발표한 성유16조의 매조마다 설명과 의의를 해설한 「성유광훈聖諭廣訓」을 만들어서 과거科擧의 향시에서 내용에 있는 100여 자를 암기해야 통과될 수 있도록 하였다. 또한 이러한 유교적인 가르침을 각 고을의 향약鄕約을 통해서 청나라 전역에 퍼지도록 하였다. 산동성 취푸에 있는 공묘孔廟는 원래의 공자의 구택의 서쪽에 세운 것으로 금나라, 송나라, 원나라, 명나라, 청나라 모두가 중수하였다. 청나라 강희제와 옹정제의 중건에 의해서 예를 들어 옹정 3년(1724)의 대성문大成門 편액이 현재의 현판이다.

베이징의 청나라의 국자감國子監은 명나라 성조 영락제가 1404년에 국자감으로 개칭한 이후에 청나라에서도 유학 교육의 최고 학부로 사용한 교육기관이다. 국자감의 학생은 감생監生이라고 불렀다. 또한 조선 성균관의 우두머리를 대사성大司成이라 불렀던 것에 비해 청나라 국자감은 좨주祭酒가 우두머리였다. 조선의 성균관에서는 좨주가 종3품으로 산림직으로 신설된 것이었다. 국자감의 정문은 집현문集賢門이라서 조선 세종이 만든 집현전集賢殿을 떠올리게 한다(그림 7-17).

집현문을 들어가면 태학문이 있고, 태학문을 들어가면 벽옹辟雍이라는 황제의 강의 전용실이 있다(그림 7-18). 벽옹은 둥그런 원으로 된 연못 위

그림 7-17. 베이징 국자감의 남쪽 정문 집현문안의 편액.

그림 7-18. 베이징 청나라 국자감의 벽옹.

그림 7-19. 베이징 청나라 국자감 벽옹의 내부 황제 책상과 의자.

에 건립된 것으로 벽옹에서 사방으로 그 연못 위를 건너갈 수 있는 다리와 같은 형상을 하게 되어 있다. 둥그런 연못 안에 네모진 기단이 있고 그 위에 황색유리기와 벽옹 건물이 올라서 있는 것이다. 벽옹 내부에 들어가면 기단이 있고 황제의 책상과 의자가 있다(그림 7-19). 책상 앞의 사슴 두 마리는 인상적이다. 1670년에 강희제는 벽옹에서 일강日講과 경연經筵을 열었다고 한다. 현재에는 네 벽에 청나라 시대의 국자감에서 감생들의 모습과 공묘에서 제사 지내는 모습과 같은 청나라 그림들이 게시되어 있다. 벽옹 뒤에 이륜당이라는 전당이 있고 벽옹의 좌우에서 이륜당의 좌우에 이르는 남북선에는 네 개의 청廳자 이름의 건물과 여섯 개의 당堂자 이름이 붙은 건물들로 이루어져 있다.

베이징 국자감의 벽옹辟廱은 황제국의 학교를 나타내는 이름으로 조선 성균관의 반궁泮宮과는 대조적인 것이다. 기원전 12세기부터 시작된 천자국인 주周나라는 수도에 학교를 세워서 벽옹辟廱이라고 불렀다고 한다. 반궁은 제후국의 학교를 나타내는 이름이다. 영조가 탕평비를 세운 위치가 반수교泮水橋옆이였다. 『시경』의 노송魯頌은 주周나라의 분봉 제후국인 노魯나라 종묘에서 음악과 노래로 불려지던 시가를 모은 편이다. 이 노송 중에 반수泮水라는 제목의 시가가 있다. 이 노래는 노나라 군주가 반궁泮宮에 오는 모습을 묘사하고 있다. 성균관이란 이름이 등장한 것은 1308년으로 몽골의 대원제국이 한창이던 충렬왕대이다. 그 전에는 고려도 국자감이라고 하였다. 명나라의 제후국을 자처한 조선은 성균관이라는 이름에 만족해 했다.

베이징의 국자감은 청나라 말기까지는 최고의 학부제도로 유지되었다. 1898년 청 덕종 광서제 때에 근대적 교육기관인 '경사대학당京師大學堂'을 설립하며 과거의 팔고문八股文 답안 작성 폐지가 결정되면서 국자감의 기능이 근대교육기관으로 옮겨가기 시작했다. 1905년에 과거제가 폐지되었고, 1912년에 경사대학당은 베이징대학으로 명칭을 변경하였다. 1960년대 문화혁명을 거치면서 공자에 대한 비판과 유교문화에 대한 적대적인 시대도 있었지만 2008년 베이징 올림픽 개막식 공연에서처럼 공자와 유교문화는 부활하고 있다. 또한 중국이 공자문화원을 세우면서 문화원외교를 하는 것에서 보는 바와 같이 중국 문화정체성을 구성하는 중요한 인물로 내세우고 있다.

　　서양 클래식 성악곡을 따라 부르거나 가사를 음미하며 즐기는 사람들은 팝송이나 가요에서 느끼지 못하는 고유한 맛과 정취를 느낀다. 우리가 국악이라고 부르는 장르의 음악에서도 서구의 팝송과 가요에 상응하는 사물놀이나 민요와는 다른 맛과 정취를 가진 성악곡과 기악곡이 있다는 것을 알 필요가 있다. 그러한 전통 노래는 한글가사로 되어 있는 것이 아니라 한문가사로 되어 있다. 한자에 익숙하지 못한 우리에게는 마치 서양 클래식 성악곡이 이탈리아말이나 프랑스, 독일어로 되어 있는 것과 같다.

　　한문가사로 되어 있는 대표적인 전통 음악이 제례악의 성악곡일 것이다. 제례악에는 기악이 들어가 있고 일무佾舞라는 춤이 들어가 있는 것은 알지만 한문가사로 들어간 노래가 있다는 것은 금시초문인 사람이 많다. 궁중 및 제례악 전통 성악곡 노래들은 보통 '악장樂章'이라고 한다. 그리고 악장을 부르는 것은 창사唱辭한다고 하면 된다. 그런데 유교적 문화에서 우리 선조들이 이러한 악장들을 불렀음에도 불구하고 요즈음에 잘 부르지 않는 것은 유학적 정서가 있는 사람들과 현장 국악인들의 만남과 교류가 없어서인 것 같다. 앞으로 이런 한문가사 노래는 관심있는 사람들이 모두 불러도 좋을 것이다. 그 가사의 뜻을 공부하여 익힌 후에 부르는 노력을 기울이는 고급 대중문화가 될 것이다.

　　세종대왕이 만든 보태평과 정대업이라는 연회용 궁중악무는 세조에 의해서 편곡되고 한문가사도 줄여져서 종묘제례악무가 되었다. 회례연

궁중악무와 제례악의 사이가 그렇게 가깝다고 해도 된다.

제례악 악장은 한문 가사를 부른다. 예를 들어 종묘제례악에서 조상신을 불러모시는 영신악迎神樂인 영신 희문의 한문가사는 5언 4구로 총 20자의 한자로 되어 있다.

세덕계아후世德啓我後/오소상형성於昭想形聖

숙숙천명인肅肅薦明禋/유아뇌사성綏我賚思性

누세대에 걸친 조상의 은덕 우리 후손을 열어 주사

아아 밝고 맑음이여 그 얼굴 그 음성

엄정하고 공정하게 제사를 받드오니

우리를 편안하게 하셔서 우리 생각 이루어지게 하소서

이런 속악에 속하는 종묘제례악에는 한문 한자에 한 음이 들어가는 것이 아니라 뒤에 꾸밈음을 넣어서 길게 늘어뜨린다. 종묘제례 행례시에 이 곡을 인신人神의 숫자만큼 9번 반복한다.

그런데 기독교의 성가나 찬송가도 신에게 바치는 노래인데 그것은 매일 부르기도 한다. 신도는 평상시에도 흥얼거리기도 한다. 유학 전통을 신뢰하는 대한민국 사람이면 누구나 흥얼거려도 된다.

종묘제례악이나 다른 국가제례의 신께 바치는 노래도 불러도 되는 시대이다. 이는 현대 사회에서 여러 가지 미디어를 통해서 확산시킬 수 있는 문화적 요소이다. 유튜브YouTube에 올라와 있는 동영상의 음률에 맞추어 따라 불러도 된다. 이렇게 국악 정재呈才라고 하는 음악과 무용이 곁들

여지는 전통음악에 한문가사의 노래가 있다.

혼자서도 유튜브의 동영상과 함께 흥얼거릴 수 있는 방법을 물으면 조선 세종 창작의 〈여민락與民樂〉에서부터 시작하라고 조언할 수 있다. 여민락의 가사는 『용비어천가』의 1, 2, 3, 4, 125장의 한문본이다. 『용비어천가』는 세종 때의 신하로서 집현전 대제학, 제학의 학자들인 정인지, 권제, 안지가 만들어 올린 한문시가에 음악을 붙인 것이다.

국어책에 나오는 『용비어천가』의 제2장 '뿌리 깊은 나무'는 한문으로는 '근심장根深章'이다. 여민락의 근심장의 가사는 4언 4구로 총 16자의 한자로 되어 있다.

근심지목根深之木 풍역불올風亦不扤 유작기화有灼其華 유분기실有蕡其實
[뿌리깊은 나무는 바람에 아니 뮐쐬 꽃됴코 여름하나니]

세종대왕이 훈민정음을 창제한 이후 1445년(세종 27)에 정인지, 권제, 안지가 『용비어천가』를 지어서 바쳤다. 훈민정음으로 된 시가로서 문학적으로 좋아 국어교과서에도 들어간 '뿌리 깊은 나무'로 시작하는 2장을 포함하여 총 125장을 갖춘 노래이다. 대부분 조선 창업을 위해 고려 때부터 목조, 익조, 도조, 환조를 이어 태조와 태종의 사적을 다룬 시가이다. 그런데 원래 매 장마다 한문본의 시詩가 있다. 이 중에서 일부를 뽑아서 세종이 노래와 음악과 무용을 만든 것이 궁중악무 혹은 국악 정재 〈봉래의鳳來儀〉이다. 제례악이 노래와 음악과 무용이 있는 것과 같으나 궁중의 연회용으로 만든 것이었다. 봉래의는 전인자, 여민락, 치화평, 취풍형, 후인자로

VI-1. '봉래의' 전체에서 '여민락'의 제2장 근심장을 연주하고 춤추는 모습
(숭실대 한국문예연구소 영상)

VI-2. 악장을 부르는 전통 성악가(숭실대 한국문예연구소 영상)

구성되는 궁중악무인데 여민락이 용비어천가의 한문가사를 채용하고 있다.

봉래의 순서와 가사

전인자	여민락	치화평	취풍형	후인자
한문	한문	훈민정음	훈민정음	한문

문묘제례악은 사직제례악과 함께 아악雅樂에 속한다. 속악인 종묘제례악과는 다르다. 비슷한 점으로는 한문가사를 가지고 노래를 부른다는 것이지만 속악처럼 길게 늘이면서 꾸밈음 넣는 것이 없다. 가사 하나에 한 음이 대응되는 것으로 단순한 곡조를 가지고 있다. 따라서 한문의 가사의 뜻을 새기고 음을 익히면 따라 부르기가 더욱 쉽다.

예를 들어 사직대제나 선농단제례는 아악의 악장을 전폐奠幣와 초헌과 철변두 때에 부른다. 신을 모셔서 폐백을 드리고, 헌작을 하고, 제사를 마치는 순서에 들어가 있다. 이것을 올바르게 현대화한다면 이 악장들을 국가제례를 같이 모시는 참석자 모두가 맞추어서 불러도 된다는 것이다.

아악인 사직제례악의 영신 악장은 숙안지악의 반주에 맞추어 창사되는데 4언 8구 총 32자의 한자로 구성되어 있다. 지신의 숫자인 8번을 반복해서 연주하도록 되어 있다. 문묘제례악에도 아악을 쓴다. 문묘제례악의 영신악은 인신의 숫자인 9번을 반복하도록 되어 있다.

곤후재물坤厚載物 기대무외其大無外 입아증민立我蒸民 만세영뢰萬世永賴

땅은 두터워 만물을 실으니

한없이 광대하도다

우리를 세워 먹이시는 백성 되게 하시니

만세도록 길이 신뢰하도다

유엄기단有儼其壇 유초기형有椒其馨 유공봉폐有恭奉幣 아사공명我祀孔明

사직단이 엄정하고

제물은 정숙하고 향기로워

공손히 폐백을 받드오니

우리의 제사가 심히 밝히소서

전단 16자의 가사는 지신인 토지신社神과 오곡신稷神을 찬양하는 의미를 담고 있고, 후단 16자의 가사는 '선물인 폐백을 드리오니 오셔서 흠향하라'는 기원이 담겨 있다. 이렇게 가사의 의미와 행례를 생각하면서 유튜브 동영상의 음정에 맞추어 흥얼거리다 보면 한문을 아는 맛도 생기고 전통 성악을 익히는 계기도 된다. 유튜브에서 '사직대제'를 검색창에 넣으면 2014년 12월 12일 국립국악원에서 복원된 사직제례악이 있어서 세 순서에 전폐, 초헌, 철변두 노래를 들을 수 있다.

찾아보기

자료

『국조오례의(國朝五禮儀)』(성종 6년, 1475), 대한민국 법제처, 1981~82.

『춘관통고(春官通考)』(정조12년, 1788).

『대한예전(大韓禮典)』(1897~1899).

장지연, 이민수 역, 『조선유교연원(朝鮮儒敎淵源)』, 명문당, 2009.

논문 및 단행본

강재언, 하우봉 역, 『선비의 나라 한국유학 2천년』, 한길사, 2003.

김태완, 『경연, 왕의 공부』, 역사비평사, 2011.

신용하, 「1894년의 사회신분제의 폐지」, 『한국근대사회사연구』, 일지사, 1987.

신해순, 「전통시대 최고학부 성균관의 역사」, 대학사연구회 편, 『전환시대 대학은 무엇인가』, 한길
　　　사, 2000.

마크 엘리엇, 이훈 · 김선민 역, 『만주족의 청제국』, 푸른역사, 2009.

이시바시 다카오, 홍성구 역, 『대청제국 1616~1799』, 휴머니스트, 2009.

이정호, 「여민락과 육룡이나라샤」, 『이화(李花)』 255, 2015.

임계순, 『청사(淸史) : 만주족이 통치한 중국』, 신서원, 2000.

장의식, 「근대 중국의 대학 : 청말(淸末)의 베이징대학」, 대학사연구회 편, 『전환시대 대학은 무엇
　　　인가』, 한길사, 2000.

한석정 · 노기식 편, 『만주 : 동아시아 융합의 공간』, 소명출판, 2008.

제
3
부

도성의
궁궐과 국가

들어가는 글

　세계의 다른 문명 발달 지역과 마찬가지로 동북아시아의 고대 및 중세 국가도 도성都城을 중심으로 문명을 발달시켰다. 도성 내의 궁궐은 국가의 가장 높은 권력과 권위를 차지하는 수장인 국왕이나 황제의 생활공간이자 집무공간이었다. 궁궐은 다양한 측면의 문화의 중심으로 기능했다. 이것은 근대화 바로 전의 조선과 대한제국, 그리고 대청제국에게도 해당되는 것이었다. 그런데 단묘궁릉 문화의 핵심은 제단과 사당을 중심으로 한다. 거의 관련이 없어 보이는 제단과 사당과의 연결 관계가 궁궐을 '의례의 관점perspective from ceremony and ritual'에서 더욱 자세히 살펴보면 나타난다. 더욱이 궁궐 속에도 도성 안에도 제단 및 사당 문화가 존재했던 것이 드러난다.

　'제3부 도성의 궁궐과 국가'에서는 우선 조선 26대 국왕으로 등극하였다가 1897년에 대한제국을 선포한 고종이 창덕궁, 경복궁, 경운궁을 어소御所로 사용한 역정을 더듬어 본다(제8장). 그리고 만주 요령성 센양에

서 시작한 대청제국이 베이징의 자금성을 사용한 역사적 궤적을 그려본

다(제9장).

서울의 궁궐과 대한제국

1. 조선의 도성 서울

서울은 원래 조선 왕조의 도성都城이었다. 조선의 태조가 조선이라는 새로운 나라를 건국할 때는 전조前朝인 고려 말의 제도를 그대로 물려받은 상태에서 시작하였다. 조선이 건국된 1392년의 도성은 개성이었고, 두 차례의 지도층 갈등을 빚은 후에 정종 때에는 다시 고려의 수도였던 개성으로 돌아가는 사태까지 있었다. 하지만, 태종 이후로 다시 조선 왕조의 도성이 되었다.

도성을 쌓는 프로젝트를 하는 위원회의 위원장이 바로 정도전이었다. 당대의 이름은 '도성축조도감'이었고 위원장 제조提調가 정도전이었다. 정도전이 유교의 경전과 유교적 가치를 담는 이름들을 성문에 부여하였고, 법궁인 경복궁의 전각의 이름도 지었다. 예를 들어 한양 성곽의 4대문과 종鐘을 걸어둔 각의 이름을 합치면 모두 한나라 동중서가 제안한 유교적 가치 다섯 가지, 곧 인의예지신의 오상五常이 나타난다. 동대문인 흥인지문의 인仁, 서대문인 돈의문의 의義, 남대문인 숭례문의 예禮, 북대문인 숙정지문의 지智이고 종각 보신각의 신信이 바로 그것이다. 또한 정도전은 새로운 도읍 한성을 홍보하는 〈신도가新都歌〉라는 노래도 지었다.

옛날에는 양주楊州 고을이여

그 경계가 새 도읍지로 지세와 풍치가 빼어나구나.

나라를 연 태조聖王께서 태평성대를 이루셨도다.

지금의 경치가 참으로 도성답도다.

임금께서 성수만년聖壽萬年하시니 백성 모두의 기쁨이도다.

앞은 한강수요 뒤는 삼각산이여

덕이 크신 이 강산 사이에서 만세를 누리소서.

서울의 도성 성곽은 서울이라는 분지를 둘러싼 네 산의 능선을 따라서 축조되었다. 동쪽의 청룡에 해당하는 낙산(타락산), 서쪽의 백호에 해당하는 인왕산, 남쪽의 주작에 해당하는 목멱산, 북쪽의 현무에 해당하는 백악산 사산四山의 능선을 따라 성곽을 축조하였다. 말 그대로 자연적인 지형을 변형시키지 않고 그대로 그 위에 성곽을 쌓아간 것이다. 도성의 축조는 태조 5년(1396)에 시작되었고, 세종대에는 흙으로 쌓은 부분을 모두 돌 성곽으로 바꾸어 쌓았다. 문종대에 성곽을 보수하게 되어 성곽이 다 둘러졌다. 임진왜란과 병자호란을 거치면서 일부가 무너졌지만 전쟁 이후에 다시 복구되었다. 일제강점기에 철도와 도로의 부설에 따라서 돈

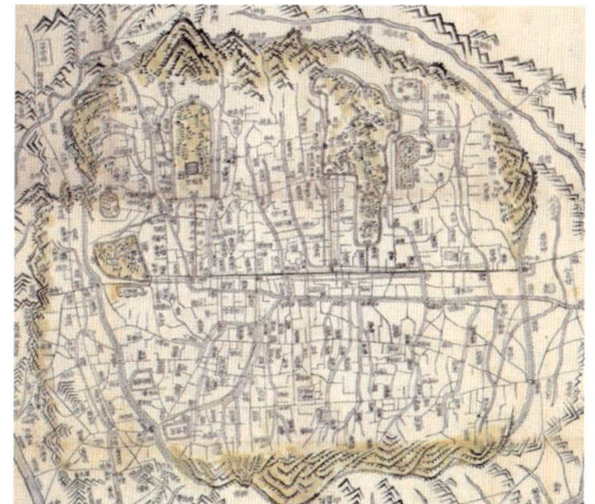

그림 8-1. 19세기 〈수선전도〉와 현재의 〈서울한양도성〉 지도.

의문은 헐리고 그 주변의 성곽이 해체되었으며, 숭례문과 흥인문 부근도 성곽이 사라지게 되었다.

한성漢城 성곽 및 도성 축조 방식은 평평한 땅에 네모지게 쌓는 중원이나 일본의 경우와도 다른 만주-한반도 고유 형태를 가지고 있다. 〈수선전도〉에서는 거의 네모난 원형으로 현대의 그림지도와 같이 표현하고 있다(그림 1-1). 그런데 실제로 하늘에서 내려본 항공 사진 형태를 반영하는 현재의 서울 성곽 윤곽 지도는 거의 잣과 같은 형태로 위가 약간 더 두껍고 아래가 약간 뾰족한 모습을 보여준다. 또한 동대문과 서대문은 직각 방향을 이루고 있지만 남대문인 숭례문은 목멱산에 의해서 남서쪽에 위치한다는 것이 〈수선전도〉와 〈서울한양도성〉에 확연하게 드러난다.

이렇게 산의 능선을 따라 성을 쌓은 만주-한반도 고유 유형은 고려의 수도 개성의 경우도 마찬가지이다. 더욱 멀리는 고구려, 백제, 신라의 산성山城과 아주 닮은 유형을 가지고 있다고 보면 된다. 산이 많은 한반도의 지형에 맞게 풍수지리를 적용한 사례이기도 하다. 풍수지리에 따라서 한양의 동청룡에 해당하는 낙산이 서백호에 해당하는 인왕산보다 낮아서 동대문에 넉 자를 넣어 흥인지문興仁之門이 되었다. 실제로 동대문의 현판을 보면 넉 자가 들어가 있다. 돈의문은 그대로 세 자의 현판이었다.

2. 조선의 도성 사산四山

조선 도성 성곽이 일제강점기까지 잘 보전되어 내려올 수 있었던 것에는 역대의 조선 국왕들이 도성의 성벽을 보수하는 데 많은 노력을 기울이기도 하였지만, 도성의 풍수지리를 보전하는 정책이 500여 년간 시행되었기 때문이다. 도성의 내사산에는 도성의 숭엄을 보호하기 위해서 네 산이 모두 '금산禁山'으로 지정되어 있었다는 것에서 찾을 수 있다. 금산은 농경과 장묘를 쓰는 것을 금하고 수목을 베어내지 못하게 하는 개발억제의 공간으로 현대의 그린벨트에 해당한다. 산에는 산을 지키는 가장 실무적인 일을 하는 산직山直이 있었고, 그것이 산지기라는 말로 정착이 되었다. 또한 도성의 사산은 조선 초기부터 군병과 백성들이 동원되는 대규모 식수처이기도 했고, 소나무의 송충이를 잡는 치산治山의 현장이기도 하였다. 또한 금산禁山 정책도 원래 도성의 사산 금산을 기준으로 하고 있었고, 소나무를 기르는 수군의 병영이 책임지는 금산이나 조선 후기의 봉산들은 모두 외방금산外方禁山으로 불렀다. 능원림도 사산금산의 제도에 맞추어서 금산으로 지정되어 있었다.

지금은 일제강점기와 해방 이후의 도시 개발에 의해 옛 모습을 실감하기 어렵지만 적어도 조선 후기 세도정치 이전까지는 철저하게 보호되고 있었다. 도성 사산에는 조선 초기 태종대나 세종대처럼 지속적으로 사산에 소나무를 대대적으로 식수하는 식목사업들이 전개되었다. 임진왜란과 병자호란에 의해서 파괴된 도성 사산의 숲이 회복되었다고 자평한 것은 18세기 숙종대에 와서이다. 조선왕조 실록에 의하면 송충이의 피해가 심했었는데 1701년(숙종 27)에 와서 도성 사산의 숲이 푸르러졌다고 기록하고 있다. 영조는 1754년(영조 30)에 「사산금송분속군문절목四山松禁分屬軍門節目」이라는 왕령을 발효시켜서 사산의 소나무를 보호하는 역군들을 참군參軍으로 부르고 병조의 관리하에 순산巡山과 함께 식목과 숲 관리를 하도록 만든다. 도성 방위를 책임지는 군대와 함께 사산을 관리하는 군역을 지닌 사람들을 의미한다. 조선 후기에도 사산 금산을 보호하는 업무가 한성부漢城府의 주요 업무 중의 하나였다. 이렇게 조선 후기 세도정치 이전까지 한양의 네 산의 숲이 보호되고 있었다. 반면에 고종과 순종의 시기 외국사람들이 쓴 책이나 사진들을 분석하면 도성의 사산에 숲이 보이지 않는다. 세도정치의 삼정의 문란을 틈타서 도성 사산의 보호가 해이해진 덕분으로 보인다.

사산금산에 금표가 있었고, 개발억제가 되어 있었다는 것은 동쪽의 중랑천에서 지금은 거의 다 메워진 서쪽의 서천에 이르기까지 그리고 북쪽의 백악산과 북한산 그리고 목멱산에 금산을 알리는 금표가 있었고 그 관할을 한성부와 도성의 군문들에서 수행하였다는 것을 알려주는 19세기 『사산금표도』라는 또 다른 증거를 찾을 수 있다. 도성과 함께 성저십리城底十里라고 해서 도성에서 십 리 되는 지점들도 한양 사람으로 보는 경향이 많았다. 왕십리往十里가 바로 흥인지문 밖에서 십 리가 되는 지점의 마을이라는 이름을 가지고 있는 대표적인 사례이기도 하다. 성저십리를 넘어서 서울의 규모가 확대되어 간 것은 일제강점기이고 해방 이후에 한강 이남이 서울에 편입되었다.

3. 조선 후기의 중심 동궐과 고종이 등극한 창덕궁

이러한 한양 도성 안에는 조선의 국왕이 거주하며 정무를 보는 궁궐들이 존재하였고, 사직과 종묘를 포함하는 단묘릉궁 문화의 공간이 형성되어 있었다. 조선의 정궁은 경복궁이고 한양 성곽보다 2년 먼저 완공되었다. 삼봉 정도전이 '신도궁궐조성도감'이라는 조선의 새 수도 궁궐 건축 위원회에도 관여했다는 것은 잘 알려진 일이다. 경복궁이 가장 먼저 한성에 자리하게 되었다. 그 전각을 짓고 이름을 붙인 것도 정도전의 공헌이었다.

창덕궁은 경복궁의 동쪽, 종묘의 북쪽에 새로운 이궁離宮으로 지었다. 이에 따라 경복궁은 북궐北闕이고 창덕궁은 동궐東闕이다. 그런데 임진왜란 때에 종묘와 사직 및 도성의 궁궐들 모두가 불타고 없어진 이후에 정궁이자 북궐은 복원되지 않고 동궐이었던 창덕궁만 중건되었다. 따라서 조선시대를 양분하는 임진왜란과 병자호란 이후에는 고종 이전까지 창덕궁이 정궁 역할을 담당하였다.

서울의 궁궐은 북궐北闕, 동궐東闕, 서궐西闕 3개로 집약된다. 북궐은 경복궁이고, 동궐 내에는 창덕궁과 창경궁이 있다. 서궐은 경희궁慶熙宮이다. 현재의 경희궁과 서울박물관 자리의 상당히 넓은 지역이 영조 이후로는 경희궁으로 불렸다. 원래는 광해군대에 경덕궁慶德宮이라 했고 영조대에 인조의 아버지 추존 원종元宗의 시호인 경덕과 겹쳐서 바꾸었다.

임진왜란과 병자호란 이전에는 북궐과 동궐의 2궐 체제였고, 조선 후기에는 동궐과 서궐의 2궐 체제였다고 할 수 있다. 다른 말로 하면 조선 세종은 북궐의 경복궁을 법궁으로 거처하였고 거기에 왕세자의 동궁도 있었다. 예를 들어 조선 숙종은 동궐인 창덕궁을 법궁으로 거처하였고 서궐인 경희궁에도 상당히 오랫동안 거처하였다. 숙종은 창덕궁에서 약 21년 정도 거처했고, 경덕궁(경희궁)에서 12년 반 정도를 거처하였다.

최고의 국가 제사였던 사직과 종묘의 제례가 시작되는 곳은 조선 초기에는 북궐에서부터, 조선 후기는 동궐에서부터였다. 국가제례의 제주인 국왕이 궁궐에서 제사를 위한 서계誓戒, 향과 축문을 보내는 전향축傳香祝을 하고 궁궐을 나와서 행차를 하는 출발지가 조선 초기와 조선 후기는 다른 것이다.

고종은 동궐에서 즉위하였는데 재위 기간에 북궐이 중건되었다. 1895년 을미사변 및 러시아 공사관 이어移御 후에 경운궁(덕수궁)에서 거처하였다. 동궐 창덕궁에서 즉위하여 북궐인 경복궁에서 가장 오랜 시간 재위하였으며, 임진왜란 후 복구의 공간이었던 경운궁에서 대한제국을 선포하였다.

1863년 조선, 흥선군의 둘째 아들 이명복은 어린 나이에 조선의 국왕으로 등극하였다. 선왕 철종(1831~1863)은 1863년에 후사 없이 승하하였는데, 그도 강화도령이라 불리는 몰락한 왕족이었으며 이름은 이원범이었다. 정조 이후로 세도가문의 정치가 득세하여 왕권은 실추하고 왕을 추대하는 것도 대왕대비가 하고, 대왕대비의 수렴청정이 여러 번 실시되었다. 수렴청정垂簾聽政은 왕세자가 하는 대리청정과는 달리 왕이 어리거나 할 때 왕의 편전에 발簾을 쳐 놓고 뒤에 앉은 대왕대비나 대비가 정사를 보는 것을 말한다. 철종 때도 23대 순조의 왕후인 순원왕후 김씨로 김조순을 필두로 하는 안동김씨의 두 번째 세도정치가 극에 달한 시기였다.

흥선군 이하응의 둘째 아들을 자신의 양자로 입적하면서 왕위에 올린 사람은 대왕대비, 곧 추존 익종의 왕후인 신정왕후 풍양 조씨이다. 이명복을 불러 1863년 12월 12일 창덕궁 중희당重熙堂에서 관례를 치르게 했다. 그리고 거기서 상복을 입고는 철종의 빈전殯殿인 창경궁 환경전歡慶殿에 가서 국새를 받았다.

고종은 국새를 받은 후에 창덕궁의 법전法殿인 인정전의 정문인 인정문仁政門에서 즉위식을 거행하였다(그림 8-2). 조선의 26대 왕으로 등극한 것이다. 수렴청정을 시작하는 의식은 창덕궁 희정당에서 거행하였다. 12월 30일에 대왕대비는 먼 조카뻘 되는 이명복을 자신의 '애종자哀從子'로 삼겠다고 선언하여 추존 익종의 양아들임과 동시에 22대 헌종의 동생이 되도록 만든 것이다.

임진왜란으로 인해서 한양 도성에 있는 경복궁을 위시한 궁궐들이 불타서 소실되자 도성으로 귀환한 선조는 지금의 덕수궁이 자리한 지역에 있던 종친의 사저에서 임시로 직무를 보게 되었다. 이후 이를 경운궁慶運宮 혹은 서궁西宮으로 불렀다. 선조에 의해서 사직과 종묘를 위시하여 궁궐들이 복구되기 시작하였고, 광해군대에 와서 많이 복구되었다. 조선 전기의 역대 왕들이 정사를 펼치던 중심 궁궐인 경복궁을 복구할 엄두는 내지 못했다.

오히려 창덕궁이 선조 40년(1607)에서 시작하여 광해군 5년(1613)에 완공되었다. 창덕궁은 인조반정 때 화재로 소실되었다가 1647년(인조 25) 인왕산 부근에 광해군이 지은 인경궁仁慶宮의 전각을 뜯어다가 복구하였다. 그 이후로 1868년 흥선대원군에 의해서 건립된 경복궁으로 고종이

그림 8-2. 창덕궁 인정문에서 고종이 1893년 등극하였다.

그림 8-3. 창덕궁의 법전 인정전.

이사할 때까지 약 220년 동안 창덕궁은 조선 후기의 중심궁궐 혹은 법궁法宮으로서의 지위를 가지고 있었다.

창덕궁의 정문은 돈화문敦化門이다. 그리고 조회나 다른 국가의 행사가 이루어지는 법전法殿은 인정전仁政殿이다(그림 8-3). 돈화문을 들어가서 인정전으로 들어가는 것은 남북으로 쭉 이어진 것이 아니라 동쪽으로 난 길을 따라 들어가야 한다. 금천교를 지나서 진선문을 지나면 인정전의 남문에 이르러 인정문에 이른다. 인정문을 들어서면 품계석이 늘어선 뜰을 지나 북쪽에 인정전이 위치하고 있다.

조선 후기의 왕들이 실제로 정사를 보는 곳은 편전便殿이라고 하고 창덕궁에서는 선정전宣政殿이었다(그림 8-4). 선정전은 기와가 푸른색으로 현

그림 8-4. 창덕궁의 편전 선정전과 선정문.

그림 8-5. 창덕궁의 침전 희정당(왼쪽)과 중궁전 대조전(오른쪽).

재의 창덕궁 다른 건물의 기와와는 다르게 색깔이 곱다. 조선의 국왕이 잠을 자거나 사적인 공간으로 쓰는 곳은 침전寢殿이라고 하고 창덕궁에서는 희정당熙政堂이었다. 선정전의 동쪽 구역은 왕후가 거처하는 중궁전中宮殿으로 대조전大造殿이다. 왕후가 거처하는 건물은 용마루가 없는 모양을 하고 있다. 국왕이 양陽이고 그에 따라 용마루가 있는 집에서 거처하는 것과는 음陰으로 대조를 이루는 것이다.

현재 창덕궁과 종묘 사이에 도로가 나 있는데, 조선총독부 시절에 낸 것이다. 원래 창덕궁은 남쪽으로는 종묘와 이어져 있었고 종묘의 북쪽 담장과 함께 북문이 있었다. 창덕궁의 북동쪽으로는 창경궁昌慶宮과도 이어져 있다. 창덕궁과 창경궁의 경계 지역에는 왕세자가 거처하는 동궁東宮이 위치하고 있었는데, 이 동궁 지역과 창경궁에서 조선 후기의 국왕들이 많이 탄생하였다.

창덕궁 후원後苑은 매우 유명하여 많은 사람들의 입에 오르내렸다. 대한민국 건국 이후에도 일제강점기에 널리 퍼진 이름인 '비원秘苑'으로 널리 불렀기 때문에 최근까지도 비원이 창덕궁이라는 이름보다 알아듣기 쉬운 이름이었다. 후원의 부용정이 있는 연못인 부용지芙蓉池는 네모난 형태이고 옥류천과 애련정의 전각이 있는 지역이 아름답다.

부용지의 북서쪽에 주합루宙合樓라는 현판이 걸린 지붕 밑에 걸린 2층의 건물이 있는데, 정조가 세운 규장각奎章閣의 본각 건물이다(그림 8-6). 규장각은 정조가 즉위한 원년인 1776년에 세운 왕실도서관 및 어제시문御製詩文과 문서들을 보관하는 전각이었다. 다락은 장서를 위한 '주합루'고 아래층은 정조의 시문, 글씨, 그림을 보관하는 '어제존각御製尊閣'이었다.

그림 8-6. 창덕궁의 부용지 북쪽의 주합루 건물. 최초의 규장각이 있던 건물.

정조가 영조의 왕세손이었을 당시 경희궁에서도 동궁의 교육과 비서관들과 서연書筵을 하는 건물이 있었고, 경희궁에도 왕세손 정조가 주합루라는 이름을 건 건물을 가지고 있었다. 규장각에 딸린 봉모당奉慕堂, 서고西庫, 열고관閱古觀, 개유와皆有窩 등의 건물들이 일제강점기에 헐리고 본각(어제존각과 주합루)과 이안각만이 남아있다. 봉모당은 역대 임금들의 시문과 글씨, 그림을 보관하는 곳이었다. 서고는 우리나라 도서를 소장하였으며, 열고관과 개유와는 청나라에서 사들인 서적들을 소장하던 곳이다.

규장각에는 각신閣臣이 배정되었는데, 대제학, 제학, 직제학, 직각, 대교 등이 있었고, 검서관과 영청이 있었다. 규장각에는 과거에 급제한 자 중에서 정조가 뽑은 초계문신을 배치했는데 세종 때의 집현전 학사들과 비슷한 제도이다.『북학의』를 지은 박제가, 이덕무 등의 서자 출신의 검서관들이 크게 활약하였다.

규장각 본각은 창덕궁에 있고, 정조 5년(1781)에 강화도에 장서를 보관하는 건물을 지정하여 외규장각外奎章閣을 만들었다. 그 건물은 효종대에 강화도의 별고別庫로 부르던 것이다. 1787년 규장각 제학 서명응의 제안으로 조선 초기 남부에 있었던 교서관校書館을 돈화문 밖에 옮기고 규장각의 궁외각으로 규장각의 서적 편찬과 간행 및 배포를 맡기게 되었다. 교서관은 왕립 인쇄소 및 출판사에 해당하는 것이었다. 이 교서관에서 정조 시대의 목활자와 동활자가 만들어지고 서적의 간행이 이루어졌다.

신정왕후 풍양조씨의 선택에 의해서 등극한 고종은 1863년부터 1868까지 창덕궁에 살았다. 신정왕후의 수렴청정垂簾聽政도 여기에서 이루어졌고, 섭정인 흥선대원군의 개혁 정치 10년의 세월 중 절반도 창덕

그림 8-7. 창덕궁이 유네스코 지정 세계문화유산임을 알리는 표석.

궁에서 이루어졌다. 물론 흥선대원군이 야심찬 계획으로 추진한 경복궁의 재건도 고종이 창덕궁에 살고 있던 시대에 시작된 것이다. 창덕궁은 1997년에 유네스코 세계문화유산으로 지정되었다(그림 8-7).

4. 조선 전기의 중심 북궐

조선 태조는 1394년 10월에 개성에서 한양으로 천도했다. 1392년 7월 17일 즉위한 궁궐은 고려의 이궁이었던 수창궁이었다. '신도궁궐조성도 감'이라는 관청을 만들고 새로운 도읍인 한양에 경복궁을 제일 먼저 창건하였다. 경복궁景福宮은 1395년(태조 4)에 창건되어 1592년 임진왜란 때까지 200여 년 동안 조선의 법궁이었다.

태조는 두 번째 왕후(신덕왕후)인 강康씨 소생의 일곱 번째 아들을 왕세자로 책봉하였는데, 정도전과 그를 따르는 세력들이 왕세자를 지지했다. 조선이 개국하기 전에 서거한 첫 번째 왕후(신의왕후) 한韓씨 소생 왕자들이 이들을 제거하는 정변이 한양에서 일어났다. 1398년에 태조는 제2대 정종에게 왕위를 물려주는데 정종은 새 수도인 한양을 떠나 다시 개성으로 돌아간다. 다시 태조의 다섯 번째 아들인 태종이 다른 동복同腹 왕자 중심의 반대 세력을 진압하자 1400년 11월 정종은 동복 동생 태종에게 왕위를 양위한다. 따라서 태종도 개성의 수창궁에서 즉위하여 5년간 개성에서 조선을 통치한다. 개성 수창궁에서 즉위한 지 5년 만인 1405년에 태종이 다시 한양의 경복궁으로 돌아온다.

창덕궁은 1405년(태종 5)에 경복궁의 이궁離宮으로 세워졌다. 창덕궁의 정문인 돈화문도 1412년(태종 12)에야 세워질 정도였다. 임진왜란 때에 화재로 소실된 이후에 선조는 1606년(선조 38)에 '궁궐영건도감'을 만들어 경복궁의 복구를 계획하였지만 실행에 옮길 수가 없었다. 이후에는 정조 시대의 진경산수화가 정선의 〈경복궁도〉에서 보는 바와 같이 경복궁은 몇 채 안 되는 건물에 가끔식 호랑이도 들어와 소란을 피우는 그런 경역이 되어 있었다.

19세기 말 흥선대원군이 집정하면서 경복궁 중건이 1865년(고종 4)에 시작되어 1867년에 완공되었다. 선조 때 좌절되었던 계획이 260여 년 만에 실행된 것이었다. 이듬해 1868년에 고종이 창덕궁에서 경복궁으로 이어移御하였다.

경복궁은 도성의 진산인 백악을 바라보면서 남에서 북으로 정방향의 배치를 가지고 있다. 실제로는 나침반의 자오선을 그대로 보는 중축선을 가지고 있는 것이 아니라 서쪽으로 0도에서 15도 정도 틀어진 중축선을 가지고 있다. 임좌병향壬座丙向이라고 한다. 정문이면서 남문은 광화문光化門이다(그림 8-8). 광화문에는 원래 북과 종을 걸어 두어서 시간을 알렸다고 한다.

조선의 경복궁은 사방으로 성벽을 둘러서 경복궁 자체가 '궁성宮城'으로 표현되고 있다. 조선 초기 문헌인『국조오례서례』의 길례 단묘도설에는 조선 왕실의 원묘原廟에 해당하는 문소전文昭殿 조에 "문소전은 궁성宮城 안 동쪽에 있는데, 전전이 3칸이고, 각각 감실이 있고, 앞에 3계단이 있

그림 8-8. 경복궁 궁성의 정문 광화문.

다"고 하였다. 궁성은 거의 긴 네모꼴을 하고 있고, 동쪽의 모서리에는 동
십자각이 위치했다(그림 8-9). 서쪽의 모서리에는 서십자각이 있었다. 현
재 동쪽 궁성 벽이 뒤로 밀린 상태로 도로가 나서 동십자각은 원래의 궁
성에 떨어져 존재하고, 서십자각은 일제강점기에 없어졌다. 동십자각 아
래를 보면 성벽을 쌓은 모양을 하고 있어서 현재의 광화문 담장과 같은
형식이 아니다(그림 8-9).

그림 8-9. 경복궁 궁성의 동쪽 모서리에 있었던 동십자각.

경복궁 궁성에는 광화문과 함께 동쪽의 건춘문建春文, 서쪽의 영추문迎秋門, 그리고 북쪽의 신무문神武門이 있다. 경복궁의 법전은 근정전勤政殿으로 광화문을 지나 홍례문弘禮門을 지나 금천교를 건너면 근정문이 나오고, 근정문을 들어서면 품계석을 세운 뜰이 나오고 그 중간에 근정전이 위치한다(그림 8-10). 근정전은 2층의 기단을 세우고, 각 모서리에 사방신과 12지신을 새겼다. 왕이 조회를 받는 조정朝廷을 가진 법전이다. 경복궁의 편전은 사정전思政殿이다. 창덕궁의 선정전에 해당하는 것이다.

경복궁에서 왕의 침전은 강녕전康寧殿으로 창덕궁의 희정당에 해당한다. 강녕전의 남동쪽과 남서쪽에 있는 연생전延生殿과 경성전慶成殿은 태조 때에도 존재했던 침전이고 북동쪽의 연길당과 의지당은 나중에 덧붙

그림 8-10. 경복궁 법전 근정전.

여 진 것이다. 강녕전과 이들 4채를 합쳐서 대침 5채라고 한다. 『세종실록지리지』「경복궁」조는 "경복궁이 백악산白岳山 남쪽에 위치한다. '연침燕寢'은 강녕전이고 동소침은 연생전이며 서소침은 경성전이다"라고 먼저 선언한다. 이렇게 조선 초기의 세 침전부터 이야기하고 다음에 편전인 사정전, 그리고 법전인 근정전의 순으로 이야기한다. 『세종실록지리지』「경복궁」조는 편전 사정전은 '시사지소視事之所'라 하여 임금이 집무(일)를 보는 공간이라고 설명하고, 법전인 근정전은 '수조지소受朝之所'라 하여 조정朝庭의 조회를 받는 공간이라고 설명한다. 현재에는 근정전 주위에 각루가 없는데 세종대에는 동쪽의 각루 융문각隆文閣과 서쪽의 각루 융무각隆武閣이 있었다.

경복궁에서 왕후의 중궁전은 교태전交泰殿으로 창덕궁의 대조전에 상응한다. 교태전 뒤 후원의 아미산굴뚝의 그림들은 아주 아름답다. 근정전의 서쪽에는 방형의 연못인 방지方池가 있는데 그 동북쪽에 경회루慶會樓가 들어서 있다(그림 8-11). 경회루 남쪽의 건물은 조선 초기에는 집현전이 있었던 건물이다. 고종대에는 이 지역에 궐내각사闕內各司가 위치해 있었다. 궁의 서쪽 모퉁이에는 간의대가 설치되고 시간을 알리는 흠경각이 서쪽 지역에 있었다.

근정전의 동쪽에는 자경전慈慶殿이 있다(그림 1-12). 자경전 주변의 전각들은 고종 시대에 살아 있던 선왕의 왕후들, 곧 추존 익종비 신정왕후 풍양조씨, 헌종 계비 효정왕후, 철종의 철인왕후들이 거처하던 지역이다.

자경전 북쪽으로 현재의 국립민속박물관이 있던 동쪽 지역에는 수라간이나 다른 용도의 건물들이 있었다. 또한 교태전 북쪽으로 제법 거리가

그림 8-11. 경복궁 경회루.

그림 8-12. 경복궁 자경전.

되는 지역에 향원지香遠池와 향원정이 있다. 향원지 중앙에 지은 2층의 육모지붕의 건물이 향원정이다. 이 연못은 1873년 경복궁 북쪽에 건청궁乾淸宮을 지으면서 판 연못으로 원래는 다리가 있어서 북쪽에서 남쪽으로 이어지게 되어 있었다. 현재는 남쪽에서 북쪽으로 놓여진 취향교가 있다. 건청궁은 왕과 왕비가 한가롭게 휴식을 취하면서 거처할 목적으로 건립하여 사대부집의 형태를 띠고 있다. 자경전의 남쪽 지역, 곧 궁성 동문인 건춘문 안 남쪽 구역은 조선 전기 때에도 왕세자의 공간인 동궁東宮 권역이었다. 세자시강원과 세자익위사가 함께 있었다.

5. 고종의 경복궁 시대

고종의 즉위 초기에는 창덕궁 시대로 수렴청정과 섭정이 있었다. 반면에 고종의 경복궁 시대는 5년의 섭정 이후의 친정체제를 구축하는 어려움과 근대적 개혁 추진을 시작하는 파란만장한 역사가 있었다. 고종의 경운궁 시대는 대한제국 선포의 중흥기 및 국권을 지키고자 하는 몸부림이 있었던 시대였다.

고종의 창덕궁 시대 초기 1865~1867년의 경복궁 중건을 주도한 인물은 흥선대원군과 양어머니인 신정왕후 풍양조씨이다. 고종이 즉위한 지 10년이 된 무렵인 1873년에 흥선대원군 섭정이 끝나고, 고종이 직접 왕권을 행사하는 친정親政 시대로 접어든다. 창덕궁에서 집무하던 고종은

1868년에 경복궁으로 이어하였다. 고종의 경복궁 시대 초기 5년간도 흥선대원군의 섭정 시대가 된다.

고종 시대에는 경복궁, 창덕궁, 경운궁에서 화재가 자주 발생하였다고 할 수 있다. 고종이 친정을 시작한 1873년에 신정왕후 풍양조씨가 거처하는 자경전과 명성왕후 여흥 민씨가 거처하는 교태전에 화재가 난다. 또한 3년 후인 1876년 교태전 등 내전에 대화재가 나서 850칸이나 되는 건물이 전소하였다. 정치 권력의 향배를 둘러싼 암투가 끊임없이 일어난 것을 반증이라도 하는 듯한 현상이었다.

고종의 경복궁 시대, 곧 고종이 경복궁의 편전 사정전에서 집무하는 것이 정상적이었던 기간(1868~1896)은 약 29년 정도가 된다. 실제로는 23년 정도이다. 고종의 재위 기간 중의 가장 긴 시간을 경복궁에서 보냈다. 창덕궁에서는 우선 1863년 즉위 후에 수렴청정을 포함하여 5년간 선정전 혹은 희정당에서 집무를 했다. 1876년 경복궁 대화재 때문에 창덕궁에 거처하던 5년과, 화재나 다른 변고가 일어나서 창덕궁으로 가 있었던 시기를 합치면 약 12년 정도를 창덕궁에 있었다. 경운궁에서는 1897년부터 1907년 순종에게 양위하기까지 10년 정도를 집무하였다. 일본 제국의 조선 이태왕李太王으로서 1907년에서 1919년까지 약 13년을 더 경운궁에서 살았다.

국가 제사의 측면에서 보아서 1868년 경복궁 이어 이후 약 23년간 조선의 국왕으로서 사직대제, 종묘대제를 친제하거나 섭제하게 하고, 동쪽의 적전이 있던 선농단으로 나가서 실제로 친경하는 행사를 하였다. 비가 오지 않으면 기우제도 지냈다. 기우제는 보통 사직단에서 드리다가 여러 군데의 국가 제사처에도 드리게 되어 있었다. 고종은 창덕궁 시대에도 기우제를 드렸을 뿐만 아니라 경복궁 시대에도 기우제를 친제한 적이 있다. 또한 경복궁 시절에도 숭례문 밖의 남단南壇 기우제를 지낸 적이 있다. 경복궁에서 거가 출궁하여 하는 친제를 드린 적이 많은 것이다.

1) 경복궁에서 한 갑오개혁

고종은 1894년의 갑오개혁을 경복궁에서 단행하였다. 1894년 동학농민항쟁으로 시작된 변화의 조짐은 동학농민군이 일본군에게 패배하면서 이후 철군 요구를 거부한 일본군이 7월 23일 경복궁 궁성을 포위하면서 새로운 내각이 꾸려지고 군국기무처를 설치하면서 대대적인 개혁이 단행되었다. 경장更張이란 성리학적인 용어로 '거문고의 악기줄을 단단히 다시 맨다'는 뜻인데 갑오개혁은 갑오경장이라고도 한다.

갑오개혁에서 조선에서 500여 년을 내려온 육조 체제를 의정부(내각)과 궁내부로 개편하였다. 1894년 6월 부로 육조는 8개의 아문으로 만들어졌다. 7월에는 신분제도를 철폐하였다. 또한 황제를 선포하고 연호를 세우자는 칭제건원稱帝建元을 요청하는 상소가 고종에게 도달하기 시작하였다. 단묘궁릉 문화로 보아서는 고종의 경복궁 시대에 국가제례 사전祀典 개혁안이 마련되고 1894년 8월 의정부의 관리를 제관으로 차출하던 것이 중지되었다. 궁내부의 장예원이 주관하고 종친부(혹은 종정부)와 함께 하게 된 것이다. 또한 1894년 8월을 기해서 고려와 조선의 거의 940여 년 동안 시행되던 유학의 경전에 근거한 과거科擧가 폐지되었다.

이듬해 1895년에 대사, 중사, 소사, 속제의 제사들 중에서 폐지하기로 한 것들이 생겼다. 기우제와 같이 신들에게 기원하는 제사나 명나라 관련 제사인 대보단大報壇, 계성사啓聖祠 같은 제사들을 폐지하고자 하였고, 왕실의 속절 제사도 축소 혹은 폐지안이 의결되었다. 하지만 갑오개혁의 국가 사전祀典의 급격한 변화는 1896년 고종의 러시아 공사관으로의 이어移御 이후에 다시 다시 복설한 것이 생겼다.

갑오개혁으로 한글이 정부의 『관보官報』에서 순한글 내지는 국한문혼용체로 쓰여지기 시작한다. 이것은 조선 세종의 1446년 훈민정음 반포 이후로 약 450여 년 만에 한글이 조정의 문서에 사용되기 시작한 것을 의미하는 것이었다. 순한글, 순한문 및 국한문혼용체가 모두 『관보』에 게재된 건양 원년(1895)의 1월 7일(음력 1894년 12월 12일) 종묘 고유제 축문祝文이 「1894 독립서고문獨立誓告問」(388쪽 참고)이다. 조선 태조가 1392년에 조선을 건국한 지 503년 되는 해에 발표된 것이다. 「독립서고문」은 종묘와 사직에 고유告由하는 국가 제사의 축문祝文으로 고종이 직접 쓴 것으로 보이고 황제만이 쓰는 자기인칭대명사 '짐朕'을 쓰고 있다.

한글 사용의 인식은 '개화開化' 개념을 글로서 소개한 유길준에게서도 찾을 수 있다. 1890년 유길준은 그의 저서 『서유견문』을 고종에게 바쳤다. 국한문혼용체로 비매품으로 발간되어 고종과 당대의 조정 인사들이 읽었다. 『서유견문』은 갑오개혁 이후 일본 게이오의숙의 후쿠자와 유키치에 의해서 일본에서 발간되었고, 1898년에 대한제국에서 다시 발간되었으며 그 「서문」에 보면 유길준 자신의 한글철학이 담겨 있다. "우리 글자我文와 한자를 섞어쓰고, 문장의 체제는 꾸미지 않았다. 속어를 쓰기에 힘써 그 뜻을 전달하기를 위주로 하였다." 유길준은 국한문혼용이 당대의 한문서적을 위주로 하던 지도층의 빈축을 살 것이라는 비난에 대해, "이는 그럴 만한 까닭이 있다. 첫째 말하고자 하는 뜻을 평이하게 전하는 것을 위주로 하였으니, 글자를 조금 아는 자라도 (이 책의 내용을) 쉽게 알 수 있도록 하기 위해서다. 둘째 내가 책을 읽은 것이 적어서 글 짓는 법이 미숙하기 때문에 기록하기 쉽게 하기 위해서다. 셋째 우리나라 칠서언해七書諺解의 기사법을 대략 본받아서 상세하고도 분명한 기록이 되도록 하기 위해서다"라고 하고 있다. 칠서언해七書諺解는 유교의 7가지 책인 논어, 맹자, 중용, 대학, 서경, 시경, 주역 원문을 한글로 번역한 책들을 이야기한다. 유길준은 『대한문전大韓文典』이라는 한글 문법책을 처음 펴낸 최초의 국어학자이기도 하다.

『고종실록』에 따르면 1894년 11월 무렵에 종묘와 사직에 나아가 청나라로부터의 독립을 고유하는 제사와 의식을 하고자 하였으나 연기하였다. 1894년 음력 12월 12일이면서 태양력을 사용하기로 한 첫 해인 건양원년(1895) 1월 7일에 특별한 행사를 거행하였다. 종묘의 정전과 영녕전에 흥선대원군, 왕세자 및 백관을 데리고 나아가 조종의 영령들에게 맹세하는 축문 「독립서고문獨立誓告文」을 낭독하고 바로 '최초의 근대적 정책백서', '최초의 근대적 헌법', '최초의 국가기본법'이라고 하는 「홍범洪範 14조」(390쪽 참조)를 발표하였다.

「홍범 14조」에는 청나라의 조선에 대한 종주권의 부인, 대원군과 민씨 척족의 정치 개입 배제, 조세법정주의, 예산제도, 지방제도 개편, 국민개병주의에 의한 군사제도, 법치주의에 의한 국민의 생명과 재산의 보호,

문벌의 폐지와 능력에 따른 인재 등용이 들어있다. 그런데 「독립서고문」 이 발표된 바로 그해 1895년 10월 8일(음력 8월 20일)에 명성왕후 시해 사건인 을미사변이 일어난다.

2)경복궁에서 남단터 원구단 건립

고종의 입장에서 살펴보면 경복궁 시대 말년의 1895년 1월에 「독립서고문」과 「홍범 14조」를 발표하여 대원군과 민씨 척족의 정쟁을 잡으려 하였고, 독립국이면서 황제국인 국가 체제로 가려고 노력을 경주하던 과정이었다는 것이 드러난다. 이런 황제국으로의 몸부림이 일본이 사주한 을미사변으로 좌절되었다. 1895년 10월 8일 경복궁의 북쪽인 건청궁에서 일본 낭인에게 명성왕후가 시해당했다. 고종 시대는 청나라, 일본, 러시아와 유럽의 열강이 조선에서의 이권을 노리던 시대여서 그들의 세력을 입은 정치적 변동이 아주 심했다. 을미사변은 표면적으로는 일본군이 조련하던 조선인 수비대와 일본 공사가 이끄는 낭인에 의해서 저질러진 것이다. 그러나 고종의 명성왕후 민씨 외척 세력과 흥선대원군 세력 등의 정쟁이라는 변수도 크게 작용했었던 것으로 보인다. 일본은 을미사변에서 흥선대원군을 이용하려 하였다. 청나라는 1882년 임오군란 때에 명성왕후의 민씨 일파를 이용하려 했다.

을미사변 후 1895년 10월부터 1896년 2월까지 고종과 왕세자는 경복궁에 감금당하다시피 하였다. 그리고 이 기간에 친일내각에 의해서 단발령이 내려지고 1896년 1월 1일부로 태양력을 사용하기로 하였으며, 일세일

원연호를 사용하기로 하고 '건양建陽'이란 연호를 사용하게 되었다. 1897년 제정한 연호 광무光武는 고종이 독자적으로 제정한 연호인 반면에 건양建陽은 친일 내각의 작품으로 보인다. 1896년 2월 10일 고종과 왕세자는 영친왕의 생모 엄귀비의 가마를 타고 경복궁을 몰래 빠져 나와 외국 공사관들이 많이 운집하였던 정동 지역의 러시아 공사관으로 파천을 단행한다.

단묘궁릉 문화에서 중요한 것으로 경복궁 시대의 갑오개혁에서 이미 원구단 제사가 시작되었다. 1895년 윤 5월 내각에 '원구단건축 청의서'가 들어왔다. 원구단을 건축하여 하늘땅 제사를 지내도록 하자는 것이었다. 도성 숭례문 밖의 남쪽 교외에 있는 남단南壇을 개조하여 건축하자는 방안이었다. 독자적인 황제국을 선포하는 계획이 이미 경복궁 시대에서부터 만들어지고 있었다는 것을 의미한다.

『고종실록』과 『고종시대사』에 의하면 1895년 윤 5월 20일에 고종은 원구단을 건축하라고 명했다. 1895년은 청나라 덕종 광서 22년, 일본 명치 29년에 해당한다. 남단은 19세기 말 지명으로는 '둔지방屯之坊'에 있었다. 지금의 미 8군의 캠프와 그 남쪽의 국립전쟁박물관 지역이다. 19세기 말 김정호에 의해 제작된 〈수선전도〉에는 남산(목멱산)의 서쪽 성곽의 서쪽에 국가제례에 필요한 희생동물인 소, 양, 돼지를 맡은 전생서典牲署가 있다(그림 8-13). 전생서는 현재의 후암동 지역이다. 현재의 효창공원 자리에 있던 정조의 맏아들 문효세자의 능원인 효창원孝昌園이 효창묘孝昌墓로 표시되어 있다. 효창묘와 전생서의 사이 중간에 남단이 표시되어 있고, 남단의 북쪽에 남관왕묘인 남묘南廟가 표시되어 있다.

1895년 남단南壇터에 실제로 원구단이 건축되었다. 「원구단건축청의

그림 8-13. 〈수선전도〉의 숭례문 밖 남쪽의 남단.

서」대로 건축되고 주위에는 수목을 심어서 숲속에 원구단이 있었던 것이다. 조선의 22대 국왕 정조는 이 남단을 과거에 조선 초기 세조가 원구대제를 지냈던 원구로 생각하고 있었다. 마치 베이징의 천단이 측백나무 고목으로 둘러싸여 있는 것과 같이 수목으로 둘러싸인 공간이었던 것 같다.

고종은 을미사변 이후에 1896년 2월 28일에 러시아 공사관으로 이어하였다. 『고종실록』에 따르면 러시아 공사관에서 집무한 지 6개월 만인 1896년 8월 14일 궁내부 대신 이재순이 국가 길례의 대사, 중사, 소사의 향사 날짜를 고종에게 올리는데, 원구단, 종묘, 영령전, 사직단, 대보단(황단)이 대사로 구분되고 향사 일자가 정해져 있다. 원구단은 동지 천지합제와 정월 첫 상신上辛날 기곡으로 정리되어 있다. 『승정원일기』에는 1896년 2월 18일 원구기곡대제가 기록되어 있다. 그 후 4개월 만에 1896년

12월 15일에 전 경연원경經筵院卿인 김영수에게 원구단의 향사에 필요한 축문祝文과 노래 가사인 악장樂章을 짓도록 명한다. 이 두 가지가 남단터 원구단이 존재한 가운데 고종이 내린 원구단에 관련된 중요한 결정이다.

또한『고종실록』에 의하면 경운궁에서 광무光武라는 연호를 제정하면서, 1897년 8월 16일 원구단, 사직단, 종묘, 영녕전 및 경모궁에서 연호 세운 것에 대해 고유제를 지냈다고 기록되어 있다. 이 때의 고유제를 지낸 원구단은 남단터 원구단이다. 경복궁 시절 건양 연간에 조성되었으니 '건양 원구단'이다. 현재의 소공동 황궁우 남쪽 조선호텔 자리에 있던 원구단이 생기기 이전이다.

새로운 연호의 책정을 남단 터 원구단에 고유한 지 한 달 반 뒤인 1897년 10월 2일에서 11일 사이에 소공동 남별궁 자리에 새로운 '광무 원구단'이 세워진다. 고종은 10월 12일(음력 9월 7일) 원구단에 고유하는 제사를 지내고는 거기서 금탁자와 의자 위에 앉아서 황제 즉위식(대례)을 거행한다.『고종실록』에 의하면 이후 1897년 12월 27일에 남단의 첫 원구단을 산천단山川壇으로 바꾸고 개명하도록 한다.

6. 고종이 대한제국을 선포한 경운궁

갑오개혁 때부터 실행되던 독립국 및 황제국 건설의 과정은 경운궁에서 진전을 보이면서 실현된다. 1896년 2월에 러시아 공사관으로 들어가 집무를 하던 고종에게 환궁하라는 빗발치는 상소가 도달하였다. 고종은 1여 년 만인 1897년 2월 20일에 경복궁으로 돌아가지 않고, 외국 공사관이 많은 정동貞洞에서 가까운 경운궁慶運宮으로 환궁한다. 경운궁은 현재의 덕수궁이라는 이름으로 부르는 궁궐이다. 덕수궁은 1907년 순종이 창덕궁에 이어하면서 퇴위한 고종이 거처한다고 해서 붙여진 이름이다. 고종은 1897년 경운궁 환궁 당시의 원래의 즉조당卽祚堂에서 집무한 것으로 보인다. 따라서 건양 연간(1896~1897년 초)은 고종이 대부분 러시아 공사관에서 집무를 보던 기간이다.

대한제국이라는 이름은 1897년에 생겨나게 되었다. 모든 제도를 황제국으로 격상시키는 작업을 하기 시작하여 8월 14일 연호를 건양에서 광무로 바꾸었다. 광무라는 연호를 제정한 것을 경운궁에서 건양 연간 남단터 원구단, 사직단, 종묘, 영녕전 및 사도세자의 사당인 경모궁에 알리는 고유제를 지낸다. 광무원년 10월 7에는 원래의 즉조당의 명칭을 '태극전太極殿'으로 격상시키고, 다음날인 10월 8일에는 새로운 국새인 '대한국새大韓國璽'를 만들고 사직의 신위 명칭을 태사太社와 태직太稷으로 올렸다. 10월 10일 '예궐반차도'를 만들어 경운궁과 동궁에 두었다.

광무원년 10월 12일 새벽에 경운궁에서 출발하여 새로 건축된 두 번째 원구단으로 국새를 가지고 가서 하늘신皇天上帝와 대지신皇地祇에게 즉위를 고하는 제사를 올리고는 황금색 의자에 앉아서 국새를 받았다. 옷은 그동안의 9문장이 아닌 12문장이 수놓아진 면복을 입었다. 이 원구에서의 대례의 모델은 명나라의 예전인 『대명집례大明集禮』를 따르고 있었다. 경운궁으로 돌아와서 태극전에서 백관의 축하를 받고 왕후를 황후로 책봉하고 왕세자를 황태자로 책봉하였다. 1863년 12월 12일 조선의 26대 국왕으로 등극한 지 34년 만에 1897년 10월 12일 대한제국 황제로 등극한 것이다.

그동안 조선의 '천세'만을 외쳐 보았던 조선의 백관들이 처음으로 대한제국 '만세'를 부르기 시작한 것이다. 다음날 10월 13일 대한제국의 황제는 새벽에 명성황후의 빈전에 나가 제사를 올리고 오전 8시경에 태극전에 나가 '대한'이라는 국호를 선포하였다. 광무 3년(1899)에는 법규교정소法規校正所라는 특별 입법 기관을 통하여 9개조의 「대한국제」를 제정하여 발표한다. 제1조 '대한국大韓國은 세계만국에 공인된 자주 독립自主獨立한 제국帝國이다.' 현재의 민주주의 사회에서 보면 이해가 가지 않지만 100여 년 전의 당대의 「만국공법」에도 적합한 체제였다. 법규교정소에는 외국인들도 참여하였다. 태극기를 어기御旗로하고, 국가國歌와 훈장 등을 제정하였다. 당시의 만국공법에 부합하는 근대국가를 선포한 것이다.

대한제국을 선포한 태극전은 이후에 2층의 월대를 가지는 정면 5칸 측면 4칸의 2층 지붕의 큰 건물로 이름을 중화전中和殿으로 바꾸었다. 중화전은 경복궁 근정전만큼이나 크고 웅장했던 건물인데, 1904년 경운궁 화재가 난 이후 중건할 때 현재와 같은 1층 지붕의 건물로 되었다(그림 8-14). 중화전은 경복궁의 근정전, 창덕궁의 인정전과 같은 법전에 해당한다. 경운궁의 편전은 함녕전咸寧殿이고, 침전으로는 과거의 즉조당의 이름을 가져온 새로운 즉조당, 석어당昔御堂, 준명당浚明堂을 모두 사용하였다.

중화전 옥좌를 두른 병풍 그림은 보통 일월오악도日月五嶽圖 혹은 일월오봉도日月五峯圖라고 한다(그림 8-15). 이 그림은 고종과 명성왕후가 경복

그림 8-14. 중화문에서 바라본 경운궁의 법전 중화전.

궁 시대에 주로 거처했던 건청궁乾淸宮 장안당長安當 문에도 장식되어 있다. 건청궁은 경복궁의 북쪽의 향원정 뒤에 있는 단청을 칠하지 않은 목재 무늬 그대로 드러내고 있는 사가私家와 같은 건물군인데, 유독 장안당 마루를 올라가 들어가는 문에 일월오악도 그림으로 장식되어 있다. 중화전의 일월오악도도 근정전과 인정전의 그림 및 건청궁 장안당 문장식 그림과 거의 같다.

이 왕권 상징 그림 속에 들어간 대상을 모두 살펴보면 해와 달, 다섯 개의 산봉우리, 강과 바다, 그리고 좌우에 소나무가 그려져 있다. 이러한 왕권 상징들이 모두 들어간 그림으로 말하면 '일월오악송목대천사해도 日月五嶽 松木大川四海圖'가 된다. 자금성의 태화전이나 옥좌가 있는 다른 전

그림 8-15. 중화전 내의 옥좌와 배경(일월오악송목대천사해도).

각 안에 있는 병풍그림들과는 차별성을 가지는 조선과 대한제국만의 배경 그림이다. 특히 소나무가 좌우에 서 있는 것 자체는 어디서도 유례를 찾아 볼 수 없는 독특한 것이다. 조선은 소나무를 국초부터 함부로 벌채하지 못하게 하고 조선 태조의 호號가 송헌松軒이었을 만큼 소나무 보호와 육성에 힘썼다. 그리고 조선 태조가 친히 소나무를 심은 수식송手植松의 고사가 함흥 본궁 및 영흥 본궁에 내려올 정도였다. 또한 겸재 정선의 그림 중에도 〈함흥본궁송咸興本宮松〉이라는 그림도 있다. 따라서 소나무를 왕권 내지는 황권의 상징으로 삼았던 독특성이 드러난다.

경운궁에도 남쪽에 '인화문仁化門'이라는 정문이 있었다. 경복궁의 광화문, 창덕궁의 돈화문과 같은 '화化'자 어미가 있는 이름의 남문이다. 경운궁의 동문이 대안문大安門이었다. 현재의 대한문大漢門으로 이름을 바꾼 것은 원구단 대례를 치른 이후에 동문을 정문으로 삼는 것도 좋다는 의견에 따른 것이다. 서문의 이름은 평성문平成門이고, 경운궁의 북문은 생양문生陽門이다. 광무 4년(1900) 1월에 경운궁의 궁장宮墻을 쌓았다. 그런데 4월에 본전 건물들 곧 중화전, 함녕전, 즉조당, 석어당에 화재가 났다. 외곽의 서양식 건물 돈덕전, 가정당, 구성헌 등은 타지 않았다.

경운궁은 100여 년 전 19세기 말에서 20세기로 변화되는 근대화 시기에 서구 문물이 들어오던 당대의 흐름이 많이 반영되었다. 1900년에 석어당 뒤에 정관헌靜觀軒이라는 서양식 정자가 세워졌다. 또한 석조전이 1900년에 공사를 시작하여 10년 만에 중화전의 서북쪽에 들어섰다(그림 8-16). 황실이 사용하는 서양식 건물은 경운궁 서문인 평성문 밖에도 있었다. 수옥헌漱玉軒이라는 건물군에는 중명전重明殿, 만선당, 양복당 등의 건

그림 8-16. 경운궁의 석조전.

물들이 있었다.

고종황제는 1907년에 순종의 대리청정을 허용한 것으로 되어 있다. 일제강점기 일본제국 궁내부 예하의 이왕직李王職에서 편수한 기록에는 순종이 경운궁의 서양식 건물인 돈덕전에서 즉위한 것으로 되어 있다. 1905년 11월 18일 을사보호 조약에 의해서 조선통감부가 설치되었는데, 을사조약의 부당성을 알리려던 헤이그 밀사 사건이 생겼고 그에 따라 통감부의 입김이 크게 작용한 것으로 알려져 있다. 1907년은 통감부가 3년 차가 되는 때이다.

순종은 연호를 '융희隆熙'로 고쳤고, 창덕궁에서 집무를 보게 되었다. 통감부와 친일파 권신들이 고종의 영향력이 미치지 않게 하기 위하여 순종을 경운궁에서 창덕궁으로 이어하게 하였다. 순종은 이복 동생인 영친왕을 황태자로 책봉하여 동궁東宮이 되게 하였다. 1907년부터 영친왕의 생모 황귀비 엄씨는 경운궁의 새로운 즉조당, 현재의 즉조당에서 거처하였다. 고종은 함녕전에서 거처하였다.

1910년 한일합방조약에 의해서 조선총독부가 설치되었는데, 일본제국 천왕의 칙령에 의해서 대한제국이라는 국호가 사라지고 조선이라는 식민지 이름을 쓰게 되었다. 따라서 '조선총독부'이다. 대한제국황실은 일본제국 천황실 궁내부의 일개 부서인 '이왕직李王職'으로 격하되었고 순종은 '이왕李王', 고종의 '이태왕李太王'으로 격하되어 경운궁의 이름도 퇴임한 이태황이 거처하는 덕수궁으로 변경되었다. 덕수궁이라는 궁궐 명칭宮號은 일본제국이 부여한 이름으로 보아야 한다.

반면에 거꾸로 알려져 있는 것은 '영친왕英親王'이라는 살아있는 친왕의 명칭이다. 영왕 혹은 영친왕은 광무 4년(1900년) 대한제국에서 고종의 일곱 번째 아들을 책봉한 친왕親王이다. 두 번째 아들인 '의왕義王' 혹은 '의친왕義親王'도 광무 4년(1900)에 책봉된 친왕이었다. 책봉례를 한 것을 기록한 의궤儀軌의 이름이 『의왕영왕책봉의궤』로 광무 4년 대한제국 궁내부 장예원에서 만든 장서각본이 있다. 친왕을 근위하는 무관과 관리가 있었기 때문에 거처도 '친왕부親王府'라고 불렀다. 일본제국과는 아무런 관련이 없는 대한제국의 명칭이다. 오히려 일본제국은 친왕부를 격하하여 공公이라는 작호를 붙여 격하시켜서 '공가公家'라고 하였다. 순종에 의해서 황태자로 책봉된 영친왕은 황태자였으나 일본에서 인질로 잡혀 있었고, 1963년에 귀국할 수 있었다. 영친왕은 1970년에 창덕궁 낙선재에서 승하하였다.

반면에 의친왕은 한국에 있었고 일제의 감시속에 살면서 해외 망명

시도도 좌절되었으나 저항하다가 1929년에는 공公의 작위도 첫째 아들에게 양위하게 되었다. 또한 조선총독부가 어렵게 살게 했다. 그 첫째 아들도 일본에서 살다가 일본인으로 귀화해서 일본에서 생을 마감했다. 순종도 후사가 없었고, 영친왕도 아들 황태손이 후사없이 사망하였다. 의친왕 계열의 대한제국 황족들만 한국과 미국에 생존해 있는 셈이다.

7. 궁궐안의 제의 관련 문화

조선의 국왕이 승하하면 의정부에서 세 개의 위원회를 만든다. 빈전도감, 국장도감 그리고 산릉도감이다. 각각 위원장인 제조가 있다. 국장도감의 위원장은 국장도감 제조라고 하였다. 빈전은 주로 국왕이 승하한 침전을 사용하는 경우가 많고 국왕의 관곽을 담은 찬궁欑宮이 위치하는 곳이다. 빈전도감은 3년상을 지내고 신주가 돌아올 때까지의 일을 맡는다. 산릉도감은 실제로 능원의 조성을 맡아서 하는 위원회이고, 국장도감은 말 그대로 궁궐에서 산릉까지의 국장을 치루는 위원회가 되며 국왕의 시호나 왕후의 휘호, 능호 및 국왕의 묘호廟號를 제정하는 것을 담당한다. 산릉의 장지에 관곽을 묻고는 뽕나무로 만든 신주인 우주虞主에 시호를 쓰고는 궁궐의 빈전이 아닌 다른 곳에 마련한 혼전魂殿에 두게 된다. 혼전에 둔 우주는 3년상을 마치고는 밤나무로 만든 신주인 연주練主에 묘호, 시호가 쓰여져서 종묘에 부묘된다.

고종의 왕후인 명성왕후가 1895년 10월 8일 을미사변으로 승하하고 난 이후에 빈전은 경복궁의 서북쪽에 있는 태원전泰元殿이었고, 3년상의 우주를 모시는 혼전은 문경전文慶殿이었다. 그런데 명성왕후의 국장은 1895년에 바로 치루어지지 않았다. 빈전은 러시아 공사관 이어 이후 1896년 9월 4일(음 7월 27일)에 경복궁에서 슬그머니 경운궁의 중화전 주위의 전각으로 옮겨진다. 명성왕후의 혼전의 이름은 경효전景孝殿이다. 을미사변이 일어나고 약 2년 후인 1897년 10월 12일에 대한제국이 선포되고 황제로 등극한 이후에 명성왕후의 산릉공사가 현재의 청량리 홍릉으로 급격하게 조성되고 1897년 11월 21일(음력 10월 27일)에 발인하고 22일에 하현궁하였다.

최근에 일본 낭인들이 난자하여 시신을 불태운 것으로 알려져 있는 명성왕후가 을미사변 당시에 죽지 않았다고 하는 주장이 제기되었다. 명성왕후 국장이 러시아 공사관 이어로 중단되었다. 그리고 불태운 재를 회로 쳐서 시신으로 만들고 재궁(관곽)과 찬궁을 만들었다. 그 재궁을 둔 빈전이 1년 후에 슬그머니 경복궁에서 경운궁으로 옮겨진 점, 고종이 경복궁으로 환궁하지 않고 경운궁으로 환궁한 점, 그리고 경복궁에서부터 대한제국으로의 과정을 경운궁에서 실현한 사실 등으로 미루어 명성왕후가 을미사변 이후에도 경운궁의 비밀의 공간에서 약 2년을 더 살아 있었을 가능성은 존재한다. 이 가설에 따르면 명성왕후가 숨어서 고종과 함께 2년여 동안 대한제국의 성립에 직접적 혹은 간접적으로 기여하다가 1897년 11월에 승하했을 가능성도 있다. 현재 정확하게 판명된 명성왕후의 사진이나 영정이 전하지 않는다. 어떤 얼굴이 진짜 명성왕후였는지는 당대의 명성왕후를 접견한 사람들만 안다. 외국인으로서는 당대의 고종의 주치의였던 호레이스 알렌의 부인이 접견했고, 영국 여류 여행가인 이사벨라 비숍 여사가 경복궁에서 접견했다.

명성왕후가 승하했다고 발표하여 정적의 칼날을 피한 적은 을미사변보다 15년 전인 1882년 6월 10일 임오군란 때에도 있었다. 이 때에 무위영武衛營과 장어영壯禦營의 구식 군인들이 궁궐에 난입했다. 녹봉 지급이 안되고 대우가 엉망이었던 이유를 명성왕후의 친척 민씨 척족 병조판서와 경기도 감사 때문이라고 알려졌기 때문이다. 명성왕후는 궁궐을 빠져 나와 여주와 장호원을 거쳐 충주의 산속으로 피신하였다. 『고종실록』과 『승정원일기』에 의하면 고종이 "중궁전中宮殿이 오늘 오시午時에 승하하였고 (…중략…) 망곡처소는 동궐 창경궁 명정전으로 한다"는 교지를 내리고 명성왕후의 국장을 알렸으며 빈전도감, 국장도감, 산릉도감을 설치한 적이 있다. 흥선대원군이 입궐하여 정권을 잡았지만 청나라가 3천의 군사를 파견하고, 1882년 7월 13일 청나라 군대가 흥선대원군을 인도하여 톈진을 거쳐서 베이징 남쪽의 하북성 바오딩保定에 유폐를 시키는 바람에 8월 1일 명성왕후는 서울로 돌아왔고, 민씨 척족들도 정권을 되찾는다.

국왕보다 먼저 승하한 왕후의 신주(연주)는 국왕이 승하할 때까지 기다리다가 국왕이 승하하고 3년상을 마치고 난 이후에 국왕의 연주와 함께 종묘에 부묘된다. 명성왕후의 종묘 신주도 고종태황제가 승하한 1919년의 3년상을 마치고 난 이후인 1921년에 종묘에 부묘되도록 되어 있었다. 고종황제가 승하한 이후에 장지가 현재의 남양주 금곡의 홍릉洪陵으로 결정되어 황릉 공간으로 천장되었다. 이에 따라 청량리의 홍릉은 이름만 남게 되었다. 청량리 홍릉터는 현재 국립산림과학원 북쪽산에 있다.

조선 초기에는 이러한 빈전과 혼전이 모두 경복궁에 있었다. 조선 후기에는 창덕궁과 창경궁에 있었다. 또한 조선 초기에는 국왕의 가묘家廟 혹은 원묘原廟인 문소전文昭殿도 경복궁 궁성 동문 안에 존재했다. 지금의 국립민속박물관 자리이다. 『국조오례의』에서는 "문소전文昭殿은 궁성 안 동쪽에 있는데, 전전이 3칸이고, 각각 감실이 있고, 앞에 3계단이 있다"고 하였다. 문소전은 종묘와는 달리 소목제昭穆制로 되어 있고, 전전 뒤에 침전이 있었다. 악무도 속악俗樂을 쓰는 것이라서 악무가 없는 산릉제와는 다른 양상을 보였다. 임진왜란 때 경복궁이 불탄 이후로는 문소전 속제가 없어지고, 조선 후기에는 국가 기일 제사인 기신제를 산릉에서 지내는 것으로 변화된다.

고종의 1984년 「독립서고문獨立誓告文」

고종 31년(1894) 12월 12일 갑인 첫 번째 기사, 『고종실록』 32권.

"감히 황조皇祖와 열성列聖의 신령 앞에 고합니다敢昭告于.

생각건대 짐朕은 어린 나이로 우리 조종祖宗의 큰 왕업을 이어 지켜온 지 오늘까지 31년이 되는 동안 오직 하늘을 공경하고 두려워하면서 우리 조종들의 제도를 그대로 지켜 간고한 형편을 여러 번 겪으면서도 그 남긴 위업을 그르치지 않았습니다. 이것이 어찌 짐이 하늘의 마음을 잘 받든 때문이라고 감히 말하겠습니까? 실로 우리 조종께서 돌보아주고 도와주었기 때문입니다.

우리 황조가 우리 왕조를 세우고 우리 후손들에게 물려준 지도 503년이 되는데 짐의 대에 와서 시운時運이 크게 변하고 문화가 개화하였으며 우방友邦이 진심으로 도와주고 조정의 의견이 일치되어 오직 자주독립自主獨立을 해야 우리나라를 튼튼히 할 수 있는 것입니다. 짐이 어찌 감히 하늘의 시운을 받들어 우리 조종께서 남긴 왕업을 보전하지 않으며 어찌 감히 분발하고 가다듬어 선대의 업적을 더욱 빛내지 않겠습니까? 이제부터는 다른 나라에 의거하지 말고 국운을 융성하게 하여 백성의 복리를 증진함으로써 자주 독립의 터전을 튼튼히 할 것입니다.

생각건대 그 방도는 혹시라도 낡은 습관에 얽매지 말고 안일한 버릇에 파묻히지 말며 우리 조종의 큰 계책을 공손히 따르고 세상 형편을 살

퍼 내정內政을 개혁하여 오래 쌓인 폐단을 바로잡을 것입니다. 짐은 이에 14개 조목의 큰 규범(홍범 14조)을 하늘에 있는 우리 조종의 신령 앞에 고하면서 조종이 남긴 업적을 우러러 능히 공적을 이룩하고 감히 어기지 않을 것이니 밝은 신령은 굽어 살피시기 바랍니다."

「홍범洪範 14조」

1. 청淸 나라에 의존하는 생각을 끊어버리고 자주독립自主獨立의 터전을 튼튼히 세운다.

2. 왕실의 규범을 제정하여 왕위 계승 및 종친宗親과 외척外戚의 본분과 의리를 밝힌다.

3. 임금은 정전正殿에 나와서 시사視事를 보되 정무政務는 직접 대신大臣들과 의논하여 재결裁決하며 왕비나 후궁, 종친이나 외척은 정사에 관여하지 못한다.

4. 왕실에 관한 사무와 나라 정사에 관한 사무는 반드시 분리시키고 서로 뒤섞지 않는다.

5. 의정부議政府와 각 아문衙門의 직무와 권한을 명백히 제정한다.

6. 백성들이 내는 세금은 모두 법령法令으로 정한 비율에 의하고 함부로 명목을 더 만들어 불법적으로 징수할 수 없다.

7. 조세나 세금을 부과하는 것과 경비를 지출하는 것은 모두 탁지아문度支衙門에서 관할한다.

8. 왕실의 비용을 솔선하여 줄이고 절약함으로써 각 아문과 지방 관청의 모범이 되도록 한다.

9. 왕실 비용과 각 관청 비용은 1년 예산을 미리 정하여 재정 기초를 튼튼히 세운다.

10. 지방 관제를 빨리 개정하여 지방 관리의 직권을 제한한다.

11. 나라 안의 총명하고 재주 있는 젊은이들을 널리 파견하여 외국의 학
    문과 기술을 전습 받는다.

12. 장관將官을 교육하고 징병법徵兵法을 적용하여 군사 제도의 기초를 확
    정한다.

13. 민법民法과 형법刑法을 엄격하고 명백히 제정하여 함부로 감금하거나
    징벌하지 못하게 하여 백성들의 생명과 재산을 보호한다.

14. 인재 등용에서 문벌에 구애되지 말고 관리들을 조정과 민간에서 널리
    구함으로써 인재 등용의 길을 넓힌다.

1. 선원전과 진전 — 궁궐의 어진 사당

선원전璿源殿은 궁궐 내의 수용睟容 혹은 어진御眞을 모셔둔 공간이라는 점에서는 조선 초기에도 있었고 임진왜란과 병자호란 이후의 조선 후기에도 있었다. 그런데 조선 초기 경복궁의 선원전과 조선 후기의 선원전은 그 기능에 있어서 굉장히 다른 면이 있었다. 조선 초기의 선원전은 왕실의 제례와는 별 관련이 없었던 것이고 조선 후기의 선원전은 왕실의 제례로 속제俗祭로 분류되었다. 조선 후기 함흥 본궁, 영흥 본궁의 원묘와 같이 조선 초기 문소전 기능을 하던 공간으로 보아도 무방하다.

조선 초기의 선원전은 왕실의 원묘原廟인 문소전文昭殿 뒤에 위치하여 경복궁 북동쪽, 곧 현재의 국립민속박물관 권역에 있었다. 임진왜란 때에 수도 한성의 궁궐 모두가 불탈 때에 문소전과 선원전도 소실되었다. 태조와 태종 및 왕후들의 수용睟容 혹은 어진御眞을 모신 '선원전璿源殿'이 세워진 것은 세종대인 1438년(세종 20)으로 경복궁 내부에 조선 왕가의 족보인 선원록璿源錄을 같이 모시던 곳이다. 『세종실록』에 의하면 태종은 어진을 그렸지만 별로 좋아하지 않았고 세종이 몰래 보관하였다가 선원전에 보관하였다고 한다. 또한 세종과 소헌왕후의 어용御容도 화공을 동원하여 그렸다고 한다. 세조대에는 수용과 선원록뿐만이 아니라 명나라에서 온 국왕 인정서인 고명誥命까지도 보관하였다. 『조선왕조실록』에 의하면 이후 임진왜란 이전까지도 경복궁의 선원전이 존재하였다.

성종대에 편찬된『국조오례의』는 경복궁 내의 선원전에 대한 언급이 없다. 왕실과 종친이 주로 참여하던 속제 제사가 아니었다는 것을 의미한다. 한성 밖 지방의 어진을 모신 공간만이 기록되어 있다.『국조오례의』에서는 속제 제사의 일종으로 '진전眞殿'을 언급하고 역대 시조의 사당의 기준으로 삼기도 했다. 조선 초기에 태조의 수용은 개성의 목청전穆淸殿, 영흥의 준원전濬源殿, 전주의 경기전慶基殿, 평양의 영숭전永崇殿, 경주의 집경전集慶殿에 모셔져 있었다. 신좌와 수용은 북쪽에서 남쪽을 바라보게 배치되어 있었다. 세조의 수용도 광릉의 원찰인 봉선사와 이름이 같은 봉선전奉先殿에 모셔져 있었다고『국조오례의』는 기록한다. 이들 조선 초기의 태조의 진전은 임진왜란을 겪으면서 영흥 준원전과 전주 경기전만 남았다.

조선 후기의 선원전은 창덕궁에서 시작한다. 또한 선원전이 성립하는 것은 숙종의 어진을 그려서 둔 공간에서부터 발전되었다. 숙종의 수용(어진)은 창덕궁 선원전璿源殿뿐만이 아니라 강화도의 장령전長寧殿에도 모셔진 바 있었다.『조선왕조실록』숙종 39년(1713)의 기사에 의하면 숙종은 익선관과 곤룡포를 입은 모습으로 수용을 만들었고 그것을 모신 곳이 대내(창덕궁내)의 선원전과 강화도의 장령전이라고 한다. 숙종의 아들인 경종과 영조대에 선원전에서 국왕이 필요하거나 혹은 정책 구상을 할 때에 작헌酌獻하였다.『조선왕조실록』영조 30년 기사에 '선원전은 숙종의 수용을 보관한 곳이다(璿源殿卽肅宗御容奉安處也)'라고 정의하고 있다. 영조는 생모 숙빈 최씨의 사당인 육상궁과 함께 창덕궁 자신의 아버지 어진을 모신 사당을 자신의 정치적 결정을 내리는 공간으로 사용하였다. 예를 들어 사도세자가 뒤주에서 죽음에 이르도록 한 결정도 선원전에서 내려졌다. 정조 3년(1779)에는 경희궁 태령전(그림 Ⅶ-1)에 있던 영조의 어진을 창덕궁 선원전에 봉안한다. 순조대에는 다시 자신의 아버지 정조의 어진을 선원전에 모신다. 정조는 자신의 어진은 창덕궁의 부용지 2층 건물 주합루의 아래층 규장각에다가 보관하였다. 순조의 손자인 헌종은 순조의 어진을 선원전에 봉안한다. 고종대에 효명세자(익종)의 어진을 선원전에 모신다. 따라서 흥선대원군이 집정하는 시기에 고종은 창덕궁에 있었는데 그 당시의 선원전에는 6위의 어진이 창덕궁 선원전에 존재했다. 현재의 용어로는 구선원전舊璿源殿이라고 하는데 이것은 '원선원전原璿源殿'이라고 해야 정확하다(그림 Ⅶ-2). 요약하면 선원전은 어진을 모신 사당이다. 또한 조선 후기 역사에서 중요한 계기를 만들어 낸 공간이기도 하다.

고종은 선원전의 어진을 아주 귀중하게 여겼기 때문에 경복궁이 중건되면서 1868년 창덕궁에서 경복궁으로 이어移御할 때에 경복궁 선원전에 6위(숙종, 영조, 정조, 순조, 익종, 헌종)의 어진을 모두 옮겨왔다. 고종의 어진은 경회루 앞의 수정전(세종대의 집현전)에 모셔져 있었다. 물론 고종 어진은 당대에는 제사 대상이 아니라 예를 표하는 대상이었다. 1876년 경복궁에 대화재가 나서 창덕궁으로 어소御所를 옮겨갈 때에는 다시 어진들을 창덕궁 선원전으로 올겨갔다. 다시 경복궁에서 집무를 볼 때에 어진들을 다시 경복궁 선원전으로 옮겼다. 러시아 공사관에 이어하여 집무를 볼 때에 경운궁을 새로이 황궁으로 꾸밀 결심으로 경운궁 선원전을 새로 건축하고는 1896년 경복궁에서 어진을 경운궁 선원전으로 모셔왔다. 그리고 1897년 대한제국을 경운궁에서 선포하였다. 그래서 청덕궁, 경복궁, 경운궁(덕수궁) 세 곳에 선원전이 존재한 것이다.

조선 후기 숙종대 이후로 아주 중요하게 생각되는 선원전이 1900년에 경운궁 대화재 때문에 불타 버려 새롭게 경운궁 선원전이 건립된다. 이것을 경운궁 제2선원전이라 해야 구별하기가 쉽다. 고종대에 나온 의궤인『영정모사도감의궤』는 이 제2선원전을 건립할 때에 어디에 있던 영정을 어떻게 모사하였는가와 다른 제반 사항을 기록하고 있다. 이 제2선원전의 제1실에 태조의 어진이 모사되어 봉안되는데, 임진왜란 이후에도 남아 있던 영흥의 태조 진전인 준원전濬源殿에서 어진을 서울로 이송해 와서 경운궁에서 모사하고 다시 영흥으로 돌려 봉안한 시일, 경로까지를 기록하고 있다. 따라서 광무 4년(1900) 이후로 선원전은 7위(태조, 숙종, 영조, 정조, 순조, 문조, 헌종)의 어진을 모시는 사당이었다.

1905년 외교권을 박탈한 통감부가 설치되고 1907년 순종 황제가 등극하면서 창덕궁이 어소御所가 되었다. 따라서 경운궁에 있던 어진들을 창덕궁 원선원전으로 옮겨갔다. 어진의 위치의 중요성을 알게 된 조선총독부는 1919년 고종황제의 붕어와 삼일만세운동이 일어난 이후에 창덕궁의 황단(대보단)을 헐고 거기에다 1921년 경운궁 선원전을 뜯어다가 이왕직선원전을 짓고 어진들을 총집합시켜 버린다. 이 때는 순종효황제가 일본제국의 이왕李王으로 격하되어 있던 때였다. 창덕궁 황단(대보단)은 숙종대에 명나라 마지막 황제인 숭정제(신종)에게 제사 지내는 제단을 창덕궁 서북쪽에 마련해 둔 것이었다. 순조의 아들 효명세자가 지시하여 만든『동궐도』에 자세히 그려져 있다. 그런데 그 공간도 헐고 아무런 제사가 드려지지 않는 이상한 공간을 만들어 버린 것이다. 따라서 이왕직선원전은 역사의 치욕을 가지고 있는 공간이면서 다른 곳으로 옮겨야 할 일제 잔재 청산 대상 건물이다. 현재에는 순종효황제의 첫 번째 황후의 혼전이 었던 '의효전'이 이왕직선원전의 앞에 위치해 있다. 혼전魂殿은 종묘에 부묘되기 이전에 신주를 보관하는 공간이다. 현재 황후의 신주가 모두 부묘되었기 때문에 의효전은 그 기능을 상실한 상태다.

Ⅶ-1. 영조의 어진을 모셨던 경희궁의 태령전

Ⅶ-2. 창덕궁 인정전 서편. 궐내 각사 구역의 원선원전(구선원전)

이러한 일본제국 조선총독부의 만행과 함께 한국전쟁 때에 이 이왕직 선원전에 있던 어진들을 대한민국 구활실재산총국이 부산에 가지고 피난 갔다가 화재로 거의 모두 소실하였다. 예를 들어 한국에 남아 있는 효명세자(문조)의 어진은 반은 타다 남은 어진이다. 이곳 저곳에 남아 있던 조선 국왕의 어진들을 다시 모사하고 모으면 창덕궁의 원선원전을 다 채울 수 있을 것이다. 태조 어진과 고종 및 순종 황제 어진 외에 3~4위의 어진을 모으면 원선원전을 대한제국을 계승하는 대한민국의 기준에 맞게 복원할 수 있다. 대한제국의 종통을 계승한 황사손을 중심으로 하여 선원전 제례를 복원할 필요가 있다.

2. 영희전 — 도성의 어진 사당

궁궐 밖의 도성 내에도 조선의 국왕의 어진을 모신 진전眞殿, 곧 어진 사당이 있었다. 그 어진 사당은 '영희전永喜殿'이다. 고종 시대 직전인 헌종과 철종 시대를 반영하는 〈수선전도〉에는 영희전은 원래 도성의 남쪽 남산 부근의 훈도방薰陶坊에 위치하는 것으로 표시되어 있다(그림 VII-3). 현재 서울 중구경찰서 주변으로 안내표지석이 있다. 1897년 고종태황제가 사도장헌세자를 장조의황제로 추존하여 종묘에 부묘하면서 그 사당이었던 경모궁景慕宮은 그 기능을 잃어버렸다. 경모궁은 현재 서울대학병원 북쪽에 그 터가 사적 237호로 보존되어 있다. 따라서 서울 남부지역의 영희전 건

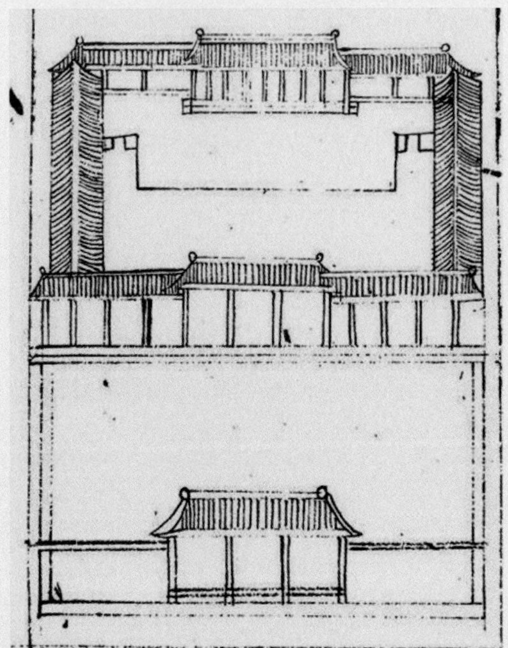

물을 헐어버리고 경모궁 자리에 새로운 영희전永禧殿을 짓고 어진들을 봉
안하였다.

융희 1년(1908) 순종효황제 당시 영흥 준원전, 전주 경기전, 개성 목청
전은 모두 태조의 어진을 모시던 곳이었고, 수원 화령전은 정조의 어진을
봉안한 곳이었다. 고종대의 사정을 알려주는 『대한예전』의 진전조는 수
원의 화령전華寧殿에 정조의 수용이 있다고 기록하고 있다. 광무 6년(1902)
대한제국 서경西京 평양에 세운 황궁인 풍양궁의 태극전太極殿은 고종의 어
진과 황태자 순종의 예진睿眞을 모시고 있었다.

영희전은 임진왜란 이후 광해군대에 사당으로 만들어지기 시작하였
다. 선원전보다 먼저 만들어진 도성의 진전이다. 광해군은 선조의 후궁

공빈 김씨의 소생으로 임해군이 형이었고 둘째였다. 광해군의 등극 이후에 자신의 생모의 사당을 한성 목멱산 부군 훈도방에 세우고 이름을 '봉자전奉慈殿'이라 하였다. 광해군 7년(1615)에 자신의 어머니를 공성왕후로 추존하여 종묘에 부묘하고 현재 남양주 사릉 북동쪽에 위치한 공빈 김씨 묘를 성릉成陵으로 격상시켰다. 신주가 종묘에 부묘되고 나니 봉자전의 기능이 상실되었다.

광해군 10년(1618) 태조와 세조의 어진을 숭례문을 통해서 들여와서 모사하여 새롭게 격상시킨 사당에 봉안하고 '남별전南別殿'이라 하였다. 인조대에 자신의 아버지 선조왕자 정원군을 원종元宗으로 추존하고 남별전에 별묘別廟를 설치하였다. 이렇게 시작된 사당은 숙종대 초기까지 남별전 혹은 남전으로 불렀다. 『조선왕조실록』 숙종 2년(1676)의 기사에 '남별전은 세조와 원종의 어진이 봉안되어 있는 곳이다'라고 하고 있다. 태조, 세조, 원종의 어진이 모셔진 것이다.

남별전은 숙종 16년(1690)에 새로운 이름 '영희전永喜殿'을 갖게 되었다. 영조대에 숙종의 어진을 영희전에 봉안하여 태조, 세조, 원종, 숙종의 어진을 모신 사당이 되었다(영조 24년, 1748). 정조대에 영조의 어진을 봉안하여 5위의 어진을 모시게 되었고(정조 2년, 1778), 철종대에 순조의 어진을 봉안하여 6위의 어진을 봉안한 사당이 되었다(철종 9년, 1858).

『고종실록』 광무 3년(1899) 11월 24일 기사에는 '도감을 설치하여 영희전에 모신 여섯 어진을 전경모궁에 이안하도록 하였다'고 기록하고 있다. 광무 3년 고종태황제가 사도장헌세자를 장조의황제로 추존하고 종묘에 부묘하였기 때문에 경모궁의 신주가 비워져서 기능이 없어졌다. 1921

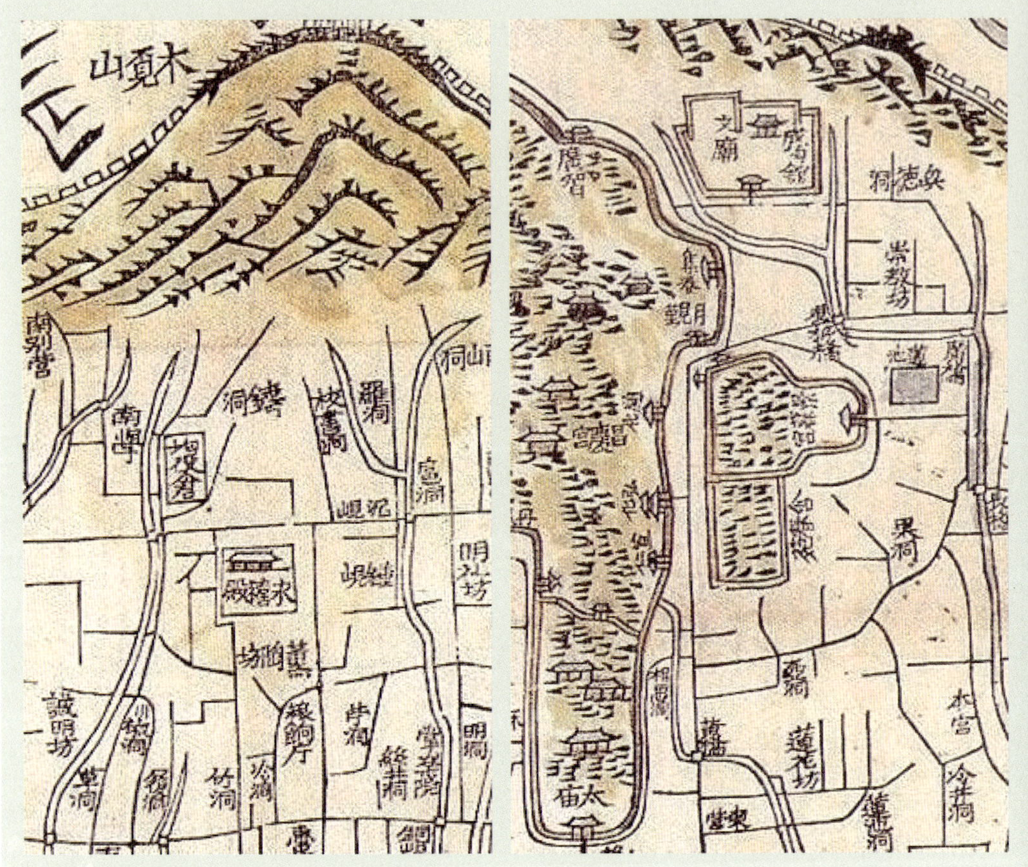

VII-4. 〈수선전도〉의 남산(목멱산) 아래 영희전 표기
(아래가 북쪽이고 위가 남쪽)

VII-5. 〈수선전도〉의 경모궁과 함춘원 표기(위가 북쪽)

년 이왕직선원전이 생기면서 경모궁터 영희전에 있던 어진들도 일본제국 궁내성 이왕직李王職이 모아서 보관하게 되었다. 1924년 게이조京城제국대학이 현재의 서울대학병원 건너편의 혜화동에 건립되고 1926년 의학부가 창설되었다. 따라서 현재의 서울대학 의과대학과 대학병원은 조선 왕실과 대한제국 황실의 정원이었던 함춘원含春園과 경모궁 및 영희전 터에 자리잡고 있는 셈이다(그림 VII-5).

한국동란 때 이왕직선원전의 조선 국왕 어진들이 소실되었는데, 여러 본이 존재하였기 때문에 추정컨데『조선왕조실록』처럼 일본제국 조선총독부에서 일본 궁내성으로 이송하였을 가능성이 높다. 예를 들어 광무 영희전본과 창덕궁 원선원전본에서 겹치는 본만 해도 여러 개가 된다. 숙종, 영조, 정조, 순조, 문조, 헌종 어진은 여러 본이었다. 우리가 흔히 생각해 볼 수 없었던 영희전 보관의 세조, 원종의 어진도 일본에 있을 가능성은 충분하다.

참고문헌

자료

윤국일 역, 『경국대전(經國大典)』(예종1년), 신서원, 1998.

『사산금표도(四山禁標圖)』(영조 41년, 1765) [일제강점기 영인]

「사산송금분속군문절목(四山松禁分屬軍門節目」, 『비변사등록』(영조 30년, 1754)

『수교집록(受敎輯錄)』(숙종 24년, 1698), 한국역사연구회 중세2분과법연구, 청년사, 2001.

『신보수교집록(新補受敎輯錄)』(영조 20년, 1744), 한국역사연구회 중세2분과법연구, 청년사, 2000.

『경복궁』 안내책자, 문화재청, 2011.

『덕수궁』 안내책자, 문화재청, 2011.

『창덕궁』 안내책자, 문화재청, 2011.

논문 및 단행본

국립고궁박물관 편, 『대한제국 : 잊혀진 100년 전의 황제국』, 민속원, 2011.

김세은, 「조선시대 진전 의례」, 『특별전 "조선왕실의 어진과 진전" 특별강연자료집』 2, 국립고궁박물관, 2016.

안선호, 「조선시대 진전 건축과 운영」, 『특별전 "조선왕실의 어진과 진전" 특별강연자료집』 1, 국립고궁박물관, 2015.

오충현, 「서울의 전통 도시숲」, 이도원 편, 『한국의 전통생태학 2 : 경관과 생활공간 읽기』, 사이언스북스, 2008.

이정호, 「조선과 대한제국」, 『국가의 건립과 산림문화』 산림문화대계 제 2권, (사)숲과문화연구회, 2014.

이태진, 「대한제국의 서울 황성만들기」, 『고종시대의 재조명』, 태학사, 2004.

장영기, 『조선시대 궁궐 운영 연구』, 역사문화, 2014.

조선미, 「조선 왕실의 어진」, 『특별전 "조선왕실의 어진과 진전" 특별강연자료집』 1, 국립고궁박물관, 2015.

대청제국과 베이징 자금성

1. 청나라 태묘의 신주 베이징으로 오다

베이징은 1644년부터 청나라, 곧 대청제국의 도성이 되었다. 그 이전
에는 240년 가까이 명나라, 곧 대명제국의 도성이었다. 청나라는 원래
1616년에 12~13세기 여진족 국가인 금金나라(1114~1234)를 이은 후금後
金이라는 국호로 건국된 나라였다. 청나라가 황제국을 선포한 것은 1636
년으로 베이징에서가 아니라 현재의 중국 요령성 센양瀋陽에서였다. 1616
년 이전까지 만주는 명나라의 지배하에 있었다. 여진족 칸 누르하치가 흥
기하여 명나라로부터 자립한 것이다. 여진어, 곧 만주어로 금金은 아이신
aisin이고 청淸은 경기언genggiyen이다. 여기에 나라를 뜻하는 구룬gurun을 붙
이면 금나라는 아이신 구룬이고 청나라는 경기언 구룬이다. 여진족이나

만주족이나 몽골어의 칸^{khan}에 해당하는 한^{han}을 임금의 의미로 사용하기 때문에 누르하치는 '겅기연 한'이었다.

여진족은 금金나라가 1234년 몽골제국에게 무너진 이후 누르하치가 자립하는 1616년까지의 380여 년 동안 몽골제국과 명나라의 지배하에서 금나라의 융성한 문화에서 후퇴하여 부족으로 흩어져 있었다. 금나라가 제정하였던 문자도 잃어버리고 조선 건국 시기에는 조선으로 편입되기도 하였고, 일부는 명나라의 요동도사가 관할하는 건주建州 내의 부족으로 명나라의 관인을 받고 무역을 하면서 살았다. 1592년 임진왜란을 전후하여서는 누르하치를 중심으로 여진족이 흥기하기 시작하였고, 임진왜란 이후에는 여진족이 세운 후금이 발전하여 청나라를 세우고 명나라와 지속적으로 전쟁을 벌이다가 산해관을 넘어서 1644년에 베이징에 입성하였다. 그러고는 베이징을 중심으로 중국 전역을 통치하게 되었다.

1644년에 청나라의 8기군은 베이징에 입성한다. 1636년 겨울에 청 태종 홍타이지가 친히 대군을 이끌고 와서 1637년 조선의 인조에게서 항복을 받아낸 병자호란 이후 8년 만이었다. 청나라에게는 병자호란이 명나라의 결전을 위한 배후가 될 수 있는 조선을 묶는 전쟁이었을 것이다. 1644년 명나라 말기 이자성이 이끄는 농민 반란군이 베이징성을 점령하였고 명나라 마지막 황제 숭정제는 명나라의 궁성 북쪽의 경산에 올라가 자결하였다. 청나라 황실과 군대는 명나라의 혼란을 잠재우고 백성들의 평안을 도모한다는 이미지를 구현하였고, 베이징을 청나라의 수도로 정하였다. 청나라의 어린 황제 순치제와 그의 섭정왕인 예친왕 도르곤이 베이징에 들어간 날은 1644년 9월 18일이었다.

이 시기는 청 태종이 죽은 후 어린 아들 청 세조 순치제 푸린福臨의 시대
이자 청 태조의 아들 예친왕 도르곤이 섭정왕攝政王으로 8기군八旗軍 전체를
이끌며 청나라 조정을 휘어잡고 있던 때였다. 병자호란 때에 볼모로 잡혀
가서 센양에 머물면서 외교를 펼치던 인조의 장자인 소현세자昭顯世子도 이
도르곤의 팔기군과 함께 명나라와의 전쟁에 참전하게 되었고 또한 청나라
의 입관시에 순치제와 도르곤과 함께 베이징에 가서 거주하기도 하였다.

청나라 단묘궁릉 문화의 일면을 보여 주는 가장 좋은 사례는 만주 요
령성의 청나라의 수도인 싱징盛京의 청나라 태묘에 있던 태조 누르하치와
태종 홍타이지의 신주가 1644년 10월 1일에 베이징으로 들어와 명나라
의 태묘였던 공간을 비우고 봉안되었다는 것이다(그림 5-11, 5-12 참조). 또
한 이듬해 연속해서 싱징의 태묘에서 청나라 태조의 4대조의 신주도 베이
징에 도착하여 태묘의 후전後殿인 조묘祖廟에 봉안되었다(그림 5-11 참조). 조
선의 선조나 인조가 전쟁의 와중에도 종묘의 신주와 사직의 위판을 가지
고 다녔다는 것과 비슷한 모습이다.

베이징의 청나라 태묘는 남쪽에서부터 태묘라는 현판이 있는 전전과
바로 뒤의 중전과 후전으로 이루어져 있다. 전전은 향전享展으로 실제로
태묘제향이 이루어지는 곳이고, 중전은 침전寢殿으로 역대 황제와 황후의
신주가 모셔져 있는 곳이다. 맨 뒤의 후전이 청나라의 사조전四祖展으로 역
할하였고 태조 누르하치가 추존한 4대조의 신주가 봉안되었다. 현재 향
전인 전전만 공개되어 있고, 침전과 조전은 공개하지 않고 있다. 향전의
좌우의 동무와 서무는 각각 공신과 공이 있는 황족의 신주가 모셔져 있었
는데 현재는 노동인민문화궁으로 결혼식도 열리고 있다.

2. 청 태종의 대청제국과 단묘궁릉^{壇廟宮陵}

만주족은 수렵과 기초농경을 하던 여진족이 중심이 되어 발전한 족속이
고 중원의 한족^{漢族}이 아니었다. 여진족이 청나라로 발전하게 되는 계기가
되는 공간은 요하의 동쪽인 현재의 요령성 신빈현 지역이다. 신빈현의 허
투알라^{赫圖亞拉}는 1616년 건주 여진 추장인 누르하치가 후금^{後金}의 첫 도성
을 설립한 곳이다(그림 9-1). 주몽왕이 고구려를 건국한 환런^{桓因}의 북서쪽
이다. 명나라군과의 전투에서 승전을 거듭하면서 현재의 요양에 도성을

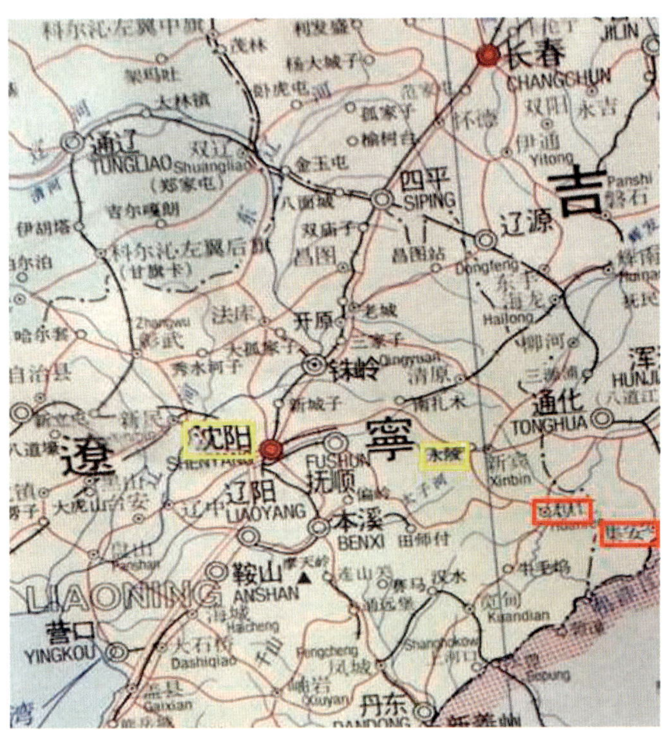

그림 9-1. 청나라 발상지
싱징(盛京)이었던 셴양(瀋
陽)과 신빈(新賓) 주변의
영릉(永陵) 표기.

건립하였다가 1625년 센양瀋陽에 도읍을 건설하고 궁궐도 건설한다.

최근의 지도를 보아도 요령성 신빈현新賓縣을 표기하고 그 왼쪽에 '영릉永陵'이라고 표기를 해 두었다(그림 9-1). 영릉은 청나라 태조 누르하치의 선대先代 조상을 모시는 왕릉으로 관외 삼릉關外三陵 중에서 가장 선대를 모신 왕릉이다. 영릉은 최초의 도읍인 허투알라 주변의 산에 위치한다. 건륭제가 자신의 선대의 발상지를 동순東巡하고 쓴 어제시를 많이 넣은 『만주원류고』에는 영릉이 장백산 줄기에서 뻗어나온 흥경성 계운산啓運山에 있다고 되어 있다. 허투알라성 지점이라고 명기하고 있다.

홍타이지는 1626년 누르하치가 서거하자 후금의 칸 지위를 물려받았다. 당시에 후금은 만주 서쪽과 현재의 몽골지역 및 준가르 분지에 널리 부족으로 포진한 몽골과 서남쪽의 베이징 중심의 명나라 그리고 한반도의 조선으로 둘러싸인 형국이었다. 이러한 형국을 타개하기 위해서 1927년 조선을 먼저 침공한다. 조선에서는 정묘호란으로 압록강 하구 가도에 진주하여 명나라 장군 모문룡을 고립시키면서 남하하여 평양을 함락시킨다. 강화도에 피난 갔던 인조 조정과 강화하여 형제국의 관계를 정립한다. 이것이 조선의 정묘호란丁卯胡亂이다.

1629년에는 홍타이지가 만주의 서쪽, 현재의 네이멍구內蒙古 자치주 지역에 있던 몽골 차하르 부족들을 제압하고 만주 서부의 차하르부의 린단 칸은 북서부 청해지역으로 도주한다. 1633년과 1634년에 수 명의 명나라 장수들의 투항을 받게 되었고, 1635년에는 과거의 원나라 대원大元의 국새傳國玉璽를 가지게 되었다. 이것은 몽골의 부족이 만주족에 복속된 것을 의미한다.

후금은 몽골을 복속시킨 이후 문서를 만들 때 항상 만주문본과 한문본뿐만이 아니라 몽골문본을 만들었다. 청나라 태조 누르하치의 사적을 기록한 『만주실록』도 이렇게 세 가지 언어의 문자로 기록하였다. 서울의 잠실에 있는 삼전도비, 곧 대청황제공덕비의 비문이 세 가지 언어의 문자로 새겨진 것도 이러한 맥락을 가지고 있다. 1644년 청 태종 홍타이지의 다음으로 어린 푸린福臨이 황제로 등극하는데, 이 푸린의 생모인 효장황태후가 몽골 여인이다. 이렇게 일찍부터 세 가지 문자를 병치하여 국정을 운영하면서 청나라에는 번역문화가 일찍부터 발달하였다. 과거科擧에도 번역과거가 있었고 이러한 과거에 통과하여 문서의 번역을 담당한 관리를 만주어로 비트허시bithesi, 혹은 한문으로 필첩식筆帖式이라고 했다. 물론 유교의 사서인 논어, 맹자, 중용, 대학도 만주어로 이미 번역되어 있었다.

이렇게 자신들의 선조가 만든 만주문을 가장 상위에 두면서도 몽골문과 한문을 병립해서 쓰는 통합적 문화를 이룬 것은 청나라 황실 만주족만의 문화적 혁신이 아니다. 약 380여 년 전의 12~13세기 금나라에서도 여진문자를 새로 만들어 사용하였다. 또한 여진학女眞學과 여진부학女眞府學 등이 금나라의 수도 연경과 여러 대도시府에 설치되어 있었다. 다만 베이징을 중심으로 하는 북중국으로 옮겨 가지 못한 여진 부족들에서 만주족이 형성되었으므로 금나라 시대의 여진 문자는 잃어버리고 청 태조 누르하치 시대에 새롭게 글자를 만들었다.

후금의 칸인 홍타이지는 1646년 병자년丙子年 4월 11일에 싱징의 남교의 원구단에 가서 하늘에 고유하고 대례식을 거행한다. 국호는 대청大淸

으로 선포하고 연호를 개원하여 숭덕崇德 원년으로 하였다. 이로써 홍타이지는 후금의 칸에서 대청제국의 '관온인성황제寬溫仁聖皇帝'로 지위가 격상되었다. 바로 전 해인 1645년에는 현재의 센양을 싱징盛京으로 허투알라를 흥징興京으로 명명하였다. 같은 등극일에 묘호廟號가 정해졌다. 아버지 누르하치는 대청제국의 태조太祖가 되었다. 시호로는 '승천광운성덕신공조기입극인효무황제承天廣運聖德神功肇紀立極仁孝武皇帝'로 정해졌는데, 묘호와 가장 단순한 시호를 합쳐 태조무황제가 되었다. 이후 강희제 원년(1662)에 태조고황제高皇帝로 시호가 바뀌었다. 어머니 여허나라는 '효자소헌순덕정순성천육성무황후孝慈昭憲純德貞順成天育聖武皇后'의 시호를 가지게 되었다. 숭덕2년(1647)까지 싱징의 대청황제의 궁궐이름, 친왕親王과 군왕君王의 4품계, 제사전례祭祀典禮, 의장제도 및 황후와 후궁 대비, 푸진福晉, 거거格格의 서열도 정비하였다.

순치제가 여섯살에 등극하자 삼촌인 예친왕睿親王 도르곤이 섭정왕이 되었는데 이들 친왕들이 대청제국의 통치 방향을 많이 이끌어 갔다. 1633년과 1634년에 청 태종에게 투항한 한인漢人 장수들도 군왕으로 책봉하였다.

대청제국이 선포된 같은 해 병자년 12월에 홍타이지는 황제의 위치에서 10만 대군을 몰아 조선을 침공한다. 만주족뿐만이 아니라 몽골족, 청나라 한족들이 포함된 군대였다. 같은 해 병자년 12월이다. 강화도로 피신해 간 조선 왕세자와 비빈들이 포로로 잡혔고, 조선의 국왕 인조는 남한산성의 광주행궁을 나와서 삼전도에서 무릎을 꿇고 고두례를 행한다. 명나라를 치고 중원으로 들어가기 전에 배후의 조선을 완전히 제압한 것이었다. 조선에게는 병자호란丙子胡亂이었다.

따라서 1625년부터 1644년까지의 대청제국의 수도는 현재의 요령성 셴양이다. 입관 이후 1657년 이후에는 봉천奉天이라는 이름으로 더 알려져 있었다. 요령성의 과거의 이름도 봉천성이었다. 18세기에 나온 『만주원류고』에는 건륭제가 싱징에 와서 태조 누르하치와 태종 홍타이지의 황릉皇陵을 친전하고 지은 어제시, 어제공알복릉御製恭謁福陵 및 어제공알소릉御製恭謁昭陵이란 제목의 시가 그 위치와 함께 기록되어 있다. 태조 누르하치의 능원은 1629년에 현재의 셴양의 동부에 조성된다. 능호陵號는 '복릉福陵'이며 천주산天柱山이 장백산 줄기라는 것을 명시하고 있다. 현재 복릉은 동릉東陵으로 부르고 있는데 소나무 숲이 있다. 태종의 능원은 셴양의 북서쪽으로 융업산隆業山에 있고 능호는 '소릉昭陵'이다. 현재 소릉은 북릉北陵으로 불린다. 신빈 계운산의 영릉, 셴양 천주산의 복릉, 셴양 융업산의 소릉을 청나라의 관외삼릉關外三陵이라 한다.

묘호가 정해졌으니 당연히 청 태종의 수도 싱징의 궁궐 인근에 태묘가 있었다. 요령성 셴양 고궁의 남문인 대청문大淸門을 들어가서 동편에 태묘가 있다. 또한 태청문을 들어서면 서편에 사직단이 있다. 종묘와 사직이 있다는 사실이 거의 알려져 있지 않았다. 단묘궁릉 문화의 시각으로 보아야 보이지 않던 것이 보이게 되는 것이다. 청나라의 싱징성盛京城도 규모는 작지만 네모나게 되어 있다. 물론 베이징의 성곽이 없어진 것처럼 도로로 나 있다. 그 중심에 셴양고궁이 있는데, 셴양 고궁을 북쪽에서 보아 왼쪽 동편에 종묘가, 오른쪽 서편에 사직단이 있다. 조선의 사직과 종묘가 법궁인 경복궁 혹은 창덕궁에서 떨어져 있는 형태와는 차이가 있다.

센양 고궁의 싱징 태묘도 베이징의 태묘와 마찬가지로 아이신기오로 愛新覺羅 성을 가진 청나라 황실의 종묘이다. 청나라 태종 홍타이지대의 센양 종묘에는 태조 누르하치의 4대조의 신주와 함께 태종의 아버지 누르하치의 신주가 모셔져 있었던 것이다. 청 세조 순치제 때 베이징으로 입관하고 난 이후에 신주를 '이안移安'한 것이다.

청나라 만주족 황실은 긴 성姓을 가진다. 조선 왕실의 성씨가 이李씨인 것과는 다르다. 청 태조 누르하치의 성과 이름은 '아이신기오로 누르하치'인 것이다. 청 태종은 '아이신기오로 홍타이지'이다. 연호年號에 제帝자를 붙여서 황제의 이름을 이야기하는 중원의 문화에 길들여져서 청 세조 순치제는 휘諱가 '아이신기오로 푸린'이다. 자금성에 비해서 센양 고궁은 아주 검소하고 순박한 이미지를 준다.

싱징 궁궐 중간의 대청문으로부터 남북의 축은 중원의 궁궐과 같은 스타일로 되어 있어서 만주족의 문화를 보여주면서도 중원의 방식을 따르고 있다는 것을 보여준다. 중간의 대청문－숭정전崇政殿－청녕궁淸寧宮은 각각 궁의 남문, 청 태종의 전각 및 왕후의 전각이다. 이러한 건물 배열을 중로中路라고 하면 동쪽의 건물 배열은 동로東路 구역이 될 것이다.

동로 구역은 만주족 문화를 그대로 보여 주는 성격을 가지고 있다. 가장 큰 건물이 대정전大政殿으로 청 태조 때부터 있던 것이고 특이하게 팔각八角 건물이다. 좌우에는 5개의 건물이 배열되어 있는데, 북쪽의 대정전에 가까운 건물 두 개는 친왕親王의 건물이고 좌우 8개의 건물은 청나라 만주족 8기의 수장의 건물이다. 대청문－숭정전－청녕궁 중로의 서쪽인 서로 구역은 청나라가 베이징으로 천도하고 난 이후에 지어진 건물들이다.

청나라는 자금성에 만주문과 한문의 합벽현판을 걸었을 뿐만이 아니라 조정 문서도 만주문, 한문, 몽골문을 사용할 정도로 문화적 자주성을 지켜나가려는 노력을 많이 기울였다. 입관 전이나 입관 후에 유교식 국가 제례를 충실히 지냈을 뿐만이 아니라 만주족 전통의 제례와 습속을 명나라를 이은 청나라 사회에 이식시켰다. 치파오旗服라는 중국 전통 복장은 만주족의 8기인旗人들이 입던 복식에서 유래한 것이다. 청나라 지도층이 대규모의 기인들을 데리고 베이징에 입성하여 내성에 기인들이 살게 하고 기존의 명나라 한족들의 거주지를 외성으로 옮겨 버렸다. 청나라 사회에서 기인들이 상류층이었기 때문에 그 문화가 현재의 중국 전통 복식으로 알려지게 된 것이다.

청나라의 국가의례를 기록한 예서禮書로『대청통례大淸通禮』와 함께『만주제신제천전례滿洲祭神祭天典例』와『황조예기도식皇朝禮器圖式』과 같은 책을 편찬하였다. 1636년 청 태종 홍타이지가 원구단에서 등극례를 하기 위해서 재계齋戒하면서 제단 앞에 활쏘기 과녁을 세우고 활쏘기를 하였다. 중원에서는 있을 수 없는 일이었고 주위에서 만류하려고 하였지만 강행하였는데, 이는 금나라 때부터 배천례拜天禮에는 항상 활쏘기인 '사류射柳'를 했다는 여진 전통을 알고 있었기 때문이었다. 청 태종 홍타이지는『금사金史』를 읽고 그 내용을 잘 숙지하고 있었다고 한다. 금나라에는 황제가 단오, 백중, 중양절에 배천례를 했다고 한다. 단오날의 배천례는 궁궐에 대를 새워 배천소를 만들어서 거행하고, 그 후에 격구장에서 사류를 했다는 기록이『금사金史』에 있다. 입관 이후에도 자금성 내조의 곤녕궁에서는 만주족 제신행사가 있었다. 만주족 나름대로의 문화를 지속적으로 유지하려는 의지가 청 태종 때에서부터 있었던 것이다.

『만주원류고』관복官服조에 실린 건륭제의 '어제전운시御製全韻詩'의 주註에는 청나라『태종실록』에 기초한 청 태종 홍타이지의 일화가 기록되어 있다. "숭덕 원년(1636) 11월에 태종께서 상봉루翔鳳樓에 가서 제왕패륵, 팔기대신 등을 모아 놓고 내홍문관內弘文館 대신에게 명하여『대금세종본기』를 읽어 보도록 한 후 여러 사람들에게 '너희들은 잘 들으라, (금) 세종이란 분은 몽골, 한인 등 모든 나라에서 명성이 두드러졌던 현군이셨다. 그래서 당시나 후세의 사람들이 요순堯舜이라고 했던 것이다. 짐이 이 책을 펼쳐서 그 줄거리를 읽어보고 마음에 느낀 바가 많아 달려가고 싶은 마음 간절하고, 귀와 눈이 더욱 명쾌하게 되어 탄성을 금치 못하겠다. (…중략…) 세종이 즉위하여 열심히 조상을 본받고 열심히 다스리는 도리를 구하여 오직 두려워하는 것이라고는 자손들이 한족을 본받을까 걱정을 하면서 미리 금약禁約하고 여러 차례 조종을 잊어서는 안 된다는 훈계를 하고 의복과 언어는 모두 구제를 따르도록 하고, 때때로 기마와 활쏘기를 훈련하여 무공에 대비하라고 하였다. 비록 수훈樹勳은 이와 같았지만 후대의 군주가 점차 태만히 하고 게을리하여 그 기마와 활쏘기를 잊어버리게 되었다. 끝내는 애종哀宗에 이르러 사직은 위험에 빠지고 나라는 드디어 멸망에 이르게 된 것이다." 이에 연이어 만주의 의관을 바꾸어 한인의 복식제도를 고치자는 주장을 물리친 연유를 밝히고 있다.

금나라 세종은 원래의 이름은 완안 오록烏祿이었는데 휘諱를 옹雍으로 고친다. 현재의 요양이 금나라의 5경 제도에서 동경東京이었는데 완안 오록이 유수留守였다. 금나라 태조 완안 아구타의 손자로 1151년 금나라의 폐주 해릉왕 완안량을 이어서 동경에서 금나라의 황제로 등극하여 경사(베이징)로 갔다. 어머니가 발해 대족 이씨李氏였다. 연운 16주 곧 북중국을 장악하고, 금나라 사회가 급속히 한화漢化되는 것을 방지하고 여진 고유의 풍속과 문화를 지켜나갈 뿐만 아니라 기마와 활쏘기를 하는 무인의 가치를 심어주려고 애썼던 금나라의 성군이었다. 이 금나라 세종을 청 태종이 본받으려 크게 노력하였던 것 같고, 이후의 대청제국의 기본 문화 노선이었던 것 같다.

청나라는 베이징 입관 이후에 청 태조 이후 황제들을 모두 불천위로 지정하여 모두가 태묘제사의 대상이었다. 따라서 현재 청나라의 마지막 황제인 푸이만이 태묘에 부묘되지 못하고 11명의 청나라 황제와 황후들의 신주가 현재 베이징 태묘의 침전에 보관되어 있는 셈이다. 반면에 조선은 대한제국기를 포함하여 500년이 넘고 28명의 국왕 및 황제가 있어서 조천되는 신주가 생기고 사조전이 있는 영녕전이 있고 종묘에서 조천되는 신주가 있었다. 그렇게 해도 종묘의 정전에는 19개의 신실이 있다.

1644년 베이징 원구단과 사직단에 고유제를 지내고, 태묘에 조상의 신주를 이안함으로써 청나라 순치제는 정식으로 명나라의 강역을 다스리는 명실상부한 황제가 된 것이다. 청나라 순치제와 예친왕豫親王 도르곤의 팔기군은 1644년에 베이징으로 들어간다. 명나라가 만들어 놓은 베이징 궁성인 자금성에 황제가, 내성에는 팔기군의 기인들이, 그리고 외성에는 한족이 거주하게 된다. 베이징은 북쪽을 제외하고는 거의 산이 없는 평평한 평지이고 따라서 성곽의 축조도 거의 네모지게 되어 있다.

3. 16세기 명나라의 도성

명나라 초기의 베이징, 곧 3대 성조 영락제가 1407년에 난징南京에서 베이징北京으로 천도하고 1407~1420년 창건될 때의 도성은 가장 바깥의 도성과 내부의 황성, 그리고 황성 안의 궁성인 자금성으로 구성되었다. 황성은 궁성인 자금성과 사직, 태묘, 베이하이北海 및 경산까지를 포함한다. 풍수지리에 의거하여 자금성 북쪽에 경산을 만들어 버렸다. 명나라 초기의 도성에는 남쪽에 대문이 세 개이고 동쪽, 서쪽, 및 북쪽에 대문이 2개씩 있었다. 남대문인 현재의 전문前門 혹은 정양문正陽門이 천안문과 자금성의 우문과 남북 일직선을 이룬다. 이러한 일직선의 남문들은 황제만이 출입할 수 있는 문들이었다. 동대문 중의 하나인 조양문朝陽門의 이름은 그대로 남아서 현재 베이징시의 자금성 동쪽이 차오양주朝陽區이다. 명나라 초기의 도성 구조(청나라 도성의 내성)는 현재의 베이징시 둥청주東城區와 시청주西城區이다.

　내성의 남문인 정양문과 황성의 남문인 천안문 사이에 1949년 건국된 중화인민공화국의 현대 건물과 천안문 광장이 위치한다.

　명나라의 3대 성조 영락제가 1407년에 북경으로 천도하고 1407~1420년 창건될 때의 도성과 그 국가 제사의 공간의 위치 배열은 청나라 말기까지 유지되었다. 명나라 초기에서 1553년까지 황성과 현재의 내성뿐이었다. 이러한 명나라 초기의 도성의 전체적 윤곽과 사직과 태묘의 배치 구조와 남교의 천단이 위치하는 구조는 황하 남쪽의 중원에 위치한 당나라의 장안과 송나라의 개봉과 거의 같은 배열을 하고 있다.

당나라, 송나라 및 명나라의 평지 도성의 네모진 남북 일직선 배열은 조선이나 그 이전의 고려의 도성이 산성의 구조로 항공사진으로 보면 거의 무정형의 원형에 가까운 구조를 가지고 있는 것과는 판이하게 다르다. 조선의 도성인 한양에서는 남교도 목멱산의 지형에 따라서 아주 서쪽에 치우쳐져 있었다. 조선 도성의 남문인 숭례문도 북궐에 맞추어 정남에 위치할 수도 없었고, 조선 초기의 환구단도 숭례문 바깥을 나가서 남북일직선 상에 위치할 수도 없는 지형을 갖추고 있다. 중원의 유교식 단묘궁릉 문화를 표방하는 것 같지만 이렇게 지형적으로 많은 차이를 가지고 있었던 것은 실제의 문화의 향유와 발전에 있어서도 상당한 차이를 유발하였다.

명나라 후기 가정 32년(1553)에 남쪽 교외에 있던 천단의 바깥까지를 둘러서 외성을 쌓았다. 전체의 구도는 명나라 초기 때에 남북의 자오선과 거의 일치하는 배열과 마찬가지였다. 외성의 남문은 영정문永定門이다. 이 문을 남쪽에 들어오면 바로 오른쪽인 동쪽에 원구단과 기년전이 위치하고 왼쪽인 서쪽에 선농단이 위치하였다. 영정문과 명나라 초기의 도성 남문인 정양문 사이에만 상업을 하는 한족漢族들이 거주할 수 있도록 조치하였다. 18세기 후반의 청나라의 베이징을 그린 회화식 지도인 '연경성시도燕京城市圖'는 내성과 외성을 수직선상으로 그렸다(그림 9-2). 실제로는 외성이 내성보다 횡단 길이, 곧 지도상의 가로 길이가 조금 더 길어서 튀어나온 형상이었다(그림 9-3).

청나라가 물려받은 명나라의 베이징 도성은 내성과 남교의 구조가 아니고 16세기 가정제대의 도성이었다. 명나라 도성과 남교를 포함하는 외

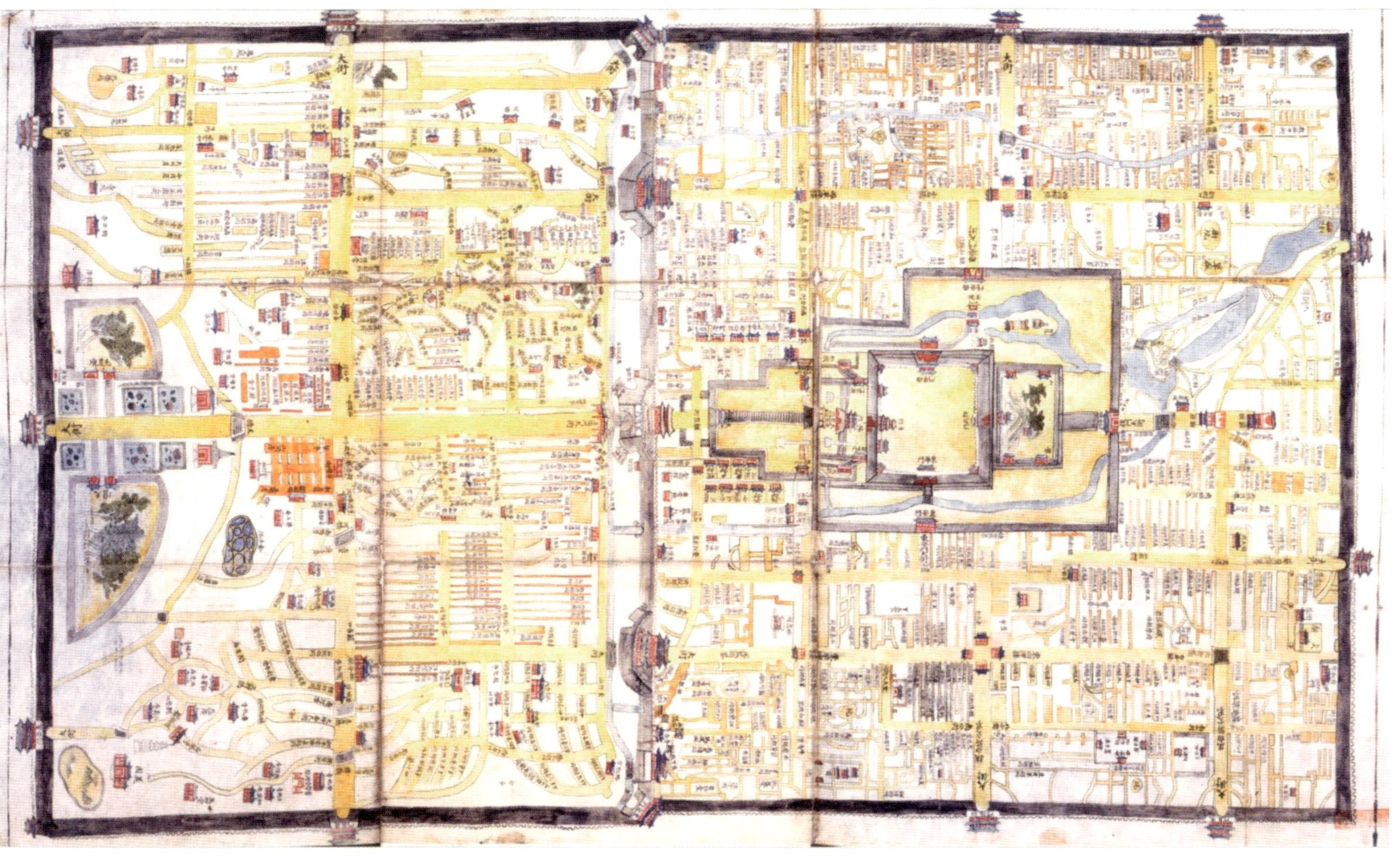

그림 9-2. 18세기 후반 청나라 시대의 베이징 지도, '연경성시도(燕京城市圖)'.

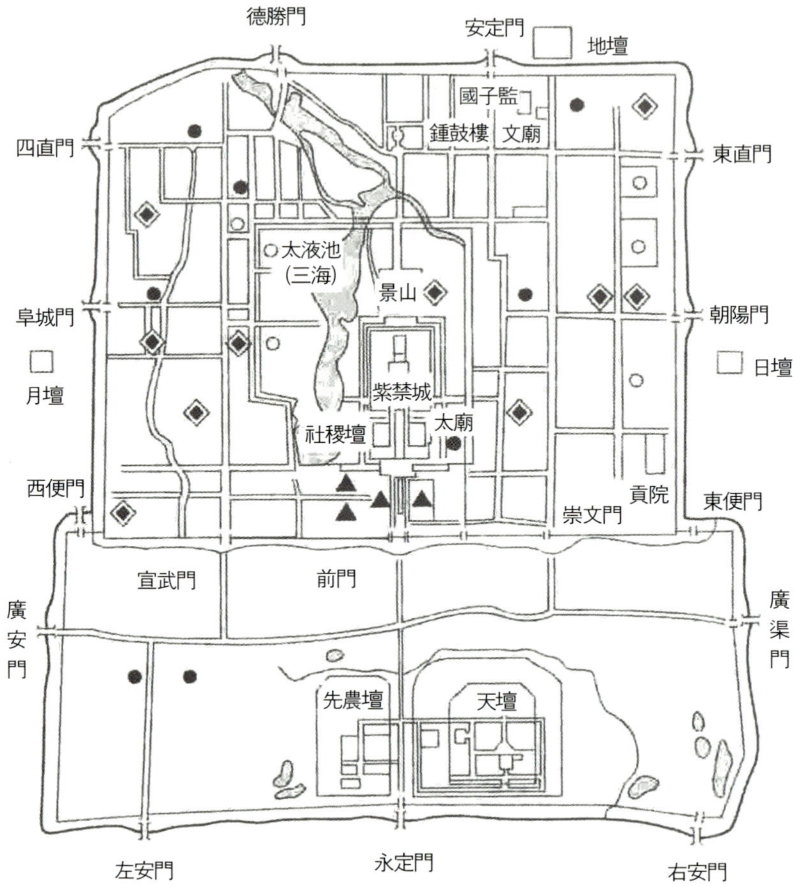

그림 9-3. 성곽을 제거하지 않은 당시의 모습을 나타낸 베이징 성곽 모식도.

성이 둘러쳐진 모습이었다. 현재 베이징의 외성 및 내성의 성곽은 없다. 중화인민공화국이 건국되고 1950년대에 성곽을 허물자는 논리가 보전론과의 논쟁에서 이겨서 60년대에 허물어 버렸다. 베이징을 환상으로 연결하는 도로인 얼환루二環路의 도로가 대부분 이러한 성벽을 허물고 닦은 도로가 된다. 조선 도성의 서대문인 돈의문이나 숭례문과 흥인지문의 평지 성곽이 일제강점기에 헐린 것과는 대조를 이룬다. 이런 측면에서는 사산의 능선을 연결한 서울의 도성이 가지는 지형적 차이가 보전에 장점으로 작용한 것을 알 수 있다.

4. 궁성 자금성

천안문天安門은 청나라 황성의 정문이다. 현재 마오쩌둥의 대형 초상화와 플래카드가 걸려 있다. 황성은 궁성인 자금성紫禁城과 사직단, 태묘, 베이하이北海, 및 경산까지를 포함한다. 자금성의 서쪽에는 큰 호수가 있어서 베이하이北海라고 한다.

현재는 궁성만 남아 있고 황성의 성곽도 천안문 가까이만 보전되고 헐려버려서 궁성인 자금성만 과거의 성벽을 그대로 가지고 있다. 자금성은 경복궁 면적의 약 2배라고 한다.

천안문을 들어가서 오문午門을 들어가면 궁성宮城인 자금성紫禁城으로 들어가게 된다. 오문은 하루의 정오를 의미하여 영어로는 메리디안 게이트meridian gate로 번역된다. 오문에서부터 성벽 양쪽 옆으로 해자가 있어서 물이 채워져 있다. 동편과 서편 직각으로 북쪽으로 이어져 있다. 자금성의 북문은 신무문神武門이다. 신무문을 나가면 해자 위로 다리가 있고, 바로 대로가 가로지른다. 자금성 북쪽에는 인공적으로 만든 산인 경산景山이 있다.

자금성의 정문인 오문은 경복궁의 광화문에 해당하는 것으로 황제만이 다니는 문이었다. 오문을 지나서 5개의 대리석 다리가 금수하金水河 위에 놓여 있다. 항공사진을 보면 금수하는 활모양으로 되어 있다.

금수교를 건너고 태화문을 지나면 자금성의 외조外朝에 들어선다. 자금성의 외조에는 전삼전前三殿이 있고 내조에는 후이궁일전後二宮一殿이 있다. 황제가 조회를 하거나 큰 국가 행사를 할 때에 쓰는 공간을 외조外朝라고 한다. 법전에 해당하는 건물은 태화전太和殿이다(그림 9-4). 태화전은 명나라 시대는 봉천전 혹은 황극전皇極殿이라고 했는데 청나라가 태화전으로 바꾸었다. 보화전保和殿은 편전으로 경복궁의 사정전과 같은 역할을 하는 건물이다. 태화전과 보화전 사이에 중화전中和殿이라는 규모가 작은 사각형 건물이 하나 더 있다. 따라서 남쪽에서 태화전, 중화전, 그리고 보화전의 순서로 배열되어 있다. 항공사진으로 보면 모두 여凸자형의 3단의 기단 위에 세워져 있고, 크기는 태화전, 보화전, 중화전의 순서이다.

태화전이 바로 청나라와 명나라 황제의 권위와 위세를 보여주는 상징이라고 할 수 있을 것이다. 노란 투명빛이 나는 기와인 유리와琉璃瓦 지붕에 약간의 단청과 함께 붉은색 칠이 된 목조 건물이다. 조선의 경복궁 근정전이나 창덕궁 인정전 앞의 품계석 같은 것이 있어야 할 자리는 현재 그냥 넓은 또 하나의 광장이다.

태화전은 3층의 대리석 혹은 백옥석白玉石 월대 위에 세워진 거대한 건물이다. 대리석 난간의 화려함은 조선 경복궁 근정전과는 사뭇 다른 것을 알 수 있다. 중화전中和殿은 태화전에서 황제가 참여하는 행사를 할 때에 쉬는 공간이다. 황제의 즉위례, 결혼, 책봉, 군사 출정식, 황제생일인 만수절, 정월 초하루와 3대 절기의 조회 등이 거행되던 곳이다. 청나라 초기에

그림 9-4. 자금성 태화전.

그림 9-5. 자금성 보화전과 중화전.

는 과거가 태화전 광장에서 치러졌다고 한다.

자금성 외조의 편전便殿은 보화전保和殿이다. 황제가 대신들과 함께 국정의 논의하는 곳이다(그림 9-5). 보화전은 매년 정월 15일경에 친왕親王, 몽고와 신장의 번왕, 문무대신 및 황제의 딸들의 시가 식구를 불러서 연회를 열던 곳이었다고 한다. 태화전의 가장 큰 국가 행사와는 차이가 있는 행사의 장소였다.

외조를 지나서 내조로 들어가는 문은 건청문乾淸門이다(그림 9-6). 건청문은 어문御門으로 청나라 황제들이 문 중간에 옥좌를 놓고 '청정聽政'하던 곳이다. 청정날 이전에 6부 각부의 관리들이 상주할 것을 준비한 후에 오

그림 9-6. 자금성 건청문의 합벽 현판.

문루^門 바깥 같은 곳에 시립하여 있다가 문무백관들이 조복을 입고 건청문 앞에 와서 상주하도록 되어 있었다. 서편에는 조선의 사관에 해당하는 기거주관起居注官, 한림관翰林官 및 과도관科道官이 서고 동편에 상주하는 주사관奏事官이 서서 상주하도록 되어있었다. 입관 후의 두 번째 황제인 강희제는 매일 50여 년 동안 거의 하루도 빠지지 않고 이 '어문청정御門聽政'을 할 정도로 대단히 근면한 황제로 알려져 있다.

건청문과 건청궁乾淸宮에는 만주문과 한문의 합벽 현판을 볼 수 있다 (그림 9-7). 만주족 황실은 자금성에 현판을 걸 때에도 만주문자와 한문을 같이 쓰는 '이체 합벽문'을 썼고, 현재에도 그렇게 걸려 있음을 확인할 수

그림 9-7. 건청궁과 건청궁 합벽 현판.

있다. 세로로 쓸 때 오른쪽이 상위이므로 오른쪽에 만주문을 쓰고 왼쪽에 한문을 썼다.

건청궁은 입관 후 초기에 청나라 황제의 침전으로 쓰던 곳으로 조선의 경복궁으로 보면 강녕전에 해당한다. 하지만 건청궁을 침전으로 사용한 황제는 입관 후의 청나라 초기 순치제와 강희제뿐이다. 5대 청 세종 옹정제부터는 건청궁의 남서쪽에 위치한 양심전養心殿이 침전으로 사용되었다.

건청궁 내부 중앙의 옥좌 위에는 '정대광명正大光明'이라는 액자가 걸려 있는데, 청나라의 왕위 계승 관습인 밀건법密建法과 관련이 있다. 황위를 물려줄 황태자를 미리 정하지 않고 황제가 죽기 전에 유언과 같이 써 두고는 이 액자 뒤에 넣어 두면 황제가 붕어하고 난 이후에 그것을 펴보아 누가 다음 황제가 되는지가 결정되던 관습이다. 이것은 강희제 때 황태자 문제로 조정에 분란이 많았던 것을 극복하는 제도로, 청나라 세종 옹정제가 시행하기 시작하였다.

건청궁과 다음의 곤녕궁의 사이에 있는 정사각형 모양의 건물은 교태전(그림 9-8)으로, 규모는 건청궁에 비해 아주 작다. 서울의 경복궁의 왕후의 침전인 교태전과 이름이 같다. 그런데 이 자금성 교태전은 황후가 공식적 행사를 할 때 쓰던 건물이고 왕후의 침전이 아니다. 특징적인 것은 황후가 앉는 옥좌玉座가 이 교태전에 마련되어 있다는 것이다.

건청궁乾淸宮이 하늘이 맑은 것을 의미하는 것에 대비를 이루는 건물은 땅이 안녕을 유지한다는 것을 의미하는 곤녕궁坤寧宮이다. 황제의 침전과 대조를 이루는 황후의 공간이 있어야 하는데, 이것이 하늘 건乾과 대조를 이루는 곤坤자를 넣은 곤녕궁坤寧宮이다(그림 9-9). 이 건물은 입관한 3

그림 9-8. 황후의 공식 행사에 사용된 교태전.

그림 9-9. 청나라 황제의 대혼 장소와 만주식 활실 제사처인 곤녕궁.

대 청 세조 순치제가 현재 싱징(선양)의 청녕궁淸寧宮의 형식을 따서 새로 건축한 것이라고 한다. 곤녕궁은 청나라 초기에만 황후의 침전으로 쓰였다고 한다.

곤녕궁은 동쪽과 서쪽의 칸이 좀 다른 기능으로 쓰였다고 한다. 동쪽의 동란각은 황제의 대혼大婚의 3일 동안의 신혼방이었다고 한다. 청나라 4대 성조 강희제, 10대 목종 동치제, 11대 광서제, 마지막 선통제가 모두 대혼을 치루고는 곤녕궁에서 신방을 차렸다고 한다. 서쪽의 서란각은 만주에서 가져온 유습으로 만주족 황실 토속 제사가 진행되던 공간으로 사용되었다고 한다. 따라서 황후와 비빈들의 거처는 동육궁과 서육궁의 어느 한 곳에 자리하고 있었다.

자금성의 태화전에서 건청궁 및 곤녕궁을 잇는 중간축의 동북쪽과 서북쪽은 모두 황후와 비빈들이 거주하던 공간으로 동6궁과 서6궁으로 부른다. 명나라의 황후들은 대부분 곤녕궁에서 살았다. 청나라 시기의 곤녕궁은 대혼 이후에 다른 용도로 사용되었기 때문에 청나라 황후들은 6궁 중에서 선택할 수 있었는데, 대부분 저수궁儲秀宮에서 살았다고 한다.

태화전과 보화전 축의 동편에는 활을 쏘던 사정射亭이 있고, 서쪽에는 서북쪽의 자희궁의 정원인 자녕화원이 있다.

오문을 들어서서 태화전의 정문인 태화문 남북 중간축의 오른쪽 동쪽 축에는 태화전 광장에서와는 다른 성격의 기능을 가진 건물들이 있다. 태화전의 지붕이 황색 유리와로 이루어진 것과 다르게 동쪽의 한 건물은 녹색 유리와로 이루어진 건물도 있다. 명나라와 청나라 황제의 경연經筵이 이루어지던 공간이었고, 동궁東宮, 곧 황태자궁이었던 곳으로 문화전文華殿

이라는 건물이다. 문화전 뒤의 북쪽 건물은 또 흑색 기와로 되어 있는데 이름은 문연각文淵閣이다.

오문을 들어서서 태화문 남북 중간축의 왼쪽 서쪽 축에는 무영전武英殿이 있다. 이 전각은 어린 순치제를 위해 섭정하던 예친왕 도르곤이 일상적인 정무를 보던 곳이었다고 한다. 또한 4대 강희제 때에는 서국書局으로 책과 관련이 있었던 공간으로 황제의 편전과 같은 역할을 하기도 했다. 건륭제의 출판소 역할을 하던 곳이기도 해서 건륭제대의 전본殿本이 바로 무영전에서 찍어낸 것이다.

5. 궁성안의 국가제례 관련 문화

자금성의 정문인 오문午門을 자세히 들여다 보면 중간에 지붕과 양측의 앞뒤 네모진 지붕까지 모두 5개의 전각이 있다는 것을 알 수 있다. 이 네 개의 네모진 지붕 밑에는 종과 북이 달려 있다. 그런데 이 종과 북은 황제가 오문을 북쪽에서 남쪽으로 나가서 좌묘우사로 위치한 종묘와 사직에 제사를 지내러 나갈 때 울리게 되어 있었고, 외조의 태화전과 보화전에서 행사를 할 때도 북과 종을 울리게 되어 있었다. 또한 청나라 건륭제 때와 같이 군사정벌에서 승리하고 돌아오는 군을 황제가 사열하는 곳도 오문이었다. 청나라는 매년 10월 1일에 다음 해의 달력을 선포하였는데, 그 장소도 이 오문이었다.

건청궁의 정문 안 건청문 축의 동편에 재궁齋宮과 봉선전奉先殿이 있다. 재궁은 청 세종 옹정제가 지었다. 그는 국가제례에 정성을 더하고자 하였다. 1731년(옹정 9) 옹정제는 양심전과 같은 동서 가로축에 위치하는 동쪽 공간에 재궁齋宮을 건축하였다. 여기서 원구단의 교제와 기년전 기곡제 및 방택단(지단)의 방택제를 지내기 전에 재계齋戒하였다. 천단에 있는 재궁을 사용하지 않아도 되는 것으로 되었다. 황제가 자금성 안의 재궁에서 근신하고 조심하는 기간을 가진 것이다.

건청궁은 이전에는 침전이었지만 옹정제가 양심전을 침전 및 집무실로 사용하게 되어 그 기능이 변화되었다. 옹정제 이후에는 황제가 죽으면 황릉으로 가기 전의 수종정침壽終正寢으로 사용되었다. 건청궁에 있던 황제의 관곽은 자금성 북쪽 경산의 관덕전으로 가고 거기서 출발하여 황릉으로 갔다.

봉선전은 '선대先代에게 봉사하는 건물'이라는 이름에서도 알 수 있는 바와 같이 명나라와 청나라의 황제가 선대를 모시는 제사를 지내던 곳이다. 황실의 사당 혹은 황제의 가묘家廟 혹은 원묘原廟에 해당한다. 조선 초기에 있었던 경복궁의 문소전文昭殿에 해당하는 속제俗祭 제례 시설이다. 매년 음력 설날, 동지, 생일, 기일, 청명에 황제의 선조에 대한 제사를 지냈다. 또한 매월 초하루에 황제가 친히 열성조에게 사계절에 나오는 과일, 곡식, 생선, 육고기 등을 천신薦新하였다. 황제가 사냥 나가서 잡은 노루나 사슴의 고기도 봉선전에 천금薦禽하였다. 현재 이곳에는 사당이었다는 것을 몰라볼 정도로 전시관으로 꾸며져 있고, 시계와 같은 근대 유물이 전시되고 있다. 1934년에 청나라의 마지막 황제인 푸이溥儀는 일본이 세운 만주국의 황제로 등극한다. 신징新京이라고 부르던 현재의 길림성 장춘長春의 만주국 황궁에 봉선전이 있었다.

건청궁와 곤녕궁 뒤에는 어화원御花園이 있는데 그 중심 전각이 흠안각欽安閣이다. 어화원 내부에 다시 담장이 둘러쳐 있고 정문은 천일문天一門이다. 이 흠안각에는 진무대제眞武大帝라는 이름의 도교적인 신이 모셔져 있다. 원래는 현무대제로 사방신 중의 하나로 북쪽 방향의 물의 신인데 황제가 자금성 궁궐의 안녕과 화재 없기를 비는 제사를 드리고는 했던 공간이다. 현무대제玄武大帝인데 강희제의 휘諱가 현엽玄燁이라서 '피휘避諱'하여 진무대제라고 하였다. 자금성의 북문은 신무문神武門이며, 이것도 원래 현무문玄武門이었는데 피휘한 사례이다.

청나라의 황제들은 자신들이 직접 제사를 주관하는 경우에 베이징의 자금성에서 국가 제사의 공간들로 나아갔다. 건청궁이나 양심전에서 생활하고 일상적인 집무를 보던 황제는 국가 제사를 위해서 근신하고 조심하는 시간의 기간을 재궁에서 보냈다. 자금성의 정문인 오문을 나가서 남쪽의 교외인 원구단과 기년전에 가서 하늘제사를 지냈고, 그 동쪽에 있는 선농단에서도 친제하는 경우도 있었다. 청나라는 천지합제 성격을 지니는 조선이나 대한제국의 원구제와는 달리 천지분사의 경우로 북교에 있는 방택단地壇에 가서 땅제사를 드렸다. 태화전을 거쳐 오문을 나가서 오른쪽에는 태묘가 있고, 왼쪽에는 사직단이 있었다.

6. 청나라 말기의 친왕과 수렴청정

청나라는 베이징을 도성으로 정한 이후에 4대 성조 강희제(1661~1722), 5대 세종 옹정제(1722~1735), 6대 고종 건륭제(1735~1796)에 이르기까지 약 130여 년 동안 융성기를 가지고 신장위구르, 티베트를 포함하는 최대의 강역을 자랑하게 되었다. 조선에서는 임진왜란과 병자호란을 거친 이후 현종(1659~1674)에서부터 숙종, 경종, 영조 및 정조(1776~1800)의 초기에 이르는 기간이다.

이러한 융성기 3대를 지나고 나서부터 청나라도 외우내환으로 점차로 빛을 잃어가고 있었다. 조선에서 정조 이후의 순조, 헌종, 철종에 이르는 시대에 세도정치가 있어서 사회가 혼란에 접어든 것과 비슷하다.

청나라는 1860년대에 서구 제국의 진출로 인해 많은 고통을 겪고 있었다. 고종이 1863년에 추존 익종의 왕후인 신정왕후의 양자로 입적되면서 조선의 왕으로 등극되기 3~4년 전이다. 1860년에 영국과 프랑스의 연합군이 베이징에 입성하게 되었는데, 청나라 9대 문종 함풍제(1850~1861)는 당시의 열하성 청더承德의 피서산장으로 몽진을 가야 했고, 이듬해에 거기서 세상을 떠났다. 1860년 8월에 베이징 공격이 시작되자 9월 22일에 열하성으로 옮겨갔다.

함풍제의 첫째 황후인 자안황태후 뉴후루씨에게는 아들이 없었고, 후궁이었던 예흐나라씨에게는 아들이 있었다. 후궁 예흐나라씨의 아들이 10대 목종 동치제가 된다. 조선의 순조, 헌종, 철종 및 고종의 나이가 어려서 왕위에 등극한 것과 마찬가지로 동치제는 겨우 6살에 황제에 등극한다. 그런데 자안황태후가 동치제의 생모가 아니지만 종법적으로는 어머니가 되는 것인데, 생모도 황태후로 되어 양심전에서 수렴청정을 같이 하게 된다. 자안황태후는 자금성 동쪽의 궁호를 단 공간에서 생활을 했기 때문에 동태후東太后로 불렸고, 생모인 자희황태후는 서쪽의 궁호를 단 공간에서 생활했기 때문에 서태후西太后로 불렀다.

조선에서 순조 때에 영조의 계비인 정순왕후 안동김씨가 수렴청정을 하고, 헌종 때에 순조의 왕후인 순원왕후 안동김씨가 수렴첨정을 하였으며, 철종 때에도 순조의 왕후인 순원왕후가 수렴청정을 하였고, 고종의 즉위 초기에 추존 익종(문효세자)의 왕후인 신정왕후 풍양조씨가 수렴청정을 하고, 흥선대원군이 섭정을 한 것과 비슷한 정치가 청나라에도 있었다.

함풍제가 서구 열강과의 전투에서 패하였을 때 '베이징 조약'을 맺은 사람이 공친왕恭親王 '아이신기오로 혁흔'으로 함풍제의 아버지 도광제의 6번째 아들이다. 친왕親王은 황제국에서 황제와 황태자 다음의 서열을 가지는 제왕으로 군왕郡王보다는 서열이 앞선다. 입관 이전에 청 태종 홍타이지가 황제로 등극하면서 이 친왕 및 군왕 제도도 정해졌다. 홍타이지의 아우인 예친왕 도르곤이 나이 어린 순치제를 앞세워 베이징에 입관하였다. 대한제국의 영친왕, 의친왕은 이러한 친왕과 같은 것이다.

청나라의 공친왕이 대학사 계량과 호부시랑 문상 등과 함께 동치제의 수렴청정 시대와 동치제의 청나라 조정을 이끌었다. 함풍제 시대에 중국의 남부지방을 휩쓸고 난징을 수도로 하는 '태평천국의 난'이 있었는데 동치제 때에 공친왕이 조정을 이끌면서 진압하였다. 증국번, 이홍장, 좌종명 등이 큰 공을 세웠다. 동치제는 1872년에 아로특씨를 황후로 맞아들인다. 그런데 이 동치제도 결혼 후에 몇 년 안 되어 세상을 떠난다.

1876년 청나라의 황위는 다시 한번 어린아이에게로 돌아간다. 도광제의 7번째 아들인 순현친왕의 4살짜리 어린아이 덕종 광서제가 등극한다. 서태후의 여동생이 순현친왕의 부인이었다. 따라서 동치제와 광서제는 사촌 사이가 된다. 동태후가 사망한 이후로 서태후가 수렴청정을 하는 것은 당연한 일이었다. 수렴청정은 양심전의 동란각에서 발을 내려 놓고 그 뒤에 서태후가 앉아서 청정聽政하였다.

1882년 조선의 임오군란이 일어나고 청나라에서 군대를 파견하여 이 난이 진압되고, 청나라와 조선이 수륙무역장정을 체결한다. 하지만 1894년 청일전쟁 이후에 조선의 평양과 서해에서 일본과의 전쟁에서 청나라가 패한다. 이 때 청나라의 실권을 쥐고 있었던 사람이 바로 서태후이다. 그동안 서구 국가들 중에는 일본이 승리하리라고 생각하는 국가가 없었다고 한다.

청나라와의 전쟁에서 승리한 일본은 조선에서 1895년 을미사변을 일으켜 명성왕후를 시해하는 사건을 일으켰으며 고종과 왕세자를 경복궁에 감금하다시피 하였다. 이듬해 러시아 공사관으로 옮겨가는 러시아 공사관 이어가 있었고 약 1년간 러시아군의 호위를 받으면서 고종이 조선의 정무를 보게 되었다. 1897년 고종이 대한제국을 선포하게 되는 시기도 이렇게 청나라의 국력이 쇠퇴하던 시기이다.

1898년 친정을 시작한 광서제는 서구적 개혁을 시작하려고 하여 변법파의 사상과 정책들을 추진하고 있었지만 1898년 무술년에 서태후가 정변을 일으켜 실권을 다시 빼앗아 버린다. 또한 의화단 사건과 함께 보수화하는 쪽으로 정책을 모두 선회한다. 1900년 8국 연합군이 텐진을 점령하여 베이징으로 진격하자 서태후와 광서제는 섬서성 시안으로 몽진을 간다. 1902년에 광서제가 베이징으로 환도하지만, 1908년 광서제가 세상을 떠나고 공교롭게도 서태후도 곧 이어 세상을 떠난다.

함풍제 사후의 동치제(1861~1875)와 광서제(1875~1908)의 재위 기간 동안 서태후가 수렴청정을 하거나 실권을 장악하는 등의 정치적 격변이 있었기 때문에 서구 국가들뿐만이 아니라 서구적 개혁에 성공한 일본과의 대립에서도 크게 힘을 쓰지 못한 것이다. 청나라의 광서제와 조선의 고종은 비슷한 궤적을 겪은 것으로 보아 비교할 만하다. 청나라는 만주족이 다수인 한족을 지배하는 구조가 있었고, 조선은 가까이에 서구적 개혁에 성공한 일본이 도사리는 구조에 처해 있었다는 점에서 다르다.

1908년 나이 어린 푸이가 선통제로 황위에 오른다. 그의 아버지 순친왕이 조선 고종의 아버지 흥선대원군과 같은 감국 섭정왕으로 정치를 하지만 성공하지 못했다. 1911년에 신해혁명으로 난징에 '중화민국 임시정부'가 조직되고 손문이 임시대총통이 된다. 손문은 금나라가 북송을 쳐서 남중국으로 내려오던 시기와 원나라가 남송을 정벌하던 시기에 황하 주변에서 거주하던 한족들이 대거 남중국으로 내려와 살게 되는데, 그러한 대규모 이주 물결을 타고 남중국으로 이주한 한족 출신의 정치가이다.

중원의 원래 한족漢族이라는 자부심을 가지는 사람들은 현재의 섬서성 시안의 북쪽에 있는 전설적인 한족 조상인 황제黃帝 헌원軒轅의 묘墓에 참배한다. 전설에 의하면 그는 승천했기 때문에 그의 묘인 황릉黃陵에는 시신이 없고 하늘로 올라가고 남은 유품 한 점을 가지고 묘를 만들었다고 한다. 전설적인 요堯임금과 순舜임금보다도 몇 세대가 더 올라가는 그런 전설적인 천자로 사마천이 『사기史記』를 통해서 한족의 조상으로 만들어 두었다. 대한민국에서 단군을 조상으로 받드는 것과 같다. 단기檀紀라는 것에 익숙한 사람들에게는 중화공화국이 사용한 기원을 이해하기가 쉽다. 손문의 시대에 황제로부터의 기원을 써서 5천 년의 중원의 역사를 만드는 사상을 불어넣기도 하였다. 중화민국 임시정부는 '멸만흥한滅滿興漢'이라는 기치를 가지고 있었다. 만주족을 몰아내고 한족을 부흥시키자는 표어이다.

1924년에 건청문 안에서 궁궐 생활을 하던 마지막 황제 아이신기오로 푸이는 그의 가족들은 자금성을 떠나라는 통보를 받는다. 자금성은 고궁박물원으로 개편되어 외조外朝는 일반에게 개방되어 있었는데 이 때 내조內朝마저 다 개방하게 되었던 것이다.

1931년 만주사변을 일으킨 일본군부에 의해서 1932년 길림성 장춘長春을 수도 신징新京으로 하는 일본 관동군의 괴뢰국인 만주국滿洲國이 건국된다. 이 만주국이 1945년 일본이 패전할 때까지 존속하였다. 봉천성(요령성), 길림성, 흑룡강성, 흥안성, 열하성의 다섯 구역을 가진 나라였고 국무총리대신이 부임하여 있었다. 청나라 마지막 황제 부의가 이 나라의(상징적) 황제로 있었다. 장춘에 있던 만주국 황궁에도 봉선전이 있었다고 한다. 자금성의 봉선전奉先殿과 같은 이름이다. 만주국 봉선전은 영정을 모신 진전眞殿이었다고 한다.

바로 이 만주국(1932~1945)이 바로 중국 사람들이 만주라는 이름을 쓰기 싫어하는 이유가 되었다. 중국 사람들은 만주라고 하기보다는 뚱베이東北 지역이라고 한다.

참고문헌

논문 및 단행본
안정애, 『중국사 다이제스트 100』, 가람기획, 2012.
유지원, 「청입관전 만주의 도성 : 퍼아라에서 심양까지」, 한석정 · 노기식 편, 『만주 : 동아시아 융합
　　　의 공간』, 소명출판, 2008.
이시바시 다카오, 홍성구 역, 『대청제국 1616~1799』, 휴머니스트, 2009.
임계순, 『청사(淸史) : 만주족이 통치한 중국』, 신서원, 2000.

______________, 『故宮簡介』, 故宮博物院, 2013.
余泯然, 赵伪玉, 王莉, 『紫禁城』文物傳播出版社, 2009.

제
4
부

성스러운 산릉

들어가는 글

　　동북아시아에서 특징적인 문화 중의 하나는 궁궐에서 생활하던 왕실, 황실 혹은 제실 사람들은 한 명의 국왕이나 황제가 즉위하면서부터 그가 세상을 하직한 이후에 후손들과 관계를 맺는 공간을 염두에 둔 물품과 관습을 가지고 있었다는 것이다. 국왕과 왕후, 황제와 황후는 조상신의 신전인 종묘나 태묘에서 신주神主의 형식으로 신격神格이 되기도 하지만 생존시의 몸은 도성과 궁궐에서 일정한 거리를 두고 위치한 공간에 모셔진다. 그리고 그 공간은 다음 대의 국왕과 황제의 '효孝가치 표현 의례filial-piety ritual'의 공간으로 조성된다.

　　고대사회에서 생존시의 몸이 모셔진 산릉 공간 주변에 사당이 세워졌었다. 이것은 사당과 능원의 쌍방적 관계를 설명해 준다. 종묘나 태묘, 그리고 능원과 황릉은 모두 같이 복을 받는 의례, 곧 길례吉禮이면서 긴밀한 관계를 가지면서 병립하는 양상을 보여주는 것이다. '제4부 성스러운 산릉'에서는 근대화 이전의 조선과 대한제국 및 대명제국과 대청제국의 산

릉이 어떻게 조상신의 신전과 연관된 정원으로 꾸며졌는지를 살펴본다
(제10장과 제11장). 이들 조상신의 정원은 현대적인 '자연-문화 복합공원
nature-culture complex park'으로서 기능할 수 있다

조상신의 정원 I

.... 능원

1. 조선왕릉

조선의 왕실에서는 세상을 떠나는 사람이 생기면 좋은 자리를 골라 왕릉王陵이나 원園이나 묘墓를 조성하였다. 왕과 왕후는 왕릉, 왕세자나 국왕의 생모이면 원, 대군과 왕자이면 묘라는 등급이 있었다. 왕릉이든 원이든 묘이든 일정한 면적의 구릉형 혹은 산줄기의 토지에 조성하였고 숲을 조성하고 보전하였으며 왕릉 및 원묘의 제사를 위한 부속 건물을 지었다. 종묘를 포함하는 조선 왕실 및 종친의 사당과 함께 능원陵園은 조상신을 만나는 또 다른 공간이었다. 왕실과 종친이 자신들의 조상들과 만나는 정원庭園인 왕릉은 유네스코 세계문화유산으로 등재되어 있다.

조선왕릉은 50기가 있다. 현재 대한민국에서 유네스코 세계문화유산

으로 등재된 것은 서울 주변의 남한의 40기이다. 북한에 10기가 있다. 실제로 조선 초기의 『국조오례의』와 대한제국기의 『대한예전』에 근거하면 50기이다.

수 년 전 문화재청 조선왕릉관리소에서 주최한 미술작품대회에서 입선한 작품들을 살펴보면 왕릉은 봉분과 함께 홍살문에서부터 연결된 향축로와 정자각이 그 예술적 상징을 주는 것으로 보인다(그림 10-1). 현재 대한민국 시민들에게 왕릉은 숲이 아름답고 역사의 숨결을 느낄 수 있는 역사자연공원의 역할을 하고 있다.

조선 초기의 『국조오례의』와 대한제국기의 『대한예전』이나 다른 국가제례를 다루는 문헌에서 왕릉보다는 '산릉山陵'이라는 용어를 많이 쓴다. 이러한 산릉 중에 유네스코 인류문화유산으로 등재된 것은 남한에 위치하는 40기다. 서울 도성을 중심으로 100리 이내에 위치하고 있다. 국왕과 그의 가족들은 생전에 궁궐에서 생활하고 승하하면 산릉이라는 자연

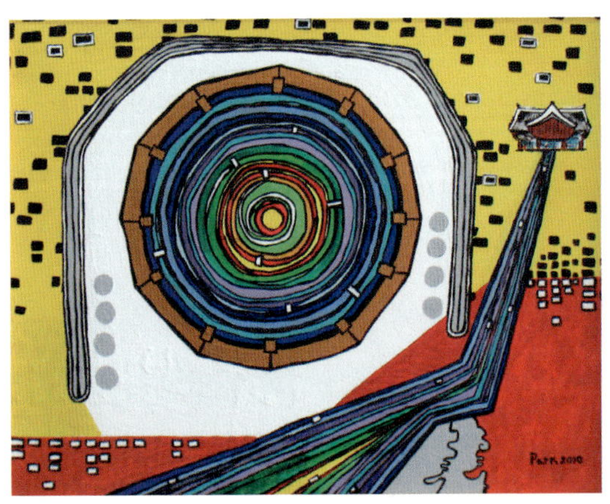

그림 10-1. 문화재청 조선왕릉관리소 주최 왕릉미술대회 입선작품.

궁궐을 조성하여 거기에 묻힌다.

조선 왕릉에는 재위에 있었던 조선의 국왕뿐만이 아니라 국왕의 아버지이면서 아들이 왕으로 등극하여 추존한 왕과 왕후의 왕릉도 존재한다. 또한 국왕과 왕후를 합장하거나 봉분을 좌우로나 상하로 따로 하는 경우도 있다. 국왕이나 왕후 한 분의 왕릉도 있다. 물론 폐위된 연산군과 광해군의 묘墓는 그냥 연산군묘와 광해군묘이다. 임금이었지만 폐위되어 등극하기 전에 사용하던 왕자의 군호를 사용하는 예를 따르는 것이다. 왕릉이 조성되면 왕릉의 이름인 능호陵號가 부여되는데, 연산군과 광해군은 능호가 없이 그냥 무덤을 뜻하는 묘이다.

대한제국의 '황릉皇陵'으로 대한제국기와 일제강점기에 조성된 산릉 2기가 같은 지역에 위치한다. 고종과 명성황후의 홍릉洪陵과 순종과 순명황후, 순정황후의 유릉裕陵이다. 남한의 나머지 38기의 산릉은 태조의 건원릉에서부터 철종의 예릉에 이르기까지 조선왕조의 왕릉이요 산릉이다.

북한에도 조선왕릉 10기가 존재한다. 우선 개성지역에 태조의 첫째 부인인 신의왕후 한씨의 제릉齊陵과 정종과 정안왕후의 후릉厚陵이 있다. 신의왕후는 태조가 등극하기 1년 전에 서거하여 묘가 조성되었다가 조선 건국 이후에 왕릉급으로 격상되고 수개된 왕후릉이다. 나머지 8기는 함경도 지방에 있어서 '관북8릉關北八陵' 혹은 '북도8릉'이라고 한다. 조선 초기 태조의 등극 이전에 서거한 신의왕후 한씨의 묘처럼 조선 태조의 등극 이후에 왕릉으로 격상시키고 수개하였던 조선 최초의 왕릉이었다. 관북8릉은 태조 이성계의 고조할아버지(이안사), 증조할아버지(이행리), 할아버지(이춘), 아버지(이자춘)의 4대조를 왕으로 추존하였다가 태종대에 조祖라고 격상시킨 선조들의 산릉이다. 함흥 북서지역에 목조와 효공왕후의 덕릉德陵과 안릉安陵이 있다. 같은 함흥 권역에 도조와 경순왕후의 의릉義陵과 순릉純陵, 환조와 의혜왕후의 정릉定陵과 화릉和陵이 있다. 안변에 익조의 지릉智陵, 금야(문천)에 정숙왕후의 숙릉淑陵이 있다.

이 함경도 지방의 8릉은 조선 초기 『국조오례의』와 100여 년 전 대한제국 광무연간의 『대한예전』에도 왕릉으로 등재되어 있다. 조선 초기는 예조예하의 관리들이 있었고, 대한제국기에도 해당 도道인 함경남도 관찰사와 궁내부 예하의 능참봉들이 관리하고 있었다. 예를 들어 사상의학의 창시자 이제마의 큰아버지 이반린도 전주이씨 종친인데 목조의 왕릉인 덕릉德陵 직장直長이었다. 전주이씨 종친들이 왕릉을 지키는 것은 그리 드문일이 아니었고, 예를 들어 흥선대원군의 아버지 남연군도 수원관守園官, 수릉관守陵官을 역임하기도 했다. 종묘제례악의 〈보태평〉과 〈정대업〉의 노래 가사에서나 〈용비어천가〉에는 태조의 사대조의 문무의 공적들이 노래되고 있다. 대한제국기에도 이들 8릉과 함께 목조의 아버지(이양무)와 어머니의 묘인 준경묘濬慶墓와 영경묘永慶墓의 위치를 확인하고 중시조中始祖로 받들어 묘역이 정돈되고 묘호가 제정되었다. 전주 이씨의 시조 이한李翰을 모시는 전주 건지산 조경단肇慶壇 다음으로 중시되는 묘가 되었고 삼척부사와 궁내부 관리가 맡고 있었다.

종묘 경내 영녕전의 사조전에 4대 선조의 신주가 모셔져 있을 뿐만이 아니라 관북8릉의 위판이 모셔진 사당들이 함경도 지역에 존재했고 조선시대 예조뿐만이 아니라 대한제국 궁내부가 관리하고 있었다. 함흥본궁은 태조의 함흥 잠저이다. 영흥본궁은 환조 이자춘의 잠저였고 태조의 탄생지이다. 함흥본궁과 영흥본궁은 잠저들이지만 특히 조선 후기에 들어와서 경복궁에 있던 원묘^{原廟}인 문소전^{文昭殿}이 임진왜란 이후에 복원되지 않은 것과 함께 본궁을 원묘화하는 형식을 취했다. 태종 이후로 함흥본궁에는 목조, 익조, 도조, 환조와 왕후들의 위판과 함께 태조와 신의왕후의 위판이 모셔져 있었고, 숙종대에 와서 신덕왕후가 종묘에 부묘되고 난 이후에 그 위판이 모셔졌다. 함릉본궁의 사당은 '경흥전^{慶興殿}'이라는 이름을 가지고 있다. 영흥본궁에는 정조 19년(1795)에 태조의 아버지 환조와 어머니 의혜왕후의 위판이 모셔졌고, 이후에 대한제국기에 태조고황제와 두 황후의 위판이 모셔졌다.

영흥에는 영흥본궁과 가까운 곳에 태조의 어진을 모신 진전^{眞殿}인 준원전^{濬源殿}이 있었다. 진전은 국가제례상의 속제가 봉행되는 곳으로 영흥본궁에서 얼마 떨어지지 않은 곳에 위치했다. 대한제국기의 경운궁(덕수궁) 선원전의 화재로 인해 태조 어진이 소실되었을 때 영흥 준원전의 태조 어진을 모사하기 위해 영흥 준원전에서 태조 어진을 서울까지 이송하여 이안소에 모셔두고 모사하였다. 영흥 준원전은 조선 초기에 건립되었는데, 임진왜란 때에 평양과 경주 등지의 진전은 소실되고, 전주의 경기전과 영흥의 준원전만 온존하였다.

대한민국이 북한과 무형 및 유형 문화재 교류를 할 수 있는 여지는 이렇게 개성의 제릉과 후릉뿐만이 아니라 관북 8릉과 함흥과 영흥의 두 본궁 및 영흥 준원전에 있을 것이다.

2. 왕세자와 사친의 원^園

조선 왕실에도 아버지인 국왕보다 먼저 세상을 뜨는 세자들의 묘^墓가 조성되기 시작하였다. 가장 먼저 세조의 맏아들인 의경세자는 왕세자묘가 조성되었다가 그의 둘째 아들인 성종이 즉위하면서 덕종으로 추존되고 왕릉으로 격상되었다.

1623년 반정으로 정권을 잡은 인조(능양군)는 1623년 양주 곡천리 소재 아버지 선조왕자 정원군의 묘소에 '흥경원^{興慶園}'이라는 원호^{園號}를 올린다. 인조 4년(1626) 어머니 계운궁 구^具씨가 서거하자 '육경원^{毓慶園}'이라는 원호를 올린다. 이듬해 1627년에 흥경원을 김포 성산의 육경원으로 천장한다. 인조 10년(1632)에 정원대원군은 원종^{元宗}으로 추존되고, 김포 흥경원, 육경원은 장릉^{章陵}으로 봉릉된다. 1626년 인조의 원호 사용이 최초로 국왕의 사친의 묘를 원이라 부른 사례이다.

국왕보다 먼저 왕세자가 서거하는 케이스의 처음이 명종 대왕의 순회세자였다. 순회세자와 공회빈 윤씨의 묘는 순회묘^{順懷墓}라는 이름으로 조선 후기 조정의 관리를 받았다. 고종 7년(1870)에 봉원^{封園}되었다. 원호가 순창원^{順昌園}이었다. 현재 서오릉 경역에 있다.

인조의 맏아들로 병자호란으로 인해 대청제국 싱징인 센양으로 끌려갔다가 돌아오자 마자 의문의 죽음을 맞이한 소현세자의 소현묘^{昭顯墓}는 현재 현재 서삼릉 지역에 있다. 그의 세자빈 민회빈 강씨의 민회묘^{愍懷墓}는 광명시에 위치한다. 1870년(고종7)에 소현묘와 민회묘는 소경원^{昭慶園}과

그림 10-2. 고양시 서삼릉 북쪽의 소경원.

영회원永懷園으로 봉원되었다(그림 10-2). 소경원은 정자각을 세우면 될 정도이지만 광명 금천강씨 묘역 동쪽의 영회원은 훼손 상황이 심각하다.

조선 후기에는 국왕의 사친私親, 곧 생부나 생모의 묘역에 원호가 부여되었다. 정조는 생부 사도장헌세자의 형인 효장세자의 종통을 이어 즉위했기 때문에 효장세자를 진종眞宗으로 추존하였다. 효장세자묘도 왕세자묘에서 왕릉으로 격상되었다. 정조가 출계하였기 때문에 생부는 종통상으로는 백부가 되었다. 그래도 생부이므로 그의 묘소는 영조 당시에는 왕세자묘로 수은묘修恩墓였다가 정조가 즉위하자 영우원永祐園으로 격상되었다. 이후 양주 중랑포 배봉산(현재 서울 휘경동 삼육보건 대학)에서 수원으로 천장하면서 현륭원顯隆園으로 승격되었다. 현륭원은 사도장헌세자가 대한제국기에 장조로 추존되고 종묘에 부묘되면서 융릉隆陵이 되었다.

정조 생전에는 생부 사도장헌세자는 종묘에 부묘되지 못하였다. 따라서 별도의 사당이 필요했다. 정조의 생부 사도세자의 사당의 이름은 '경모궁景慕宮'이었다. 경모궁은 대한제국기까지 현재의 서울대병원 자리에 있었다. 사당이면서도 궁宮자가 붙는 경우이다(그림 10-3).

그림 10-3. 서울대학병원 북쪽의 사도장헌세자의 사당인 경모궁터.

그림 10-4. 고양시 서삼릉 경내의 효창원-의령원의 일자각 침전.

또한 정조의 아들 문효세자는 어릴 때 세상을 떠났고 효창묘孝昌墓로 조성되었다. 「수선 전도」에도 효창묘로 표기되어 있고(그림 2-1), 현재 서울의 효창공원이 효창묘가 원래 있었던 자리이다. 흥선대원군 섭정기인 고종7년(1870)에 효창원孝昌園으로 원호가 부여되었다(그림 10-4). 일제강점기에 효창원이 현재의 고양시 서삼릉지역으로 옮겨졌다. 현재 효창묘 지역은 대한민국 임시정부 주석이었던 김구의 묘와 효창운동장이 되어 있다.

또한 영조의 맏손자이자 정조의 형이 되는 의소세손의 묘가 서울 아현동 지역에 있었다. 효창원과 같은 시기에 의령원懿寧園으로 원호가 제정되었는데 일제강점기에 서삼릉 지역으로 옮겨져서 효창원의 동원 상위에 있다. 의령원의 일자각 침전은 없어지고 현재 효창원의 세 칸짜리 침전만 남아 있다(그림 10-4).

조선 후기에 국왕의 생모이지만 후궁이라서 종묘에 부묘되지 못하는 왕의 어머니들의 묘와 사당을 따로 세우는 관습이 생겨났다. 국왕의 생모의 묘역에도 원호를 부여한 것이다. 그래서 종묘와 산릉의 '묘릉廟陵 체제'와 같은 '궁원宮園 체제'가 생겨났다. 궁원체제는 조선 후기에 형성된 것이다. 현재 청와대 서편에 위치한 칠궁七宮은 국왕의 사친 생모의 사당 7개가 모여 있는 공간이다.

칠궁은 현재 서울 궁정동 청와대 서쪽담과 연접해 있다. 원래 영조의 어머니 숙빈 최씨의 사당인 육상궁毓祥宮이 위치했던 자리다. 숙빈 최씨는 MBC 대하드라마 '동이'의 주인공으로 나온다. 숙종의 후궁으로 희빈 장씨와 대립각을 세운 것으로 그려져 있다. 조선의 국왕사친이자 후궁의 사당 자리를 헐고 일제강점기 조선총독의 관사를 지었던 자리를 그대로 대한민국 초대 이승만 대통령대 경무대로 하였던 것이 현재 청와대가 되었다. 이전 세대는 역사 의식이 없이 그대로 지냈지만 육상궁 사당 문화재 자리에 최고 정치 지도자의 집무관청이 자리하고 있는 셈이다.

사당인 궁宮과 묘역인 원園의 체제에서 숙빈 최씨의 육상궁에 짝이 되는 묘역은 소령원昭寧園이다. 칠궁七宮에 모셔진 사당 가운데 한 가지 예외는 숙종의 후궁이면서 영조의 이복형인 경종의 생모이자 중궁전까지 차지했던 희빈 장씨이다. 희빈 장씨의 사당이름은 대빈궁大嬪宮이고 묘는 대빈묘大嬪墓로 현재 서오릉에 있다. 숙종의 후궁에서 왕후로 책봉되었다가 다시 폐비가 된 전력으로 인해 대빈묘로 원래 경기도 광주廣州에 있던 묘가 비교적 최근에 숙종의 왕릉이 있는 서오릉 경내로 천장되었다.

칠궁에서 가장 세대가 앞서는 사당은 선조의 후궁이며 추존 원종, 즉 정원군의 생모인 인빈 김씨의 사당인데 저경궁儲慶宮이다. 인빈 김씨는 인조의 친할머니이다. 인빈김씨의 원호는 순강원順康園이다. 영조의 후궁이면서 효장세자의 생모인 정빈 이씨의 사당이름은 연호궁延祜宮이고 원호는 유길원綏吉園으로 소령원 가까이에 있다(단묘궁릉Ⅷ 참조). 영조의 후궁이면서 사도세자의 생모인 영빈이씨의 사당이름은 선희궁宣禧宮이고 원호는 유경원綏慶園이다. 정조 후궁인 현목유비顯穆綏妃 박씨의 소생인 순조가 즉위하였다. 정조와 효의선황후 사이에 소생이 없었다. 왕후의 소생이 없자 삼간택을 통해서 국왕의 가례를 치루고 들인 후궁이다. 비妃는 빈嬪보다 내명부 품계가 높다. 현목유비 박씨의 사당은 경우궁景祐宮이고 원호는 휘경원徽慶園이다. 대한제국기 이전에는 이렇게 6개의 사당이 국왕 생모의 사당이었다.

대한제국기의 순종의 이복동생이자 황태자였던 영친왕의 생모 순헌귀비純憲貴妃 엄씨가 1911년에 서거하자 덕안궁德安宮이 만들졌다. 이렇게 대한제국 순종 때와 일제강점기 때에 원래의 육상궁 자리, 곧 서울 궁정동의 칠궁七宮에 모이게 되었다. 순헌귀비의 원은 원호가 영휘원永徽園으로 서울 동대문구 청량리에 있다. 이 영휘원을 대한제국이 선포된 1897년의 명성왕후의 황후릉인 홍릉이 있었던 자리로 오인하는 사람이 많다. 명성왕후의 황후릉은 현재 국립산림과학원 연구동 뒤에 홍릉터가 있다. 안내판이 국립산림과학원 정문 왼편에 있다.

조선왕릉보존에 있어서 왕세자와 사친의 원園이 중요한 이유는 조선의 역사상에 묘나 원에서 왕릉이나 왕후릉으로 격상된 경우가 상당수 있다는 사실에 있다. 원에 대한 조사, 연구 및 복원이 병행되어야 조선왕릉에 대한 이해도도 더욱 심화될 수 있다. 현재 문화재청에서는 원에 대한 체계적 조사나 복원의 계획은 없다. 단지 유네스코 세계유산인 남한의 조선왕릉 40기에 대한 보전에만 집중하고 있다.

원래는 묘였던 전주 건지산의 조경단과 삼척의 준경묘와 영경묘는 전주이씨의 시조와 중시조를 모시는 묘라는 이유로 원이나 왕릉에 버금가는 중요성을 가지고 있다. 『대한예전』에는 전주 이씨의 시조인 신라 사공 이한 공의 묘소 자리에 단을 세운 조경단肇慶壇과 경기전과 전주 사고 경내 사당인 조경묘肇慶廟를 등재하고 있다. 대한제국기에 고종이 세종, 성종, 숙종대에 위치를 알아두고 『동국여지승람』 같은 데에 기록해 둔 자료에 근거하여 찾은 태조의 5대조 할아버지이자 목조 이안사의 아버지 이

양무 장군과 어머니의 준경묘와 영경묘의 제사도 산릉제사와 함께 속제俗 祭로 분류되어 있다.

전주 이씨의 시조 이한으로부터 태조의 5대조인 이양무 장군까지는 17세대이고, 목조는 18세대이며, 태조는 시조로부터 22세대이다. 훈민정 음을 창제한 세종은 시조로부터 24세에 해당한다. 정조는 38세이고, 고 종은 41세이다. 순종과 영친왕은 42세이고, 영친왕의 아들 황태손은 43 세, 황사손은 44세이다. 조선 왕실의 족보는 '선원보璿源譜'라고 하고 흥선 대원군의 섭정기 고종대의 종친부宗親府, 대한제국기의 종정원宗正院에서 선원보를 편집하고 편찬하였다. 따라서 선원보에 기재된 여러 족계를 선 원파璿源派라고 한다.

왕자나 황자에서 4대가 지나면 왕실에서 친족관계가 멀어져서 벼슬 할 수 있었다. 따라서 종묘의 공신당功臣堂에 위판이 헌정된 공신들 중에 왕자이며 대군들도 배향공신으로 헌정되어 있는 경우도 있고, 선원파에 속하는 공신도 있다. 예를 들어 태조 묘정에 배향된 양소공襄昭公은 환조의 아들이면서 태조의 이복동생 의안대군이고, 효종 묘정에 배향된 충경공忠 敬公은 효종의 동생이면서 인조의 셋째 왕자인 인평대군이다. 순조의 묘정 에 배향된 충정공忠正公은 흥선대원군의 아버지 남연군이다. 이렇게 보면 고종의 가계는 출계 이전의 가문에도 2명의 공신이 있는 가문이라는 것 이 드러난다. 선원파에 속하는 예로서는 인조의 묘정에 배향된 문충공文 忠公이다. 문충공은 1608년 대동법을 전국으로 확대하는 데 큰 공을 세운 오리梧里 대감 이원익이다. 이원익은 태종왕자 익녕군파로 영의정이었으 며 남인南人에 속하였다.

일제강점기에 고종의 아들인 의친왕을 중심으로 1924년 전주이씨 대동종약소가 생겨서 종친부 및 종정원의 전통을 계승하려고 했으나 조선총독부의 방해와 압력으로 큰 힘을 발휘하지 못했다. 의친왕은 일본궁내성 예하의 이왕직의 공公 작위도 자신의 첫째 아들에게 강제로 물려주게 되었다. 그 대동종약소가 현재 사단법인 전주이씨 대동종약원이 되어 있다.

3. 능원림의 조성과 보호

산릉은 산릉인 만큼 수목이 울창한 곳으로 정해졌고, 특히 풍수상으로 발복하는 지형을 갖춘 곳에 풍수학 지관들을 대동하고 가서 위치를 물색하였다. 조선 왕실에 국장이 나고 산릉도감이 구성되면 산릉의 정자각을 포함한 건물을 짓기 위해서 벌채가 이루어졌고, 수목이 있는 다른 곳에서 길러진 소나무 유목들을 파내어 오거나 하여 산릉의 봉분 주위에 소나무 식수가 빈번히 이루어졌다. 대한제국기 명성왕후의 산릉을 처음 현재의 청량리 국립산림과학원 자리에 조성할 때에도 수목을 다른 어느 곳에서 가지고 와서 식수했다는 기록이 의궤에 존재한다. 또한 조선의 능원陵園은 그린벨트와 마찬가지의 법적 제제가 미치는 신성한 공간이었다. 조선 당대의 용어로는 '금산禁山'으로 지정되어 있어서 표목標木이나 표석標石으로 금표禁標가 세워졌다.

조선의 산릉과 원을 합하여 '능원陵園'이라는 말이 존재한다. 능원 혹은 원릉園陵은 중세 시대의 법전에 등장한다. 『대명률大明律』에도 원릉園陵이라는 단어가 사용되었다. 조선 초기 『경국대전』을 잇는 조선 중기 이후 숙종대까지 왕의 수교受教를 받은 법률을 모은 『수교집록受教輯錄』에도 생소나무를 벤 자는 '도원릉수목율盜園陵樹木律'의 처벌조항을 적용한다고 하고 있다. 일반적으로 도원릉수목율은 곤장 100대에 해당한다. 조선 초기부터 소나무가 선박재와 건축재 및 여러 용도로 쓰였기 때문에 가장 중요한 자연자원이었다. 따라서 조선 조정은 소나무를 보호하는 정책을 엄격하게 시행하고 상당한 본수의 소나무 식수를 장려하였다. 보호하는 소나무숲에는 금표禁標를 세워서 경계하였고, 태조 때부터 세조 이전까지 국왕의 수교받은 법률을 모은 『경제육전』에 송목금벌법松木禁伐法이 있었다.

또한 『수교집록』에는 소나무를 보호하는 숲의 금표禁標내에 장묘를 마음대로 쓴 자는 '유주지내도장율有主地內盜葬律'을 적용한다는 조항도 있다. 주인이 있는 땅 안에 도둑같이 장묘를 쓴 것을 처벌하는 조항을 적용한다는 것이다. 다른 말로 금표가 쳐진 소나무숲 혹은 송산은 주인이 있는 땅이라는 말과 같다. 또한 금표 내에 함부로 경작하는 자는 '도매전택 강점 관민산장지율盜賣田宅强占官民山場之率'을 적용하여 논단한다고 되어 있다. 밭과 집을 사기쳐서 몰래 팔거나 관서나 백성의 연료채취지인 산장山場을 강점한 죄를 적용한다는 것이다. 조선 정부는 고려말의 연료채취지, 곧 시지柴地를 귀족들이 점거해 버려서 땔감을 얻을 수 없었던 폐혜를 극복하기 위해서 태조 때부터 '산림천택 여민공지山林川澤 與民共之'라는 정책이념을 채택하고 시초장柴草場, 시장柴場, 혹은 산장의 활엽수(잡복) 채취는 모든 계층이 이용할 수 있도록 개방하였다. 그리고 시초장 무단점거는 『경국대전』에 이미 처벌조항으로 명시되어 있다.

고려시대나 조선시대에는 풍수지리의 발복사상이 깊게 자리잡고 있어서 능원의 위치 선정을 중시하였다. 고려 고종대(1213~1259) 목조 이안사가 전주에서 삼척으로 옮긴 이후에 전주에서 불화가 생긴 산성별감이 와서 다시 함경남도 덕원으로 이주해 가기 전에 조성한 것이다. 준경묘와 영경묘는 5대 만에 발복하여 왕이 나타난다고 하는 전설이 내려올 정도로 풍수지리의 명당이었다고 한다. 대한제국기 고종이 이 지역을 제대로 찾고 그 지역을 성역화하였다. 1894~1895년 궁내부 장예원에서 발간한 『삼척양묘수호절목』에는 이 두 묘소를 수호하는 황제의 명령과 준수사항, 제향, 화소, 금표, 위토 등이 기록되어 있다. 그런데 준경묘와 영경묘는 현재 한국에서 가장 곧게 뻗은 소나무가 장대하게 높이 솟아있어서 감탄을 연발할 수 있을 만큼의 수백 년생의 소나무숲이 있다(그림 10-5). 숭례문의 복원에도 일부가 벌채되어 사용되었다.

준경묘에 올라가는 방향에서 보면 먼저 홍살문이 나오고 그 다음에 침전과 비각이 있고 그 뒤에 약간 높은 언덕 위에 묘소가 존재한다(그림 10-6). 영경묘의 홍살문을 지나 올라가면 침전과 비각이 있고 침전을 왼쪽으로 돌아서 올라가야 묘소가 있다(그림 10-7). 준경묘와 영경묘의 제사 지내는 건물인 침전은 3칸으로 조그마하고 일자형이다. 이를 '일자각 침전'이라고 할 수 있는데 효창원의 일자각 침전과 규모와 형태가 비슷하다. 준경묘와 영경묘는 매년 4월 20일에 제향이 올려지는데 효창원과 의령원의 기신제忌晨祭는 지내지 못하고 있다.

능원의 주변에는 숲이 조성되어 있었고 잘 보전되어 왔다. 준경묘와

그림 10-5. 삼척 준경묘 능원림의 수백 년 소나무숲.

그림 10-6. 준경묘의 홍살문, 비각 및 침전.

그림 10-7. 영경묘의 침전과 비각.

영경묘의 능원림은 원래 삼척의 오지奧地이고 사람의 발이 닿지 않던 곳이라서 잘 보전되어 온 측면도 있다. 대한제국기 이후의 일제강점기와 한국전쟁의 굴곡많은 역사를 거치고도 대한민국 최고의 소나무숲으로 보전되어 온 것은 주목할 만한 일이다(그림 10-5).

대한제국기의 『삼척양묘수호절목』을 보면 준경묘, 영경묘에는 수호군을 두고 있었고, 금표가 설치되어 있었다. 대한제국기 금표가 설치된 금산禁山이었던 것이다. 대한제국기에 중요성을 가지게 된 것으로 현재까지도 100여 년 넘은 소나무의 통직성通直性 미학美學을 보여 주는 우수한 숲이다.

대한제국의 『삼척양묘수호절목』은 조선후기의 『파주금산 수호절목』과 『건지산금양절목』, 『금조절목이문』의 전통을 잇고 있다. 『파주금산수호절목』은 영조대에 100여 년 전에 조성된 인조仁祖의 능원인 파주의 장릉長陵에 문제가 생겨서 파주의 북부 지역에 위치한 장릉을 현재의 위치로 천장하고 새로 조성된 능원을 금산으로 지정하고 마을 사람들을 산지기로 지정하여 순산하고 수호하게 하는 내용이 들어있다. 파주금산은 현재 소나무가 아주 좋고 최근까지 비공개 왕릉이었다(그림 10-8).

『건지산금양절목』과 『금조절목이문』은 정조 7년(1782)의 전주 이씨 시조 이한李翰의 실전된 묘소 위치에 제단(조경단)을 세운 건지산을 금산으로 지정하여 금양禁養 수호하는 왕령과 세부 조항이다. 금양禁養은 숲의 벌채를 금하여 수목을 기른다는 뜻이다. 건지산과 파주 장릉 금산에 적용된 두 절목을 보더라도 봄과 가을에 소나무와 전나무 혹은 소나무와 개오동나무를 심는다라는 조항이 있다. 또한 능원에 금표가 설치되어 있고, 장묘를 조성하거나 나무를 베거나 경작하면 처벌을 받도록 되어 있다.

그림 10-8. 파주의 인조릉인 장릉(長陵)과 기신제 광경.

조선 전기 『경국대전』의 법률에도 능원 안에는 경작도 금지되어 있었고, 사사로이 장묘를 조성하는 것도 금지되어 있었으며, 숲의 나무를 베는 것도 처벌하도록 지정되어 있었다. 또한 이러한 능원을 관리하는 왕릉의 능령陵令과 참봉 이하 주변 마을이 수호군으로 지정되어 있어서 군역이나 요역이 면제되고 능원을 관리하는 실무를 담당하도록 되어 있었다. 세조의 광릉光陵과 같이 조선 산릉의 능원림이 대부분 현재까지 잘 보전되어 온 이유 중의 하나는 실제로 조선 초기부터 대한제국기까지 능원을 관리하는 사람과 제도가 존재했기 때문이다. 광릉은 유네스코 세계문화유산의 조선왕릉일 뿐만 아니라 현재 광원 능원림은 '유네스코 세계자연유산'으로도 지정되어 있다. 능원을 관리하는 능직이나 능참봉들이 일제강점기까지도 비치하고 보관하던 능지陵誌는 대부분 대한제국기나 일제강점기에 필사된 것들인데 이 능지에 보관된 능원수호관련 제도들도 능원관련 사목이나 절목에서 유래한 것으로 보아도 틀리지 않는다.

현재 조선왕릉관리소는 국민들과 함께 왕릉소나무심기 운동을 벌이며 왕릉의 능원림 조성과 관리에 힘쓰고 있다. 수원인근 화성지역에 있는 사도장헌세자의 융릉의 경우를 들여다보아도 어린 나무가 왕릉주위 소나무 능원림에 심겨져 자라고 있는 것을 볼 수 있다(그림 10-9). 서울 태릉선수촌 지역의 명종릉인 강릉康陵 주변이나 석관동 의릉懿陵에 가도 어린 나무에 나무심기운동 표찰이 붙어 있는 것을 금방 볼 수 있다. 자기가 식수한 소나무가 어느 왕릉에 있든지 어린이들은 나무와 함께 성장하고 숲의

그림 10-9. 장조(사도장헌세자)의 융릉 소나무. 능원림에서 자라고 있는 어린 소나무.

소중함과 함께 문화재의 소중함을 깊이 배우게 될 것이다.

　남북한 단묘궁릉문화 교류로서 우선적으로 개성공단이 있는 개성 지역의 조선 왕릉인 제릉과 후릉의 능원림이 거의 전멸 상태인 것을 감안하면, 대한민국의 왕릉소나무심기운동의 힘이 미치도록 하는 방안도 좋을 것이다.

　경기도 남양주에 있는 단종비 정순왕후의 왕후릉인 사릉思陵 경내와 동구릉의 헌종릉(경릉) 북쪽에 '전통수목양묘장'이 조성되어 있어서 궁궐과 산릉에 식수할 수목을 직접 기르는 시설을 갖추고 있다. 준경묘와 영경묘는 산림청과 협약을 맺은 문화재복원용 산림으로 육림되고 있으며 숭례문 복원 때에 일부 벌채되어 사용되기도 하였다. 산림청도 문화재복원용 소나무숲을 지정하여 가꾸고 있다. 적어도 왕릉의 정자각의 복원에 문화재복원용 소나무숲에서 자란 소나무들이 사용될 수 있을 것이다. 따라서 왕릉에 소나무 한그루를 심는 것은 문화재도 보호하고 자연보호도 같이 하는 작지만 의미있는 사회 공헌이 될 것이다.

5. 종묘 묘호와 산릉 능호의 관계

종묘의 정전과 영녕전에 신주가 봉안되어 있는 조선의 대왕과 대한제국의 황제는 묘호廟號를 가지고 있을 뿐만이 아니라 '능호陵號'도 가지고 있다. 다른 말로 하면 종묘에 부묘된 국왕이나 황제에게는 반드시 묘호와 능호가 있다. 사당과 산릉은 짝을 이룬다. 묘릉廟陵 체제와 궁원宮園 체제로 구분된다.

조선의 건국 초기에는 왕이나 왕후 한 명에 하나의 봉분이 만들어졌고 각각의 능호가 부여되었다. 조선이 건국되고 가장 먼저 조성된 왕후릉은 태조의 첫째 왕후이면서 태종의 어머니인 신의황후 한씨의 왕후릉인 제릉으로 개성 지역에 존재한다. 더욱 정확하게 이야기하면 신의왕후릉인 제릉은 고려 이성계장군의 정부인의 묘로 조성되었다가 그의 아들 조선 정종과 태종에 의해서 격상되어 왕후릉이 된 것이다.

조선 태조대에 종묘(정전)에 4대조의 신주가 모셔지면서 관북 8릉이 왕릉급으로 격상되었다. 태조 재위시 대군 시절의 태종이 직접 함경도에 가서 관북8릉을 조성하는 공사를 지휘했고 조선 초기의 왕릉 조성 경향이 고려 공민왕과 노국대장공주의 현정릉玄正陵의 형식에서 발전된 것이기 때문에 규모도 크고 석물의 크기도 큰 편이고 기단도 3단으로 되어 있다.

실제로 가장 먼저 조성된 왕릉은 태조의 왕릉으로 서울 동쪽 경기도 구리시에 있는 동구릉 경내의 건원릉이다. 태조의 두 번째 왕후인 신덕왕후의 릉은 원래 현재의 덕수궁 가까이 서울시의회 지역에 있었는데, 태종이 현재의 성북구 정릉동으로 이장했다. 수백 년이 지난 조선 후기 현종 10년(1669)에 정릉貞陵이라는 능호도 가지게 되고 봉릉封陵되었으며 종묘에도 부묘되었다. 태조 생전에 조성된 왕후릉이었는데, 태종이 옮기면서 격하시켜 조성하였다. 실제로 묘墓의 형식을 아직도 그대로 가지고 있다. 신의왕후의 제릉과 비교해 보아도 크기와 석물의 규모 및 기단의 구조가 작다. 조선 후기에는 능원도 간소화되는 경향이 있어서 단종릉인 영월의 장릉이나 신덕왕후의 정릉 같이 복위가 되어 왕릉이나 왕후릉으로 격상이 되더라도 원래의 형식을 크게 고치지 않은 가운데 침전인 정자각과 그 이외의 부대 건물들을 갖추는 형식을 보인다.

종묘와 영녕전에 모셔진 신주가 존재하는 조선 왕릉에는 능호가 반드시 있다. 국왕에게는 묘호가 있어서 그 묘호에 왕후 혹은 왕후들의 신주가 같이 모셔지는 데 반해, 쌍릉雙陵으로 조성이 되지 않고 각각 단릉單陵으로 조성된 경우는 왕릉의 능호와 왕후릉 능호가 각각 존재한다. 따라서 종묘와 영녕전에 모셔진 조선 왕릉의 묘호과 능호의 관계는 일원적으로 되어 있지 않다(표 10-1 참조).

태조와 두 왕후의 산릉이 각각 세 곳에 있고 능호가 모두 세 개로 되어 있다. 함경도의 관북8릉關北八陵의 익조와 도조의 왕릉 및 왕후 능호와 동일하다. 단종은 왕위에서 밀려나 노산군으로 격하되어 영월에 매장되고, 정순定順 왕후는 오랜 세월을 빈한하게 살다 사돈의 선산에 묘지가 만들어져 있었다. 2백 40여 년 후인 숙종 24년(1698)에 복권되고 묘호가 생겨서 종묘에 부묘되고 산릉이 개수되고 능호가 부여된 경우이다. 영월의 단종릉은 장릉莊陵이고 남양주시 진건읍의 정순왕후릉은 사릉思陵이다. 조선 11대 중종의 경우는 능호가 정릉靖陵으로 성종과 계비 정현왕후의 선릉宣陵 능원에 있다. 연산군을 몰아내는 반정 이전의 진성대군 시절의 부인인 단경왕후 신愼씨는 양주시 장흥면에 있고 능호가 온릉溫陵이고, 반정 이후에 왕후가 된 장경 왕후윤尹씨는 호가 희릉禧陵인데 고양시 서삼릉에 있고, 장경왕후에 이어서 중종의 왕후가 된 문정왕후 윤씨는 능호가 태릉泰陵인데 노원구 태릉선수촌 지역에 있다.

덕안릉과 정화릉에서 보는 바와 같이 쌍릉인 경우에도 왕릉과 왕후릉에 각각의 능호가 부여되었다. 그리고 이것은 조선시대 내내 바뀐 적이 없다. 그런데 조선 2대 정종부터는 정종과 정안왕후의 산릉처럼 쌍릉에 능호가 하나만 부여되었다. 개성 지역의 후릉厚陵이라는 능호가 하나만 부여 되기 시작하였다(표 10-2). 태종과 원경왕후의 능호도 헌릉獻陵으로 하나이다(표 10-1). 세종과 소헌왕후의 능호도 영릉英陵하나이다. 이렇게 보면 서울 내곡동의 헌릉은 태종의 왕릉과 원경왕후의 왕후릉 모두를 지칭하는 것이다. 경기도 여주의 영릉도 세종의 왕릉과 소헌왕후의 왕후릉 모두를 지칭하는 것이다. 후릉(정종릉) 이후로 보통 같은 능원에 산릉을 쌍릉으로 조성하면 능호가 하나이다.

문종의 왕후인 현덕왕후의 경우는 특이한 사례를 남겼다. 현덕왕후는 단종을 낳다가 먼저 세상을 떠나서 현재의 경기도 안산에 소릉昭陵으로 조성되었다. 문종이 승하하자 현재의 동구릉 건원릉 주변에 현릉顯陵이 조성되어 왕릉과 왕후릉이 따로 떨어져 있었다. 알려진 고사로는 이 현덕왕후가 시동생 세조가 단종을 폐위시키고 죽인 것에 앙심을 품고 세조의 꿈에 나타나서 세조의 아들도 죽게 하겠다고 위협한 일이 있다고 한다. 실제로 세조의 맏아들 의경세자는 세조보다 먼저 세상을 떠났고, 세조는 그 앙심에 소릉 자체를 파헤치고 바닷가에 장사지내 버렸다고 한다. 의경세자의 둘째 아들이 이후에 성종으로 등극한다. 약 100여 년 후에 소릉의 복위 문제가 중종의 조정에서 논의되었다. 실제로 기상 이변이 나고 벼락이 종묘에 떨어지는 사태가 벌어지고 나서였다고 한다. 문종이 종묘에 혼자 있으니 현덕왕후를 복위시켜야 된다는 주장에 따라서 복위도 되고 현릉으로 천장되고 조선의 종묘에 부묘되어 현재에 이른다. 동구릉의 현릉이 문종의 왕릉과 현덕왕후의 왕후릉이 된 사연은 이렇듯 백 년이 넘은 긴 과정을 가지고 있다(표 10-2).

하지만 왕후가 여러 분이 있을 경우이면서 동일한 능원에 산릉을 조성하지 못하는 경우에는 또 하나의 능호를 부여하게 되었다. 예를 들어 공릉恭陵은 예종의 첫 번째 왕후 장순왕후 한씨의 왕후릉으로 부친은 한강 남쪽에 압구정을 세운 한명회이다. 예종보다 먼저 병을 얻어 세상을 떠나서 조성된 것으로 파주 삼릉에 있다(표 10-2). 예종과 두 번째 왕후의 능원은 서오릉에 창릉昌陵으로 조성되어 있다.

종묘 경내의 영녕전에는 중심에 사조전四祖殿이 존재한다. 종묘의 정전의 지붕 높이와 같은 높이의 튀어나온 건물이 사조전이다. 사조전 서쪽에서부터 제1실 목조, 제2실 익조, 제3실 도조, 제4실 환조이고 함경남도에 왕릉과 왕후릉 8기가 존재한다(표 10-2 참조). 이 사조전의 경우는 같은 하나의 사당廟이 왕릉과 왕후릉이 각각 하나씩의 능호를 가지고 있다. 종묘의 묘호와 능호의 관계나 『국조오례의』 및 『대한예전』 같은 문헌들에 근거해도 함경남도의 관북關北8릉을 포함시켜 한반도에는 조선 왕릉은 50기가 존재한다고 해야 정확하다.

목조의 덕릉德陵과 효공왕후 이씨의 안릉安陵은 동원同原 쌍릉 형식으로 된 조선의 가장 첫 번째 쌍릉이다. 고려 공민왕과 노국대장공주의 왕릉이 동원 쌍릉인 것과 마찬가지이고 능호가 각각 하나씩 있는 것도 같다. 공민왕릉은 현릉玄陵이고 노국대장공주릉은 정릉正陵이다. 현릉과 정릉을 헌정릉이라 하고 정종의 후릉 및 태종의 헌릉 같이 한 기로 기산한다면 덕릉과 안릉은 '덕안릉'이 되고 1기로 기산할 수 있다. 태조의 부친과 모친의 능원도 정릉定陵과 화릉和陵인데 묘호가 각각 있으면서 동원 상하릉上下陵으로 경종(경종)과 왕후의 능원인 의릉懿陵과 효종과 왕후의 능원인 녕릉寧陵과 같다. 의릉과 녕릉을 1기로 기산한다면 정화릉이 1기가 된다. 이로서 북한에 소재한 조선 왕릉은 능호를 기준으로 기산하면 10기가 되고 단릉과 동원릉을 1기씩으로 기산하는 방식으로 하면 48기가 된다.

북한의 태조의 4대조 추존왕 및 왕후의 왕릉을 조선 왕릉이 아닌 것처럼 생각하고 실제로 문화재청이나 문화재연구소, 일반적인 조선왕릉 소개서들에서도 조선왕릉은 남한에 40기, 북한에 제릉과 후릉의 2기로 이야기하고 있다. 단묘궁릉 문화의 측면에서 보아서 명백한 오류다. 능호로 기산하면 조선왕릉은 50기가 되고 동원릉을 1기로 기산하면 48기가 된다.

여러 역대 군주의 왕릉이 일정한 지역에 조성되는 능원을 '집적능원集適陵園'이라고 할 수 있다. 조선의 집적능원 중에 가장 많은 산릉이 위치한 곳은 경기도 구리시에 있는 동구릉東九陵이다(표 10-3). 한양 동쪽의 중랑천을 건너서 위치하고, 태조의 건원릉을 포함한 9기의 산릉이 있다. 다음으로는 고양시의 5기의 산릉과 2기의 원(순창원과 수경원)과 1기의 묘(대빈묘)를 가진 서오릉西五陵이다(표 10-3). 조선시대에 조성된 것으로는 실제로 5기의 산릉과 1기의 원만 있었는데, 비교적 최근에 1기의 원綏慶園과 1기의 묘大嬪墓가 서오릉 경내로 천장되었다. 또한 서삼릉과 파주 삼릉이 집적능원의 형식을 가지게 되었다. 베이징의 명나라의 13릉(명 13릉)이나 하북성 준화현의 청나라의 동청릉 및 이현의 서청릉도 집적능원의 형식을 가진다. 함흥 지역에 6기(덕안릉, 의릉, 순릉, 정화릉)정도가 위치하고 있어서 북한의 10기 중에서는 가장 밀집한 편이다. 이들을 합치면 26기의 산릉이 된다.

　서울 도성의 동부에는 성북구 정릉동의 태조의 신덕고황후의 정릉貞陵과 경종과 계비 선의왕후의 의릉, 태릉선수촌 지역의 문정왕후의 태릉과 명종과 인순왕후의 강릉이 있다. 한강을 건넌 강남지역에 성종과 계비 정현왕후의 선릉과 중종의 정릉, 그리고 선정릉의 남서쪽에는 태종과 원경왕후의 헌릉과 순조와 순원왕후의 인릉, 여주의 세종과 소헌왕후의 영릉과 효종과 인선왕후의 녕릉이 있다. 서쪽의 산릉으로는 김포의 추존 원종과 인헌왕후의 장릉章陵과 인조와 원비 인렬왕후의 파주 장릉長陵, 수원에는 추존 장조와 헌경의황후의 융릉과 정조와 효의선황후의 건릉이 있다.

표 10-1. 조선의 산릉 능호와 종묘 정전관련 묘호

조선 전기

종묘 묘실**	역대	묘호**/군호	능호	왕후릉/황후의 능호
정전 1실	1	태조太祖 고황제高皇帝	건원릉建元陵	제릉齊陵 신의고황후 한씨
				정릉貞陵 신덕고황후 강씨
정전 2실	3	태종太宗	헌릉獻陵	(헌릉) 원경왕후 민씨
정전 3실	4	세종世宗	영릉英陵	(영릉) 소헌왕후 심씨
정전 4실	7	세조世祖	광릉光陵	(광릉) 정의왕후 윤씨
정전 5실	9	성종成宗	선릉宣陵	순릉順陵 공혜왕후 윤씨
				(선릉) 정현왕후 윤씨
정전 6실	11	중종中宗	정릉靖陵	온릉溫陵 단경왕후 윤씨
				희릉禧陵 장경왕후 윤씨
				태릉泰陵 문정왕후 윤씨

* 　역대는 조선왕조의 재위 순서이다. 고조, 증조, 조, 부 및 숙叔은 추존의 기준이 된 왕의 고조할아버지, 증조할아버지, 할아버지, 아버지 및 숙부를 가리킨다.
　추존의 기준이 된 왕은 부나 숙의 아래에 위치하였다.

** 묘호는 종묘의 정전 12실과 영녕전 16실의 현재의 신위 배치와 같게 되어 있음.

조선 후기

종묘 묘실	역대	묘호/군호	능호	왕후릉/황후의 능호
정전 7실	14	선조宣祖	목릉穆陵	(목릉) 의인왕후 박씨 (목릉) 인목황후 김씨
정전 8실	16	인조仁祖	장릉長陵 휘릉徽陵	(장릉) 인렬왕후 한씨 장렬왕후 조씨
정전 9실	17	효종孝宗	녕릉寧陵	(녕릉) 인선왕후 장씨
정전 10실	18	현종顯宗	숭릉崇陵	(숭릉) 명성왕후 김씨
정전 11실	19	숙종肅宗	명릉明陵 익릉翼陵	(명릉) 인형왕후 민씨 (명릉) 인원왕후 김씨 인경왕후 김씨(원비)
정전 12실	21	영조英祖	원릉元陵 홍릉弘陵	(원릉) 정순왕후 김씨 정성왕후 서씨 (원비)

조선 후기 – 대한제국기의 추존

종묘 묘실	역대	묘호/황제호	능호	왕후/황후의 능호
정전 13실	22	정조正祖 선황제宣皇帝	건릉健陵	(건릉) 효의선황후 김씨
정전 14실	23	순조純祖 숙황제肅皇帝	인릉仁陵	(인릉) 순원숙황후 김씨
정전 15실	부	문조文祖 익황제翼皇帝	수릉綏陵	(수릉) 신정익황후 조씨
정전 16실	24	헌종憲宗 성황제成皇帝	경릉景陵	(경릉) 효헌성황후 김씨 (경릉) 효정성황후 홍씨
정전 17실	25	철종哲宗 장황제章皇帝	예릉睿陵	(예릉) 절인장황후 김씨

대한제국기

종묘 묘실	역대	묘호/황제호	능호	왕후/황후의 능호
정전 18실	1/26	고종高宗 태황제太皇帝	홍릉洪陵	(홍릉) 명성태황후 민씨
정전 19실	2/27	순종純宗 효황제孝皇帝	유릉裕陵	(유릉) 순명효황후 민씨 (유릉) 순정효황후 윤씨

	종묘 묘실	역대	묘호**	능호	왕후/황후의 능호
사조전	영녕전 1실	고조	목조穆祖	덕릉德陵	안릉安陵 효공왕후 이씨
	영녕전 2실	증조	익조翼祖	지릉智陵	숙릉淑陵 정숙왕후 최씨
	영녕전 3실	조	도조度祖	의릉義陵	순릉純陵 경순왕후 박씨
	영녕전 4실	부	환조桓祖	정릉貞陵	화릉和陵 의혜왕후 최씨
	종묘 묘실	역대	**묘호**	능호	왕후/황후의 능호
서협실	영녕전 5실	2	정종定宗	후릉厚陵	(후릉) 정안왕후 김씨
	영녕전 6실	5	문종文宗	현릉顯陵	(현릉) 현덕왕후 권씨
	영녕전 7실	6	단종端宗	장릉莊陵	사릉思陵 정순왕후 송씨
	영녕전 8실	부	덕종德宗	경릉敬陵	(경릉) 소혜왕후 한씨
	영녕전 9실	8	예종睿宗	창릉昌陵 공릉恭陵	(창릉) 안순왕후 한씨 장순왕후 한씨
	영녕전 10실	12	인종仁宗	효릉孝陵	(효릉) 인성왕후 박씨
	종묘 묘실	역대	묘호/황제호	능호	왕후/황후의 능호
동협실	영녕전 11실	13	명종明宗	강릉康陵	(강릉) 인순왕후 심씨
	영녕전 12실	부	원종元宗	장릉章陵	(장릉) 인헌왕후 구씨
	영녕전 13실	20	경종景宗	의릉懿陵 혜릉惠陵	(의릉) 선의왕후 이씨 단의왕후 심씨
	영녕전 14실	숙	진종眞宗 소황제昭皇帝	영릉永陵	(영릉) 효순소황후 조씨
	영녕전 15실	부	장조莊祖 의황제懿皇帝	융릉隆陵	(융릉) 헌경의황후 홍씨
	영녕전 16실		의민懿愍 황태자	영원英園	(영원) 의민황태자비 이씨

표 10-3. 조선과 대한제국의 지역별 산릉과 능호 및 묘호와의 관계

지역	지구	능수	능호 및 묘호
함흥 지역	덕안릉	2	I.덕릉(고조 목조), II.안릉(고조비 목조 효공왕후)
	의순릉	2	I.의릉(조 도조), II.순릉(조비 도조 경순왕후)
	정릉	1	I.정릉(부 환조) 정릉
	화릉	1	I.화릉(모 환조 의혜왕후)
안변	지릉	1	I.지릉(증조 익조)
금야	숙릉	1	I.숙릉(증조비 익조 정숙왕후)
개성	제릉 후릉	2	I.제릉(태조 신의고황후), II.후릉(2정종)
서울 동쪽	동구릉	9	I.건원릉(1태조), II.현릉(5문종), III.목릉(14선조), IV.휘릉(16인조 장렬왕후), V.숭릉(18현종), VI.혜릉(20경종 단의왕후), VII.원릉(21영조), VIII.경릉(24헌종), IX.수릉(부 문조)
	영녕릉	2	I.영릉(4세종), II.녕릉(17효종)
	장릉	1	I.장릉(6단종)
	사릉	1	I.사릉(6단종 정순왕후)
	광릉	1	I.광릉(7세조)
	홍유릉	2	I.홍릉(26고종), II.유릉(27순종), III.영원(의민황태자)
서울 시내	정릉	1	I.정릉(1태조 신덕고황후)
	헌인릉	2	I.헌릉(3태종), II.인릉(23순조)
	선정릉	2	I.선릉(9성종), II.정릉(11중종)
	태강릉	2	I.태릉(11중종 문정왕후), II.강릉(13명종)
	의릉	1	I.의릉(20경종)
서울 서쪽	서오릉	5	I.창릉(8예종), II.경릉(덕종), III.명릉(19숙종), IV.익릉(숙종 인경왕후), V.홍릉(21영조 정성왕후)
	파주삼릉	3	I.공릉(8예종 장순왕후), II.순릉(9성종 공혜왕후), III.영릉(숙 진종)
	서삼릉	3	I.희릉(11중종 장경왕후), II.효릉(12인종), III.예릉(25철종)
	온릉	1	I.온릉(11중종 단경왕후)
	김포장릉	1	I.장릉(부 원종)
	파주장릉	1	I.장릉(16인조)
	융건릉	2	I.융릉(부 장조), II.건릉(22정조)

보통 옥편이나 자전을 찾아보면 한자 '綏'는 보통 '수'라는 음音으로 등재되어 있다. 그리고 그 뜻도 원래는 수레에 매던 끈을 의미한다. 그래서 제어해서 말린다는 뜻이 파생된다. 그런데 오래된 문헌이나 자전을 찾으면 다른 음音으로 '유'가 있다는 것을 알게 된다. 조선 후기의 천자문天字文에 한글을 달아 둔 것을 살펴보면 이것이 '유'나 '뉴'라는 것이 발견된다. 천자문의 가장 뒤편에 나오는 사자四字로 '永綏吉昭'가 있다. 현대의 옥편이나 자전에 나온 음인 '수'로 읽으면 영수길소인데, 여러 판본을 보아도 분명히 '영유길소' 혹은 '영뉴길소'로 음을 달아 둔 것이 발견된다. 뜻은 '영원히 오래토록 편안하고 길함이 나타난다, 혹은 나타나소서' 정도가 된다. 그래서 편안하고 부드러운 느낌을 주는 유라는 음이 뜻에 맞는 것으로 나타난다. 중국어 음도 '수이'와 '루이로 두 가지가 다 있다.

정조의 후궁이자 순조의 생모인 '顯穆綏妃'를 원래 '현목유비'로 발음하였다는 것이 문헌으로 밝혀진 바 있다. 이것은 천자문의 표기와 함께 조선 후기에 같은 한자 '綏'자의 발음이 '유'자라는 것을 입증한다. 그리고 영경묘 제향의 축문에도 같은 한자가 들어가는데 역시 '유'로 발음한다. 종합해 보면 '편안하다'는 뜻이 들어가는 때에는 '유'로 발음하는 것이 맞다. 이 유자가 들어간 조선의 단묘궁릉 문화의 여러 이름들에서 고칠 필요가 생겨버린다. '수'는 수레의 끈을 의미하는 것이 되어 버려서 단묘궁릉 문화와는 전혀 거리가 멀어져 버린다.

같은 한자가 들어간 왕릉으로 고종이 출계하여 양자가 된 효명세자와 왕세자빈 풍양조씨, 헌종에 의해서 익종翼宗으로 추존되었다가, 대한제국 광무 3년에 문조익황제文祖翼皇帝로 추존된 임금의 왕릉이 있다. 그런데 능호가 '수릉綏陵'으로 표기되어 있다. 이렇게 되면 의미가 수레끈릉이 되어 버려서 단묘궁릉 문화가 아닌 이상한 이름이 되어 버린다. 동구릉에 있는 이 왕릉의 이름은 '문조 유릉綏陵'이라고 해야 한다. 순종효황제의 황릉도 유릉裕陵이라서 발음상으로는 같다. 문조 유릉은 '편안한 왕릉'이 되고, 순종 황릉은 '넉넉한 황릉'이 되어서 좋은 능호가 된다. 파주에 있는 인조왕릉이 장릉長陵이고, 인조의 아버지 원종의 김포 장릉章陵, 단종의 영월의 장릉莊陵으로 한자가 다르지만 발음이 같은 능호가 있는 것과 같이 된다.

국왕 사친의 원의 경우에는 영조의 후궁으로 효장세자(진종)의 생모가 되는 정빈 이씨의 원이 정조대에 원호를 받은 유길원綏吉園인데, 현재 수길원으로 표기되어 있다. 수길원이라고 한다면 '수레끈이 길한 원'이라는 뜻인데, 유길원으로 발음한다면 '편한하게 길한 원'이 된다.

또한 영조의 후궁으로 사도장헌세자(장조)의 생모가 되는 영빈 이씨의 원도 유경원綏慶園인데, '편한하게 경사로운 원'이라는 아름다운 이름이 된다. 그런데 수길원으로 읽으면 '수레끈이 경사스러운 원'이라는 의미가 된다.

앞으로 문화재청과 같은 관공서나 역사책에서도 동구릉의 유릉과 홍유릉의 유릉은 같은 발음의 동음이의어라는 것을 알려야 할 것이다. 유길원과 유경원이기 때문에 단묘궁릉 문화의 입장에서는 유綏라는 한자를 제대로 발음하여 그 뜻을 새기게 하는 것이 좋다.

참고문헌

자료

윤국일 역,『경국대전(經國大典)』(예종 1년), 신서원, 1998.

『궁원의(宮園儀)』(정조 4년, 1780), 『대한예전(大韓禮典)』(1897~1899).

『능제규례(陵制規例)』(1900년대 초), 한국학중앙연구원 장서각.

『수교집록(受敎輯錄)』(숙종 24년, 1698), 한국역사연구회 중세2분과법연구, 청년사, 2001.

『신보수교집록(新補受敎輯錄)』(영조 20년, 1744), 한국역사 연구회 중세2분과법연구, 청년사, 2000.

이상익·조윤선 역,『영정모사도감의궤(影幀模寫都監儀軌)』(광무 3년, 1899), 민속원 2014.

『조선왕릉 종합학술조사보고서 I』: 고려말 조선초』, 국립문화재연구소, 2009.

『조선왕릉 종합학술조사보고서 IX』: 경릉, 예릉, 홍릉, 유릉』, 국립 문화재연구소, 2015.

『역사의 숲 조선왕릉』(사진첩), 국립문화재연구소, 2007.

『2015 조선왕릉제향: 조선왕릉안내』, (사)전주이씨대동종약원.

『2016 조선왕릉제향: 조선왕릉안내』, (사)전주이씨대동종약원.

논문 및 단행본

김동욱, 「조선의 왕릉 건축 : 땅과 바람과 건축의 조화」, 『특별전 "조선왕릉 왕실의 영혼을 담다" 특
　　　별강연자료집』, 국립고궁박물관, 2017.

김무진, 「조선 전기 도성 사산(四山)의 관리에 관한 연구」, 『한국학논집(계명대)』 40, 2010.

신병주, 「조선시대 동구릉의 조성과정에 관한 연구」, 정옥자 외, 『조선시대 문화상(상) : 문물의 정
　　　비와 왕실 문화』, 일지사, 2007.

윤국일, 『경제육전과 경국대전』, 신서원, 1998.

이정호 편, 『소나무, 또 하나의 겨레 상징』, 사단법인 숲과문화연구회, 2004.

이정호, 「조선과 대한제국」, 『국가의 건립과 산림문화』 산림문화대계 제2권, (사)숲과문화연구회, 2014.

＿＿＿＿, 「양주 능원행(陵園行)과 동묘(東廟)」, 『이화(李花)』 253, 2015.

이창환, 「조선왕릉의 경관미 : 신의 정원, 조선왕릉에 가다」, 『이화(李花)』 217, 2015.

이혜은, 「조선왕릉의 세계유산 등재의의」, 『이화(李花)』 217, 2015.

이호일, 『조선의 왕릉』, 가람기획, 2003.

양관, 장인성·임대희 역, 『중국 역대 침릉 제도』, 서경, 2005.

장영훈, 『왕릉풍수와 조선의 역사』, 대원사, 2000.

정해득·이현진, 『왕의 행차 : 조선 후기 국왕의 융릉, 건릉 행행(行幸)과 의례』, 화성시문화원, 2014.

한형주·이욱·최순권·박성실·구남옥, 『조선왕릉의궤』, (사)전주이씨대동종약원, 2011.

Yi, C. H., *"The neungwon forests of Joseomn Dynasty : Yesterday's Confucian practice and modern cultural and
　　　biodiversity values"*, In : Yi, C. H. & Chun, Y. W. (eds.), Proceedings of Cultural Forestery
　　　and Forest Culture. IUFRO(Interntaional Union of Forest Research Organizations)
　　　Working Party 6.07.03 (Forest Culture and Cultural Forestry), 2010.

조상신의 정원 Ⅱ

.... 황릉

1. 조선의 왕릉과 대한제국의 황릉

조선과 대한제국은 왕릉을 조성한 것과 황릉을 조성한 것에서 문화적 차이를 보인다. 태조의 건원릉에서부터 철종의 예릉에 이르기까지 왕릉王陵이다. 반면에 대한제국의 고종과 순종의 묘역인 홍릉과 유릉은 황릉皇陵 양식으로 조성되었다.

조선의 왕릉과 대한제국의 황릉의 가장 큰 차이는 속제俗祭인 산릉제를 지내는 침전寢殿의 구조이다. 왕릉의 경우는 정丁자의 모습을 가지고 있어서 일명 정자각丁字閣이라고 한다. 규모는 정면 3칸이라고 해서 앞에서 보면 기둥이 4개가 되어 3칸인 것이 쉽게 드러난다(그림 11-1). 효창원 및 준경묘와 영경묘 침전과 보는 넓이는 같은데 중간에 앞으로 튀어 나온 부

그림 11-1. 고양시 효릉(인종릉)의 정자각과 제향 모습.

분이 더 들어가 있는 형태이다(그림 10-4, 10-6. 10-7 참조). 황릉의 경우는
규모가 커서 앞에서 5칸이고 일자一字로 된 침전寢殿이다(그림 11-2).

그 다음으로 돌을 다듬어 산릉을 지키는 문인상, 무인상, 동물상들의
위치가 크게 다른데, 왕릉의 경우는 봉분이 있는 곳의 앞에 기단을 조성
하고 좌우와 곡장 안에 배치되어 있다. 홍릉과 유릉의 경우는 침전 앞에
신도神道를 만들고 그 양 옆에 석물들을 배치해 두는 형식을 취하고 있다
는 점이다. 따라서 왕릉은 홍살문에서 왕릉의 정자각에 이르는 신도 양
옆은 그냥 잔디로 깔린 공간이지만(그림 11-1), 황릉은 홍살문에서 일자각
침전으로 이르는 신도의 양 옆은 빈 공간이 아니라 석물이 배열되어 있다
(그림 11-2, 11-3).

그림 11-2. 대한제국 고종과 명성황후의 황릉 홍릉의 홍살문, 석물 및 침전.

그림 11-3. 순종과 순명효황후, 순정효황후의 유릉 재실에 본 침전과 봉분.

그림 11-4. 고종과 명성황후의 홍릉의 봉분 둘레의 소나무숲.

그림 11-5. 중국 난징의 명나라 태조 능원 효릉 항공사진.

고종의 홍릉은 봉분 주변이나 능원 곳곳에 소나무가 심어 있어서 조선의 능원조성의 전통을 잇고 있다(그림 11-4). 고종의 홍릉이나 순종의 유릉은 난징南京에 있는 명나라 태조의 효릉孝陵의 양식을 많이 받아들인 것으로 알려져 있다(그림 11-5). 난징의 효릉은 능원림의 주요 수종이 측백나무이다. 실제로 고종대에 관원을 난징의 효릉을 답사하도록 하였던 것으로 보인다.

청나라의 황릉은 관외삼릉關外三陵과 동청릉 및 서청릉으로 구분할 수 있다. 동청릉은 베이징의 북동쪽 준화현에 있는데 입관한 순치제의 황릉이 제일 먼저 조성되었다. 명나라 황릉은 난징의 효릉과 베이징 북서쪽 창평현의 명 13릉과 그외 지역의 황릉으로 구분된다. 동청릉과 명 13릉은 조선 왕릉 중의 집적 능원인 동구릉의 조성 역사와 비슷하다. 가장 먼저 조성된 황릉을 중심으로 후대의 황제릉이 집적된 것이다.

고종과 명성왕후의 홍릉은 대한제국 선포한 해인 1897년에 청량리 홍릉터(국립산림과학원)에 조성된 거의 그대로를 고종 인산 한 해 전인 1918년에 현재의 남양주 금곡동으로 옮긴 것으로 보아도 무방하다(그림 11-6). 1897년 고종이 연호를 개원改元하고 건양 원구단에 고유제를 지내고는 새로 만든 광무 원구단에서 황제즉위식을 가진다. 그리고는 황태자와 황후 책봉식을 거행한다. 1895년 양력 10월 8일 을미사변으로 승하한 것으로 알려졌지만 치르지 않고 2년여를 미루어 두었던 국장을 1897년 11월에 치르면서 청량리에 홍릉을 조성한다. 조성 당시의 사진이 남아 있다(그림 11-6). 수복방이 왼쪽에 가장 앞에 있고, 일자각 침전이 현재의 모습과 거의 비슷한 것을 볼 수 있으며 오른쪽의 비각도 현재의 모습과 거

그림 11-6. 1897년 청량리에 조성된 명성황후릉 홍릉 사진.

의 같은 것을 알 수 있다(그림 11-6). 그 위의 높은 지대에 봉분이 조성되고 그 위에 원추형 지붕의 가건물이 얹혀 있다. 이 원추형 지붕구조물은 대한제국의 원구단 사진에서도 등장하는 당대의 건축구조물이다. 일제강점기인 1919년에 고종, 곧 광무황제 승하시에 조성된 것으로 알려져 있거나 일본사람이 조성하였다는 등의 낭설에서 이제는 벗어나는 것이 좋을 것 같다. 물론 일본제국의 조선총독부의 입김은 분명히 작용하였고 실제 공사 감독이나 여러가지 면에서 일본의 영향력이 행사되었지만 원래의 청량리 홍릉터의 구조를 그대로 가지고 있는 사실에 더 주목해야 할 것이다.

순종, 곧 융희황제의 승하시에 현재의 성동구 능동(어린이대공원)에 있던 순명효황후의 황태자 원인 유강원裕康園을 옮겨오면서 유릉裕陵이 조성되었다(그림 11-3). 형식을 잘 보면 홍릉의 구조와 거의 같다. 일본의 어느 곳을 가더라도 닮은 데가 없는 '대한제국의 황릉' 형식인 것이다. 물론 조성 감독은 조선총독부와 일본제국 궁내성 예하의 이왕직李王職에서 맡아서 하였다. 그리고 발복發福 사상에 기초한 풍수지리의 틀에서 홍릉과 유릉은 거의 벗어나는 계기가 되었다고 보면 좋을 것 같다. 근대화된 이성적 사고습관이 생겨나던 때에 조성되었던 것이다.

동청릉이나 명13릉은 신도神道가 동청릉의 순치제 효릉孝陵과 영락제 장릉長陵을 바라보고 아주 길게 만들어져 있고 남쪽과 북쪽 끝에 대홍문과 용봉문(혹은 영성문)이 있는 구조이면서 각각의 후대의 황릉들은 큰 사각형으로 둘러쳐진 담장 안에 각각의 침전과 그 문을 가지고 있는 구조이다.

홍릉과 유릉의 경우에는 각각의 능에 각각의 신도가 만들어져 있으면서 남쪽에 조선 전래의 홍살문만 있는 구조로 신도와 침전이 각각 연결되어 있다는 점에서 청나라와 명나라의 황릉과는 차이가 난다. 조선 전래의 산릉 구조에 일자각 황릉 침전을 짓고 청나라 및 명나라의 신도와 석물 배치 양식을 가져온 것으로 보인다. 규모면에서는 청동릉과 명13릉과는 비교가 되지 않을 정도로 작지만 조선 전통을 지키면서 황제국의 새로운 능원문화를 만들어 간 것이라 할 수 있다.

3. 청나라의 황릉

청나라는 1616년을 기점으로 만주지역에서 흥기하여 1644년에 연경(베이징)을 수도로 삼고 팔기군이 대규모 이주하여 연경에서 중국 전역을 통치하였다. 따라서 1115년의 금金을 이어서 1616년 후금을 건국한 태조 아이신기오로 누르하치와 태종 아이신기오로 홍타이지의 황릉은 만주지역에 있다. 청 태조가 후금을 선포한 도읍인 센양의 복릉과 소릉 및 허투알라에 있는 조상황릉까지 합해서 관외삼릉이 요동에 있다.

섭정 예친왕 도르곤과 함께 산해관을 넘어 입관한 세조 순치제 이후부터는 모두 베이징에서 떨어진 지역에 황릉지역을 조성하였다. 베이징의 동쪽 125킬로미터 지점에 있는 '동청릉東淸陵'은 텐진天津시 북부 지역과 계현薊縣에서 가까운 준화현遵化縣에 위치한다. '서청릉西淸陵'은 베이징 동남쪽 110킬로미터 지점 하북성 이현易縣에 위치한다. 상대적으로 명나라 3대 성조 영락제부터 13 황제의 황릉이 있는 명 13릉보다 멀기 때문에 베이징 여행지로서 찾아가기는 거리가 멀고 시간이 더 걸린다. 동청릉은 청나라 황제의 행궁이 있던 청떠承德의 피서산장과 여러 청나라 건축물을 보러가는 길에 가는 편이 더 낫다.

동청릉은 조선의 동구릉처럼 집적 능원으로 1661년 순치제가 사망하자 청 효릉孝陵이 처음으로 자리잡게 되었다. 난징에 있는 명나라 태조의 황릉인 명 효릉과 능호가 같기 때문에 구분해야 한다. 순치제가 사망하였을 때에 순치제의 어머니 효장문황후는 자금성 문을 닫게 하고 아이신기오로 종실과 대신들을 모아서 급변사태에 슬기롭게 대처하여 어린 강희제를 지목하여 황위를 잇게 한다. 수렴청정을 하라는 대신들의 주청도 거절한 채 4대신이 협의하여 도르곤이 사망하고 순치제도 사망한 이후의 청나라를 이끌도록 만들었다. 이 효장문황후는 순치제를 낳은 어머니이면서 청 태종의 몽골 왕공귀족 출신이었다. 태종이 죽고 만주족이나 몽골족의 문화로서 시동생인 예친왕 도르곤과 결혼하게 되었다. 황부섭정왕이란 명칭이 만들어진 것도 이러한 배경에서이다. 여진족의 문화에 형이 사망하면 형수와 결혼해도 되는 고대 북방 민족의 문화를 보는 것과 같다. 이 형사취수 문화는 부여나 그 서쪽의 유목민족인 선비로부터 고구려에서도 발견되는 문화이다.

동청릉은 효릉을 중심으로 하고 있다(그림 11-7). 그림 1-7과 같은 지도에서 중간에 일직선으로 남동쪽에서 북서쪽으로 가는 직선과 그 옆의 지선으로 연결되어 있는데, 직선으로 된 선의 끝의 번호 6번이 효릉이라서 중심에 위치하고 있다. 효릉을 바라보면서 남동쪽에서 북서쪽으로 신도神道가 있고, 좌우에 석물의 문인상과 동물상이 배열되어 있다. 대홍문을 지나 남쪽에서 북쪽으로 신도를 따라 올라가서 나오는 용봉문은 5개의 문을 가지고 있다. 효릉의 동편과 서편에 아들 강희제의 황릉인 경릉景陵, 6대 고종 건륭제의 유릉裕陵, 9대 문종 함풍제의 정릉定陵, 10대 목종 동치제의 혜릉惠陵 등이 있고 황후와 후궁들의 능들이 있다.

청세조 순치제 아들 강희제는 효릉 능행을 여러 번 하였다. 또한 이러한 능행길에서 본 풍경과 심정을 그린 어제시御製詩들도 존재한다. 강희제의 능행은 보통 정월 보름, 청명, 그리고 동지 무렵이었다. 강희제는 자신

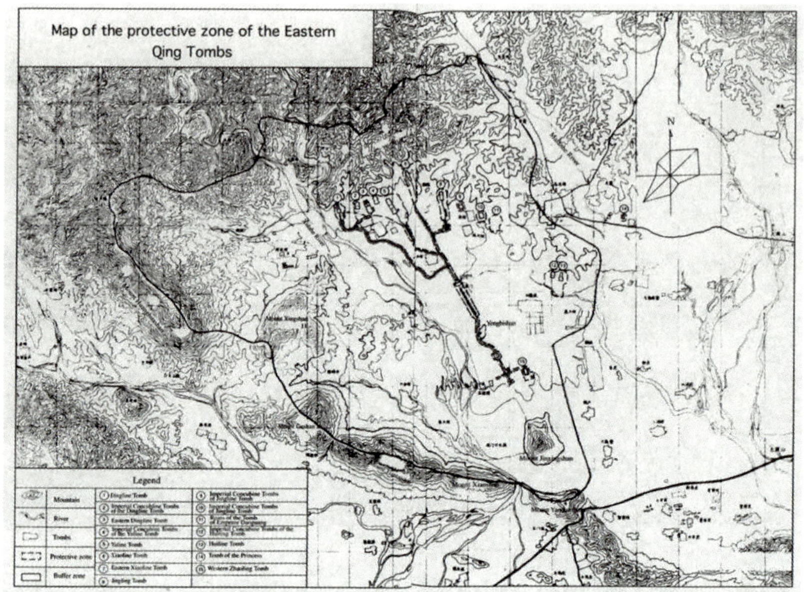

그림 11-7. 하북성 준화현의 청나라 황릉 지역인 동청릉 지도.

에게 큰 은혜를 베풀고 황위에 등극하는 데 결정적인 역할을 한 효장문황후의 능도 전알하였다. 강희제의 황릉도 효릉의 동쪽에 조성되었다(표 11-1).

강희제 할아버지를 대단히 존경한 손자 건륭제도 동청릉 능행길에 쓴 시詩들을 남기고 있어서 청나라 황제들의 황릉에 대한 애착을 살펴볼 수 있다. 이러한 시들이나 준화현의 현지를 보면 동청릉 지역의 산에는 소나무가 많이 있었던 것으로 보이고 최근에도 작은 크기의 소나무들이 황릉 주변에 존재하는 것을 볼 수 있다.

강희제의 아들인 옹정제는 1730년(옹정 8)에 하북성 이현 서청릉에 자신의 황릉인 태릉泰陵을 조성하기 시작하였다(표 11-2). 서청릉에는 7대 인

역대	묘호	연호(휘)	재위기간	능호	지역
중시조	조조肇祖	6대조(멍터무)			
증조	흥조興祖	(푸만)			
조	경조景祖	(기오창가)			
부	현조顯祖	(탁시)		영릉永陵	흥징興京
1	태조太祖高皇帝	천명天命 (누르하치)	1616~1626	복릉福陵	싱징盛京
2	태종太宗文皇帝	천총天聰(홍타이지) 숭덕崇德	1627~1635 1636~1643	소릉昭陵	싱징盛京
3	세조世祖章皇帝	순치順治(푸린)	1644~1661	효릉孝陵	동청릉
4	성조聖祖仁皇帝	강희康熙(하오안예)	1662~1722	경릉景陵	동청릉
5	세종世宗憲皇帝	옹정擁正(인전)	1723~1735	태릉泰陵	서청릉
6	고종高宗順皇帝	건륭乾隆(홍리)	1736~1795	유릉裕陵	동청릉
7	인종仁宗睿皇帝	가경嘉慶(용얀)	1796~1820	창릉昌陵	서청릉
8	선종宣宗成皇帝	도광韜光(민닝)	1821~1850	모릉慕陵	서청릉
9	문종文宗顯皇帝	함풍咸豊(이주)	1851~1861	정릉定陵	동청릉
10	목종穆宗懿皇帝	동치同治(자이춘)	1862~1874	혜릉惠陵	동청릉
11	덕종德宗景皇帝	광서光緒(자이티안)	1875~1908	숭릉崇陵	서청릉
12	공종恭宗愍皇帝	선통宣統(푸이) 만주국康德帝	1909~1912 1934~1945		

종 가경제의 창릉과 8대 선종 도광제의 모릉과 11대 덕종 광서제의 숭릉이 있다. 8대 선종 도광제의 황릉은 원래 동청릉에다 만들었는데 물이 나고 좋지 않아서 청서릉 지역으로 천릉하였다고 한다.

　베이징으로 천도하기 전의 청나라에서 태종 홍타이지가 죽었을 때 황위 계승 문제를 놓고 태종의 첫째 아들인 숙친왕肅親王 하오거를 지지하는 황족파벌과 태조 누르하치의 14째 황자인 도르곤을 지지하는 황족 파벌의 정치적 격돌이 심각한 사태로까지 가고 있었다. 여러 격론 끝에 태종의 아들로 다음 황위를 이어간다는 합의가 이루어지고 다시 효장문황후가 낳은 어린 푸린(세조 순치제)을 옹립한다는 합의를 이끌어낸 것이 예친왕 도르곤이었다. 예친왕 자신이 황위에 등극하지 않으면서도 청나라를 이끌어가게 된 것이다. 효장문황후의 능은 아들인 순치제의 효릉의 권역인 청동릉에 있다. 그녀의 남편인 태종 홍타이지의 황릉 소릉昭陵은 청나라 싱징盛京인 현재의 심양에 위치해 있다. 보통 북릉北陵이라고 한다. 심양의 북릉구가 태종의 황릉에서 나온 지명이다. 청나라 태조의 황릉은 동릉東陵이라고 하는데 능호는 복릉福陵이다. 또한 심양의 동남쪽에 위치하는 신빈현의 흥징興京, 곧 허투알라 주변에는 영릉永陵이라는 태조 이전의 추존 황제의 합장릉이 있다.

4. 명나라의 황릉

명나라의 3대 성조 영락제부터 베이징이 수도로 정해지고 나서 도성이 조성되었고, 영락제의 황릉도 조성되었다. 영락제의 황릉인 장릉長陵은 1407~1411년 사이에 조성되었다. 영락제가 난징에서 베이징으로 천도한 해가 1420년이므로 난징에서 즉위한 영락제가 베이징으로 천도하기 이전에 이미 베이징 주변에 묻히기로 결정하였다는 것을 의미한다. 반면에 명나라 태조의 황릉은 난징의 자금산紫禁山에 조성되어 있고, 효릉孝陵이라고 한다(그림 11-5).

명나라 3대 성조 영락제부터 마지막 16대 의종 숭정제까지 14명의 황제가 재위하였는데, 7대 대종 경태제의 경우만을 빼고 13명의 황제의 황릉이 같은 지역에 조성되었다(표 11-2). 그래서 이를 명 13릉이라고 부른다(그림 11-8). 베이징 북서쪽 50킬로미터 지점에 위치한다. 명 13릉의 주산은 천수산天壽山으로 장릉이 그 중심부에 위치하고 동서쪽 양편에 나머지 12황릉과 후궁과 황자의 배릉들이 존재한다(그림 11-9). 영락제의 장릉을 바라보면서 신도神道가 조성되어 있고, 좌우에 문무인상 및 동물상이 위치한다. 과거에는 명 13릉 지역이 베이징과 독립된 창평현昌平縣이었는데 현재는 베이징의 북서쪽 구역으로 창평구로 되어 있다.

명나라 성조 영락제의 장릉이 명 13릉 중에서도 가장 큰 규모이다. 그리고 침전은 일자각으로 9칸짜리 건물로 규모가 상당히 크다(그림 11-10). 현재 장릉 침전은 임진왜란 때 원군을 보내준 신종 만력제의 정릉(정릉)의

그림 11-8. 베이징 창핑구의 명13릉 유네스코 세계문화유산 표석.

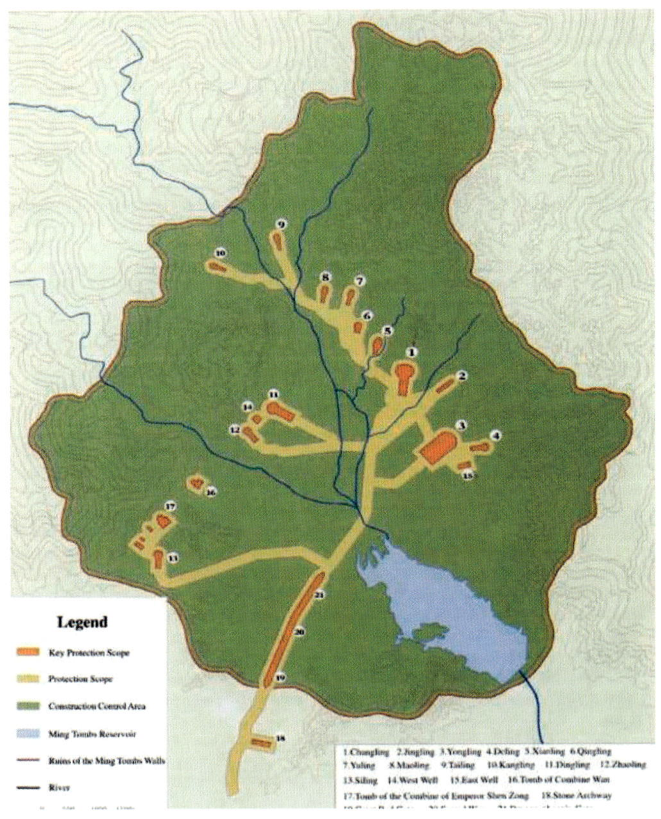

그림 11-9. 베이징 창핑구 명13릉의 개략적 지도.

그림 11-10. 명나라 성조 영락제의 장릉 침전.

발굴에서 나온 유물들도 같이 전시하고 있다. 명 13릉의 신도神道와 양 옆의 석물들은 원래 장릉을 위해서 만들어진 것이었다. 그런데 장릉과 신도 사이의 거리가 너무 멀어서 걸어 가기에 상당한 시간이 걸릴 정도다. 동청릉도 명 13릉과 비슷하다. 장릉은 장릉만의 담으로 둘러쳐 있고 능원문도 존재한다. 명 13릉의 황제릉은 대부분 장릉의 형식을 따르고 있다. 반면에 대한제국 고종의 홍릉이나 순종의 유릉은 각각 신도가 있고 침전이 있으며 홍살문에서 5칸짜리 일자각 건물 주위에 석물들이 배열되어 있다.

장릉의 주요 수종도 명나라 태조 효릉과 마찬가지로 측백나무이며 수백 년생의 측백나무를 볼 수 있다(그림 11-11). 자금성의 사직단과 태묘, 그리고 천단 및 지단 공원의 수종도 모두 측백나무인 것으로 보아 적어도 명나라와 청나라의 단묘궁릉 문화에서 가장 중요한 수종은 아무래도 측백나무이다. 소나무*Pinus densiflora*가 조선에서 가장 중요한 문화적인 수종인 것과 같다.

그림 11-11. 명나라 성조 영락제 장릉의 수백 년생 측백나무 줄기.

　우리가 한자로 栢이나 柏으로 쓰는 나무는 우리가 쓰는 보통의 옥편이나 자전에서는 잣나무로 파악한다. 그런데 중국에서 이 한자가 가리키는 수종을 물어 보면 백이면 백 모두 측백나무라고 확인한다. 잣나무와 측백나무는 식물분류학상으로 속genus이 다르다. 잣나무*Pinus koraiensis*와 측백나무*Platycladus chinensis*의 문화적 차이가 동일한 한자를 가지고 갈라지는 현상은 매우 흥미로운 현상이다. 장릉이나 천단 및 지단 공원, 사직단 및 태묘에서 보는 측백나무는 줄기의 둘레가 거대한 수백 년 된 거목들이다. 한국에서는 측백나무가 이렇게 직경이 큰 것을 볼 수 없다. 중원의 대표 수목이라고 할 수 있을 것이다.

역대	묘호	묘호황제	연호(휘)	재위기간	능호	지역
고조	덕조德祖	현제玄帝	(백육百六)			
증조	의조懿祖	항제恒帝	(사구四九)			
조	희조熙祖	유제裕帝	(초일超一)			
부	인조仁祖	순제淳帝	(세진世珍)			
1	태조太祖	고제高帝	홍무洪武 (원장元章)	1368~1626	효릉孝陵	난징南京
2	혜종惠宗	양제讓帝	건문建文 (윤문允炆)	1627~1402		
3	성조聖祖〔태종太宗〕	문제文帝	영락永樂 (체 棣)	1403~1424	장릉長陵	명 13릉
4	인종仁宗	소제昭帝	홍희共熙 (고치高熾)	1425	헌릉獻陵	명 13릉
5	선종宣宗	장제章帝	선덕宣德 (첨기瞻基)	1426~1435	경릉景陵	명 13릉
6	영종英宗	예제睿帝	정통正統 (기진祁鎭) 천순天順	1436~1449 1457~1464	유릉裕陵	명 13릉
7	대종代宗	경제景帝	경태景泰 (기옥祁鈺)	1450~1456	경태릉	
8	헌종憲宗	순제純帝	성화成化 (견심見深)	1465~1487	무릉茂陵	명 13릉
9	효종孝宗	경제敬帝	홍치弘治 (우탱祐樘)	1488~1874	태릉泰陵	명 13릉
10	무종武宗	의제懿帝	정덕正德 (후희厚熙)	1506~1908	강릉康陵	명 13릉
11	세종世宗	숙제肅帝	가정嘉靖 (후총 厚총)	1522~1912	영릉永陵	명 13릉
12	목종穆宗	장제莊帝	융경隆慶 (재후載垕)	1567~1572	소릉昭陵	명 13릉
13	신종神宗	현제顯帝	만력萬曆 (익균翊鈞)	1573~1619	정릉定陵	명 13릉

14	광종光宗	정제貞帝	태창泰昌(상낙常洛)	1620	경릉慶陵	명 13릉
15	희종熹宗	철제悊帝	천계天啓(유교由校)	1621~1627	덕릉德陵	명 13릉
16	의종毅宗	열제烈帝	숭정崇禎(유검由檢)	1628~1644	사릉思陵	명 13릉

참고문헌

자료

『2015 조선왕릉제향: 조선왕릉안내』, (사)전주이씨대동종약원.

『2016 조선왕릉제향: 조선왕릉안내』, (사)전주이씨대동종약원.

『조선왕릉 종합학술조사보고서 I : 고려말 조선초』, 국립문화재연구소, 2009.

『조선왕릉 종합학술조사보고서 IX : 경릉, 예릉, 홍릉, 유릉』, 국립문화재연구소, 2015.

논문 및 단행본

양관, 장인성 · 임대희 역, 『중국 역대 침릉 제도』, 서경, 2005.

마크 엘빈, 정철웅 역, 『코끼리의 후퇴 : 3000년에 걸친 장대한 중국환경사』, 사계절, 2011.

왕치홍, 「조선왕릉과 중국 명 · 청 황릉의 비교」, 국립문화재연구소, 『세계유산 조선왕릉과 동아시
　　　아 황릉 : 국제학술심포지엄』, 국립고궁박물관, 2016.

虞晖咣 王鵬, 『明十三陵』中国民族攝影艺术社, 2007.

DB

조선왕릉전시관 http://royaltombs.cha.go.kr

제
5
부

전통을 계승하는
비전

들어가는 글

단묘궁릉 문화를 서울과 베이징을 중심으로 살펴보는 것은 아주 즐거운 일이다. 이것은 서울이라는 공간에 포개어져 있는 조선과 대한제국의 수도, 베이징이라는 공간에 포개어져 있는 대명제국과 대청제국의 수도를 단묘궁릉 문화라는 시각에서 살펴보는 것이다. 그러면 이제 우리들이 현대인이라는 것을 감안해 볼 필요가 있다. 현대성modernity과 전통tradition의 관계를 생각해 볼 필요가 있는 것이다. 제12장에서는 단묘궁릉과 현대문화의 관계를 서술해 본다. 또한 서울과 베이징의 공간 축과 시간 축을 확장하면 상당히 지리적으로 넓은 지역과 시간적으로 긴 간격의 역사를 볼 수 있게 된다. 제13장에서는 주로 서울의 단묘궁릉 문화를 확장한 사례를 제시해 본다.

단묘궁릉 문화와 현대 사회

1. 현대 한국 사회에서도

우리 사회는 지난 100여 년간 근대화 이전의 조선과 대한제국에서 일본 강점기를 거치면서 엄청난 변화를 겪었다. 이전의 농업 중심의 생산 양식을 가진 종법주의宗法主義 대가족 제도를 근간으로 하는 전제 군주 정치가 이루어지던 사회에서 산업자본주의의 핵가족 제도를 가진 개인의 권리와 평등한 인간의 존엄성을 중시하는 대한민국 사회로 변화되어 있다. 전근대 사회를 떠받치고 있던 '성리학性理學 일존주의 사회'에서 서구적 사상과 문화가 들어와 사회 전반에 편만한 사회가 되어 있다. 조선과 대한제국의 전제 군주 및 양반 정치와 맥락을 같이 하는 단묘궁릉 문화는 당연한 것이었고 그 존재 의의를 묻거나 하지 않았다. 그리고 유학, 주자학, 성리학

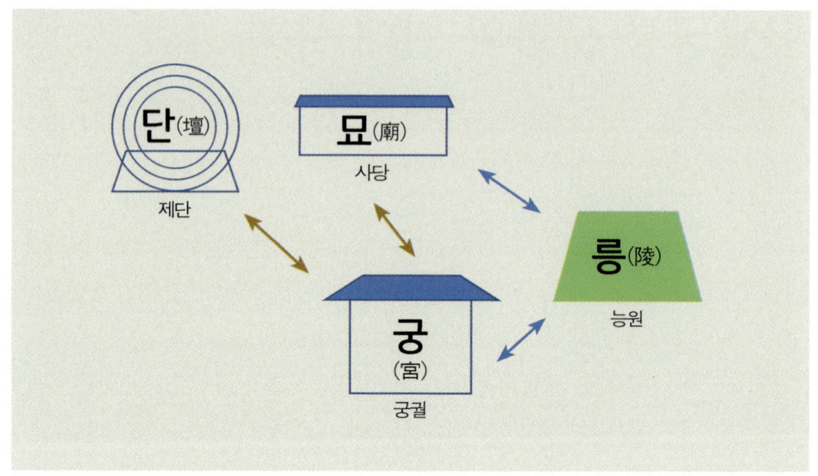

그림 12-1. 단묘궁릉 문화의 모식도.

이 정학正學이라서 유학을 중심으로 문화가 형성되고 유지되었다.

단묘궁릉 문화는 전체를 같이 보아야 하지만 공간적 특색에 의해서 다시 두 가지로 구분할 수 있다. 제단-사당의 짝은 단묘壇廟 문화로 구분이 되고, 궁궐-능원의 짝은 궁릉宮陵 문화로 구분이 된다(그림 12-1).

1) 궁릉문화와 문중문화

'궁릉 문화'는 조선과 대한제국의 왕실 및 황실이나 양반가 및 일반 백성들에게까지 비슷한 양상을 가지고 있는 문화의 전범典範이다. 다시 말하면 궁궐과 산릉이다. 이것은 유교문화라고 하지 않아도 그냥 당연한 전통으로 받아들이고 있다. 서울의 궁궐들과 같은 경우는 조선과 대한제국의 왕실 및 황실이 거주하고 일상적인 집무를 보던 공간이었다. 국왕과 황제가 세상을 떠나면 한성 도성으로부터 100리 안에 위치한 산릉들에 모시게 되어 있었다. 양반이든지 백성이든지 종가宗家라고 부르던 자신들의 중심지가 존재했다는 것을 알고 있고 종가 주변에는 선산先山이 있다는 것을 안다. 출세하면 '가문의 영광'이라고 하는 말은 현대 사회에도 통용되는 기준이기도 하다. 이것은 마치 도성 한성의 우사좌묘右社左廟의 형식에 맞추어 조선의 전국 각 지방의 300여 개 부府, 목牧, 군郡, 현縣의 주산을 중심으로 지방사직단과 문묘(향교)를 배치하던 문화 유형의 반복 같다. 왕실 혹은 황실의 습속과 같은 습속을 전국의 사대부와 백성들이 가문과 선산을 유지하면서 전통을 유지해 왔다. 이것을 '문중門中 문화'라고 할 수 있을 것이다. 최소한 조선 후기 300여 년 동안은 유교적 문화가 일반 백성들에게까지 확산된 지배적인 대세였다. 그래서 유교문화에 바탕을 둔 의미의 '민국民國'이념이 영조와 정조 시대부터 생겨났었다. 사대부의 나라 조선이 아니라 만백성의 나라라는 정치이념이 존재했던 것이다.

근대화 역사를 돌이켜 보면 전제 군주 시대의 왕실과 황실이 일본제국에 의해서 강점되면서 이러한 문화적 전범이 무너져 버렸고 정신적인 중심추를 잃어버렸다. 그리고 그 빈자리에 서구 문화가 직수입되어 나름대로 소화되지 못하고 일본을 통해서 왜곡된 문화가 혼란을 야기하며 판치게 된 것이다. 망국亡國의 주원인으로 유교문화 전체를 매도해 버리게 될 정도에 이르렀던 것이다. 일제강점기라는 시대를 더욱 부정적으로 보게 만든다. 주체적인 일련의 대세나 흐름이 없이 혼란된 상태에서 근대화를 경험하고 유교적 전통을 그냥 아무렇게나 팽개쳐 버릴 정도에 이르게 되었던 것 같다. 서구문화의 유입과 소화의 측면에서 정조正祖 사후 순조

純祖 연간부터 시작된 노론老論에 의한 기독교, 곧 당시의 천주교 박해를 통해서 서교西敎와 서학西學을 구분할 줄 몰랐던 선조들의 오류와 무지도 세계사의 흐름에 따라가지 못하게 했다.

이러한 과도한 유교문화 및 전통 문화 폄하貶下는 문화적 주체성의 상실과 서구와 전통이 아예 전도轉倒되어 버린 듯한 양상의 원인이 되어 버렸다. 오늘날에는 기독교가 한국 사회의 주류가 되어 버린 듯한 느낌을 가질 정도가 되었다. 전통 의상을 입으면 오히려 이상하고, 팝송이나 클래식 음악을 들으면 고상해 보이지만 전통 음악이나 노래를 부르면 어딘가 모르게 뒤쳐지고 한 수 아래인 것 같은 인상을 받게 되어 있는 현실이 그렇다. 전통 음악 가운데 기독교의 찬송가와 같은 한문 가사의 '제례악 악장'이 있다는 것도 모른다. 유학자의 유건을 쓰고 복장을 입고 다니는 사람들 가운데 왕실의 회례연에서 나오는 고상한 전통클래식 음악과 무용이 있다는 것에는 관심이 없는 사람도 있다. 이런 무지와 문화적 왜곡과 편향의 존재에는 관심이 없고, 그 사실을 알아도 해결책을 찾지 못한다. 단지 유생처럼 한학만 하는 사람들 따로, 국악하는 사람들 따로 놀면서 자신들의 전유물만 지키려고 하는 것이 현실이다. 전통 음악 가운데 서구음악의 클래식과 같은 한문 가사의 노래와 음악이 있고 우리 무용이 있는데도 불구하고 거의 무지한 상태로 전통과 마주하고 있는 것이 바로 우리의 문화적 상황이다.

하지만 궁릉宮陵 문화, 곧 궁궐—왕릉의 전범典範이 종가—선산의 '문중문화'의 모델인 것은 전래의 불교나 서구에서 전파된 기독교를 신봉하는 사람들도 그렇게 낯설지 않다. 대한민국의 앞 시대 사회에서 주도적 문화적 요소였다는 것을 이해한다. 주거하는 공간 및 일하는 공간이 있었고, 또한 세상을 하직하면 가게 되는 장소가 있었던 것과 비슷하다. 거기서 조금 더 나아가면 세계인들이 독특하면서 우수한 문화라고 재평가하는 양반들의 족보族譜가 왕실과 황실의 선원보璿源譜와 관련 선원파보璿源派譜를 모델로 한다는 것도 이해할 수 있다. 자신들의 조상의 이름이 무엇이고 언제 태어나 언제 세상을 하직하였으며 원래의 거주지나 선산은 어디에 위치한다는 정보가 가문을 통해서 수백 년을 걸쳐서 내려온다는 것은 누가 보아도 대단한 일이다.

2) 단묘문화와 공공성

단묘궁릉 문화에서 단묘壇廟 문화, 곧 제단과 사당의 경우에는 조금 생소한 느낌을 주기도 한다. 그러나 그 중에서도 사당은 현대 한국인들 일부가 문화적인 생소함을 덜 느끼면서 다가갈 수 있다. 지방의 양반 계열의 종가宗家와 성씨 파종회를 가진 사람들은 사당에 대한 감을 가지고 있다. 지방의 여러 곳의 명문 양반댁에는 아직도 수백 년 내려온 종손宗孫과 종부宗婦가 지키고 있는 종가집이 있고 그 고택들에는 대부분 가문의 사당, 곧 가묘家廟가 있다. 일제강점기와 해방 이후의 근대화 과정을 모두 거치고도 수백 년의 전통의 무게를 이겨낸 공간들이 이 가묘들이다. 또한 지역에 향교가 있어서 그 경내에 공자와 유현을 모신 문묘文廟라는 사당이 있다는 것과 서원에 조선의 유현을 모신 사당이 있다는 것을 어깨 너머들은 사람들은 사당에 대한 감을 잡는다.

이렇게 사당에 대한 감이 있는 사람은 국가제례의 공간인 종묘宗廟, 문선왕묘, 더 나아가서는 관왕묘 등의 공간과 그 문화에 대한 감을 잡기가 쉽다. 그런데 종묘와 서울 문선왕묘에는 지방의 문묘나 서원의 사당 및 종가집의 가묘에 없는 문화적 요소들이 많다. 바로 종묘와 성균관 문묘의 제례에는 노래와 음악 및 무용이 동반되어 있다는 것이다. 또한 그 음악이 종묘의 보태평과 정대업은 세종이 작곡한 속악俗樂이고 문묘의 석전은 아악雅樂인데 그 전통 제례악이 복원되어 있다. 그리고 전근대 사회인 조선과 대한제국에서는 종묘와 문선왕묘의 제례가 사회의 상위층의 전유물이었지만 현대에는 그게 아니라서 영조, 정조 시대의 민국 사상을 인식한다면 민주주의 시대에 누구나 열정을 가지면 참여할 수 있고, 올바로 향유할 수 있는 문화가 되어 있다. 단순히 유네스코 세계유산으로 등재된 세계적인 문화재라서 이러한 엄숙한 제례 공간이 중요한 것이 아니라 개인주의 핵가족 사회 속에서도 조상의 은덕과 전통을 잊지 않는다는 입장에서도 이러한 문화적 공간과 그 무형문화재에 대한 관심을 가질 필요가 있다.

조선시대 양반 및 백성의 예법禮法인 가례家禮는 관례冠禮, 혼례婚禮, 상례喪禮, 제례祭禮의 순으로 이야기하는 경우가 많다. 관례는 성인식을 이야기하는 것이고, 혼례는 결혼식을 말하며, 상례는 초상을 치루는 일이고, 제례는 조상에게 제사를 지내는 것이다. 왕실의 관례, 혼례 및 잔치는 가례嘉禮라고 하고, 왕실의 상례는 흉례凶禮라고 한다. 한성을 중심으로 하는 도성에는 이와는 다른 두 가지 예법이 더 있는데 하나는 군례軍禮로 군사 사열에 관계되는 것이고 다른 하나는 외교사절인 명나라 및 청나라 사신을 맞이하는 빈례賓禮가 있다. 가례의 제례에 상응하는 것은 '길례吉禮'라 한다. 조상 제사뿐만이 아니라 국왕이나 황제를 정점으로 하여 하늘과 땅과 사람에게 제사를 지내고 국태민안國泰民安, 곧 나라가 태평하고 백성이 안정되는 것과 경제적 풍요를 기원하는 것이 길례이다. 이렇게 다섯 가지 구분을 오례五禮라고 한다. 이러한 다섯 가지 국가 의례가 조선 초기의『국조오례의』나 대한제국의『대한 예전』과 같은 국가의례 매뉴얼로 만들어 전승되어 왔다.

국가 예전 중의 길례에서 원구단, 사직단, 선농단 같은 제단의 경우는 제단만 덩그러니 있고 그 제례가 치러지는 광경을 제대로 보지 못한 사람들에게는 별다른 의미를 주지 못하는 경우가 많다. 사당은 그런대로 많이 남아 있어서 그 제례 문화에 대한 것도 상대적으로 접근이 가능한 것과는 거리감이 있다.

원구단의 경우는 위판 보관 건물인 황궁우만 남아 있어서 제단에 대한 인식을 높일 기회를 막고 있다. 일제강점기와 해방 이후를 거치면서 그나마 황궁우라도 남아 있었던 것이 다행이라는 생각을 가지게 한다. 서울의 도성 사직단의 경우도 경내가 완전하게 복원되지 않은 면이 있지만 그런대로 제례와 문화를 거행할 수 있게 되어 있다. 대한제국 시기의 부군府君 사직단, 조선의 주현州縣 사직단의 경우는 일제강점기에 300여 개의 군현에서 거의 대부분 철거되고 일제교육시설인 국민학교가 설립되어 그 자취가 있는지도 모르는 경우가 많다. 지방 읍치의 공공 사당인 문묘와는 엄청난 차이를 보인다. 서울의 선농단의 경우에는 제단은 있지만 실제로 친경행사를 할 만한 적전籍田이 모두 주택지와 학교 부지로 돌려져서 그 의미를 찾기가 그렇게 쉽지 않다.

원구단과 사직단은 사당인 종묘에 비해서 공공성公共性 측면에서 앞서는 문화적 상징성이 있다. 우리는 이 사실에 주목해야 한다. 국가제례의 제단의 경우는 국가와 공공의 안위와 풍요를 기원하는 것이다. 조선의 국왕과 황제는 친제를 거행할 경우 원구단에서는 주로 하늘에, 사직단에서는 토지의 신과 곡식의 신에게, 선농단에서는 농사의 신에게 국가 전체의 안위와 경제적 풍요를 기원하도록 하여 국가 전체가 복福과 음조陰助를 받도록 하는 데에 목적이 있었다. 또한 이러한 제단들에서 하늘과 땅을 우러르고 백성을 위하는 마음을 가다듬도록 되어 있었다.

3) 제단문화가 소원해진 이유

조선과 대한제국의 제단문화에 대한 역사적 기억이 별로 없어진 것은 일본제국의 조선 지배 전략 중의 하나였다고 할 수 있을 것이다. 이제까지 일본제국의 조선총독부가 왜 이런 제단문화를 거의 말살하려고 했는지에 대한 이해는 거의 찾아볼 수 없었다.

역사를 살펴보면 일본의 근대화를 이끌어간 정신 성향에서 찾을 수 있을 것이다. 일본은 도쿠가와 바쿠후幕府 체제가 임진왜란 이후 개항 시기까지 이어져 있었는데, 바쿠후는 다이묘大名들이 치리하는 번藩이 바쿠후를 지지하는 체제로 되어 있었다. 따라서 교토의 천황은 거의 300년 동안 실권은 없고 심지어 제사권까지 제한당하는 상태였다. 불교사원과 유학적 사고를 가진 사무라이들이 이러한 막번체제의 양반이었다. 일본의 개항 이후에 사스마번과 죠수번의 무사들을 중심으로 천황天皇에게 실권을 돌리려는 움직임이 생겨서 내전을 치룬다. 서일본 지역 출신을 중심으로 하는 지도층이 형성되면서 메이지천황이 일본이라는 국가를 쇄신하게 되었다. 이러한 새로운 지도층이 신사神社를 중심으로 하는 신도神道를 중시하여 상대적으로 뒤쳐져 있었던 전국의 신사들이 활성화되었다. 중요한 신궁神宮들이 모시던 국가신과 신물神物들에 드리는 천황의 제사가 복구되었다. 행정 제도면에서는 번을 폐하고 중앙집권하의 현縣으로 바꾸어 버렸다. 일본 전역의 신사는 식민지 조선으로 확대되어 대한제국 부군사직단을 대체하는 결과를 가져왔다. 광복 후 전국의 신사는 허물었지만 지방사직단은 복원하지 못했다. 기억에서 사라져 있었기 때문이다.

일본 근대사를 객관적으로 살펴보아도 이렇게 새로운 영성靈性을 가지면서 화혼양재和魂洋才하는 새로운 근대인들이 형성되어 나름대로의 근대화에 성공한 것으로 볼 수 있다. 근대사를 공부하는 사람들에게서도 화혼양재가 조선이나 대한제국기의 동도서기東道西器와 비슷하다고 생각하고 무심코 넘기는 경우를 많이 본다. 하지만 조선의 동도서기파 지도층은 내분으로 인하여 와해되었고, 일본인들이 만든 개화파와 위정척사파의 양극단의 정치싸움만이 근대사의 맥락인 것으로 파악하는 역사가들도 많다. 한국근대사를 만든 일본역사학자들의 왜곡을 그대로 받아들이는 처사이다.

분명히 '일본의 혼和魂'인 신도를 강조한다는 점에서 엄청난 차이가 난다는 사실이 강조되어야 한다. 뜬금없이 한국의 현충원 시설과 같은 야스쿠니신사에 일본 우익 정치인들이 만드는 국제적 쇼에 말려들어가는 경우를 너무도 많이 보았다. 집단 최면에 걸린 사람들처럼 그들의 페이스에 말려들어 가는 것이다. 야스쿠니 신사에 대원군의 양손자인 홍영군 이우의 위판이 있다고 그것을 돌려달라고 하는 웃지 못할 해프닝도 보았다. 우리가 우리식의 사당을 만들고 신주나 위판을 만들어 제사올리고 숭모하면 그만인 것을 일본 신사의 위판을 한국에 넘기지 않는다고 나쁜 놈들이라고 욕하기 일쑤다. 야스쿠니 신사는 신궁도 아니고 별로 높은 등급의 신사도 아닌데 일본 우익 정치인들이 한국과 중국을 자극하려는 정치적 쇼에 이용하는 것에 불과한 것이다. 전범의 위판이 모셔져 있다는 것에 발끈하여 멍청하게 말려드는 사람들의 피해의식만 증가시킨다.

1931년 만주사변 이후 군국주의와 일본식 전통 신도가 강화되면서 이것을 식민지로 전락한 조선에도 강요하여 서울 남산 조선신궁과 함께 전국의 주요 도시에도 그 예하의 신사를 짓고 참배를 강요했다. 조선의 동도東道를 상징하면서 정신적 중심추가 될 수 있는 원구단이나 도성 사직단 및 부군 사직단을 거의 말살하다시피 한 이유가 화혼이 동도를 극복하려는 것이었다는 점을 이해할 필요가 있다. 그런데 항일 무장 투쟁을 한 의병들과 독립군들이 지키고 회복시키고자 했던 것이 사직社稷이 아닌가? 조선 왕조의 왕도주의 이념의 기초가 되는 『맹자』 진심장구는 '백성民이 첫째로 귀하고 두 번째가 사직이고 군주는 상대적으로 가볍다(民爲貴 社稷次之 君爲輕)'라고 하지 않는가? 국가의 운영과 거의 동격이었던 사직을 지킨다든지 사직을 되찾는다는 인식이 초기의 항일투쟁 의병과 독립군들에게 있었다. 그것이 1919년 대한민국 임시정부 이후 황제 복위를 목표로 하는 복벽주의가 포기된 것뿐이었다. 사직을 되찾아야 한다는 관념은 뿌리깊었다. 『맹자』의 같은 구절을 현재에 해석해 보아도 민주적 시민들이 귀하고 사직이라는 민주주의가 다음으로 귀하며 최고 정치지도자는 상대적으로 가벼운 것이 아닌가! 더욱 안타까운 일은 이러한 문제에 대한 지식이 거의 전무하고 무지하였다는 사실이다. 전통과 현대의 단절만을 이야기하고 전통으로부터 자연스럽게 우러나오는 사상과 문화는 무시되어 왔다. 제단 문호에서 우러나오는 동도東道는 우리의 영성이요 문화적 정체성이다.

2. 현대 중국 사회에서도

조선과 마찬가지로 전근대 청나라 사회를 떠받치고 있던 유학의 영향으로 단묘궁릉 문화는 근대 중국인에게도 생소한 것이 아니었다. 전국에는 공묘와 관묘가 있었고, 도성인 베이징에는 천단, 지단, 사직단, 선농단 같은 제단들이 모두 있었다. 자금성에서는 청나라 황제가 그 황실가족들 함께 기거하면서 넓은 중국 대륙을 다스리는 집무를 보았다. 청나라의 황제들과 황후 및 황자 황녀들은 하북성 준화현의 동청릉과 하북성 이현의 서청릉에 산릉을 조성하였다. 자금성에서 상당히 떨어진 곳으로 조선의 능행이 한성에서 여주의 영릉에 이르는 거리보다 멀었다. 청나라 황제들은 동청릉이나 서청릉보다도 거리가 먼 요령성 센양과 신빈에까지 동순東巡하는 능행을 여러 차례 하였다. 남중국을 순행하는 남순南巡도 여러 차례였는데 잘 빠지지 않았던 곳은 산동성 곡부의 공묘孔廟였다.

　베이징은 서울의 역사적 경험과는 다른 양상이 많이 나타난다. 우선 대청제국은 1898년 무술변법戊戌變法을 통해서 광서제(1875~1908)를 중심으로 근대화를 진행시키려 하였으나 서태후西太后를 중심으로 하는 수구파에 의해서 좌절되었다. 1900년에 영국, 미국, 일본, 러시아, 프랑스, 독일, 오스트리아, 이탈리아 연합군에게 베이징이 함락되고 급기야는 광서제와 서태후가 시안으로 몽진을 가는 사태가 벌어진다. 1906년에 입헌대강立憲大綱을 발표하고 1909년 의회와 같은 자정원資政院을 베이징에 만들고 지방에도 성省 정부와 성의회 성격의 자의국資議局을 형성하려고 하였다. 그러나 1911년 5월에 철도국유화 문제로 불거진 갈등이 1911년 10월 10일에 무창기의武昌起義로 이어졌다. 이것을 신해혁명辛亥革命이라고 한다. 2개월 내에 14개의 남중국의 청나라 17개 성省이 독립을 선언해 버린다. 이리하여 1912년 쑨원孫文을 대총통으로 하는 중화민국 임시정부가 난징南京에 세워지고 이후 청황제 퇴위, 공화제 실현, 남경천도를 조건으로 하는 정치적 협상으로 위안스카이猿世界를 대총통으로 하는 북양정부가 들어선다. 이후 군벌이 여러 지역에 난립하는 혼란기가 도래한다.

　1917년 러시아 혁명에 의해서 러시아 제국이 와해되면서, 1919년 3월 1일의 한반도 3·1운동에 연이어 중국의 5·4운동이 일어난다. 중국도 국민당과 공산당의 대일전쟁 합작과 1945년 연합국의 승전 이후 국공내전(1946~1949)을 통해서 본토에는 중화인민공화국이 들어서고, 대만에는 중화민국이 옮겨온다. 그리고는 1949년에 베이징은 사회주의 정권의 수도로 결정된다. 베이징이 중국의 수도로 정해지기 이전의 남중국의 국민당 정부 시절은 중국은 베이핑北平이라는 명나라 성조 영락제의 등극 이전의 이름으로 돌아간 적이 있다. 상당히 넓은 평원 지역이라는 의미를 담고 있는 지명이다.

1912년 중화민국 임시정부와 그 이후의 정치 지도자들이 내건 슬로건은 '멸만흥한滅滿興漢'으로 요약된다. 만주족滿州族을 무너뜨리고 한족漢族을 흥하게 하자는 슬로건이다. 이러한 정치적 구호는 대청제국 황실을 물러가게 하고 한족의 정치체를 만들어 지배하자는 대한족주의大漢族主義를 내건 것이다. 이것이 사회주의 이념이든 민주주의 이념이든 간에 상관하지 않고 작동하는 다수파 한족漢族의 가슴에 품은 열망이었다. 거시적 역사의 반복처럼 몽골이 세운 대원제국을 내몽골과 현재의 북부 몽골로 밀어 올리던 주원장의 명나라의 북벌과 같은 메커니즘이 작동하였다. 청나라 황실을 끌어내리는 것에서 동일한 노선을 견지한 역사는 감추어져 있었다. 대한민국이나 조선인민민주주의공화국이 가장 상고의 시조로 여기는 단군檀君과도 같은 존재가 한족의 헌헌軒憲인데 누르 황黃자를 써 황제黃帝라고 부른다. 하늘로 승천한 그의 유물만으로 능원을 만든 곳이 시안西安 북쪽의 섬서성 지역에 있는데, 국민당을 대표하는 창카이섹蔣介石이나 공산당을 대표하는 마오쩌둥毛澤東 모두가 이 황제릉을 참배하고 제사를 올린 적이 있다.

이러한 현대사의 역정 속에서 다민족국가인 청나라가 가지고 있던 구조적 모순이 한족을 중심으로 재편된 것이다. 1912년에 마지막 황제 선통제 푸이가 퇴위하였다. 대한제국 황실이 일본제국의 강점에 의해서 격하되었던 것과는 달리 다민족 국가 대청제국의 남북 민족 문제로 인해서 청나라 황실이 무너졌다는 것이다. 남부 한족 대對 북부 만주족의 구도가 깨진 것이다.

일본이 중국 대륙에 대해서 전쟁을 개시하면서 베이징의 자금성의 유물들도 일본으로 넘어갈 위기에 처했지만 난징으로 대부분 옮겨졌다가 항일전쟁을 하면서 서쪽으로 옮겨가면서도 가지고 다니든지 난징에 두었다. 국민당 정부가 본토에서 대만의 타이베이臺北로 들어가면서 대부분 가지고 갔다. 이 문화재가 타이베이 고궁박물관에 소장되어 있다. 일부는 난징에 두었던 것이 국공내전 이후에 베이징 고궁박물원(자금성)으로 돌아갔고, 일본으로 흘러들어 갔던 것들도 일본 황실에서 돌려주었다. 국민당 정부가 본토에 있을 때 중국의 고대 3대 중의 하나인 상나라, 유교의 경전에는 은殷나라로 표기되는 고대 국가의 수도 은허殷墟의 발굴이 이루어졌는데 이런 고고학적 발굴 결과들을 상당 부분 가지고 갔다.

단묘궁릉 문화와 가장 관련있는 사회주의 중국 근대사는 '문화혁명'으로 1966년에서 1976년까지 펼쳐진 거의 10년에 가까운 기간 동안에 큰 몸살을 앓던 시기였다. 청년 홍위병에 의해서 공산주의 이념을 위장한 광기가 자행되어 모든 권위를 부정하고 공산주의 이외의 중국의 거의 모든 영역의 전통을 파괴하는 데 앞장서는 사회 분위기가 팽팽하게 작동하던 시기였다. 문화혁명을 통해서 눈에 보이는 중국 전래의 유물과 유적들이 상당수 파괴되는 결과를 낳았다. 다행히 1976년 이후부터 현재까지 중국 전통의 유물과 유적들이 보전되고 새로운 고고학 발굴들을 통해서 상고사와 고대사의 성과들을 집적하였다. 한반도의 경우 일본제국에 의한 조직적 · 체계적 파괴와 역사 왜곡이 진행되었던 것과는 달리 중국은 일본과의 전쟁보다도 본토에서 일어난 이념적 광기에 의해서 유적 파괴가 이루어졌다. 그리고 문화혁명 때에는 공자가 도말^{塗抹}해야 하는 전근대적 이념으로 낙인 찍히던 때가 있어서 유교문화에 대한 엄청난 거리두기가 있었던 것도 사실이다.

현재의 중국에서의 전통의 보전과 복원은 사회주의가 가지고 있는 일정한 한계뿐만이 아니라 남중국 대 북중국 민족 문제에 결부된 것들이 없다고 할 수 없다. 예를 들어 자금성과 베이징의 단묘궁릉 공간의 경우에도 청나라 방식의 설명보다는 명나라 방식의 설명에 경도되어 있는 것도 사실이다. 쉽게 말하면 청나라는 새로운 문화적 이노베이션은 별로 없는 오랑캐였다고 강조하는 식이다. 명나라가 이루어 놓은 문화적 성과를 그대로 답습했다는 식의 역사 기술을 하는 셈이다. 객관적으로 보아 그런 것이 아니다. 대한족주의의 입장에서 왜곡하려는 것이다. 그래서 한국인들은 이러한 부분에 대해서 꼼꼼히 따져 보는 습관을 들여야 한다는 것이다. 다민족통일국가라는 역사관을 채택한 중국 역사학과 일반 역사 교육의 뒤에 도사리고 있는 대한족주의를 볼 수 있어야 한다. 1990년대 이전까지 황제 헌원과 염제 신농의 자손이라고 했다. 최근에 치우를 끼워 놓고는 중화삼조당^{中華三祖堂}이라는 것을 중국 사회주의 정부에서 조성하는 것은 이러한 이면을 가진다. 섬서성 황제릉에 국민당과 공산당 지도자가 모두 참배한 것과 같은 맥락을 가지는 모습인 것이다.

베이징의 단묘궁릉 문화의 공간, 곧 유형문화재는 잘 보전된 편이다. 앞에서 설명한 중국 근대사의 경험에서 나온 이유들 때문이다. 일본제국의 체계적 파괴를 경험한 한반도와는 그 규모와 상태가 다르다. 반면에 청나라 시대에 진행되던 행례와 관습과 같은 무형 문화재는 그렇게 잘 보전된 것이 아니다. 그런데 주의해야 할 것은 대한족주의의 입장에서 청나라 시대의 공간에서 행례나 관습을 복원하려고 할 가능성이 농후하다는 점이다. 역사를 청나라 당대의 문화와 습속을 그대로 살리는 형식으로 복원하는 것이 아니라 다수인 한족 중심으로 편향된 방향으로 갈 가능성이 높은 것이다. 한국인들이 병자호란과 같은 부정적인 문화 및 역사 이미지에서 탈피해서 대청제국을 올바로 보는 것이 중요한 이유는 여기에 있다.

3. 의미 찾기

현대 한국인과 중국인은 조선시대나 청나라 시대를 사는 사람이 아니다. 조선 500년을 이어서 서울을 도성으로 하던 대한제국이 일본제국에 편입된 1910에서부터도 거의 100여 년이 훌쩍 지난 대한민국 사회에서 살고 있다. 베이징을 수도로 하던 청나라가 신해혁명으로 무너지고 1912년 중화민국 임시 정부가 난징에서 시작되고 굴곡 많은 현대사를 거쳐서 베이징을 수도로 하는 중화인민공화국의 사회에서 살고 있다.

지난 100년간의 현대사는 그야 말로 서구화 일변도의 사회였다고 해도 과언이 아니다. 생각하고 사유하는 흐름도 세계사의 조류를 따라가야 하는 것으로 귀착되었다. 100여 년 전의 조선 및 대한제국과 청나라는 유교적인 시스템으로 구성된 사회에서 생활하고 있었다. 그것이 문화적 공통점이고 공유할 수 있는 문화요소이다.

지금은 과학기술이 사회의 깊숙이 들어와 있으면서도 여러 종교를 믿는 그런 다원 사회를 가지고 있다. 국가의 운영 체제도 서부 및 동부 유럽에서 공히 만들어진 민주주의나 공산주의 체제가 정착 단계에 처한 사회이면서 자본주의적 경제를 전적으로나 부분적으로 가지는 사회에서 살고 있다. 심지어는 꾸미고 다니는 의복의 모양을 자세히 들여다 보아도 100여 년 전의 옷감과 긴 소매의 옷들과는 완전히 다르게 서구적인 옷감과 패션의 의복으로 되어 있는 것을 본다. 주거의 형태에서도 100여 년 전의 곡선과 목조 건물들에서 직선과 네모진 콘크리트 건물이 주로 되어 있다. 한국인이나 중국인이나 모두 공통된 문화 요소이다.

그런데 성찰의 눈으로 잘 살펴보면 100여 년 전까지만 해도 당연하게 당대 사회의 중심에 있던 제단, 사당, 궁궐과 능원도 문화재로 남겨져 있다. 이러한 공간과 건물들이 만들어진 것은 그 공간 안에서 어떤 문화적 활동을 하고 있었기 때문에 만들어진 것이었다. 또한 이러한 것들은 국왕이나 황제를 정점으로 하는 정치체제이면서 또한 전체 사회를 관통하고 있었던 사회 체제였다. 또한 지금보다는 정도가 덜하지만 일반 사람들(백성)과도 관련이 있었던 문화였다.

이제 우리는 "서울과 베이징의 현대인들에게 이러한 공간과 문화재는 어떤 것을 의미하는 것일까?"를 물어야 할 시대에 접어든 것이다. 단묘궁릉 문화에 대한 시스템적 인식은 중요한 문화적 의미를 개개인에게 가져다 줄 것이다. 서울 지하철 1호선 서울시청역 승강장에 위치한 단묘궁릉 벽화가 가져다 주는 이미지처럼 다가올 것이다(그림 12-2). 또한 어떤 의

그림 12-2. 서울 지하철 1호선 서울시청역 승강장의 단묘궁릉 문화 벽화.

미를 이러한 공간과 문화재에서 찾아갈 것인가는 동북아시아 문화정체성 형성에 아주 중요한 주제이다.

4. 언어와 문자

의미를 찾기 위해서는 어떠한 변화가 있었는가를 살펴보는 것부터 시작 해야 한다. 첫째로 서울을 언어와 문자의 측면에서 보면 흥미로운 측면들 이 드러난다. 대한민국은 한글을 사용하게 되어 언어와 문자가 통일된 사회에서 살고 있으며 모든 것이 한글을 이용하는 사회가 되어 있다. 세계 언어이면서 문자인 영어를 사용하는 것은 조선시대에 한자를 사용하는 것과 같은 시대인가 하는 것은 다른 문제가 될 것이다.

한글을 사용하는 사회라는 것은 조선시대에는 꿈에도 꿀 수 없었다. 15세기 조선 세종이 훈민정음을 창제하여 조선의 백성들이 언어와 문자가 서로 맞아 떨어지는 전기를 마련하였지만 지도층의 문자는 한문漢文과 한문으로된 문헌을 가지고 문화를 창조해 왔다. 서민층과 여자들에게 읽히는 글이라는 뜻의 언문諺文이었다. 또한 조선은 성리학, 주자학의 경전과 한문으로 된 중국과 한반도의 역사서들이 주류를 이루는 학문이었고, '유림儒林의 나라'였다. 그러던 것이 1894년 갑오개혁과 대한제국기를 거치면서 그동안의 '언문'이 '국문國文'으로 정착되기 시작하였다. 그 이전에는 언문이 왕실이나 조정의 문자로 이용된 적이 한 번도 없었다. 한국어라는 언어는 오래된 언어이지만 훈민정음으로 창제되어 수백 년 동안 언문으로 알려진 글자가 '한글'이라는 이름으로 사회 문화의 주류를 이룬지는 이제 거의 100여 년 밖에 안 된다. 한글이라는 문자가 제대로 다듬어지기 시작한 것은 이제 100여 년 밖에 안 되는 것이다.

문제는 한글을 가지고 조선의 문화를 이해할 수 있다고 말하는 것은 조금 뭔가 부족하다는 사실이다. 한자를 모르면 조선과 그 이전의 문화나 역사를 거의 제대로 이해할 수 없다. 예를 들어 조선의 도성의 남대문인 숭례문, 동대문인 흥인지문, 경복궁의 정문인 광화문이라는 편액을 읽을 수가 없다. 남대문, 동대문이라는 것은 그냥 남쪽과 동쪽의 큰 문이라는 것은 쉽게 이해하지만 숭례문이나 흥인지문은 무슨 의미를 가지는지는 유학 경전의 내용을 알거나 동양사상과 문화를 이해하기 이전에 최소한 한자를 알아야 이러한 것을 기초적으로나마 이해할 수 있다. 따라서 대한제국 이전의 문화를 미래를 여는 비전으로 만들려면 그 모든 한문으로 된 서적들을 현재의 주류 문자인 한글로 번역해야 한다. 더불어 한자에 대한 학습과 교육이 제대로 이루어져야 한다.

베이징을 언어와 문자의 측면에서 바라보면 이와는 조금 다르다. 베이징의 자금성의 편액들 대부문은 만문과 한문으로 되어 있다. 우선 한문은 1950~60년대 마오쩌둥 시기에 간체자簡體字라는 단순화된 글자로 변형되었다. 그래서 현대 중국인들은 과거의 한문 혹은 번체자繁體字를 읽는 데에 어려움을 느낀다. 자신들이 일상적으로 사용하는 간체자 글과 번체자 글들을 새롭게 익혀야 한다. 홍콩이나 대만의 경우는 번체자를 쓰기 때문에 이러한 어려움은 덜하다. 그런데 현대 중국어에서 쓰이는 한문의 의미와 중세나 고대의 한문의 의미가 다른 것이 너무나 많고 어려운 것은 한국인이나 중국인이나 마찬가지다. 하지만 언어적인 측면에서 문장 구조를 이해하는 것은 중국인이 훨씬 빠르게 되어 있다.

자금성의 합벽문 편액의 만문의 경우는 매우 다르다. 이제 만주어라는 언어는 이미 사라지고 없어진 언어가 되었다. 청나라가 신장 지역을 판도에 편입시킬 때 현재의 중국의 동북삼성에서 이주한 일부 만주 팔기군이 신장에 남아 있는데 그들에게서나 만주어가 살아 있다. 따라서 베이징의 청나라 태묘의 편액에서 보는 만문과 한문에서 만문을 읽는 사람이 별로 없다는 것과 같은 맥락이 되어 있다. 중국에서도 일부의 사람들과 학자들만이 만문을 읽고 쓸 줄 안다. 근래에 한국에서 만들어진 병자호란 때의 이야기를 담은 영화 〈최종병기 활〉에서 만주어를 사용하는 청나라 군인들의 역할을 맡은 사람들에게 만주어를 가르쳐서 대사가 만주어였던 적이 있다. 한국에서는 이런 노력들을 더욱 많이 기울일 필요가 있다. 중국 청나라 시대를 배경으로 하는 드라마에서는 언제나 중국어만 사용되고 있지 만주어를 실제로 넣은 사례가 거의 없는 것 같다.

대신에 만문 문헌들은 아주 많이 남아 있다. 청나라는 과거 시험이 한문과 유학을 중심으로 하는 과거뿐만이 아니라 만주족과 몽골족을 위한 '번역 과거'가 지속적으로 시행되었다. 예를들어 청나라 고종 건륭제의 『만주원류고』도 만주어로 먼저 쓰여 있었던 것이 한문으로 번역된 사례에 해당한다. 만주어는 몽골어와 함께 한국어나 일본어와 문장의 어순이 똑같다. 중국어가 주어-동사-목적어로 이루어진 것과는 달리 주어-목적어-동사의 구조로 되어 있다. 현대 언어학에서 중국어는 '시노-티베탄어족'으로 분류되고 만주어와 한국어는 '알타이어족'에 분류된다. 한국어와 일본어는 알타이어족 안에 넣기도 하고 따로 떨어진 어족으로 분류하기도 한다. 그런데 청나라의 지도층은 만문과 한문을 자유자재로 쓰던 사람들이었다고 해도 과언이 아니다. 청나라의 황제들도 만주어와 만다린(북부 중국어)를 자유자재로 구사하던 사람들이다. 그리고 청나라 조정은 여러 문자로 번역을 하도록 관부를 가지고 있었고 그렇게 조정을 꾸렸기에 다민족, 다중언어 국가를 경영한 나라였다. 현재의 통일적 다민족 국가인 중국이 한족 중심이라면 청나라는 만주족 중심의 통일적 다민족 국가였다는 것이다.

5. 유형 문화재와 무형 문화재

언어와 문자 다음 두 번째로 유형과 무형 문화재에 대한 관심이 있다. 서울은 전통적 국가제례의 유형 및 무형 문화재의 복원에 큰 관심을 두고 있는 편이다. 반면에 베이징은 유형 문화재의 보전에 장점이 있지만 무형 문화재의 복원에는 상대적으로 어려운 면이 많다. 대한제국에서 일제 강점기를 거쳐 대한민국이 되면서 가장 큰 변화는 19세기 심하게 박해를 받았던 기독교가 강한 영향력을 발휘할 수 있을 정도로 성장한 것이다. 물론 대한민국은 불교나 유교 등의 다른 복수 종교 문화를 가지는 사회이다. 1960년대 이후 국가제례를 지켜나가고 복원하려는 움직임이 용납되는 분위기가 형성되었고, 특히 1988년 올림픽을 기점으로 일제강점기 때 파괴되었던 제례 공간에 대한 복원이 시작되었다. 대표적으로 사직단이 서울 올림픽 때 복원되었다. 하지만 일제강점기 때 훼손이 심각했고 광복 이후 서울의 도시 개발로 인해서 더 많은 국가제례 공간이 훼손되었다. 예를 들어 사직단의 주변은 소나무숲으로 덮여 있었던 것이 1930년대 사진에서도 확인되는데, 이 소나무숲은 조선 500여 년 동안 지속되어 오던 것이었지만 일제강점기보다도 그 이후에 도로 건설과 도시 개발에 의해서 더 많이 훼손되었다. 베이징 사직단의 200년이 넘는 측백나무 숲과는 분명한 차이가 난다. 무형문화재인 국가제례는 전주 이씨 대동종약원이 건원릉 제사를 시작으로 종묘 제례를 복원하기 시작하여 현재는 사직제례까지 국가중요무형문화재로 지정되기에 이르렀고, 원구단 제례도 협소한 황궁우에서 실시할 정도가 되어 있다. 국가제례의 아악 및 속악의 제례 음악과 무용의 복원도 그렇게 어렵지 않은 것으로 보고 있다.

베이징은 1912년 중화민국에서 일본과의 전쟁과 내전을 거쳐서 1949년에 마르크스-마오쩌둥 공산주의 이념이 국가의 체제를 형성하였다. 1960년대 문화혁명기에는 공자에 대한 홍위병들의 공격이 극심했던 역사적 경험이 있다. 청나라 때의 국가제례나 그 이론적 배경에 대한 관심이나 과거의 제례 공간에 대한 보호가 단지 문화재의 보전의 차원에서만 진행되었다. 일본 제국에 의한 파괴가 서울에 비해서 굉장히 적었던 것은 베이징의 국가제례 공간에게는 나름대로의 장점이 되고 있다. 서울의 국가제례 공간에 비해서 훼손도 적고 천단, 지단, 사직단 및 태묘의 측백나무 숲과 같은 경우는 대단히 잘 보전된 편이다.

무형문화재의 복원의 측면에서 한국의 전주이씨 대동종약원과 같이 아이신기오로 씨 종약원 같은 것이 설립될 분위기가 보일 수 없는 현대사의 역정이 있다. 마지막 황제 푸이가 1932년에서 1945년까지 요녕성 장춘을 수도로 하는 만주국 황제 강덕제康德帝로 있었고, 이는 일본제국의 괴뢰국이라는 이미지가 중국인들에게 각인되어 있다. 한 가지 중요한 부정적인 이미지이다. 이러한 측면에서 만주족이라고 하는 사람들이 1940년대 건국시에 그대로 드러내지 못하게 되었고 1949년 국가 수립 이후 모두 한족으로 행세해야 살아남는 시기가 있었다. 만주어가 급격히 사라진 이유에는 이러한 정치사회적 변수도 작용하였다.

서울과 베이징의 언어 문화적 차이에도 불구하고 제단, 사당, 궁궐 및 능원이 형성되고 운영된 문화는 공통점이 많은 것은 무슨 이유일까? 두 지역의 문화를 일본의 종교 및 제례 문화와 비교해 보면 한국과 중국이 근연성이 크고 일본과는 상당히 차이가 나는 것을 볼 수 있다. 일본 열도의 국가 제례는 신궁神宮과 신사神社에서 보는 바와 같이 중원과 한반도의 스타일과 많은 차이를 보인다.

서울과 베이징의 비교에서 드러나는 공통점은 국가제례 문화가 비슷하였다는 것이다. 조선은 명나라의 제후국 혹은 친왕국親王國 모습의 국가제례를 가지고 있었고, 청나라는 만주에서 흥기하면서부터 나름대로의 황제국 모습의 국가제례를 운영하다가 베이징에 들어가서는 명나라의 국가제례 공간과 궁궐들을 차지하여 전통적인 중원 황제국 양식으로 격상되었다. 그럼에도 불구하고 만주에서 가지고 간 복식이나 전례는 그대로 유지하였다. 그것이 100여 년 전에 단절을 겪은 것이다.

대한제국기에 와서 원구단의 하늘땅 제사天地祭 마저 거행하게 되고 국가의례가 황제국 스타일로 격상되면서 서울과 베이징의 제단과 사당은 규모에서는 차이가 있을지 모르나 시스템의 측면이나 구조에 있어서는 유사성이 더욱 증가하게 되었다. 궁궐과 능원은 베이징의 자금성과 명나라 및 청나라 능원이 조선의 궁궐과 산릉과는 규모는 더욱 장대하고 스타일에서는 문화적 차이를 보인다.

자세히 국가제례 문화를 살펴보면 만주족은 베이징에 들어가기 전부터 당대의 동북아시아 지역에서 보편적이던 유교적 국가제례 문화를 가지고 있었다는 것을 알게 된다. 일부의 시각에서는 만주족은 오랑캐이고 이민족이었고, 1644년 이후 베이징과 한족이 대다수인 중국 전역을 점령하여 주인이 된 다음에 중국 한족의 문화에 해당하는 것을 따르게 되었다고 말하지만 사실이 아닌 것이다. 청나라 태종 아이신기오로 홍타이지와 지도층이 몽골 원나라가 12~13세기 금나라 역사를 정리한 『금사金史』를 읽고 있었다는 사실이 이러한 측면을 다시 보게 한다. 300~400년 전의 자신들의 선조 여진족들이 베이징을 수도로 하여 국가를 경영하였고, 유교적인 국가제례를 가지고 있었다는 것을 그들은 인식하고 있었다. 그런데 마치 만주족의 샤머니즘적인 제례 문화만이 만주족이 가지고 있었던 제례 문화인 것처럼 설명하는 것은 아주 편협하고 왜곡된 시각인 것이다. 이러한 편향적인 시각을 가진 사람들에게 청나라의 군사문화인 구사-니루의 팔기제 같은 것은 특이한 것이고 우수한 것으로 인식되었다. 하지만 이것도 만주족은 여진족 나라였던 12~13세기 금나라의 맹안-모극 제도와 비슷하다는 것을 스스로 인식하고 있었다.

또한 조선과 청나라 모두가 유학儒學을 정학正學으로 하여 국가 운영의 주류로 하였다는 점이 드러난다. 조선의 국가 최고의 교육기관은 성균관인데 제후국 혹은 친왕국이니 만큼 반궁泮宮이라고 하는 경우가 많았다. 청나라는 명나라의 국자감을 계승하였고, 황제가 강의를 받거나 경을 강하기도 하는 벽옹을 가지고 있었다. 입관 이전의 청 태조 누르하치의 도읍이었던 요령성 신빈의 허투알라 성의 발굴과 문헌을 통해서 흥경興京성 내에 문묘文廟가 이미 있었다. 이렇게 한자를 읽는 식자층이 있었으니 청태종 홍타이지가 한문으로 된 금세종본기를 읽으라고 주위에 권유할 수가 있는 것이 아닌가? 만문으로 번역된 유교경전이 있다는 것도 그것을 입증한다. 관제묘關帝廟도 있었고, 조선의 성황단과는 다른 성황묘城隍廟 사당이 있었다. 물론 샤머니즘적인 당자의례와 라마불교사원도 있었다. 입관 이전에 이미 청나라 문화의 원형이 다 갖추어져 있었다고 해도 과언이 아니다.

조선은 임진왜란 이전이나 이후나 주자학 일존주의를 지켜나갔다. 청나라 이전의 명나라에는 왕양명이 양명학을 주창하여 주자학의 바탕에 새로운 바람을 일으켰다. 청나라에서도 주자학이 과거에 이용되었지만 서서히 고증학이 발달하였다. 공자 사당은 조선에서는 문묘 혹은 문선왕묘였고 명나라나 청나라는 공묘라고 불렀지만 비슷하였다. 이것은 국가 제례의 배경이 되는 이론적 배경에서 크게 보아 그렇게 큰 차이가 없었다는 것을 의미하고 '동북아시아 보편적인 문화적 특성'으로 이해된다. 단묘궁릉 문화가 동북아시아의 보편적인 문화적 특성으로 볼 수 있는 여지도 여기에서 생긴다.

조선 국왕의 복색은 명나라의 복색과 아주 유사했다. 명나라 황제가 하사한 면복과 곤룡포를 사용했고 명나라가 지어준 시호諡號 등을 사용하였다는 것에서 조선은 한족의 명나라를 좋게 생각했을 뿐만이 아니라 임진왜란 때에 원군을 보내서 국가를 유지하도록 한 은혜를 아주 크게 생각했다. 원유관에 황색 곤룡포를 입은 명나라 황제의 어진을 조선 국왕의 어진과 비교해 보면 색깔과 문양의 수에서 차이가 날 뿐 그 모습은 아주 비슷한 것을 볼 수 있다.

청나라는 만주에서부터 가지고 들어간 자신들의 복식을 중원에 강요했다. 따라서 청나라 황제의 어진을 살펴보면 관(모자)의 모양이 위가 뾰족한 원추형이어서 특이하고 소매의 길이가 명나라 복식보다 좁다는 것을 알 수 있다. 청나라 태종 누르하치가 중국식 복식을 채택하자고 상주하는 신하들의 요청을 단호히 거부한 이후에 그 전통은 그대로 유지되었다. 또한 청나라 황제는 서양식의 망또 비슷한 것을 두르고 있다. 여진족은 금나라 이후에 몽골 원나라의 영향을 많이 받아서 머리는 변발 혹은 치발로 앞에는 면도날로 밀고 뒷머리만 땋아서 늘어뜨리는 양식을 가지고 있었다. 다른 문화는 중원의 한족 문화를 그대로 유지하였지만 두발과 복식은 자신들이 만주에서부터 가져온 것을 강요하여 관철시켰다. 당연히 한족들의 반발이 있었다. 단발령이 내렸을 때의 조선의 양반 사대부들의 반항과 비슷하였다.

현대 중국의 전통 복장이라고 하는 치파오旗服는 만주 팔기인들이 입던 복식이다. 소매를 길게 늘어뜨렸던 명나라 시대의 복장과는 다르다. 또한 청나라 시대의 남자들이 쓰던 모자는 앞에서 보면 세모난 형태이면서 우산과 같은 살을 가진 둥그런 원추형 모자이다. 황제의 모자는 이보다는 더욱 좋은 양식으로 되어 있다. 자세히 살펴보면 베이징 천단의 기년전과 황궁우의 지붕 형태가 청나라 황제나 남자들이 쓰고 다녔던 모자와 비슷한 형태인 것을 알 수 있다.

6. 서울과 베이징

단묘궁릉壇廟宮陵 문화는 하나의 시스템으로 보는 것이 좋다. 그리고 행례行禮를 중심으로 시스템적인 측면에서 바라보는 것이 올바로 이해하는 지름길이다.

전근대화 시대 신분제 질서의 사회에서 국왕이나 황제와 그의 가족들이 일상적인 생활을 하는 공간이면서도 국가의 공적인 행사와 집무의 공간인 궁궐이 중심에 놓일 것이다. 서울에는 조선 초기의 양궐체제인 북궐(경복궁)과 동궐(창덕궁과 창경궁), 조선 후기의 동궐 및 서궐(경희궁)이 있었다. 100여 년 전 고종은 동궐과 북궐 및 대한제국기의 경운궁(덕수궁)을 사용하였다. 베이징의 경우는 명나라는 난징의 궁궐에서부터 천도 이후에 자금성을 짓고 황제과 황실 가족의 거처이자 집무 공간을 꾸몄다. 명나라의 자금성은 1644년 이후에 심양에서 천도한 청나라의 공간이 되어서 270여 년간 만주족 황제와 그 가족들의 공간이면서 대청제국의 공식 행사와 집무의 공간이었다.

그런데 단묘궁릉 문화의 시각에서 보면 정치적 권력만이 작동하던 공간이 종교성의 공간으로도 보인다. 궁궐의 내부에도 제례문화와 관련되어 있는 공간들이 존재했다. 서울의 궁궐에도 조선 전기에는 문소전이라는 원묘가 있었고, 조선 후기에는 국왕의 수용(어진)을 모시는 선원전이 창덕궁, 경복궁 및 경운궁(덕수궁)에 있었다.

또한 국가 제사에서 가장 중요하게 여기는 향香과 축문祝文을 국왕이나 황제가 친전하는 의례도 궁궐의 법전, 곧 인정전 및 중화전이나 편전 선정전에서 거행되었다. 현재도 그 자취가 남아서 창덕궁에는 인정전의 서쪽에 원선원전과 맞닿아 있는 곳에 향실香室이라는 전각이 존재한다(그림 12-3). 침향이나 향나무 조각 및 축판을 준비하고 축문에 국왕과 황제가 자신의 이름을 붓으로 직접 써넣은 후에 친전향축을 거쳐서 향정자香亭子

그림 12-3. 창덕궁 인정전 서편의 월대와 맞닿은 향실(香室).

라고 하는 가마에 실어 국가제례의 제장으로 운반되어 갔다. 이 향정자에 실려서 향과 축이 원구단의 향태청, 사직의 향안청, 종묘의 향대청, 산릉 재전齋殿 및 황릉 재궁齋宮 안의 향안소에 모셔져 있어야 국가제례의 행례가 본궤도에 올라가는 것이었다. 그래서 국왕과 황제가 법전이나 편전에서 거행하는 친전향축은 모든 국가제례의 시작을 의미한다. 따라서 궁궐과 다른 국가제례의 제장이 시스템으로 연결된다. 향축을 보내고 나서 국왕과 황제가 가마나 말을 타고 호위군과 함께 움직여 친제하는 제장으로 가게 되어 있다.

베이징의 청나라 자금성에는 봉선전과 같은 원묘가 있었다. 그리고 특이하게 베이징 내부에 천단이나 지단에 제사 지낼 때 근신하는 시간을 가지는 재궁이 자금성 안에 건립되었다. 청나라는 유교례뿐만이 아니라 만주에서 가져온 당자례와 같은 제례를 명나라 황후궁이었던 곤녕궁에 마련하였다. 또한 제례를 지내는 재궁으로 주변의 라마불교 사원을 이용하기도 하였다. 청나라에도 자금성의 법전에서 향축을 전하는 친전향축이 있었다.

조선은 500여 년을 이어온 결과 산릉들이 도성 주위 사방에 흩어져 있는 편이다. 조선 태조나 대한제국 태조고황제의 추존 4대조의 산릉들인 관북8릉은 함경도 함흥을 중심으로 조성되어 있었다. 태조 고황제의 산릉인 건원릉은 도성의 동쪽에 위치한다. 대한제국의 고종과 순종의 산릉은 황릉 스타일로 조성되었다. 청나라는 270여 년 동안 도성한 황릉을 동북쪽(동청릉)과 서남쪽(서청릉)에 가지고 있었다. 청나라 황실의 선조와 태조 및 태종의 능원은 만주족의 발상지인 싱징(요녕성 셴양)과 흥징(허투알라)에 존재하였다. 조선의 함경도 함흥지역의 관북8릉이 청나라의 관외삼릉과 같은 모습을 보여 준다고 할 수 있겠다. 명나라의 황릉은 베이징으로 천도한 성조 영락제에서부터 마지막 의종 숭정제의 황릉까지 13기가 모여 있다. 명나라 태조의 황릉은 난징에 있다.

국가의 최상위 지도자였던 국왕과 왕후, 황제와 황후는 국가 최고의 사당이라고 할 수 있는 공간에 그 신위가 모셔져서 국가 전체를 위한 길례吉禮의 대상이 된다. 서울의 종묘와 청나라의 태묘는 모두 태조의 4대에 해당하는 조상들뿐만이 아니라 태조로부터 후대 국왕및 황제들에까지 신주가 모셔져 있던 공간이다. 서울의 종묘는 정전과 영년전으로 구성되어 있어서 정전에는 당대의 국왕이나 황제가 모시는 7대의 사당 혹은 7실과 함께 세실이 있고, 영녕전은 태조의 아버지, 할아버지, 증조부, 고조부 4

대에 해당하는 조상의 신주와 정전에서 옮겨지는 국왕들의 신위들이 모셔진다. 베이징의 태묘의 경우는 전전, 중전, 후전으로 구성되어 후전에 4대조의 신위가 모셔졌고, 중전에는 그 이외의 신위들이 모셔졌다. 청나라의 태묘 제사는 중전에 있는 신위들을 모두 전전으로 이안하여 제사가 거행되었다.

국가제례의 제단의 측면에서 가장 높은 권위와 중요성이 지속되던 공간은 아무래도 하늘제사를 지내는 원구단이다. 조선의 경우는 명나라의 친왕국으로 보아서 예제에 맞도록 원구단 제사는 조선 전기 세조 이후로 폐지되었다.

청나라의 경우는 만주의 센양에 있을 때부터 원구단 제사를 시작하여 1911년 중화공화국 임시정부가 난징에 세워질 때까지 지속하였다. 청나라는 명나라 세종 가정제 때 만들어진 원구단과 그 이전에 대사전에서부터 기원한 기년전을 자신들의 스타일에 맞게 고치고 다듬어 사용하였다. 원구단은 동지 하늘제사를 위해서 존재했고, 기년전은 정초의 기곡제를 위하여 존재했다. 하늘제사에 짝을 이루는 땅제사는 하지에 방택단에서 거행되었다. 청나라는 황천상제와 천신 계열의 신위에 대한 하늘제사와 황지기와 지신 계열의 땅제사는 각각 원구단과 방택단에서 따로 거행된 것이다.

고려 초기 성종대부터 거행되었던 하늘제사는 15세기 성종 이후로 400여 년간 폐지되었다. 그러던 조선은 19세기 말 고종대에 와서 대한제국이라는 황제국을 선포하면서 원구단 제사를 봉행하였다. 그런데 조선 전기 세조대와 마찬가지로 천신계열과 지신계열을 함께 원구단에서 제사

드리는 동지 제사와 정초의 기곡제가 거행되었다.

풍년을 빌기 위해서 드리는 기곡제는 조선 후기 숙종대부터 사직단에서 드려지던 것이었다. 토지신을 모시는 사단과 오곡의 신을 모시는 직단의 두 개의 제단으로 이루어진 조선의 사직단은 농업신인 후토 혹은 구룡과 주나라 시조이면서 농사의 신인 후직이 배위로 모셔지던 공간이다. 사직단은 국토의 안녕과 재해의 감소 및 기우제도 지내던 곳이기도 했다. 조선 도성의 북궐 경복궁의 서쪽에 위치하고 있다. 베이징의 사직단은 자금성 들어가기 바로 전의 서쪽에 위치한다. 그런데 토지신과 오곡의 신을 모시는 단이 하나로 되어 있다. 동서남북 중앙의 다섯 방향을 뜻하는 다섯 색깔의 흙으로 제단의 윗부분이 만들어져 있다.

한 해의 농사에 중요한 것은 하늘로부터의 강우인데 가물어서 아예 없든지 아니면 너무 비가 많이 와서 문제가 될 때 모두 하늘과 땅에 강우의 조절을 기원하였다. 기우제祈雨祭는 비가 오게 해달라고 비는 것이었는데, 조선 초기에는 원구와 사직에서 빌고, 남교에 풍운뇌우단에서 빌었으며 중악인 북한산 사당이 있었던 백악산에서도 빌었고, 비는 음陰을 뜻하기 때문에 북교에서도 비를 기원하였다. 비가 너무 많이 오면 기청제인 영제를 사직단에서와 네 성문에서 제사 드렸다.

전근대 사회가 농업경제를 중심으로 하는 사회였던 만큼 한 해 농사의 풍흉은 조선 조정 및 청나라 조정의 가장 큰 관심사 중의 하나였다. 중원 고대 사회에서 농업을 가장 먼저 시작한 것으로 알려진 신농神農은 자연신으로 여겨진 태사太社와 태직太稷과는 달리 인귀人鬼로서 단을 꾸미는 것은 비슷한 양상이지만 주로 하나의 단에서 제사를 거행한다. 조선의 태직단에 배향하는 후직后稷이 선농단에서도 배향된다.

조선, 명나라, 청나라는 공자에서 유래한 유학을 나라의 교육과 학문의 중심으로 삼았기 때문에 문묘文廟 혹은 공묘孔廟가 서울과 베이징에 있었다. 조선의 300여 개 읍치에는 관아를 중심으로 보통 동쪽에 지방의 관학인 향교가 있어서 그 내부에 문묘가 있었고, 서쪽에는 지방 사직단이 설치되었다. 청나라의 도성에는 국자감이 있었고, 황제가 친림하는 벽옹의 동쪽에 공묘가 있었다. 청나라에는 지방 관학으로는 부府와 주州와 현縣에 부학, 주학, 현학이 있었고, 옹정제 시대에는 관학이 없는 지역에는 서원을 세우도록 장려하였다. 명나라에는 부주현이 도합 1,560개, 청나라에는 1,800여 개인데 대부분 관학인 부학, 주학, 현학이 있었고, 대부분 문묘文廟가 있었다. 조선에서는 문묘에 공자의 위판만 있고, 청나라에는 문묘 대성전에도 가끔식 소상이 있어서 위판만을 모시는 조선과는 좀 다른 모습을 보여준다.

임진왜란 이전의 조선에는 숭문崇文 정신을 배양할 문묘는 있었지만 숭무崇武 정신을 배양할 만한 국가제례 공간은 상대적으로 격이 낮았다. 임진왜란 때에 명나라의 신종 만력제가 원군을 보내어 주었기 때문에 일본 침략군을 물리치고 국가를 재조직할 수 있는 은혜를 입으면서 숭무 정신에 대한 실제적인 인식을 가지게 되었다. 명나라 장수들이 자신들을 음조陰助하는 관우를 모시는 사당을 조선의 주둔지에다가 세우면서 관왕묘가 조선에 들어왔다. 숭례문 밖의 도동에 남관왕묘가 먼저 세워지고 이후에 흥인지문 밖의 숭인동에 동관왕묘가 세워진다.

반면에 중원의 명나라는 남경을 수도로 한 태조 주원장이 베이징의 몽골을 북쪽으로 몰아내는 데에 관우의 음조가 있었다고 하여 명나라 대부분의 지방 읍치에 공자를 모신 사당과 함께 관우를 모신 사당인 무묘武廟를 세웠다. 무묘의 전통은 입관 전에 이미 청나라에 있었는데 청 태조의 후금 건국 수도인 요령성 신빈의 허투알라성에도 관제묘가 있었다. 입관 후의 청나라에도 이어져서 관우의 고향인 산서성 윈청運城시 해주진의 관제묘關帝廟가 불이 나서 소실되자 1702년 강희제의 칙명에 의해서 복구된다. 관우를 전쟁신, 재물신 및 불로장수신으로 여기는 민간신앙은 중국에서 상당히 강력한 편이라서 제2차 세계대전까지 1,600여 개의 관왕묘가 중국 전역에 있었을 정도이다. 문묘와 무묘가 함께 존재한 것이다.

서울과 베이징은 이렇게 단묘궁릉 문화와 공유하는 큰 틀을 가지고 있다. 이것은 동북아시아 문화정체성 형성에 크게 유리한 특징이다. 반면에 언어와 문자, 그리고 중세와 근대의 역사적 차이에 의해서 서로 구별되는 단묘궁릉 문화를 보여주기도 한다. 서울과 베이징의 단묘궁릉 문화를 비교하면서 한국의 문화적 정체성이 더욱 확연히 드러나는 것을 알 수 있다.

참고문헌

자료

『국조오례의(國朝五禮儀)』(성종 6년, 1475), 대한민국 법제처, 1981~82.
『대한예전(大韓禮典)』(1897~1899).

논문 및 단행본

앤드류 고든, 김우영 역, 『현대 일본의 역사 : 도쿠가와 시대에서 현대까지』, 이산, 2015.
안정애, 『중국사 다이제스트 100』, 가람기획, 2012.
이덕일, 『근대를 말하다 : 이덕일의 역사평설』, 역사의아침, 2012.
이정호, 「유전학의 시선으로 본 사람과 언어」, 『코기토(부산대)』 64, 2008.
_____, 『한국인과 숲의 문화적 어울림』, 소명출판, 2013.
이태진, 「유교적 경제발전 모델에 대한 역사적 변론」, 『의술과 인구 그리고 농업기술 : 조선 유교국
　　　가의 경제발전 모델』, 태학사, 2007.
전동현, 『두 중국의 기원』, 서해문집, 2005.
루이기 루카 카발리스포르차, 이정호 역, 『유전자, 사람 그리고 언어』, 지호, 2005.

Berkes, F., Sacred Ecology : *Traditional Ecological Management and Resource Management, 3rd Edition*,
　　　Routledge, 2012.
Tucker, M. E. & Berthong, (ed.), *Confucianism and Ecology : the Interrelation of Heaven, Earth and*
　　　Humans. Harvard University for the Study of World Religions, Cambridge, U.S.A.,
　　　1998.

단묘궁릉 문화의 확장

　　서울과 베이징의 단묘궁릉 문화를 살펴보면서 그동안 서구적인 시각에서 보아 왔던 전통 공간 및 경관을 새로운 방식으로 보는 법을 배우게 된다. 단묘궁릉이라는 것은 하나의 시스템으로 연결성을 가지고 있다. 이러한 것을 자신 스스로 터득해 나가는 것이 좋으며 제대로 보면서 나름대로 즐길 수 있다는 것을 알게 된다.

　　서울과 베이징의 전통 공간이 과거 서세동점의 시대와 일제강점기라고 하는 동북아시아의 어려운 시기부터 부정적 이미지를 가지고 있다고 해석되어 왔다. 하지만 단묘궁릉 문화는 시스템이라는 측면에서 살펴보아도 좋다는 것을 알려준다. 전통 공간과 경관을 시스템으로 보면서 그 공간과 경관에 담겨 있는 유교 및 유학 문화도 새롭게 볼 수 있다. 근대화 시기 최소한 2천 년을 지속시켜온 문화적 중심인 유교 및 유학 문화가 철저하게 부정되고 경원시되어 온 것을 반성하게 된다. 이렇게 되면 현대의 유수한 저명 학자들이 동양과 서양을 새롭게 바라보자는 저서들을 이미 많이 출간한 것을 인식하게 된다. 예를 들어 유학 혹은 성리학적 세계관에서도 현대의 생태적 위기를 극복하게 만드는 시각과 학문적 노력이 있을 뿐만 아니라 철학적 차원을 넘어 사회실천 운동의 움직임도 있다는 것을 알게 된다.

이러한 맥락에서 단묘궁릉 문화를 살펴보는 우리의 노력은 여러가지 다양한 방향과 깊이로 확장되어야 한다. 이것은 단묘궁릉 문화를 하나의 '문화적 전략cultural strategy'으로 삼는 것이 된다. 한국과 동북아시아의 전통에서 동서양을 융합한 새로운 지평을 찾으려는 노력이요 전략인 것이다.

1. 단묘궁릉 문화의 공간적 · 지리적 확장

서울을 중심으로 한 단묘궁릉 문화는 공간적·지리적으로 확장될 수 있다. 우선적으로 조선의 300여 개 부목군현府牧郡縣의 대부분의 읍치 동쪽에는 공자와 유학자들을 모신 사당인 문묘文廟가 있었고, 서쪽에는 지방 사직단이 위치해 있었다. 물론 지방의 지형의 구조와 진산의 위치에 따라서 문묘와 사직단의 위치가 약간의 차이가 있다. 또한 지방 도시와 읍치에는 민간 신앙을 흡수한 성황단과 여단이 있었고 모두 국가 제사가 거행되었다. 주현 문묘文廟와 함께 3단 1묘 체제였다.

기본적으로 지방관이 담당해야 하는 3단 1묘의 국가 제사에 시간적·역사적 확장이 더해진다. 경주, 평양, 직산(후기에는 경기도 광주), 김해에는 중사급의 역대 시조 사당들이 존재했다. 태조의 어진을 모신 진전은 경주, 전주, 평양, 영흥에 있었다. 조선 초기에는 조선 태조의 어진을 모신 진전眞殿이 경주와 평양 이외에도 조선 태조의 시조始祖의 본향이면서 5대조 이양무 및 4대조 목조 이안사 고향인 전주에도 있었고 태조의 탄생처인 영흥에도 있었다. 태조의 탄생처는 영흥 본궁이었고 태조의 아버지 환조 이차춘의 위판이 모셔져 있었고, 잠저인 함흥 본궁에도 목조, 익조, 도조, 환조와 그 추존 왕후의 위판이 모셔져 있었다.

도성 주위의 100리 안에 속하는 주현에는 산릉들이 위치하고 있었다. 조선의 500년 역사에서 25명의 국왕이 등극하였고 또한 태조의 선조 사조四祖 이외에도 정치적 변동에 따라서 추숭된 왕들이 있었다. 따라서 현재의 서울 동부 여러 구 및 구리, 남양주, 포천의 일부를 포함하는 도성 동북쪽의 양주楊州, 현재의 송파구, 강남구, 강동구, 하남시, 성남시, 광주시를 포함하는 한강 건너 도성 동남쪽의 광주廣州, 서울 서부의 여러 구와 고양시 및 파주시를 포함하는 도성 서부 및 서울 서남부 여러 구와 부천, 광명시, 과천시를 포함하는 도성 서남쪽의 과천果川에 산릉들이 분포되어 있었다. 이보다 먼 곳에 있는 것은 세종의 영릉과 효종의 녕릉이 여주驪州에 위치하고 단종의 장릉이 영월寧越에 위치하였다. 따라서 산릉의 실무자들이 예조禮曹 혹은 궁내부 장예원掌禮院의 관할하에 있었지만 조선의 양주, 광주, 고양, 파주, 과천, 여주 및 영월의 지방관들도 이러한 산릉에 대한 일정한 책무가 있었다. 특히 국왕의 능원행 陵園行에는 반드시 백성들과 함께 국왕을 영접해야 했다.

개성 주위에 있는 태조 신의고황후의 제릉과 정종의 후릉도 개성유수와 함께 경기도 풍덕豊德현의 지방관이 돌보아야 했다. 태조의 4대조의 능원 8기는 함경도의 함흥과 영흥의 사이에 있는 지역에 있어서 함경도 관찰사와 지방관에게 의무가 지워져 있었다.

조선 초기의 국토 지리적 공간 인식은 『국조오례의』의 산과 강과 바다의 중사 제례 장소인 악嶽, 해海, 독瀆과 『대한예전』의 원구제의 지신 계열의 악, 진鎭, 해, 독의 신위에서도 찾을 수 있다. 그리고 실지로 해당 제사를 거행하도록 한 지역에 사당 혹은 제단이 있었다. 또한 실제로 광무 연간(1897~1907) 후기에 지방관이 이러한 치제 장소에서 중사中祀 급의 국가 제사를 거행하도록 되어 있었다. 조선 전기의 4악과 대한제국기의 5악과 5진을 비교하면 대한제국기에 동악으로 금강산이 들어가 있고(표 13-1), 북악이 조선 전기의 영평 부근의 비백산에서 대한제국기 백두산으로 바뀌어 있다(표 13-1). 또한 조선 전기는 수도인 한성부와 함께 고려의 수도인 개성을 유수부로 하여 부도로 보았기 때문에 서악이 송악산인 데 반하여, 대한제국기에는 평양을 서경으로 하고 풍양궁이라는 별궁을 지었으며 서악을 묘향산으로 지정하였다. 대한제국기에 5진산이 새롭게 편입되었고, 남진산이 속리산으로 전체적으로 산악을 북쪽으로 위치시킨 점이 드러난다.

강에 대해서는 조선 전기의 5독에서 대한제국기에는 오히려 4독으로 치제 장소가 줄었다. 또한 실제로 조선 전기의 5독은 8개의 치제 장소를 가지고 있었으며, 중사였던 한강의 한강진의 경우와 같이 제단이 있었다. 바다의 신에 대한 제사는 사당을 만들었으며 동해, 서해, 남해의 경우는 비슷한 지역이지만 대한제국기에는 북해로 하여 함경북도 최북단의 경성을 지정하고 있다.

소사小祀급의 명산대천名山大川이 중사급의 악진해독과 함께 공간적·
지리적 확장의 사례를 보여 준다. 조선 전기의 4악과 5독 및 대한제국기

표 13-1. 단묘궁릉 문화의 지리적 확장

명칭	국조 오례의		대한 예전	
	신위	실제 지역	신위	실제 지역
악 嶽			동악東嶽	금강산 〔회양〕
	서악西嶽	송악산 〔개성〕	서악西嶽	묘향산 〔영변〕
	중악中嶽	삼각산 〔도성 북쪽〕	중악中嶽	삼각산 〔양주〕
	남악南嶽	지리산 〔남원〕	남악南嶽	지리산 〔구례〕
	북악北嶽	비백산 〔정평〕	북악北嶽	백두산 〔갑산〕
오진五鎭			동진東鎭	오대산 〔강릉〕
			서진西鎭	구월산 〔문화〕
			중진中鎭	백악산 〔양주〕
			북진北鎭	장백산 〔경성〕
			남진南鎭	속리산 〔보은〕
독瀆	동독東瀆	낙동강 〔상주〕	동독東瀆	낙동강〔상주〕
	서독西瀆	덕진 〔장단〕, 평양강〔평양〕 압록강〔의주〕	서독西瀆	패강 〔평양〕
	남독南瀆	웅진 〔공주〕 가야진〔양산〕	남독南瀆	한강 〔양주〕
	북독北瀆	두만강 〔경원〕	북독北瀆	용흥강〔영흥〕
	중독中瀆	한강 〔도성남쪽〕		
해海	동해	양양(강원도)	동해	회양(강원도)
	서해	풍천(황해도)	서해	풍천(황해도)
	남해	나주(전라남도)	남해	나주(전라남도)
			북해	경성(함경북도)

의 5악, 5진 및 4독으로 지정되지 않은 명산들과 대천들에서의 치제는 소사급이었고, 신라를 포함한 삼국시대에서부터 고려에 이르는 산신 신앙이 뿌리 깊게 자리잡은 한반도에서는 국가 제사가 아니라도 각 마을마다 산신제사가 있었던 것에서 비추어 소사급의 국가 제사와 민간 신앙의 결합에 의해서 최근까지도 내려오는 마을신앙의 제사로 남아 있는 곳도 있다.

현대에 되살릴 수 있는 단묘궁릉 문화의 공간적·지리적 콘텐츠는 풍부한 편이다. 그 가운데 현대 한국 사회가 가까운 미래에 시행해 볼 만한 단묘궁릉 문화의 줄거리는 두 가지 정도로 압축할 수 있다.

첫 번째로 조선과 대한제국의 전국 사직단 체계의 복원과 함께 대한민국의 시도사직단의 새로운 창출을 도모하는 것이다. 조선과 대한제국의 도성 사직단의 행례와 제례악 등이 복원되었으므로 대한민국 전역의 시도사직단의 설치와 행례를 통해서 국민 통합과 자치의 역량을 모을 수 있을 것이다. 대한제국에서 대한민국으로 넘어오는 과정에서 군주제에서 공화제로 변경되었지만 사직은 동일한 것이고 유교적 왕도주의에서 자유민주주의로 바뀌었지만 '민본주의'는 같다. 조선의 부목군현의 사직단의 복원이 일본 정신을 이식하기 위해서 헐리고 망각하게 만들었던 것을 회복하는 길이 될 것이다. 앞으로 '대한민국大韓民國 시도사직단' 문화를 창출할 수 있다.

최근에 조선의 주현사직단에 대해 연구가 진행되어 정리된 적이 있다. 전국 읍지邑誌를 분석한 결과 주현사직단은 원래 제단이 하나인데 영흥도호부는 사직단이 사단과 직단의 양단이었던 것으로 기록되어 있다.

도성 사직단은 정위正位 2위와 배위配位 2위에 제사를 올리는 반면 주현사
직단(부군사직단)은 하나의 제단에 토지신인 사신社神을 정위正位로 곡식신
인 직신稷神을 배위로 행례하는 것이다. 산청의 단성현 사직단이나 대구의
경산현사직단이나 남원부사직단은 모두 이렇게 치제되었다. 그런데 영흥
도호부는 사단과 직단의 두 제단으로 이루어졌다는 것은 4위를 모두 치
제하였든지 아니면 2위를 두 제단에 각각 모시는 격이 조금 다른 사직제
례를 드렸을 가능성을 내포한다. 보통의 군현의 사직단은 소사라서 사직
제례악무가 없다.

　대한민국 시도사직단 문화의 창출에 영흥도호부의 두 제단 모델을 채
용하여 '참례僭禮가 되지 않는 범위에서' 소사小祀가 아닌 중사中祀로 구성
할 수 있을 것이다. 특별시가 된 부산, 대구, 광주, 대전 같은 도시들과 도
청소재지 도시들에 시도사직단을 복원하거나 설치하는 경우가 된다. 예
를 들어 다른 곳과 마찬가지로 경기도 도청소재지인 수원과 전라북도 도
청소재지인 전주의 경우는 사직단이 원래 있던 자리가 문헌에 기록되어
있다. 그 터에 중사급의 사직단으로 영흥도호부 두 제단 모델을 차용하
고, 행례는 중사급의 규모, 곧 10변10두(혹은 8변8두) 제상에 제례악무를
포함하는 형태로 복원해도 된다는 것이다. 초헌관, 아헌관, 종헌관은 도
지사나 도의회 의장 등이 맡으면 된다. 제사를 주관하는 제관들은 전주이
씨 대동종약원의 사직대제보존회를 중심으로 하여 지역 향교의 문묘제
사를 맡은 사람들을 포함하면 된다. 그리고 지역의 제례악무 보존회와 서
울과 지방의 국립국악원에서 제례악무를 맡으면 된다. 원구단이나 사직
단과 같은 공공성이 높은 단묘궁릉 문화재는 이렇게 행례行禮를 중심으로

그 문화재를 복원하는 것을 원칙으로 하여 '대한민국 원구단과 사직단'으로 복원하는 것도 좋은 일이다.

또한 원래의 사직단 터가 현실적으로 공간 구성이 어려울 경우는 사직단은 재해가 생기거나 사직단의 헌관이 되는 제후가 마땅하게 백성을 안위하지 못한 경우는 본래의 자리에서 옮겨버린다는 유교 경전과 문헌의 원리에 충실해도 된다. 예를 들어 수원은 화성을 쌓을 때 원래 화성의 서쪽 팔달산 기슭에 세웠던 사직단을 정조대에 이미 화성의 북쪽 광교산으로 옮겨 버렸다. 현재는 그 광교산 자리가 마땅하지 않으니 복원을 팔달산 기슭에다 해도 된다. 또 다른 사례로서 부산광역시의 경우는 동래목府의 사직단 자리는 현재 야구장인 사직구장이 되어 있고, 부산진鎭이나 기장군郡의 사직단의 자리는 읍지와 같은 문헌에서 찾을 수 있다. 광역시를 동래부에 기준한다면 동쪽의 동래 향교에서 서쪽에 해당되는 어떤 지점을 선택하여 새로 사직단을 조성할 수도 있다. 다른 시도사직단은 이와 같이 하면 일제강점기에 훼손되고 망각된 사직을 중사中祀급으로 되찾게 될 것이다. 다른 군현은 소사小祀의 형식을 유지하는 것이 좋다. 이런 식으로 대한제국의 사직단 체계를 본받으면서도 현대 한국의 사직단 체계를 잡을 수 있다. 대한민국 사직단들도 조선과 대한제국시기처럼 봄과 가을에 동시에 제사를 올릴 수 있을 것이다.

두 번째로 남북 분단에 의해 생긴 조선 왕조의 문화유산의 복원과 계승의 공동 노력을 생각할 수 있다. 남북간의 문화재 교류의 하나로서 관북8릉과 함흥 및 영흥 본궁, 영흥준원전, 개성 지역의 제릉과 후릉에 국가 제례의 복원을 제시할 수 있을 것이다. 북한의 무형문화재 현황은 중국의 현황과 비슷하여 행례나 제례악이 들어가는 무형문화재의 경우에는 대한민국과 교류하는 것에서 복원이나 실제 행사 거행에 도움이 될 것이다. 능제와 본궁 사당제사 및 진전 제사에 대한 것이 문화재 및 인적 교류의 대상이기도 하고 민간 교류의 대상이 된다.

2. 단묘궁릉 문화의 시간적 · 역사적 확장

단묘궁릉 문화를 시간적으로 확장한다면 만주와 한반도의 고대사에서부터 고려에 이르는 역사와 만난다. 현대의 대한민국이 단군으로부터 조선을 거쳐서 대한제국에 이르는 시기와 대한민국 정부수립까지의 역사체계를 세우는 방식과는 다르게 조선은 나름대로의 역사 정리를 사당을 세우고 제사를 지내는 것으로 표현했다. 그것은 조선 초기『국조오례의』에서 명시하는 바와 같이 역대시조묘歷代始祖廟를 세웠다. 이것은 고려 후기 충렬왕대의 유학자 이승휴가 지은『제왕운기』에서 시작된 역사관과 비슷한 시대구분을 보여준다. 전조선단군묘, 후조선기자묘, 신라시조박혁거세묘, 백제시조온조묘, 고려태조묘를 세우고 제사를 지내므로 역사의식을 표현했다. 고구려시조는 전조선단군묘에 배향하였다. 역사서의 편찬도 있었지만 중사급 단묘궁릉 문화로도 표현하였던 것이다. .

우선 단묘궁릉 문화의 측면에서 10세기에서 14세기 말까지의 고려와 14세기부터 19세기까지의 조선의 차이가 있다. 고려시대 유교적 국가제사의 대사大祀에는 원구단, 종묘, 사직단과 같이 조선의 대사에 포함된 것뿐만이 아니라 조선에는 유래가 없는 방택단과 왕릉제향, 진전인 경령전이 모두 고려의 대사에 포함되어 있다. 방택단은 현재 중국 베이징에 있는 것이 확인되고 청나라 황제가 하지 제사를 드린 것이 확인된다. 왕릉제향이 대사급으로 들어가 있었던 것만큼 34명의 고려 국왕은 태조 신성대왕으로부터 원종 충경대왕까지 묘호가 24명이 있다. 고려 말기 10왕은 묘호가 없고 단지 원나라와 명나라가 내린 시호만을 가지고 있다. 예를 들어 공민왕恭愍王은 명나라에서 사여한 시호謚號에 해당한다. 그러나 공민왕릉의 능호는 현릉玄陵이고, 그의 왕후인 노국대장공주의 능호는 정릉正陵으로 각각 능호를 가지고 있다. 이제 개성지구가 '고려 역사지구'로 유네스코 세계유산으로 등재되었다. 조선왕릉과의 비교가 적절히 요구되는 시점에 와 있다.

시간적으로 조선을 거슬러 고려와 고구려, 백제, 신라의 경우에도 산릉들이 있다. 다만 신라의 경우에는 경주 김씨가 신라왕릉들에 대한 제례를 받들 수 있는 문화적 조직이 있는 반면에 백제나 고구려는 행례문화를 구성할 단체를 형성하기가 그리 용이하지 않다.

조선 나름대로 역사를 정리하는 방식에 포함되는 단묘궁릉 문화에는 사당을 중심으로 살펴볼 수 있다. 조선 초기 『국조오례의』 역대시조묘歷代始祖廟인 전조선단군묘, 후조선기자묘, 신라시조박혁거세묘, 백제시조온조묘, 고려태조묘는 조선 후기에 모두 숭崇자로 시작하고 전殿자로 끝나는 사당 이름을 가지게 된다(표 13-1). 종묘 혹은 태묘 다음 가는 사당 이름으로 대사大祀규모인 영녕전永寧殿이란 사당의 이름에 전殿자가 있다는 사실을 고려하면 중사中祀라는 것이 금방 드러난다. 제례악무가 동반되는 수준의 국가제례인 것이다.

조선 초기의 후조선기자묘는 광해군 4년(1612)에 '숭인전崇仁殿'이 되었다. 조선의 지도층은 자신의 나라의 국호가 조선이라는 것이 자랑스러운 이유가 바로 유교의 경전 중에 하나인 『서경書經』 혹은 『상서尙書』에 있다. 기자가 은나라를 무너뜨린 주나라 무왕에게 전한 홍범洪範이라는 고대 사회의 운영 원리와 치국 방법이 실려있다. 이러한 은나라의 문명을 전수해준 은나라의 현인賢人 기자箕子가 이주하여 문명을 전수해주고 백성을 교화시킨 지역이 조선이었다고 믿었기 때문이었다. 은나라 혹은 상나라의 마지막 천자인 주왕은 기자를 감금시켰었는데 주나라 무왕이 은나라를 정벌하고 풀어주었다. 기자를 조선에 분봉하였지만 자신의 신하로 여기지 않았다고 한다. 이것은 현재 중국의 국가연구프로젝트인 하상주단대공정에 의해서 기원전 1046년 경으로 절대연대가 지정되었다. 기원전 12세기이다.

현대 청동기 발굴의 고고학적 증거와 문헌 증거와 종합하면 기자는 이후에 은나라의 마지막 수도였던 조가朝歌, 곧 하남성 기현에서부터 북쪽으로 이주하여 현재의 하북성 북부 및 요녕성 서남부 지역 정도에 정착하였던 것으로 보인다. 기원전 12세기 정도의 이야기이고, 이후 기원전 194년에 위만이 조선의 왕이 되어 위만조선이 성립한다. 위만에게 왕위를 찬탈당한 왕이 준왕準王인데 그가 기자로부터 40여세 손이라고 중국 사서인 『삼국지』 「위서」 동이전 한韓조에 기록이 있다. 기자의 후손으로 고려 때부터 족보 혹은 가승家承을 갖춘 태원 선우鮮于씨가 한국에 있는데 그 족보에도 준왕이 40세라는 전승이 기록되어 있다. 한 세대를 20년으로 잡으면 800년(25년으로 잡으면 900년)으로 거의 800~900년이 되어 거의 일치하는 결과를 준다. 기원전 11세기 기자의 시대는 청동기 시대이다. 중원과 만주-한반도의 철기는 기원전 5세기에 꽃피게 된다. 기원전 12세기 중반 기자가 북향에 이주한 지 100여 년 정도 뒤인 기원전 10세기 정도부터 만주-한반도에 비파형동검 문화가 형성되기 시작한다. 중국에서는 기자가 당나라 때부터 사당이 세워진 것으로 알려져 있다. 그러나 기자 동래설이 고고학적 증거에 바탕을 둔 기자 북향 이주의 역사적 사건으로 보면 기자 집단이 만주와 한반도의 고대사에 일정한 영향을 끼치지 않았을 수가 없다는 것이 드러난다. 기원전 3세기부터 중국의 문헌에 등장하는 부여가 은나라의 달력을 쓰고 있었다는 점이나 『구당서舊唐書』에 고구려가 가한신과 기자신을 제사했다는 중국 역사 문헌의 증거는 단순히 고려시대부터나 조선시대에 기자를 숭앙했다는 수준을 넘어서는 것이다. 그래서 비파형 동검이 출토되는 지역의 만주와 한반도 북부에 걸쳐서 단군조선을 이은 조선이라는 국가가 존재했다는 것을 알 수 있다. 기자의 사당은 고려 때에도 있었다.

숭인전이 중사라는 것은 노래와 제례악무가 들어간 제사가 평양의 기자의 사당에서 거행되었다는 것을 의미한다. 그리고 단지 기자 신위 하나에 헌정된 사당이라는 점을 고려해 보아야 한다. 조선이 역사를 기억하는 하나의 방식으로 기자 사당인 숭인전에서 제사했다는 것이 드러난다.

평양의 기자 사당은 명나라와의 외교에 있어서 중요한 역할을 하였다. 명나라의 사신이 요동을 거쳐서 평양으로 들어오면 조선의 영접사를 만나서 기자의 사당에 반드시 참배하도록 되어 있었다. 평양의 기자 사당에는 기자의 후손으로 알려진 선우鮮于 성을 가진 가문의 사람을 배치하여 사당을 보전하고 제사를 모시도록 되어 있었다. 그들의 직위는 왕릉의 참봉 수준보다 높은 '숭인전감'이었다.

조선 초기의 전조선단군묘는 영조 5년(1729)에 '숭령전崇靈殿'이 되었다(표 13-2). 조선은 고구려와 마찬가지로 기원전 24세기 단군에 의한 의식도 충분하게 가지고 있었다. 『구당서』에서 기록한 것처럼 고구려가 가한신(단군)과 기자를 제사 지낸 것과 마찬가지로 고려가 팔관회에서 단군을 숭배하였던 전통을 이은 것이었다. 또한 기자조선을 중시했던 고려보다도 단군조선에 대한 의식이 깊었다고 할 수 있다. 조선은 평양에 단군의 사당을 만들어서 거기에도 국가제례 중의 중사中祀에 해당하는 제사를 드리도록 했다. 조선 후기와 대한제국기에도 계속되었다.

숭령전은 단군 신위에 고구려 시조 동명성왕이 배위로 치제된다. 중사 수준의 사당 문화로 본 조선의 역사적 시각에서 고구려가 단군조선을 가장 많은 정도로 계승한 것으로 인정한 셈이 되어 버린다. 고구려가 가한신과 기자신을 제사지낸다는 중국문헌의 증거와 고구려 고분벽화에 나타나는 신단수 모티브의 벽화는 이러한 사실을 더욱 더 강화시킨다.

황해도 문화에는 단군과 환웅 및 환인의 삼성三聖에 제사지내는 '삼성사三聖祠'라는 사당이 있었다. 현재 서울 사직단의 북서쪽 산등성이에는 단군 사당이 있는데, 남북한이 정치적 이해관계를 떠나서 동의하게 되면 평양 숭령전과 문화삼성사에서 민간 및 문화 교류가 생길 수 있을 것이다.

조선이 역사의식을 표현하는 방식은 사당 문화뿐만이 아니라 능원도 있다. 평양 지역에는 단군묘, 기자묘와 동명왕묘도 있었는데, 고종대에는 이를 각각 단군릉, 기자릉, 동명왕릉으로 격상시켰다. 최근의 발굴에 의하면 기자릉은 비어 있었고, 단군릉은 기원전 24세기를 넘어서는 연대 편년이 나온 인골이 수습되었다고 한다. 섬서성 헌원의 황제릉도 시신없이 만든 능원이라도 창카이섹이나 마오쩌둥이 참배했다는 것은 기자릉이나 단군릉을 역사기념물로 인식하는 것이 좋다는 것을 시사한다.

조선 초기 신라시조박혁거세묘는 경종 3년(1723)에 '숭덕전崇德殿'이라는 이름을 가지게 되었다. 경주에는 조선 후기 중사中祀 사당이 2개가 있다. '숭혜전崇惠殿'은 원래 경종 3년에 경순왕 사당으로 설립되었다가 고종 24(1887)에 김씨 왕조의 시조라 할 수 있는 미추왕의 신위를 받들게 되었고 이듬해에 문무대왕의 신위를 봉안하면서 숭혜전이라는 이름을 얻게 되었다. 숭혜전은 미추왕, 문무왕, 경순왕의 3위에게 헌정된 사당이 되었다. 대한제국기에는 경주에 중사 사당이 3개가 되었는데 이는 신라 석씨왕을 모시는 사당인 '숭신전崇信殿'이 광무 2년(1898)에 설립되었기 때문이다. 신라는 실제로 박혁거세로부터 시작하는 서라벌과 계림 및 김씨 신라 3시대로 구분해야 하는데, 『삼국사기』를 그대로 따르는 경향은 아직도 변하지 않고 있다. 박혁거세 거서간으로부터 아달라이사금에 이르는 8대 박씨왕조, 9대 벌휴 이사금에서 16대 을해 이사금에 이르는 석씨왕조, 17대 내물왕대부터 시작되는 김씨 신라도 구분해야 한다.

조선 초기 백제시조온조묘는 조선의 충청도 직산에 세워져서 조선 초기부터 국가 제사가 거행되었다. 조선 16대 인조 때에는 병자호란이 일어나서 경기도 광주廣州의 읍치가 있었던 남한산성으로 들어갔다. 인조의 꿈에 온조왕이 나타난 이후의 일이다. 이름도 '숭열전崇烈殿'이 되었다.

대한제국기에는 가야에 대한 인식도 생겨서 김해 김씨의 시조이며 금 관가야의 시조인 수로왕과 허왕옥 신위를 모시는 '숭선전崇善殿'이 건립되었다.

조선 초기 고려태조묘高麗太祖廟는 개성의 고려 태묘를 헐어버린 이후에 배려의 차원에서 세워졌다. 고려태조묘는 다른 역대시조묘와는 다른 형식을 가지고 있었고 봉안한 신주 수에서도 다른 시조묘보다 훨씬 많았다. 중사급 국가제사 중에서도 상당히 큰 규모였다고 할 수 있다.

조선은 고려로부터 역성易姓 혁명을 통해서 새로운 왕조를 개창하였다. 조선 태조 때부터 고려 태조 사당을 개성의 동쪽인 마전麻田, 곧 현재의 경기도 연천 서남부에 새로 마련하였다. 조선 초기 세종대에는 중원의 고대 사회에 대한 나름대로의 연구가 있었고 그 성과들이 국가의 사전祀典 성립에 크게 기여하였다. 중원에서도 주周나라 성왕대에 반란을 진압하고 은나라 왕실의 미자微子에게 현재의 하남성 상구商丘에 제후국 송末나라를 봉하고 은나라의 종묘 제사를 이어가게 만든 것과 같다.

세종과 문종대에 고려 태조 사당에 대한 예전이 확립되었고, 문종대에는 이 사당의 이름을 '숭의전崇義殿'으로 하였다(표 13-2). 문종대에는 고려 현종의 먼 후손 왕씨 종친 중에서 선발하여 제사를 받들도록 하였다. 이후로 대한제국기까지 고려 태조를 정위로 하고, 현종, 문종, 원종을 부위附位로 하였다. 숭의전이 다른 역대 시조 사당과 다른 것은 종묘의 배향 공신전과 같은 배신전配神殿이라는 건물이 설립되어 있는 것이다. 배신전에는 16명의 고려의 현사와 공신을 배향하였다. 이것은 숭의전이 정전과 배신전 및 전사청을 갖춘 구조이고, 조선 종묘 정전의 공신전과 전사청이 같이 있지만 규모가 작은 수준으로 구성되었다는 것을 의미한다. 개성왕씨에게는 국가권력을 잃은 역사를 상기시키지만, 조선 왕실의 입장에서는 전조前朝의 제사를 받들 수 있도록 하는 전례를 충실히 따른 것이었다.

조선 초기에 숭의전에서는 고려왕 8위에게 제사를 지냈다고 한다. 고려 태조, 현종, 문종, 원종 외에 혜종, 성종, 충렬왕과 공민왕이었다. 그런데 새로운 국가 조선의 종묘가 5묘인데 전조인 고려의 사당에 8위를 모시는 것은 합당치 않다는 의론에 의해서 태조, 현종, 문종, 원종의 4위로 축소되었다. 현재의 경기도 연천의 숭의전은 한국전쟁 때 소실되었다가 복원되었는데, 대한제국기의 숭의전과는 달리 조선시대 숭의전의 규모로 축소 복원되었다.

서울에 있는 조선 종묘 경내에는 아주 앞뒤가 맞지 않는 공민왕과 노국대장공주 영정을 모신 공민왕신당이 있다. 이것은 원래 없던 것이었는데 추정하면 일제강점기에 슬그머니 만들어진 것으로 보인다. 광복 후에도 종묘 주변의 마을 사람들이 지내던 것인데, 현재 종묘대제를 지내면서 소규모 고사를 지내고 있다. 하루 빨리 고유제를 지내고 연천의 고려 왕들의 사당인 숭의전으로 옮기는 절차를 가져야 할 것이다. 또한 숭의전이 원래는 8위를 모시던 사당이라는 점에서 그동안 궐사된 혜종, 성종, 충렬왕, 공민왕의 4위의 신주를 모시게 되면 이 문제는 해결된다. 현재 개성왕씨 종회에서 숭의전 제사를 모시고 있다. 연천 지방자치단체가 더욱 더 관심을 가져야 할 대상이다. 최근에 개성 지역의 고려왕조 문화 유산이 유네스코 세계문화유산으로 지정되어 앞으로 고려 왕조에 대한 역사적 관심과 함께 숭의전 제례에 대한 시각이 달라질 것으로 보인다.

이러한 『국조오례의』의 역대시조歷代始祖 및 『대한예전』의 역대군왕歷代君王 사당과 그에 대한 중사中祀급의 국가 제사는 조선 왕조가 만주-한반도의 시간적 역사 인식을 어떻게 하고 있었는가를 여실히 보여 주는 것이라 할 수 있다(표 13-2). 『국조오례의』에 의하면 이러한 단군사당, 기자사당, 신라시조사당, 백제시조사당 등의 역대 시조 사당은 고려조 숭의전을 제외하면 조선 태조와 다른 국왕의 어진御眞을 모신 영흥 준원전이나 전주 경기전 같은 3칸 규모의 진전眞殿을 제도와 공간 구성의 기준으로 하고 있었다. 또한 역대 시조의 사당이나 왕릉의 제사를 위한 토지도 국가에서 지급되어 있었다.

표 13-2. 『대한예전』의 중사中祀 역대군왕사당

사당 이름	신위	위치	국조오례의
숭의전崇義殿	고려 태조, 현종, 문종, 원종(충경왕)	마전麻田, 현재 경기도 연천	고려태조묘(＋혜종, 성종, 충렬왕, 공민왕)
숭덕전崇德殿	신라 시조 박혁거세	경주	신라시조 박혁거세묘
숭혜전崇惠殿	김씨 시조 미추왕, 문무왕, 경순왕	경주	
숭선전崇善殿	가락국 시조 수로왕	김해	
숭열전崇烈殿	백제 시조 온조왕	광주, 현재 남한산성	백제시조온조묘 〔충청도 직산〕
숭령전崇靈殿	전조선 시조 단군, 고구려시조 주몽왕	평양	전조선단군묘(고구려시조)
숭인전崇仁殿	후조선 시조기자	평양	후조선기자묘
삼성사三聖祠	단군, 환웅, 환인	문화, 황해도	

참고문헌

자료

『중국정사조선전』「사기」「한서」「후한서」「삼국지 위서」

「진(晉)서」「송서」「남제서」「량서」「주서」

『국조오례의(國朝五禮儀)』(성종 6년, 1475), 대한민국 법제처, 1981~82.

『대한예전(大韓禮典)』(1897~1899).

『춘관통고(春官通考)』(정조12년, 1788).

논문 및 단행본

김용옥,『동양학 어떻게 할 것인가』, 통나무, 1989.

윌리암 시어도어 드베리, 표정훈 역,『중국의 '자유' 전통 : 신유학의 새로운 해석』, 이산, 1998.

박성진,『사회진화론과 식민지사회사상』, 선인, 2003.

코넬리우스 A. 반 퍼어슨, 오영환 역,『문화의 전략 : 현대문화론의 철학적 과제』, 법문사, 1979.

브라이언 워커 · 데이비드 솔트, 고려대오정에코리질리언스연구원 역,『리질리언스 사고 : 변화하
    는 세상에서 환경과 인간의 공존 방식』, 지오북, 2015.

J.J.클라크 · 장세룡,『동양은 어떻게 서양을 계몽했는가』, 우물이 있는집, 2004.

Tucker, M. E.& Berthong, (ed.), *Confucianism and Ecology : the Interrelation of Heaven, Earth and
    Humans.* Harvard University Center for the study of World Religions, Cambridge,
    U.S.A., 1998.

/ ㅇ /